Pavla Schäfer
Linguistische Vertrauensforschung

Germanistische Arbeitshefte

―

Herausgegeben von
Thomas Gloning und Jörg Kilian

Band 47

Pavla Schäfer

Linguistische Vertrauensforschung

―

Eine Einführung

Mit einem Kapitel „Vertrauen und Gespräch" von Martha Kuhnhenn

DE GRUYTER

Wissenschaftlicher Beirat zu diesem Band:
Prof. Dr. Ursula Christmann (Heidelberg)
Prof. Dr. Ulla Fix (Leipzig)
Prof. Dr. Norbert Groeben (Köln)

ISBN 978-3-11-045176-4
e-ISBN (PDF) 978-3-11-045186-3
e-ISBN (EPUB) 978-3-11-045199-3
ISSN 0344-6697

Library of Congress Cataloging-in-Publication Data
A CIP catalog record for this book has been applied for at the Library of Congress.

Bibliografische Information der Deutschen Nationalbibliothek
Die Deutsche Nationalbibliothek verzeichnet diese Publikation in der Deutschen Nationalbibliografie; detaillierte bibliografische Daten sind im Internet über http://dnb.dnb.de abrufbar.

© 2016 Walter de Gruyter GmbH, Berlin/Boston
Druck und Bindung: CPI books GmbH, Leck
♾ Gedruckt auf säurefreiem Papier
Printed in Germany

www.degruyter.com

Vorwort

Sie halten ein Buch in der Hand, das sich als eine Einführung in die linguistische Vertrauensforschung bezeichnet. Typischerweise wird die Textsorte *Einführung* als ein Wegweiser auf einem Gebiet verstanden, das bereits seit Langem intensiv erforscht wird und dadurch schwer überschaubar geworden ist. Eine Einführung bietet in dem Fall Orientierung, vermittelt Grundlegendes und setzt thematisch-methodische Schwerpunkte. Diese Konzeption würde auf ein Buch zutreffen, das in das Gebiet der *interdisziplinären Vertrauensforschung* einführen würde, sie trifft jedoch nicht auf diese Einführung zu. Hier soll es um die *linguistische Vertrauensforschung* gehen und die Beschäftigung mit dem Phänomen Vertrauen aus der linguistischen Perspektive ist ein relativ junges und insofern noch überschaubares Forschungsfeld.

Diese Einführung ist als eine Einstiegshilfe für die sprachwissenschaftliche Beschäftigung mit dem Phänomen *Vertrauen* zu verstehen und gleichzeitig als eine Lesehilfe für die erste Orientierung in der relevanten Forschungsliteratur aus anderen Disziplinen. Aus diesem Grund wurden in das Buch viele Zitate aus der einschlägigen Literatur integriert. Sie ermöglichen Einblicke in die verschiedenen Bereiche der Vertrauensforschung und zeigen unterschiedliche Perspektiven auf die betrachteten Aspekte auf. Die Einführung versteht sich als ein Buch, das
- im Anschluss an bereits etablierte linguistische Themen und Fragestellungen in ein erst seit Kurzem erforschtes Thema einführt,
- seine Relevanz exemplarisch aufzeigt und
- theoretische und methodische Grundlagen vorstellt und diskutiert.

Es handelt sich um ein Studienbuch, das sich an ein heterogenes Publikum richtet. Geeignet ist das Buch als studienbegleitende Literatur für Studierende der Germanistik und anderer Philologien. Darüber hinaus richtet es sich an alle WissenschaftlerInnen dieser Bereiche, an VertrauensforscherInnen aus anderen Disziplinen sowie an Berufsgruppen, deren Betätigung stark vom Umgang mit Sprache bestimmt ist (Verantwortliche im Bereich der Öffentlichkeitsarbeit, Kundenbetreuung, Bildung und Erziehung, Sozialarbeit, des Journalismus u.a.). Auch die breite Öffentlichkeit mit einem nichtfachlichen Interesse an dem Thema, das sich beispielsweise aus der zu beobachtenden steigenden Präsenz in den Medien ergeben kann, ist im Blick und wird durch die Behandlung von Beispielen aus dem Alltag berücksichtigt. Die unterschiedlichen Verstehenshorizonte des Publikums werden methodisch und didaktisch berücksichtigt, indem alle für das Verstehen des Gedankenganges notwendigen Grundlagen im Buch schrittweise erarbeitet werden. Ein spezifisches Fachwissen wird nicht vorausgesetzt. Grundkenntnisse der linguistischen Pragmatik sind von Vorteil, stellen aber keine Voraussetzung für die Arbeit mit der Einführung dar.

Inhalt

1. Vertrauen im Alltag – zur Einleitung —— 1
2. Aktuelles Forschungsfeld —— 15
3. Vertrauensbildung als semiotischer Prozess —— 39
4. Operationalisierung von Vertrauen —— 65
5. Pragmatik und pragmatische Stilanalyse – Methodisches Vorgehen bei der Analyse —— 83
6. Vertrauen und Persuasion —— 109
7. Vertrauen und Kultur —— 129
8. Vertrauen und Gespräch —— 157
9. Vertrauen und Diskurs —— 177
10. Vertrauen und Bildung —— 203
11. Vertrauen und Sprachkritik —— 225
12. Zusammenfassung —— 253

Literaturverzeichnis —— 265

1 Vertrauen im Alltag – zur Einleitung

Möglicherweise ist Ihnen aufgefallen, dass Vertrauen in den letzten Jahren immer häufiger öffentlich diskutiert wird und einen wichtigen Stellenwert im öffentlichen Diskurs erlangte (vgl. dazu weiter unten die ausgewählten Beispiele). Viele der großen medial präsenten Ereignisse des beginnenden 21. Jahrhunderts wurden explizit oder implizit mit Vertrauen in Zusammenhang gebracht. Beispiele dafür sind die Finanzkrise, der Rücktritt des Bundespräsidenten Christian Wulff, die NSA-Affäre mit der anschließenden BND-Affäre oder der ADAC-Skandal. Derartige Ereignisse deuten ein typisches Merkmal des Phänomens *Vertrauen* an: Vertrauen wird in der Regel erst dann thematisiert, wenn es tatsächlich gefährdet ist. Solange alles gut funktioniert, die Akteure[1] einander vertrauen und dieses Vertrauen belohnt wird, gibt es anscheinend kein Bedürfnis, über Vertrauen zu reden.

> Die meisten von uns erkennen eine gegebene Form des Vertrauens am leichtesten, nachdem sie plötzlich zerstört oder zumindest erheblich verletzt worden ist. Wir bewohnen ein Klima des Vertrauens, so wie wir in der Atmosphäre leben; wie nehmen es wahr wie die Luft, nämlich erst dann, wenn es knapp wird oder verschmutzt ist. (Baier 2001, 42)

Diese Beobachtung gilt unabhängig davon, ob es um Vertrauen in gesellschaftliche Systeme wie Politik, Wirtschaft, Kirche und ihre VertreterInnen, um Vertrauen in unsere Mitmenschen oder um Vertrauen in die Technik geht. Es handelt sich immer um Skandale und andere negative Ereignisse, die Diskussionen über Vertrauen auslösen. Die folgenden Beispiele expliziter Thematisierung von Vertrauen im öffentlichen Diskurs sollen dies verdeutlichen.

Lesen und diskutieren Sie die folgenden ausgewählten Beispiele expliziter Thematisierung von Vertrauen im öffentlichen Diskurs.[2] Versuchen Sie, die Gemeinsamkeiten und Unterschiede dieser Beispiele zu erarbeiten, und schlagen Sie Kriterien vor, nach denen die Vertrauenssituationen kategorisiert werden können.

---

[1] Den Begriff (*soziale*) *Akteure* verwende ich im Sinne eines soziologischen Begriffes bewusst ohne eine genderneutrale Form. Gemeint sind damit sozial handelnde Einheiten, wobei der Begriff Individuen, soziale Gruppen, Korporationen und Kollektive umfasst. Eine gendergerechte Umstellung zu *AkteurInnen* würde zu stark die individuelle Ebene betonen und den Blick auf überindividuelle soziale Institutionen versperren. Dies ist nur in Kap. 8 erwünscht, wo es um Akteurinnen eines Gesprächs geht, wobei eine Rolle spielt, dass es sich um junge Frauen handelt. Zu Definition von *Akteur* und soziologischen Akteurtheorien vgl. Lautmann/Rammstedt/Wienold 2007 oder Hillmann 2007.
[2] Die Beiträge werden in Originalfassung abgedruckt und nicht von mir korrigiert.

1. Der deutlich zurückgegangene Interbankenhandel mit seinen negativen Auswirkungen auf die Kreditvergabe an Unternehmen und Privatpersonen ist vor allem auf das geschwundene Vertrauen zwischen den Kreditinstituten zurückzuführen. Wer nicht weiß, auf was für wackeligen Beinen sein potentieller Vertragspartner steht, ist äußerst zurückhaltend bei der Vergabe von Liquidität.[3]
2. „Ein staatliches Eingreifen bei Schlecker ist absolut schädlich, weil es das Vertrauen in unsere marktwirtschaftliche Ordnung zerstört", sagte FDP-Fraktionsvize Lindner dem Handelsblatt Online.[4]
3. Joachim Gaucks großes Lebensthema ist die Freiheit, das wird auch in seiner Rede zur Vereidigung im Reichstag deutlich. [...] „Ich erlaube mir, um ein Geschenk zu bitten: um Vertrauen". Ob es eine zarte Anspielung ist auf den Amtsvorgänger Christian Wulff, der wegen der Kredit- und Medienaffäre zurücktreten musste und eben dieses Vertrauen am Ende nicht mehr hatte, wird nicht ganz klar. Denn Joachim Gauck wirbt zum Ende seiner Rede nicht nur um Vertrauen für sich als Bundespräsidenten, sondern fordert alle Bürger auf, Selbstvertrauen zu haben.[5]
4. wer betrügt hat vollkommen zurecht das vertrauen verloren. kommplett neuer anfang, dann könnte es gehen, aber solange der alte Zopf noch dran ist hilft wohl nur sofortige Kündigung der Mitgliedschaft. [...] dieser sogenannte verein gehört von amts wegen aufgelöst und die chefbetrüger gehören in den knast.[6]
5. Die Enthüllungen über die Spähprogramme des US-Geheimdienstes NSA haben das Vertrauen der Deutschen zu den USA laut einer Umfrage nachhaltig erschüttert. Die Zahl derer, die die USA als vertrauenswürdigen Partner Deutschlands bezeichnen, ist laut einer am Donnerstagabend veröffentlichten Umfrage des ARD-Deutschland-Trends von 65 auf 49 Prozent gesunken. So niedrig war der Wert zuletzt unter Ex-US-Präsident George W. Bush.[7]
6. Vertrauen verloren
Diese Praxis wird von Mutter und Tochter geführt. Fr. Dr. Richter (Mutter) war stets sehr freundlich und ich fühlte mich bei ihr gut aufgehoben. Irgendwann wurde ich zur Tochter "abgegeben" da Fr. Dr. Richter wohl ihre Arbeitszeit langsam runterschraubt. Bei der Tochter (Fr. Dr. Winter) habe ich nun leider nur gegenteilige Erfahrungen gemacht. Sie ist meist unfreundlich, unpersönlich (obwohl auch meine Mutter schon immer dort Patientin ist und ich nun auch seit Jahren schon in diese Praxis gehe) und überheblich. [...] Mein Vertrauen in diese Ärztin ist nun endgültig zerstört und ich werde mir leider eine andere Frauenarztpraxis suchen müssen.[8]

---

[3] https://www.cducsu.de/presse/texte-und-interviews/den-finanzmarkt-stabilisieren-und-neu-ordnen-fuenf-lehren-aus-der-krise (Stand: 24.04.2016).
[4] http://www.handelsblatt.com/politik/deutschland/fdp-schlaegt-alarm-schlecker-hilfe-zerstoert-vertrauen-in-marktwirtschaft/6361324-all.html (Stand: 24.04.2016).
[5] http://www.sueddeutsche.de/politik/gauck-als-bundespraesident-vereidigt-ich-bitte-sie-um-ein-geschenk-um-vertrauen-1.1316294 (Stand: 24.04.2016).
[6] Beitrag auf www.bild.de zum Thema „Wie kann der ADAC Ihr Vertrauen zurückgewinnen?"; http://www.bild.de/community/ugc/34567102/comment/dsc (Stand: 24.04.2016).
[7] http://www.handelsblatt.com/politik/international/restore-the-fourth-vertrauen-der-deutschen-litt-unter-nsa-affaere/8452562-2.html (Stand: 24.04.2016).
[8] Bewertung für eine Arztpraxis auf http://www.jameda.de/bad-homburg/aerzte/frauenaerzte-gynaekologen/dr-karin-jacqueline-winter/bewertung/80073115_1_1104993 (Stand: 24.04.2016).

> 7. Wenn wir mit einem Menschen eine enge Bindung möchten, dann müssen wir ihm vertrauen können. Die ersten Erfahrungen damit, ob wir Menschen vertrauen können, machen wir in der Kindheit - gewöhnlich mit unseren Eltern. [...] Meist übertragen wir die mit unseren ersten Bezugspersonen gemachten Erfahrungen auf alle weiteren Beziehungen, ohne genau zu prüfen, ob diese Personen sich ähnlich verhalten werden. [...] Für eine gute Partnerschaft ist Vertrauen eine wichtige Grundlage, gleichgültig, ob es sich um eine geschäftliche oder private Beziehung handelt.[9]

Die anhaltende Präsenz des Phänomens *Vertrauen* im öffentlichen Diskurs führt uns vor Augen, dass soziale Akteure ohne grundlegendes Vertrauen, das andere in sie setzen, langfristig nicht erfolgreich sein können. Ihre Vertrauenswürdigkeit ist folglich ein wertvolles Kapital, das zum erstrebenswerten Image eines jeden Akteurs gehört. Ein Image ist nicht per se gegeben und es ist nie fest, sondern muss erst kommunikativ hergestellt und bestätigt werden (zum Begriff des *Image* vgl. Kap. 3). Für den Imageschaden und anschließenden Rücktritt von Christian Wulff im Jahr 2012, die Vertrauenskrise des ADAC im Jahr 2014 oder die Verschärfung des Skandals um VW im Jahr 2015 sorgten maßgeblich ihre kommunikativen Praktiken – es ging im öffentlichen Diskurs darum, worüber und wie diese Akteure gesprochen bzw. was sie verschwiegen haben.[10]

> Die Lehre aus vielen Skandalen lautet: Oft ist nicht das skandalträchtige Ereignis selbst das größte Problem, sondern das anschließende Krisenmanagement. Dabei werden erstaunlicherweise immer wieder die gleichen Fehler gemacht. Der Kreis der Schuldigen wird a priori ohne detaillierte Kenntnisse der Vorgänge auf ein paar wenige begrenzt – eine Behauptung, die sich dann oft schon wenig später nicht mehr halten lässt. Und die Betroffenen versprechen vollmundig, wie Roland Koch das mal gemacht hat, „brutalstmögliche Aufklärung", doch fast nie werden wirklich alle Karten offen auf den Tisch gelegt. Stattdessen werden, zumeist über die Medien, ständig neue Details bekannt. Und diese scheibchenweise Enthüllung der ganzen Wahrheit verschlimmert die Sache dann immer weiter.[11]

Wie das Zitat verdeutlicht, bilden sprachliche und nicht-sprachliche Zeichen die Grundlage für die Imagearbeit. Diese kann mithilfe von linguistischen Methoden untersucht werden. Die „Vertrauensfragen" schweben über praktisch jeder sozialen Interaktion und werden immer stärker reflektiert, sodass man mit Frevert (2013) sagen kann, dass Vertrauen „eine Obsession der Moderne" geworden ist.

Die Relevanz von Vertrauen ergibt sich intuitiv zunächst einmal aus dessen Omnipräsenz. Typischerweise wird Vertrauen im familiären und freundschaftlichen Umfeld verortet. Vertrauen zwischen Eltern und Kindern ist (im idealen Fall) ein

---

9 http://www.partnerschaft-beziehung.de/vertrauen.html (Stand: 24.05.2016).
10 Vgl. http://www.sueddeutsche.de/auto/vw-abgas-skandal-die-verteidigungsstrategie-bricht-zusammen-1.2681503 (Stand 02.11.2015).
11 Zum kommunikativen Krisenmanagement vgl. auch die pragmatische Stilanalyse von Pressemitteilungen im Zusammenhang mit dem ADAC- und dem VW-Skandal in Kap. 5.

wichtiger Teil unserer primären Sozialisation. Diese basale Form von Vertrauen wird in Anlehnung als Erikson gemeinhin als „Urvertrauen" bezeichnet:

> Als erste Komponente der gesunden Persönlichkeit bezeichne ich das Gefühl eines Ur-Vertrauens, worunter ich eine auf die Erfahrung des ersten Lebensjahres zurückgehende Einstellung zu sich selbst und zur Welt verstehen möchte. Unter „Vertrauen" verstehe ich dasselbe, was man im allgemeinen als ein Gefühl des Sich-Verlassen-Dürfens bezeichnet, und zwar in bezug (sic!) auf die Glaubwürdigkeit anderer und die Zuverlässigkeit seiner selbst. Wenn ich sie Ur-Erfahrungen nenne, so meine ich damit, daß weder diese noch die später hinzutretenden Komponenten offen zur Schau getragen werden, und zwar weder in der Kindheit noch im Jugendalter. Sie sind in der Tat nicht sonderlich bewußt. (Erikson 1953, 15)

Die psychologische Forschung zeigt, dass gestörtes Vertrauen zu den nächsten Personen auch negative Folgen für das Vertrauen in andere Menschen und in sich selbst hat. Mit zunehmendem Alter und mit neuen Aufgaben, die man im Leben übernimmt, wächst auch der Kreis der Lebensbereiche, mit denen man in Berührung kommt. Und auch hier spielt Vertrauen eine Rolle. Man denke an das Vertrauen der Kinder in ihre ErzieherInnen und LehrerInnen, an Vertrauen zwischen KolleglInnen, an Vertrauen der Kundschaft in ihre BeraterInnen (oder allgemeiner: an Vertrauen von Personen mit Laienstatus in Personen mit Expertenstatus) oder ihre Bank[12], an (mangelndes) Vertrauen in die Politik oder an Vertrauen der Fluggäste in das Flugpersonal. Die genannten Beispiele stellen nur einen Bruchteil von Situationen und Bereichen dar, in denen soziale Akteure einander Vertrauen entgegenbringen. Dabei fällt auf, dass die Beispiele sehr unterschiedlich sind. Nehmen wir zur Veranschaulichung die folgenden vier Beispiele:

– Vertrauen zwischen Mutter und Kind
– Vertrauen zwischen KooperationspartnerInnen im Rahmen eines Projektes
– das Vertrauen der KundInnen in ihre Bank
– das Vertrauen der Fluggäste in das Flugpersonal (und die Maschine)

Die Beziehung zwischen Mutter und Kind ist i.d.R. die erste Beziehung, die Kinder nach der Geburt aufbauen. Es ist eine sehr intime Beziehung zwischen zwei Individuen, die am ehesten den Charakter des „blinden Vertrauens" hat. Die anderen Beispiele beziehen sich hingegen auf Beziehungen im Erwachsenenalter, die außerhalb des familiären Bereichs stattfinden. Auch bei Beziehungen in Projektteams handelt es sich um eine Beziehung zwischen Individuen, u.U. kommt aber auch ihre Zugehörigkeit zu einem bestimmten Unternehmen, Institut, Team etc. ins Spiel.

---

[12] Es ist kein Zufall, dass die große Finanzkrise von 2008/2009, die größtenteils den Banksektor betraf, öffentlich als eine Vertrauenskrise diskutiert wird. So schreibt beispielsweise die Zeit-Online am 17.11.2008: „Finanzkrise: Notenbanken und Regierungen kämpfen gegen Vertrauenskrise" (vgl. http://www.zeit.de/online/2008/41/notenbanken-regierungen, Stand: 14.05.2015)

Vertrauen in eine Kooperationspartnerin oder einen Kooperationspartner bezieht sich üblicherweise auf die Durchführung der Aufgaben, die zu einem gemeinsamen Ziel führen sollen. Das Vertrauen eines Kunden oder einer Kundin in eine Bank ist auf einer anderen Ebene angesiedelt, da die Bank kein individueller Akteur, sondern eine Institution ist. Man kommt allerdings nie mit der Bank als Ganzes in Kontakt, sondern immer nur mit ihren VertreterInnen. Das Vertrauen in sie kann aber durchaus auf die ganze Institution übertragen werden. Durch ihre VertreterInnen erhält eine Institution ein Gesicht, sie wird im Prozess der Personalisierung als greifbar erfahren. Worauf bezieht sich nun das Vertrauen in die Bank? Im Vordergrund stehen hier andere Aspekte als beim Vertrauen in die Mutter. Es geht primär um kompetenten und verantwortungsvollen Umgang mit dem angelegten Geld. Wir vertrauen darauf, dass das Geld, das wir auf unser Konto eingezahlt haben, auch wieder von dem Konto abgehoben werden kann, dass die Geldkarte einwandfrei funktioniert etc. Wir vertrauen zum einen den Personen, die in der Bank arbeiten, zum anderen – auf einer abstrakteren Ebene – dem Banksystem. Man kann verallgemeinert feststellen, dass die gesamte Kreditwirtschaft auf Vertrauen basiert. Das ist nun keine neue Erkenntnis unserer Zeit. Wie zentral Vertrauen für die ganze Wirtschaft ist, zeigt sehr eindrucksvoll eine Flugschrift vom Mai 1848 (vgl. Abb. 1)[13].

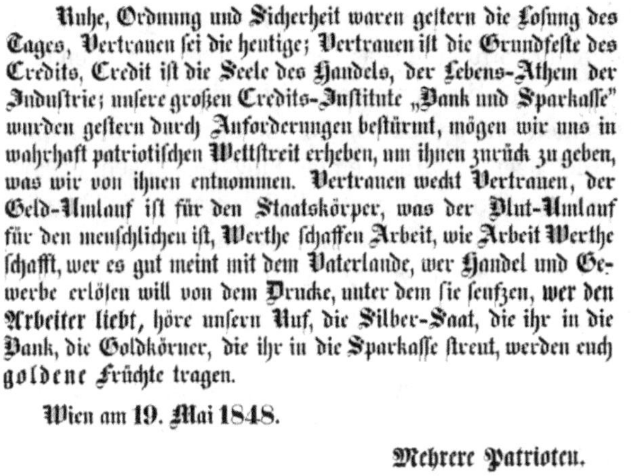

> Ruhe, Ordnung und Sicherheit waren gestern die Losung des Tages, Vertrauen sei die heutige; Vertrauen ist die Grundfeste des Credits, Credit ist die Seele des Handels, der Lebens-Athem der Industrie; unsere großen Credits-Institute „Bank und Sparkasse" wurden gestern durch Anforderungen bestürmt, mögen wir uns in wahrhaft patriotischen Wettstreit erheben, um ihnen zurück zu geben, was wir von ihnen entnommen. Vertrauen weckt Vertrauen, der Geld-Umlauf ist für den Staatskörper, was der Blut-Umlauf für den menschlichen ist, Werthe schaffen Arbeit, wie Arbeit Werthe schafft, wer es gut meint mit dem Vaterlande, wer Handel und Gewerbe erlösen will von dem Drucke, unter dem sie seufzen, wer den Arbeiter liebt, höre unsern Ruf, die Silber-Saat, die ihr in die Bank, die Goldkörner, die ihr in die Sparkasse streut, werden euch goldene Früchte tragen.
>
> Wien am 19. Mai 1848.
>
> Mehrere Patrioten.

Abb. 1: Flugschrift von 1848 – Vertrauen in Wiener Banken

Es handelt sich um einen eindringlichen Appell an die Bevölkerung Wiens, im Interesse eines geregelten Wirtschaftskreislaufs den Wiener Banken zu vertrauen und auf die Abhebung von Guthaben zu verzichten. Die massenhafte Abhebung von

---

13 Vgl. http://sammlungen.ub.uni-frankfurt.de/1848/content/titleinfo/2234159 (Stand: 01.05.2016).

Geld, die diese Flugschrift zu vermeiden versucht, ist auch heutzutage eine befürchtete Begleiterscheinung von Finanzkrisen und wird in den Medien als *Bankrun* bezeichnet.[14]

> Eurokrise
> **Griechen heben immer mehr Geld ab**
> Der schleichende Bankrun in Griechenland geht unvermindert weiter. Zwischen 200 und 300 Millionen Euro heben die Griechen pro Tag ab. Sie fürchten einen Euro-Austritt.
> 14. Februar 2015, 11:42 Uhr Quelle: ZEIT ONLINE, dpa, Reuters, AFP, rav 115 Kommentare
>
> Die Griechen heben nach Informationen aus Bankenkreisen immer mehr Geld von ihren Konten ab. Seit November 2014 hätten die Griechen 20 Milliarden Euro abgezogen, berichteten übereinstimmend die griechische Zeitung Kathimerini und die Nachrichtenagentur dpa. Damit seien die Einlagen bei griechischen Banken auf den niedrigsten Stand seit Ausbruch der Schuldenkrise gefallen. Grund sei der Konflikt zwischen der Regierung in Athen und der EU über den Abbau der hohen griechischen Staatsschulden. Die Menschen hätten große Angst, dass sich dadurch ihre Finanzlage schlagartig verschlechtern könne, etwa durch einen Ausstieg Griechenlands aus dem Euro. [...]

Die Flugschrift von 1848 und das aktuelle Beispiel zeigen, dass Vertrauen als wesentlicher Mechanismus der Wirtschaft gilt und dass seine Rolle bereits im 19. Jahrhundert explizit reflektiert wurde.

Im letzten Beispiel geht es um Vertrauen der Fluggäste in das Flugpersonal, das im Zuge der Berufsausübung Verantwortung für das Leben anderer Menschen übernimmt. Die Fluggäste vertrauen u.a. auf die Kompetenz, Erfahrung und das Verantwortungsbewusstsein des gesamten Flugpersonals, eine besondere Rolle nehmen sicherlich die PilotInnen ein. Gleichzeitig würden einige Fluggäste sagen, dass sie auch der Maschine (also der Technik) vertrauen. In dem Fall vertrauen die Fluggäste darauf, dass die Technik zuverlässig ist und dass sie fehlerfrei funktioniert.[15]

Der Vergleich dieser Beispiele offenbart wichtige Unterschiede. Zumindest in dreierlei Hinsicht muss man bei der Untersuchung von Vertrauen differenzieren und zwar
- im Hinblick auf die Art der interagierenden Akteure (individuelle Personen, gesellschaftliche Teilsysteme, Institutionen mit ihren RepräsentantInnen),
- im Hinblick auf die Beziehung der interagierenden Akteure zueinander (intime Beziehung, Geschäftsbeziehung, einander bekannt oder fremd, bisherige Bezie-

---

14 Vgl. http://www.zeit.de/wirtschaft/2015-02/griechenland-schuldenkrise-konten-abhebungen (Stand: 11.04.2016).
15 An dieser Stelle schließt die Diskussion an, ob sich Vertrauen nur auf soziale Akteure (individuelle oder kollektive) beziehen kann, oder ob auch unbelebte Objekte (Geräte, Gebäude, technische Erfindungen etc.), vom Menschen unabhängige Erscheinungen (z.B. Wetter und andere Naturerscheinungen) oder Tiere als Vertrauensnehmer fungieren können. Mehr zu dieser Diskussion vgl. Kap. 4, S. 76).

- hungsgeschichte, Symmetrie oder Asymmetrie, hierarchisches Verhältnis, Abhängigkeiten etc.)
- hinsichtlich dessen, worauf sich Vertrauen bezieht (Einstellungen und Werte, Durchführung konkreter Aufgaben, Erfüllung bestimmter Funktionen, emotionale Teilhabe bei Mutter-Kind-Beziehung etc.)

Von diesen grundsätzlichen Unterschieden können Kriterien zur Beschreibung von Vertrauensbeziehungen abgeleitet werden (vgl. Kap. 2 und 3).

Die Motivation, Vertrauen zu einem wissenschaftlichen Untersuchungsgegenstand zu erheben, ergibt sich grundsätzlich daraus, dass es in verschiedensten Situationen offenbar eine Rolle spielt – sei es von uns bewusst erlebt oder nicht. Man kann sich nur schwer (oder gar nicht?) Situationen vorstellen, in denen Vertrauen in keiner Weise relevant ist. Woran liegt das aber? Eine erste, sehr allgemeine Antwort könnte wie folgt lauten: Vertrauen übernimmt eine Reihe wichtiger Funktionen, die uns das alltägliche Leben erleichtern oder es in mancher Hinsicht sogar erst ermöglichen. Auf diese Funktionen werden wir in Kapitel 2 eingehen. In einem Großteil der Situationen, in denen Vertrauen eine Rolle spielt, nehmen wir allerdings seine Rolle nicht wahr. Die Reflexion darüber, ob und inwiefern Vertrauen in einem konkreten Moment im Spiel ist, erfordert einen Abstand von der Situation, einen höheren kognitiven Aufwand und zumindest grundlegendes Wissen über Vertrauen, seine Merkmale, Funktionen und Ausprägungen. Solche Reflexion ist für die wissenschaftliche Beschäftigung mit Vertrauen unabdingbar. Sie ist es auch deswegen, weil Forschende selbst in soziale Kontexte eingebunden sind, die auf dem Vertrauensmechanismus basieren. Die Verzahnung des Untersuchungsgegenstandes mit einem grundlegenden Mechanismus des sozialen Lebens, in dem die Forschung verortet ist, stellt eine methodische Herausforderung dar. Auf der Metaebene reflektiert man über ein Phänomen, das im Alltag (auf der Objektebene) i.d.R. latent bleibt. Dabei spielt aber Vertrauen auch für den wissenschaftlichen Alltag der Vertrauensforschung eine wesentliche Rolle: Auch dort sind vertrauensvolle Beziehungen wichtig, die Vertrauenswürdigkeit einzelner Akteure spielt eine Rolle in deren Karriere, Vertrauen entsteht langfristig und kann durch grobe Fehler schnell verspielt werden etc. Diese Erkenntnis führt notwendigerweise zu einer starken Reflexion auf der Metaebene. Dadurch wird noch zusätzlich die Spezifik linguistischer Forschung verstärkt, die sich daraus ergibt, dass Sprache als Untersuchungsgegenstand gleichzeitig als Mittel der Erfassung und Beschreibung dient. Daraus folgt: Wenn man mittels Sprache die sprachlichen Mechanismen der Vertrauensförderung untersucht und dabei in ein soziales Umfeld eingebunden ist (für das Vertrauen stets eine wesentliche Rolle spielt), stellt die Beobachtung von der Metaebene aus eine unumgängliche methodische Prämisse dar.

Genaues Beobachten will aber geübt werden. Wenn man darin nicht routiniert ist, empfiehlt es sich, die alltäglichen Beobachtungen aufzuschreiben, um sie später einer Analyse unterziehen zu können. Das Sammeln, Sortieren und Analysieren von Beobachtungen, die direkt oder indirekt mit Vertrauen zusammenhängen, schärft den Blick für das zu untersuchende Phänomen, sensibilisiert für seine Ausprägungen und macht es der wissenschaftlichen Forschung zugänglich. Im Folgenden wird die Konzeption eines Beobachtungsprotokolls vorgestellt, die Sie bei der Aufbereitung Ihrer Beobachtungen unterstützen kann.[16] Damit das Beobachtungsprotokoll als gute Grundlage für die wissenschaftliche Beschäftigung mit dem Thema dienen kann, sollte das beobachtete Phänomen in den einzelnen Einträgen möglichst präzise erfasst werden. Es sollten wenigstens die folgenden Angaben zu den beobachteten Situationen enthalten sein:

1. Datum der Beobachtung
2. Kontext: Stellen Sie den Kontext möglichst präzise und differenziert dar (involvierte Akteure, gesprochene/geschriebene Kommunikation, konkrete Situation, Beziehungsgeschichte zwischen den Akteuren, Thema etc.).
3. Rolle von Vertrauen: Inwiefern spielt in dieser Situation Vertrauen eine Rolle? Wer vertraut wem (nicht)? Worauf bezieht sich das Vertrauen?
4. Komponenten von Vertrauen: Sind eher kognitive, emotionale oder verhaltensbezogene Aspekte des Vertrauens bzw. der Vertrauensbeziehung betroffen?[17]
5. Vertrauenstyp: Um welchen Vertrauenstyp handelt es sich hier primär (persönliches, institutionelles Vertrauen, Übergang dazwischen etc.)?[18]
6. Rolle der Sprache: Welche Rolle spielt in dieser Situation die Sprache? Inwiefern sind sprachliche Mittel an der Entwicklung (bzw. Schwächung) von Vertrauen in dieser Situation beteiligt?
7. Mögliches Erkenntnisinteresse: Welche Fragestellungen könnte man aus linguistischer Sicht formulieren? Welches Material könnte man für die empirische Untersuchung heranziehen? Welche Methode könnte man anwenden?
8. Sonstiges: Haben Sie weitere Ideen, Anmerkungen, Vorschläge oder Fragen zu dem Phänomen?

Häufig ist es nicht einfach oder gar nicht möglich, alle Fragen zu beantworten. Aber bereits eine nur teilweise Analyse der Situation anhand der einzelnen Punkte im Beobachtungsprotokoll sensibilisiert für die zu beachtenden Aspekte und verleiht uns schrittweise Sicherheit im Umgang mit dem Beobachteten. Es ist daher zu emp-

---

16 Die Führung eines Beobachtungsprotokolls zum Phänomen Vertrauen hat sich als eine seminarbegleitende Methode in meinen Seminaren sehr bewährt. Durch die sprachliche Fixierung und anschließende Diskussion der Beobachtungen können Aspekte des Phänomens bewusst gemacht werden, die man im Alltag nicht als solche reflektiert.
17 In Kap. 2 und 3 werden die verschiedenen Komponenten von Vertrauen (kognitive, emotionale und behaviorale) erläutert und Vertrauen wird als eine soziale Einstellung definiert.
18 Zu den einzelnen Ausprägungen von Vertrauen vgl. Kap. 2.

fehlen, die Lektüre dieses Buches mit dem Protokollieren eigener Beobachtungen zu verbinden. Das folgende Beispiel aus dem Alltag verdeutlicht, wie alltägliche Situationen zum Gegenstand wissenschaftlicher Beobachtung gemacht werden können.

Denken Sie an die Situation bei einer Mitfahrgelegenheit: Zwei einander unbekannte Menschen vereinbaren telefonisch oder per E-Mail eine gemeinsame Fahrt.
- Inwiefern spielt bei der Mitfahrgelegenheit Vertrauen eine Rolle?
- Nennen Sie möglichst viele verschiedene vertrauensrelevante Aspekte und orientieren Sie sich bei der Analyse an den Fragen aus dem Beobachtungsprotokoll.
- Nutzen Sie selbst Mitfahrgelegenheiten? Wenn ja, welche Erfahrungen haben Sie damit gemacht? Worauf achten Sie besonders?

An einer Mitfahrgelegenheit sind in aller Regel einander unbekannte Personen beteiligt, deren Kontakt typischerweise über eine Internetplattform zustande gekommen ist. Beide Seiten befolgen ihre eigenen Interessen und die Mitfahrgelegenheit soll eine Win-Win-Situation ermöglichen. Dass das Mitfahren bei einer unbekannten Person bzw. das Mitnehmen einer unbekannten Person Vertrauen erfordert, ist intuitiv einleuchtend und entspricht den Erfahrungen vieler Menschen. Auf der derzeit größten Plattform für Mitfahrgelegenheiten www.blablacar.de wird die Wichtigkeit von Vertrauen für das Funktionieren des gesamten Systems explizit hervorgehoben: Auf der Hauptseite nimmt die Rubrik „Vertrauen und Sicherheit" einen prominenten Platz ein. Dort kann man u.a. Folgendes lesen:[19]

> Vertrauen und Sicherheit
> Wir setzen insbesondere auf drei Aspekte, um eine sichere, community-basierte Mitfahrzentrale der neuen Generation aufzubauen. Erstens akzeptieren wir nur echte Mitglieder. Zweitens bewerten Mitglieder einander und können somit diejenigen ausschließen, die die positiven Werte unserer Community nicht respektieren wollen. Drittens steht unser Mitgliederservice jederzeit für Fragen und bei eventuell auftretenden Problemen zur Verfügung.
> [...]
> Vertrauen aufbauen
> Eine Community entsteht nur durch Vertrauen, und dies gilt auch für BlaBlaCar. Vertrauen wird insbesondere dadurch aufgebaut, dass sich alle Mitglieder gegenseitig bewerten, wenn sie miteinander eine Fahrt geteilt haben. Und wenn Sie dann eine Mitfahrgelegenheit suchen und ein/e Fahrer/in von vielen anderen Mitgliedern als vertrauenswürdig bewertet wurde, können Sie von deren Erfahrung profitieren und sich getrost auf diese/n Fahrer/in verlassen.

Die explizite Thematisierung von Vertrauen als einem internen Funktionsmechanismus ist Teil der Selbstdarstellung der Plattform: Man macht deutlich, dass auf bestimmte Qualitätskriterien geachtet wird, dass Sicherheit im Vordergrund steht, dass man die Risiken, die mit der Mitfahrgelegenheit verbunden sind, kennt und

---

[19] Vgl. https://www.blablacar.de/vertrauen-sicherheit (Stand: 27.07.2016).

möglichst minimal hält und dass auf diese Weise eine Gemeinschaft entstehen kann, die auf gegenseitigem Vertrauen basiert. In den Vordergrund wird dabei das Vertrauen der einzelnen Mitglieder in das System der Mitfahrgelegenheiten gerückt. Eine solche Ausprägung von Vertrauen wird als *Systemvertrauen* bezeichnet. Nur wenn man in die Funktionsweise des Systems vertraut, wird man sich auf das Nutzen oder Anbieten von Mitfahrgelegenheiten einlassen. Darüber hinaus ist Vertrauen zwischen den interagierenden Personen, die eine Mitfahrgelegenheit vereinbaren möchten, enorm wichtig. Diese Ausprägung von Vertrauen, die sich auf Einzelpersonen richtet, wird in der Forschung als *persönliches Vertrauen* bezeichnet. Diejenigen, die reisen möchten und eine Mitfahrgelegenheit suchen, können sich vor der Kontaktaufnahme „das Vertrauensprofil des Fahrers/der Fahrerin ansehen, mit Profilfoto, Kurzbiografie und Bewertungen durch andere Mitglieder".[20] Das soll sicherstellen, dass man „eine Fahrt mit einem vertrauenswürdigen Fahrer findet" (ebd.). Aus dieser Perspektive bezieht sich das Vertrauen auf den Fahrer/die Fahrerin. Genau so ist jedoch Vertrauen erforderlich, wenn man fremde Personen im eigenen Auto mitnimmt. Beide Parteien gehen ein bestimmtes Risiko ein und beide können ihr Ziel am besten dann erreichen, wenn der andere kooperiert. D.h., dass beide Personen mehr oder weniger auf gegenseitiges Vertrauen und auf Kooperationsbereitschaft angewiesen sind.

Die Vertrauensbildung wird dabei durch verschiedene Faktoren beeinflusst. Zu den sprachlichen Faktoren gehören beispielsweise die Selbstdarstellung des Fahrers oder der Fahrerin auf der Plattform, die Kommunikation im Vorfeld der eigentlichen Fahrt (telefonisch, per E-Mail oder SMS) und Kommunikation während der Fahrt eine Rolle. Dabei achten viele Menschen sowohl auf das, *was* gesagt und geschrieben wird, als auch auf das, *wie* es gesagt und geschrieben wird. Relevante Fragen sind z.B.: Welche Informationen spricht die andere Person von sich aus an? Weist sie auf potenzielle Probleme, Veränderungen, Risiken etc. hin? Welche Informationen werden erfragt? Wird während der Fahrt gesprochen? Wenn ja, wird ein symmetrisches Gespräch geführt oder entwickelt sich eher ein Frage-Antwort-Schema, bei dem eine Partei über das Rederecht verfügt? Werden private Themen angesprochen? Einigt man sich auf Siezen oder Duzen? Spricht die andere Person klar und verständlich? Verwendet sie bestimmte Varietäten (Dialekt, Jugendsprache, Fachsprache etc.)? Fallen in ihrem Sprachgebrauch bestimmte Besonderheiten auf (z.B. häufig wiederholte Wörter oder Floskeln, Vulgarismen, Witze)?

Ebenfalls wichtig ist die Bewertung der Person durch andere NutzerInnen, ihr rechtzeitiges Erscheinen am Treffpunkt, die Fahrweise, der Zustand des Fahrzeugs, das Einhalten von Absprachen u.v.m. Es sind also sowohl sprachliche Aspekte wie auch nichtsprachliche Faktoren, die zur Grundlage für Vertrauen oder Misstrauen

---

[20] Vgl. www.blablacar.de/wie-es-funktioniert (Stand 24.04.2016).

werden können. Dabei bewerten manche Menschen die Situation „aus dem Bauch heraus" und achten auf ihr Gefühl (z.B.: Wie fühle ich mich, wenn ich mit der Peron mitfahre? Ist sie mir sympathisch?), während andere eher rationale Überlegungen in den Vordergrund stellen (z.B.: Welches Interesse hat die Person daran, mich mitzunehmen? Welches Risiko will ich akzeptieren? Was kann schlimmstenfalls passieren?). Wie noch zu zeigen sein wird (vgl. Kap. 2), gehören sowohl Gefühle wie auch rationale Überlegungen zu Vertrauen. Beides beeinflusst das Verhalten der Akteure im Allgemeinen und deren (kommunikatives) Handeln im Besonderen.

Vertrauen baut stets auf den bisherigen Erfahrungen auf. Hat man wiederholt gute Erfahrungen mit Mitfahrgelegenheiten gemacht, wird man sich viel leichter auf weitere Erfahrungen einlassen. Wurde das Vertrauen in bestimmte FahrerInnen bestätigt und honoriert, wird es dadurch gestärkt und entwickelt sich weiter. Durch wiederholte gute Erfahrungen mit konkreten Akteuren des Systems (konkreten FahrerInnen, MitarbeiterInnen im Service usw.) kann sich das Vertrauen in die Einzelnen auf das gesamte System übertragen. Diese verallgemeinernde Übertragung bildet den Übergang vom persönlichen Vertrauen zum Systemvertrauen und ist für das Funktionieren von gesellschaftlichen Institutionen enorm wichtig (vgl. Kap. 2).

Das Beispiel macht deutlich, dass alltägliche Situationen daraufhin untersucht werden können, welche Rolle Vertrauen in ihnen spielt und inwiefern die Sprache an der Vertrauensbildung beteiligt ist. Dabei ist es wichtig, verschiedene Aspekte zu betrachten und zueinander in Beziehung zu setzen, damit die Analyse der Komplexität des Phänomens Rechnung trägt. Das vorliegende Buch beleuchtet und diskutiert die relevanten Aspekte und stellt dabei die linguistische Perspektive in den Vordergrund.

Die Einführung enthält insgesamt 12 Kapitel. Die Kapitel 2 bis 5 bauen aufeinander auf und bilden die notwendige theoretische Grundlage für die Diskussion des Phänomens *Vertrauen* aus linguistischer Perspektive. Die Kapitel 5 bis 11 nähern sich an das Phänomen *Vertrauen* aus unterschiedlichen Richtungen und fokussieren jeweils unterschiedliche Aspekte. Die Überschriften nach dem Muster „Vertrauen und x" sind absichtlich offen formuliert. Sie suggerieren zunächst einmal eine einfache additive Beziehung zwischen Vertrauen und dem jeweils anderen Begriff und schränken den Blick bei den ersten Annäherungen an das Phänomen nicht ein. Im Laufe der Kapitel wird jedoch deutlich, dass die Zusammenhänge oft sehr komplex und durch wechselseitige Beziehungen geprägt – und somit nicht einfach additiv – sind. Die Kapitel 5 bis 11 bauen gleichfalls aufeinander auf, sind aber dennoch als selbstständige Einheiten nachvollziehbar. Das Kapitel 12 fasst die wichtigsten Erkenntnisse zusammen und gibt einen Ausblick auf die zukünftige linguistische Vertrauensforschung.

Der Aufbau des Buches kann anhand der folgenden zentralen Thesen nachvollzogen werden. Diese Thesen bilden die gedankliche Achse, entlang derer die inhaltliche Progression aufgebaut wird und die die Argumentation stützt. Sie dienen primär der Orientierung im Buch. Gleichzeitig haben sie aber einen programmatischen Charakter, da sie die aktuellen Erkenntnisse der linguistischen Vertrauensforschung in vereinfachter Form zusammenfassen.

Grundlegende Thesen (zur Struktur des Buches):
1. Vertrauen ist eine positive Einstellung von sozialen Akteuren. Es fungiert als grundlegende Ressource sozialen Lebens, die in verschiedenen Lebensbereichen wichtige Funktionen erfüllt. Vertrauen wird daher von vielen verschiedenen wissenschaftlichen Disziplinen erforscht (vgl. Kap. 2).
2. Vertrauen ist nicht per se gegeben oder absent, sondern es entwickelt sich im Laufe der Zeit im Rahmen sozialer Interaktion – oder aber bleibt aus. Kommunikation (mündliche wie schriftliche) ist an der Vertrauensbildung maßgeblich beteiligt (vgl. Kap. 3, 5, 8).
3. Vertrauen ist mit vielen anderen Phänomenen verbunden (z.B. Glaubwürdigkeit, Vorhersagbarkeit, Manipulation u.a.). Die Definition von Vertrauen und seine Abgrenzung von verwandten Konstrukten ist nicht einfach und bedarf einer theoretisch-methodischen Reflexion (vgl. Kap. 4).
4. Da Vertrauen nicht per se existent ist, für das soziale Leben aber eine entscheidende Rolle spielt, gibt es verschiedene Strategien der Vertrauensbildung. Zu den wichtigsten Mitteln gehört sprachliches Handeln (vgl. Kap. 4, 5, 6, 8).
5. Mithilfe von Sprache kann Vertrauen gefördert und gepflegt werden, es kann aber auch durch Sprache geschwächt oder gar zerstört werden. Untersuchungen zu Mechanismen der Vertrauensbildung sind in der linguistischen Pragmatik verankert, die den Handlungsaspekt von Sprache in den Vordergrund rückt (vgl. Kap. 5).
6. Sprachliche Mittel zur Vertrauensförderung sind ein Aspekt des Stils. Stil spielt sowohl in der gesprochenen als auch in der geschrieben Sprache eine zentrale Rolle für die Vertrauensbildung. Der Stil geschriebener Kommunikation kann mithilfe der pragmatischen Stilistik untersucht werden (vgl. Kap. 5). Der Stil der gesprochenen Kommunikation und der Beitrag verschiedener Gesprächsstile zur Vertrauensbildung kann mit der Methode der interaktionalen Stilistik erforscht werden (vgl. Kap. 8)
7. Wenn man vertrauenswürdig wirkt, kann man Menschen einfacher überzeugen und beeinflussen (im positiven wie im negativen Sinne). Vertrauen hängt somit mit der Persuasion zusammen (vgl. Kap. 6).
8. Die Vertrauensbildung kann man als einen Lernprozess verstehen, der in die individuelle Sozialisationsgeschichte eingebettet ist. Da Sozialisation stets in einem bestimmten kulturellen Raum stattfindet, sind Mechanismen der Vertrauensbildung durch die Kultur der jeweiligen Gesellschaft geprägt. Gleichzeitig bildet Vertrauen eine notwendige Basis für Handeln im interkulturellen Kontext (vgl. Kap. 7).

9. Die Relevanz von Vertrauen für verschiedene Lebensbereiche wird zunehmend öffentlich diskutiert. Im öffentlichen Diskurs werden Merkmale und Funktionen von Vertrauen und die Bedingungen für Vertrauensbildung ausgehandelt und diskursiv konstruiert (vgl. Kap. 9).
10. Ein durch Vertrauen geprägtes soziales Klima fördert den Lernprozess und erleichtert die Führung von anderen (SchülerInnen, Studierenden, MitarbeiterInnen etc.). Schule und Bildung allgemein stellen somit einen wichtigen Bereich der anwendungsbezogenen Vertrauensforschung dar (vgl. Kap. 10).
11. Vertrauenswürdigkeit ist eine positiv konnotierte, als wünschenswert erachtete Eigenschaft, die Akteuren zugeschrieben wird. Sie dient (reflektiert oder unreflektiert) als ein Maßstab bei der Bewertung des sprachlichen und nichtsprachlichen Handelns anderer. Zugeschriebene Vertrauenswürdigkeit hängt eng mit empfundener Angemessenheit sozialen Handelns zusammen (vgl. Kap. 11).
12. Vertrauen kann und sollte von der angewandten Linguistik untersucht werden. Die linguistische Vertrauensforschung steht ganz am Anfang. Sie kann helfen, Antworten auf zahlreiche, gesellschaftlich relevante Fragen zu finden und kann somit die interdisziplinäre Vertrauensforschung um eine wichtige Perspektive erweitern (vgl. Kap. 2, 9, 10, 12).

Wie den Thesen zu entnehmen ist, konzentriert sich jedes Kapitel auf einen oder mehrere ausgewählte Aspekte von Vertrauen, wobei auch die Zusammenhänge zwischen den einzelnen Aspekten sichtbar werden. Diese werden durch Querverweise innerhalb des Buches verdeutlicht.

Zur Unterstützung der thematischen Progression und zur Sicherung der gewonnenen Erkenntnisse enthält jedes Kapitel vom Text abgesetzte und grafisch hervorgehobene Texteinheiten, die jeweils unterschiedliche Funktionen erfüllen:

Anwendungsaufgaben, die dargestellte Inhalte verdeutlichen und/oder vertiefen. Im Fließtext wird auf die Aufgaben i.d.R. ausführlich eingegangen.

Zusammenfassungen, die der Festhaltung und Wiederholung zentraler Aspekte dienen.

Weiterführende Informationen zum fokussierten Aspekt, die als Denkanstoß dienen.

Zusammen mit dem Fließtext bilden diese funktionalen Einheiten ein relativ abgeschlossenes Ganzes, das den Erkenntnisgewinn fördert und sichert. Die selbstständige Lösung der Anwendungsaufgaben ist für den Erkenntnisprozess förderlich, ist jedoch keine zwingende Voraussetzung für die weitere Lektüre, da auf die zentralen Aspekte im weiteren Verlauf des Textes eingegangen wird. Falls Sie die Aufgaben selbstständig lösen möchten, empfiehlt es sich, die Lektüre an der Stelle zu unterbrechen und erst danach weiterzulesen, damit Sie Ihre Analyseergebnisse mit denjenigen abgleichen können, die im Buch angeboten werden. In allen Kapiteln werden zur Diskussion und Analyse authentische Texte unterschiedlicher Provenienz hinzugezogen. Dieses Vorgehen soll Ihnen helfen, eine Sensibilität für die alltäglichen vertrauensrelevanten Situationen zu entwickeln und sollte Sie im besten Fall für eine weitere Beschäftigung mit Vertrauen motivieren.

Vertrauen verbindet Menschen – und es verpflichtet sie auch. Da die meisten Vertrauen als etwas äußerst Positives empfinden, verpflichtet erlebtes Vertrauen u.a. zum Dank. Dieser Verpflichtung – oder vielmehr: diesem Bedürfnis – möchte ich gern nachgehen. Ich bedanke mich bei den Herausgebern der Reihe *Germanistische Arbeitshefte* Prof. Jörg Kilian und Prof. Thomas Gloning für die Aufnahme dieser Einführung in die Reihe, die konstruktiven Hinweise zum Exposé und die sehr hilfreichen Kommentare zum Manuskript. Für die Anmerkungen zum Manuskript bedanke ich mich ebenfalls bei den anonymen GutachterInnen. Danke auch an Herrn Daniel Gietz von de Gruyter Mouton, der die Entstehung dieser Einführung verlagsseitig betreut hat. Mein herzlicher Dank gilt meinen Kolleginnen aus Greifswald, die mich und das Thema Vertrauen seit Jahren begleiten und mich auf vielfältige Weise in meiner Arbeit unterstützen: Vielen Dank an Birte Arendt, Jana Kiesendahl, Martha Kuhnhenn, Anne Diehr und Aza Gleichmann. Prof. Jürgen Schiewe, dem Betreuer meiner Dissertation (Schäfer 2013), gilt mein Dank dafür, dass er mich darin unterstützt hat, die Konzeption der Dissertation zu erweitern und in ein Studienbuch münden zu lassen. Bei Martha Kuhnhenn bedanke ich mich für die Zusammenarbeit an dem gemeinsamen Kapitel „Vertrauen und Gespräch". Ihr und Anne Diehr danke ich für die Korrektur des Manuskriptes. Nicht zuletzt gilt mein Dank den Studierenden aus meinen Seminaren zum Thema Vertrauen. Die Anregungen aus den gemeinsamen Diskussionen habe ich berücksichtigt. Meine Familie und mein Mann Jan haben die Bedingungen dafür geschaffen, dass ich mich auf die Arbeit konzentrieren konnte, und sorgten für den notwendigen Ausgleich. Herzlichen Dank dafür!

2 Aktuelles Forschungsfeld

Die wissenschaftliche Erforschung von Vertrauen begann mit ersten soziologischen Studien bereits zu Beginn des 20. Jahrhunderts. Von einer *Vertrauensforschung* kann man allerdings erst frühestens seit Mitte, spätestens seit den 70er Jahren des 20. Jahrhunderts sprechen. Die Vertrauensforschung ist eine disziplinenübergreifende Forschungsrichtung. Die verschiedenen wissenschaftlichen Disziplinen konzipieren Vertrauen aus ihrer jeweils fachspezifischen Blickrichtung und entwickeln methodische Zugänge zu dessen empirischen Untersuchung. An der Schwelle zum 21. Jahrhundert erfuhr die Erforschung von Vertrauen eine bedeutende Perspektiverweiterung, die die zunehmende Interdisziplinarität und Internationalisierung der Forschung widerspiegelt. Die Linguistik gehört derzeit zu den jüngsten Disziplinen der Vertrauensforschung.

Vertrauen ist in einer Reihe von wissenschaftlichen Disziplinen ein etablierter Untersuchungsgegenstand, so z.B. in der Psychologie, Soziologie (die beide als Gründungsdisziplinen der Vertrauensforschung gelten), Politikwissenschaft, Geschichtswissenschaft, Wirtschaftswissenschaft, Kommunikationswissenschaft, Philosophie, Theologie, seit Kurzem auch in der Erziehungswissenschaft.[1] In Abhängigkeit von konkreter Fragestellung und fachspezifischer Untersuchungsperspektive wird Vertrauen unterschiedlich definiert und operationalisiert.

In der interdisziplinären Vertrauensforschung gibt es bislang keinen einheitlichen, allgemein anerkannten Vertrauensbegriff. Diskutieren Sie, inwiefern eine einheitliche Definition notwendig und möglich ist. Was wären die Vor- und Nachteile einer einheitlichen Definition?

Laucken (2005) bietet mit seinem Ansatz der logographischen Explikation des Umgangswissens zu Vertrauen eine Erklärung für die Vielfalt der Definitionen. Die Methode konzentriert sich aus psychologischer Sicht auf das alltägliche Wissen, das Menschen haben, und sieht in der Verwendung von Begriffen (hier *Vertrauen*) ein semantisches Ordnungspotenzial, was mit linguistischen Ansätzen durchaus kompatibel ist. Laucken hat seine Studierenden gebeten, eine selbst erlebte Geschichte aufzuschreiben, in der Vertrauen relevant war. Im Fokus stand ausschließlich zwischenmenschliches Vertrauen. Diese Geschichten wurden miteinander verglichen und es wurde eine Liste von Aspekten erstellt, die für Vertrauenssituationen prä-

---

[1] Zur Übersicht vgl. u.a. Petermann 1996, Rousseau et al. 1998, Hartmann/Offe 2001, Endreß 2002, Dernbach/Meyer 2005, Möllering 2006, Bachmann/Zaheer 2006 und 2008, Schweer 2010, Lyon/Möllering/Saunders 2012, Lewis/Weigert 2012, Schäfer 2013, Bartmann/Fabel-Lamla/Pfaff/Welter 2014. Die Grundlagen der erziehungswissenschaftlichen Forschung werden in Kap. 10 ausführlich diskutiert und an dieser Stelle deswegen ausgespart. Im Zusammenhang von Vertrauen und Bildung werden auch Ansätze der pädagogischen Psychologie berücksichtigt.

gend sind.[2] Dabei werden diese Aspekte als Leerstellen von Vertrauen – im Sinne der Valenzgrammatik – aufgefasst. *Vertrauen* eröffnet somit bestimmte Leerstellen, von denen einige obligatorisch sind und andere fakultativ. Die wichtigsten, obligatorischen Leerstellen sind der soziale Rahmen, die soziale Situation, der Vertrauensgeber und der Vertrauensnehmer. Insgesamt hat Laucken 18 Leerstellen beschreiben können (vgl. Laucken 2005, 99). Obwohl sich sein Augenmerk primär auf alltagssprachliches Wissen über Vertrauen bezieht, konnte Laucken von dem erstellten Leerstellen-Plot Schlüsse ziehen, die die wissenschaftliche Betrachtung von Vertrauen betreffen (Hervorhebung im Original, i.O.):

> Umfassend lässt sich sagen, dass das logografisch explizierte umgangssprachliche Wissen vom Vertrauen einen Leerstellen-Plot offeriert, in dem sich alle mir bekannten ‚wissenschaftlichen' Definitionen als *partielle Besetzungen* bestimmter Leerstellen lokalisieren lassen. Die von manchen Vertrauensforschern beklagte Heterogenität der Vertrauensbestimmungen erweist sich so als Selektivität des Herausgreifens aus einem Umfassenden. (Laucken 2005, 109)

Es ist also verständlich und sogar logisch, dass es bei einem so komplexen Phänomen wie *Vertrauen* keine einheitliche, von allen akzeptierte Definition gibt. Es ist sogar fraglich, ob es eine solche Definition geben kann und ob es überhaupt von Vorteil wäre. Fix (2008, 17–18) hat ähnliche Fragen in Bezug auf den Textbegriff gestellt. Ihre Antwort (Fix 2008, 17–18) lautet:

> *Einen/den* einheitlichen Textbegriff haben diese Arbeiten nicht gebracht. Zum Glück, möchte man sagen; denn der *eine* – notwendigerweise selektive und reduzierende – Textbegriff, auf den man dann festgelegt wäre, würde – ebenfalls wichtige – Aspekte ausschließen und damit mögliche Zugänge zum Phänomen „Text" verbauen. Die Gefahr einer solchen Festlegung besteht, wie die Erfahrung zeigt, aber deshalb gar nicht, weil die Ausgangsfragen und Erkenntnisinteressen, mit denen man an das Phänomen Text herangeht, zu verschieden sind und in jeweils andere, immer aufschlussreiche Richtungen führen. (Hervorhebungen i.O.)

Diese Einschätzung kann auch auf das Verständnis von Vertrauen übertragen werden. Laucken (2005, 109) kommt nach seiner Analyse ebenfalls zu dem Schluss, dass es „kein Befund [ist], der beunruhigen oder entwerten sollte. Ich würde sogar sagen, das Gegenteil ist richtig." Eine allgemeingültige Definition von Vertrauen wird es also wohl nicht geben. Es ist dennoch eine zentrale Aufgabe der Vertrauensforschung, die wesentlichen Merkmale von Vertrauen zu umreißen und aus jeweils fachspezifischen Perspektiven von verwandten Konzepten zu unterscheiden, denn „several terms have been used synonymously with trust, and this has obfuscated the nature of trust. Among these are cooperation, confidence and predictability" (Mayer/Davis/Schoorman 1995, 712).

---

[2] Auch Keller (2006, 39–42) verdeutlicht die wesentlichen Aspekte von Vertrauenssituationen an einer kurzen Geschichte.

- Denken Sie an die Situationen und Lebensbereiche zurück, die Sie für das Kap. 1 erarbeitet haben. Ausgehend davon überlegen Sie, welche wissenschaftlichen Disziplinen Ihrer Meinung nach Vertrauen untersuchen könnten/sollten. Wenn möglich, stellen Sie Ihre Überlegungen in Form einer MindMap oder einer Tabelle dar.
- Diskutieren Sie, welche Aspekte des Vertrauensphänomens aus linguistischer Sicht interessant sind. Wie hängt Vertrauen mit Sprache zusammen? Welche Methoden könnte die Linguistik nutzen, um diese Aspekte zu untersuchen?
- Für die involvierten Akteure, die in einer Vertrauensbeziehung zueinander stehen, haben sich in der deutschsprachigen Vertrauensforschung die metaphorischen Begriffe *Vertrauensnehmer* und *Vertrauensgeber* etabliert. Eine ähnliche Metapher findet sich in der Wendung *jemandem Vertrauen schenken*. Diskutieren Sie diese Metaphern kritisch: Was implizieren sie im Hinblick auf Vertrauen? Was sind ihre Vor- und Nachteile? Hätten Sie alternative Vorschläge für die Bezeichnung der involvierten Akteure?
- Diskutieren Sie den Aphorismus von Rolf Dobelli „Ich schenke Vertrauen, dann bin ich es los."[3]

Die verstärkte Reflexion des Vertrauensphänomens ist nach Möllering/Sydow (2005, 64) durch gesellschaftliche Entwicklungen der letzten Jahrzehnte erklärbar:

> [N]euere und neueste politische wie wirtschaftliche Entwicklungen rücken Verwundbarkeit und Ungewissheit verstärkt in den Blick, so dass es kaum verwundert, wenn das unterschwellige Phänomen Vertrauen in vielen gesellschaftlichen Bereichen zur Sprache kommt und als relevante Ressource (wieder) „entdeckt" wird.

Der Aufschwung der Vertrauensforschung seit Ende des 20. Jahrhunderts korreliert daher mit der steigenden Präsenz des Phänomens Vertrauen im öffentlichen Diskurs und ist möglicherweise z.T. auf sie zurückzuführen, denn die Forschung greift oft aktuelle gesellschaftliche Phänomene auf und macht sie zum Objekt wissenschaftlicher Betrachtung. In Zeiten erhöhter Unsicherheit ist Vertrauen vermehrt Gegenstand öffentlicher wie privater Kommunikation. Im weiteren Verlauf des Buches werden wir dieser Beobachtung noch mehrfach begegnen:

> Public discourse on trust is predominantly conducted in terms of negative scenarios. Problems of trust, losses of trust, and mistrust–illustrated by such cases as the financial crisis, the relationship between citizens and politicians, and the surveillance and analysis of emails and telephone calls–are being identified everywhere. The fact that trust and the erosion of trust are frequently addressed themes attests to the major significance that trust has for social life. As with the matters of climate and security, trust only attracts public attention when it is jeopardized. Lament about loss of trust is not a new phenomenon. Even Sophocles once complained, "Trust dies but mistrust blossoms." (Blöbaum 2016, 3)

Die Thematisierung von Vertrauen ist der offensichtlichste Zusammenhang zwischen Vertrauen und Sprache. Sie bildet auch den am einfachsten empirisch zu-

---

[3] Vgl. http://www.dobelli.com/die-bucher/turbulenzen?lang=de (Stand: 24.04.2016).

gänglichen Bereich der Forschung.⁴ Vertrauen und Kommunikation hängen aber viel grundsätzlicher zusammen als nur auf der sprachlichen Oberfläche durch Thematisierung: „Vertrauen und Kommunikation gehören inhärent zusammen." (Keller 2006, 38)

> Es wäre auch für ein Kind völlig unmöglich, in einer solchen Umgebung eine Sprache zu erwerben. Denn offenbar muss ein Kind davon ausgehen, dass die Menschen in seiner Umgebung im Normalfall nicht lügen, wenn sie beispielsweise sagen „Dies ist ein Ball". Kommunikation setzt also in einem sehr fundamentalen Sinne eine Art kommunikatives Urvertrauen voraus, das wir auch unseren Gesprächspartnern ganz selbstverständlich entgegenbringen – selbst wenn wir wissen, dass sie Lügner sind. Auch der Lügner kann nur dann ein erfolgreicher Lügner sein, wenn er im Normalfall die Wahrheit spricht! (Keller 2006, 38)

Das Vertrauen in die Möglichkeit der Kommunikation ist „die Bedingung der Möglichkeit von Kommunikation" (Juchem 1988, 114).

> Wir gehen beim Kommunizieren selbstverständlich davon aus, dass der Gesprächspartner meint, was er sagt; oder, wenn das nicht der Fall ist, dass er so offensichtlich etwas anderes meint, als er sagt, dass der Adressat eine gute Chance hat, dies zu erkennen. In diesem Fall wird der Adressat vom Sprecher gleichsam eingeladen, die Äußerung ironisch oder metaphorisch oder sonst irgendwie nicht-wörtlich zu interpretieren. (Keller 2006, 38)

Dieses kommunikative Grundvertrauen, das eine Bedingung für jegliche Interaktion darstellt, soll in unserem Zusammenhang nicht im Fokus stehen; es muss als eine basale Ressource bei funktionierender Kommunikation unterstellt werden. Uns wird es um die konkreten, pragmatischen Zusammenhänge zwischen Kommunikation und der Entwicklung von Vertrauen gehen. Dass es diese Zusammenhänge gibt, gilt unabhängig von der konkreten Fachperspektive als Konsens. Vertrauen ist an die Möglichkeiten und Grenzen der Kommunikation gebunden. Es hat

> einen wesentlichen Einfluss auf die Qualität von Kommunikationsprozessen. In einer vertrauensvollen Beziehung wird offener und intensiver kommuniziert. Gleichzeitig sind alle Beteiligten zufriedener mit der Kommunikation als solcher sowie mit den interpersonalen Beziehungen. Ferner gestaltet sich aufgrund der Zukunftsorientierung von Vertrauen auch die künftige Kommunikation leichter. (Schweer/Thies 2003, 77)

Trotz dieses Zusammenhangs wurde die Beziehung zwischen Vertrauen und Sprache bisher kaum näher beleuchtet (vgl. Schiewe 2006, 42; Schäfer 2013, 34). Diese Lücke zu schließen, stellt eine Herausforderung für die pragmatisch orientierte,

---

4 Vgl. Endreß (2002, 53): „Vertrauen ist ein empirisch schwer zugängliches Phänomen. Die standardisierte Einstellungsforschung kommt mit Fragen z. B. zum Vertrauen in Institutionen oder zu den Kriterien der Vertrauenswürdigkeit von Professionsangehörigen lediglich an die Dimension thematisierten, also reflexiven Vertrauens heran."

angewandte Linguistik dar (vgl. Schäfer 2013). Dabei können verschiedene Fragestellungen formuliert werden, die zum einen die Thematisierung von Vertrauen und zum anderen die impliziten Mechanismen der Entstehung von Vertrauen betreffen. Laut Schiewe (2006, 43) muss man beachten, dass im Regelfall der Kommunikation

> Vertrauen nicht explizit benannt wird, sondern dass es implizit bei den Kommunikationspartnern vorhanden oder aber nicht vorhanden ist und im sozialen Handeln der Menschen zum Ausdruck kommt. Die Frage nun aber ist, wie das Element „Vertrauen" den Kommunikationsprozess beeinflusst, steuert. Gefragt werden muss also zunächst, wo und wie Vertrauen in Kommunikation eingeht. Wenn das klar ist oder wenn darüber wenigstens eine Hypothese besteht, kann folglich auch umgekehrt danach gefragt werden, wie Vertrauen in der Analyse von Kommunikation zu isolieren ist und damit auch beschreibbar wird.

Die Sprachwissenschaft muss also bei der Untersuchung von Vertrauen, so Schiewe (2006, 43), „beim Kommunikationsakt, beim Kommunikationsereignis, also beim Gespräch zwischen Menschen ansetzen" (Schiewe 2006, 43). Gansel (2008, 491) stellt fest, dass Vertrauen „als eine Beziehungs- und Situationsvariable in Texten in Erscheinung treten kann, die nicht direkt mit entsprechenden Lexemen benannt wird". Auf der Textoberfläche kann sich Vertrauen in sprachlichen Mitteln niederschlagen. Wenn dem so ist, wird die Frage nach einer linguistischen Operationalisierung von Vertrauen zur zentralen Aufgabe, die eine linguistische Untersuchung erst ermöglicht. Es müssen also neben der expliziten Thematisierung von Vertrauen weitere linguistisch begründete Kategorien formuliert werden, die bei der Analyse wie ein Suchraster dienen. Laut Gansel (2008, 486–487) ist so ein Instrumentarium zu entwickeln und zwar vor dem „Hintergrund einer theoretischen Auseinandersetzung mit dem Vertrauensbegriff in den verschiedenen Wissenschaftsdisziplinen" (Gansel 2008, 491). Sie stellt eine mögliche Operationalisierung vor, die systemtheoretische, ethnomethodologische und psychologische Ansätze berücksichtigt. Die methodische Vorgehensweise verdeutlicht sie durch eine Analyse der Textsorte Heiratsanzeige. Sie analysiert Heiratsanzeigen von russischen Frauen. Dabei illustriert sie, wie die Sach-, Sozial- und Zeitdimension von Vertrauen durch die Analyse von sprachlichen Mitteln auf der morphematischen, lexikalischen, semantischen und pragmatischen Ebene beschrieben werden können. Gansel (2008, 491–492) geht davon aus, dass die sprachlichen Mittel als Indikatoren für Vertrauen verstanden werden können. Sie werden eingesetzt,

> um Vertrauen zwischen Kommunikationspartnern in einer spezifischen risikohaften Situation herzustellen. Vertrauen kann von daher durch semantische Mittel indiziert werden, ist jedoch selbst als ein pragmatisches Phänomen einzuordnen. (Gansel 2008, 492)

Gansels Verständnis entspricht der Sichtweise in dieser Einführung. In Schäfer (2013) habe ich eine Operationalisierung vorgeschlagen, die sich vor allem auf Erkenntnisse aus der Sozialpsychologie stützt (vgl. Kap 4). Die grundlegenden Gedanken dabei sind, dass Vertrauen eine soziale Einstellung ist, die sich auf dem Weg der Zuschreibung von Vertrauenswürdigkeit entwickelt (vgl. Kap 3). Vertrauenswürdigkeit wird einer Person erst dann zugeschrieben, wenn sie durch ihre Kommunikation bestimmte Signale vermittelt, die das Gegenüber als Indikator für Vertrauenswürdigkeit deuten kann. Diese Operationalisierung habe ich exemplarisch auf Texte der privaten „Brücke/Most-Stiftung" angewandt und damit gezeigt, dass sich die vorgeschlagene Methode zur Untersuchung von Vertrauen eignet. Dieses Verständnis von Vertrauen bildet die theoretisch-methodische Basis dieser Einführung und wird deswegen in den Kapiteln 3 und 4 ausführlich erläutert.

Wenn man Vertrauen als ein pragmatisches Phänomen auffasst, müssen bei der Untersuchung die Funktionen der Kommunikation, die Intentionen und sozialen Rollen der Akteure, deren Beziehung zueinander und andere Aspekte des gesamten kommunikativen Prozesses berücksichtig werden (vgl. Kap. 5). Das führt folgerichtig dazu, dass Vertrauen aus linguistischer Perspektive in jeweils spezifischen Kontexten untersucht werden muss. In Schäfer (2013) stand die Öffentlichkeitsarbeit einer Stiftung im Vordergrund. Andere Studien setzen andere Schwerpunkte. So hat beispielsweise Krämer (2009) die kommunikative Prozessierung von Vertrauen in wissenschaftlichen Texten untersucht. Er geht von der folgenden Annahme aus: „Die Anzeichen von Vertrauenswürdigkeit werden im Regelfall mitkommuniziert (sei dies durch Tun oder Unterlassen) und können somit auch einer (kommunikations-) wissenschaftlichen Analyse unterzogen werden." (Krämer 2009, 34) Dabei unterscheidet er (Krämer 2009, 39) nicht zwischen Vertrauen und Vertrauenswürdigkeit:

> Vertrauen soll in meiner Arbeit als ein Zuschreibungsphänomen verstanden werden. Damit wird Vertrauen auch zur Vertrauenswürdigkeit und von einer bloßen psychologischen Einstellungs- bzw. Entscheidungsdisposition auf eine soziale bzw. interaktionale Ebene gehoben. Vertrauen verweist aus dieser Perspektive auf eine zu Grunde liegende Interaktionsgeschichte, in der die Vertrauenswürdigkeit interaktiv konstituiert, zumindest reaktiviert werden muss.

Dass Vertrauen auf eine soziale bzw. interaktionale Ebene gehoben und dass Vertrauenswürdigkeit stets interaktiv konstruiert werden muss, ist unbestritten. Allerdings ist die Schlussfolgerung strittig, dass deswegen Vertrauen und Vertrauenswürdigkeit nicht analytisch unterschieden werden können bzw. müssen. Wie noch zu zeigen sein wird (vgl. Kap. 3 und 4), ist eine explizite Differenzierung von Vertrauen und Vertrauenswürdigkeit sinnvoll und produktiv. Die grundlegende Unterscheidung besteht darin, dass die Zuschreibung von Vertrauenswürdigkeit eine Voraussetzung für die Entwicklung von Vertrauen darstellt. Dennoch basiert Krämers Untersuchung auf denselben Prämissen wie diese Einführung. Gegenstand der Betrachtung ist „die kommunikative *Konstruktion* von Vertrauen" (Krämer 2009, 47, Hervorhebung i.O.), die an Signale der Vertrauenswürdigkeit gebunden ist. Die Signale können dabei sowohl bewusst als auch unbewusst gegeben und aufgenommen werden. So lassen sich die schriftlichen Entäußerungen eines Wissenschaftlers nicht nur dahingehend interpretieren, was darin an Inhalten zu finden ist, sondern auch wie dort Vertrauen kommunikativ prozessiert wird. (Krämer 2009, 57).

Einen weiteren Kontext, in dem sprachliche Mittel der Vertrauensbildung untersucht werden können, stellt die Wirtschaft dar. Reinmuth (2006 und 2009) und Keller (2006) konzentrieren sich auf die Textsorte Geschäftsbericht. Sie gehen davon aus, dass Vertrauen für Unternehmen eine wichtige Ressource darstellt, die durch glaubwürdige Unternehmenskommunikation erlangt werden kann. Somit wird für sie die Signalisierung von Glaubwürdigkeit zum Mittel der Vertrauensbildung. Nach Reinmuths Auffassung (2009, 131) werden „Glaubwürdigkeit und Vertrauen [...] beide vom Rezipienten zugeschrieben und drücken sich durch eine sehr nah beieinander liegende mentale Disposition aus".[5] Er erarbeitet eine Reihe von Glaubwürdigkeitsindikatoren, die zur Zuschreibung von Vertrauen führen können, und ordnet sie vier Glaubwürdigkeitsfaktoren zu. Diese sind 1. Verständlichkeit/Rezeptionsfreundlichkeit, 2. Kompetenz, 3. Objektivität bzw. Aufrichtigkeit und 4. Sympathie bzw. (Text-)Attraktivität. Dabei geht auch Reinmuth (2009, 133) davon aus, dass Vertrauensbildung nicht durch die Thematisierung von Vertrauen, sondern durch subtilere, implizite Mechanismen zustande kommt.[6] Mit Keller (2006, 43) kann man schlussfolgern:

> Deshalb ist es so wichtig, nicht nur darauf zu achten, was berichtet wird, sondern auch, wie es berichtet wird. Und dies ist auch der Grund, warum es sich lohnt, jedes Wort auf die Goldwaage zu legen. Vertrauen ist ein soziales Kapital, das man langsam aufbauen und sorgsam pflegen muss, das man aber in einer Sekunde verspielen kann. (Keller 2006, 42–43)

Die Entstehung von Vertrauen (unabhängig davon, ob man Vertrauen als Zuschreibungsprodukt versteht oder als Beziehungsdimension) basiert also auf interpretativen Schlüssen der RezipientInnen, die diese anhand der Kommunikation des Gegenübers ziehen. Die Glaubwürdigkeitsindikatoren fungieren dabei als Mittel zur Vertrauensbildung. Kellers Formulierung, dass darauf zu achten ist „wie berichtet wird", deutet darauf hin, dass Mittel der Vertrauensbildung ein Teil des sprachlichen Stils sind. Noch deutlicher wird es an folgender Stelle: „Dass man ehrlich und glaubwürdig ist, kann man nicht sagen. Es muss sich zeigen. Unter anderem an der Art und Weise, wie man kommuniziert." (Keller 2006, 42) Die Konzeptualisierung von vertrauensfördernden Mitteln als Aspekten des Stils wird unsere weitere Beschäftigung mit dem Vertrauensphänomen prägen (vgl. Kap. 5 und 8).

---

[5] Reinmuths Auffassung von Vertrauen als Zuschreibungsprodukt wird hier nicht geteilt. Glaubwürdigkeit und Vertrauenswürdigkeit sind Zuschreibungsprodukte, Vertrauen wird hier vielmehr als eine Beziehungsqualität verstanden. Mehr dazu vgl. Kap. 3 und 4.
[6] Vgl. das Zitat von Frevert 2009 in Kap. 3. auf S. 45 dieses Buches.

Die von Reinmuth und Keller ausgeführten Überlegungen gelten für die Vertrauensbildung in verschiedenen Bereichen, nicht nur in der Wirtschaft. Kuhnhenn (2014) hat Glaubwürdigkeitsindikatoren in der politischen Kommunikation untersucht und hat dabei ihren Fokus auf die gesprochene Sprache gelegt. Sie bezieht sich auf Reinmuth (2006) und die von ihm erarbeiteten Glaubwürdigkeitsindikatoren und postuliert, dass Glaubwürdigkeit grundsätzlich ein Aspekt des Stils ist (Kuhnhenn 2014, 16). Gegenstand ihrer Untersuchung sind Gesprächsstile und deren potenziell glaubwürdigkeitsfördernde Funktion. Dies untersucht sie exemplarisch am Beispiel von drei politischen Akteuren, die in einer Radiodiskussion miteinander sprechen. Kuhnhenns Ziel ist es

> erstens, die glaubwürdigkeitsfördernde Funktion des Gesprächsstils theoretisch zu begründen und empirisch zu untersuchen sowie zweitens, ein Set an kommunikativen Glaubwürdigkeitsfaktoren und -indikatoren im Rahmen von massenmedial vermittelten, politischen Gesprächen vorzuschlagen. [...] Die glaubwürdigkeitsstiftende Funktion des Gesprächsstils soll einerseits analytisch-korpus-immanent und andererseits im Rahmen einer Rezeptionsstudie nachgezeichnet werden. (Kuhnhenn 2014, 16)

Sie kommt zu dem Schluss, dass „der Gesprächsstil eine glaubwürdigkeitsstiftende Funktion [hat] – und zwar ist er die zentrale Größe, damit ein Hörer einen Sprecher als glaubwürdig bewertet" (Kuhnhenn 2014, 325). Es scheint darüber hinaus

> gerechtfertigt, die Förderung der eigenen Glaubwürdigkeit als ein Kennzeichen des *politischen Funktionalstils* zu konstatieren. Andere funktionalstilistische Merkmale können die Glaubwürdigkeit der Aussage und somit die des Sprechers mindern, wenn der Sprecher diese Merkmale zu übertreiben oder zu schwach realisiert – zumindest kann dies aus der vorliegenden Rezeptionsstudie geschlussfolgert werden. Die *Angemessenheit* bzw. das *Maß*, die *Konsistenz* und die *Kohärenz* der verschiedenen Marker sind die zentralen Kriterien dafür, ob jene tatsächlich die Glaubwürdigkeit eines Sprechers fördern. (Kuhnhenn 2014, 326; Hervorh. i.O.)

Die Zuschreibung von Glaubwürdigkeit versteht auch Kuhnhenn als eine Voraussetzung für Vertrauen, was aus ihrer Definition (Kuhnhenn 2014, 27) deutlich wird:

> Glaubwürdigkeit ist keine inhärente Eigenschaft einer Person, sondern ist ein Zuschreibungs- und Aushandlungsprodukt im Rahmen eines Evaluationsprozesses zwischen mindestens zwei Akteuren. Einer Person wird Glaubwürdigkeit aufgrund ihrer Handlungen und Kommunikationen zugeschrieben, d. h. die Botschaften der Person werden von einem anderen Individuum als wahr im Sinne von zutreffend angenommen. Glaubwürdigkeit mündet potenziell in Vertrauen und ist weder unendlich noch universell; sie kann und muss stets aktualisiert werden.

Kuhnhenn legt eine Arbeit vor, die sprachwissenschaftliche und kommunikationswissenschaftliche Zugänge zu Vertrauen verbindet (zur Begründung vgl. Kuhnhenn 2014, 17–18). Innerhalb der kommunikationswissenschaftlichen Vertrauensforschung hat sich Vertrauen in Medien bzw. Vertrauen im Journalismus zu einem zentralen Thema entwickelt (2001, 2004, 2006, 2010, Matthes/Kohring 2003, Blöbaum 2016[7]). Die kommunikationswissenschaftliche Betrachtung der Rolle der Massenmedien für das Funktionieren der Gesellschaft basiert auf dem systemtheoretischen Ansatz[8] Luhmanns.

> Vertrauen ist diesbezüglich insofern notwendig, als dass die Gesellschaft in Teilsysteme ausdifferenziert ist und diese Teilsysteme wiederum so komplex sind, dass darin operierende Akteure nicht alle Informationen aus erster Quelle erfahren können. Akteure müssen notwendigerweise vertrauen, um Informationsdefizite zu überbrücken – Vertrauen ersetzt Wissen und Informationen, denn würde ein Individuum alles wissen, bräuchte es nicht zu vertrauen (vgl. Giddens 1995: 48). (Kuhnhenn 2014, 28)

Matthes/Kohring (2003, 5) stellen eine markante Diskrepanz zwischen der theoretisch erkannten Relevanz des Vertrauensphänomens und dessen mangelhafter empirischer Durchdringung fest:

> Vertrauen gilt als eine wichtige Basis sozialer Ordnung bzw. als Grundlage des sozialen Zusammenhalts und somit als ein Schlüsselbegriff für das Funktionieren der modernen Gesellschaft mit ihrer Zukunftsoffenheit und Betonung riskanten Entscheidens. Allerdings hat die behauptete Relevanz des Begriffs methodologisch kaum Konsequenzen. Die empirische Beobachtung von Vertrauensprozessen erfolgt in der Regel als eine direkte und eindimensionale Abfrage des Vertrauens in bestimmte Akteure, wobei sehr oft nicht klar ist, was eigentlich erfasst wird (vgl. z. B. Chanley/Rudolph/Rahn 2000). Dies gilt auch für die Kommunikations- und Medienwissenschaft, die bislang den Begriff der Glaubwürdigkeit präferiert hat. Theorien des Vertrauens haben hier noch so gut wie keinen Niederschlag gefunden (vgl. allerdings Bentele 1994b; 1998). Dies ist umso erstaunlicher, als Journalismus ohne ein bestimmtes Maß an Vertrauen, das ihm seine Publika Tag für Tag entgegenbringen, seine gesellschaftliche Orientierungsfunktion nicht erfüllen könnte: Vertrauen kann nachgerade als entscheidende Schlüsselvariable für „Medienwirkungen" bezeichnet werden.[9]

Damit verweisen die Autoren auf ein zentrales methodisches Problem der Vertrauensforschung, das sie mit der Glaubwürdigkeitsforschung teilt:[10] Direktes Abfragen von Vertrauen zielt auf reflektiertes Vertrauen ab, die Interpretation von „Vertrauen" durch die Probanden bleibt dabei implizit und ist daher in einer Umfrage nicht kontrollierbar.[11] Zur empirischen Erfassung und Messung von abstrakten Konstruk-

---

[7] Vgl. dazu auch das weiter unten angeführte interdisziplinäre Graduiertenkolleg „Vertrauen und Kommunikation in einer digitalisierten Welt" an der Universität in Münster, das u.a. die kommunikationswissenschaftliche Perspektive vertritt.
[8] Zur soziologischen Definition von *System* vgl. weiter unten in diesem Kapitel.
[9] Zu einer Kritik der Medienglaubwürdigkeitsforschung vgl. auch Kohring 2006.
[10] Auf die Glaubwürdigkeitsforschung und deren Entwicklung kann an dieser Stelle nicht näher eingegangen werden. Eine kurze Skizze der Glaubwürdigkeitsforschung wird in Kap. 6 gegeben, wo Persuasion im Fokus der Betrachtungen steht. Kohring geht zwar von der Medienglaubwürdigkeitsforschung aus (vgl. Hovland/Janis/Kelley 1953), setzt sich jedoch mit deren Methoden kritisch auseinander (vgl. z.B. Kohring 2004 und 2006).
[11] Bezogen auf die Glaubwürdigkeitsforschung diskutiert dieses Problem Kohring (2004, 196–197).

ten wie Vertrauen oder Glaubwürdigkeit müssen – so das Plädoyer von Kohring – mehrdimensionale Indikatorensets verwendet werden. Dabei gilt es „ausschließlich Indikatoren zu finden, die Vertrauen funktional beschreiben, semantisch aber diese Beziehung nicht offen legen" (Kohring 2004, 197). Er entwickelt ein Faktorenmodell zur theoretischen Beschreibung und empirischen Erfassung von Vertrauen in Journalismus. Das Modell (Kohring 2001, 85; auch Kohring 2004, 171) enthält vier Dimensionen: 1. das Vertrauen in die *Themenselektivität*, 2. das Vertrauen in die *Faktenselektivität*, 3. das Vertrauen in die *Richtigkeit* von Beschreibungen (auch *Glaubwürdigkeit* genannt) und 4. das Vertrauen in *Bewertungen*. Matthes/Kohring (2003, 19–20) haben dieses Modell exemplarisch auf das Vertrauen der Probanden in die Berichterstattung zum Thema Euro angewendet und aufgrund dessen festgestellt,

> dass sich der dritte Faktor, Richtigkeit von Beschreibungen resp. Glaubwürdigkeit, in die beiden Subdimensionen Vollständigkeit von Informationen und Korrektheit von Informationen aufsplittet. Interessant ist daran vor allem, dass die Vollständigkeit von Informationen als eine Variante der Richtigkeit von Beschreibungen zu begreifen wäre und nicht als Bestandteil der Faktenselektivität, also der angemessenen Kontextualisierung eines Themas. Es ist zu betonen, dass hiermit erstmalig die empirische Umsetzung eines mehrdimensionalen Modells von Vertrauen in Journalismus gelungen ist, das über den in bisherigen Untersuchungen fast ausschließlich fokussierten Aspekt der Glaubwürdigkeit „von Medien" hinaus geht. Das Modell ermöglicht eine genauere Beschreibung von Vertrauen in Journalismus, da es sich zum Ersten an konkreten Erwartungen orientiert, die Rezipienten an den Journalismus richten, und zum Zweiten eine Differenzierung in vier Vertrauensfaktoren vornimmt.

Kohring (2004) und Matthes/Kohring (2003) setzen sich mit dem von anderen WissenschaftlerInnen (vgl. Bentele 1994a, 1994b; Nawratil 1997) postulierten Anspruch auf journalistische Objektivität kritisch auseinander. Sie kritisieren (m.E. zurecht), dass „die Beobachterabhängigkeit von Wirklichkeitsbeschreibungen vernachlässigt [wird]" (Kohring 2004, 66.). Damit heben sie den Aspekt hervor, dass Medien Wirklichkeiten nicht abbilden, sondern konstruieren. Dieser Ansatz erscheint auch aus (diskurs-)linguistischer Perspektive enorm wichtig (vgl. dazu Kap. 9).

Den dargestellten linguistischen und kommunikationswissenschaftlichen Studien zu Vertrauen ist gemeinsam, dass sie Vertrauen als ein pragmatisches Phänomen auffassen, das nicht nur und nicht primär mit der Thematisierung von Vertrauen verbunden ist. Es basiert viel mehr „auf dem Prinzip der kommunikativen Vermittlung von bestimmten Signalen […], die als Symptome für die Vertrauenswürdigkeit vom Rezipienten interpretiert werden können" (Schäfer 2013, 37). Die folgende Definition von Vertrauen (Reinmuth 2006, 62) fasst die aus Sicht der Linguistik relevanten Merkmale zusammen,

> Vertrauen beschreibt sowohl eine bestimmte Einstellung zu einem Vertrauensobjekt (Imagedimension), als auch einen Akt in Form einer Vertrauensentscheidung/-handlung unter risikohaften Umständen. Auch zur Beschreibung eben jener Situation kann der Vertrauensbegriff herangezogen werden. Vertrauen reduziert Komplexität, senkt Kosten und macht Entschei-

dungen in Situationen unvollständigen Wissens möglich. Vertrauen beinhaltet darüber hinaus eine emotionale Komponente. Vertrauen ist keine fixe Größe, sondern kann durch Verhalten und Kommunikation beeinflusst werden, wobei schon die Kommunikation selbst eine Vertrauenssituation darstellt.

Die zitierten linguistischen Studien zu Vertrauen und Glaubwürdigkeit haben noch eine weitere Gemeinsamkeit: Sie alle verweisen darauf, dass Vertrauen und Glaubwürdigkeit aus linguistischer Perspektive bisher kaum untersucht worden sind und dass die Linguistik folglich bei der Untersuchung des Vertrauensphänomens auf die Ergebnisse der interdisziplinären Vertrauensforschung zurückgreifen muss. Das gilt auch für diese Einführung.

Dass die Linguistik bisher im Vergleich zu anderen Disziplinen wenig zu der Diskussion beigetragen hat, bedeutet allerdings nicht, dass sie es nicht könnte. Der Zugang zum Forschungsgegenstand ist eine Frage der begrifflichen Klärung von *Vertrauen* und der Wahl einer geeigneten Methode. Die Frage danach, wie man Aspekte der Beziehung zwischen interagierenden Menschen am besten in linguistischen Modellierungen einfangen kann, wurde bereits vor mehreren Jahrzehnten diskutiert und spätestens mit der Etablierung der linguistischen Pragmatik gehört die Art und Qualität der Beziehung der Interagierenden zu den gängigen Analysekategorien. So hat beispielsweise Adamzik (1984) einen Vorschlag entwickelt, wie man den Beziehungsaspekt in die sprechakttheoretische Beschreibung des Deutschen integrieren kann. Dabei verwies sie auf ältere Ansätze, die den zwischenmenschlichen Kontakt einbeziehen, darunter prominent Jakobsons (1960) Modell der Sprachfunktionen, das die phatische Funktion (oder Kontaktfunktion) der Sprache enthält. Auch Sandig (1984) berücksichtigt die Art der Beziehung zwischen den Akteuren bei der Stilanalyse. Die Sprachwissenschaft beschäftigt sich bereits seit Langem damit, welche Merkmale und Qualitäten von sozialen Beziehungen in linguistischer Forschung wie erfasst werden können, um eine adäquate Beschreibung und Erklärung des Sprachgebrauchs zu erreichen. Mit der Vertrauensforschung kommt nun aus anderen wissenschaftlichen Disziplinen ein Impuls, Vertrauen als Untersuchungsgegenstand zu konturieren und Methoden zu dessen Untersuchung zu entwickeln. Dieser Anstoß kann von einer pragmatisch ausgerichteten, angewandten Linguistik gewinnbringend umgesetzt und weiterentwickelt werden, denn viele etablierte Gegenstände der Linguistik können mit Vertrauen in Beziehung gebracht werden und viele Methoden können (evtl. modifiziert) an das Phänomen Vertrauen angewandt werden. Dies zu verdeutlichen ist eines der Ziele dieses Buches.

Das Potenzial sprachwissenschaftlicher Untersuchungen des Vertrauensphänomens ist grundsätzlich auf zwei möglichen Untersuchungsfeldern zu verorten. Es besteht zum einen in der Erläuterung der Rolle von Sprache im gesamten Prozess der Vertrauensförderung und zum anderen in der Untersuchung sprachlicher Manifestation von bestehendem Vertrauen in sozialen Beziehungen. Mit anderen Worten: Linguistik kann Antworten auf die Fragen bieten, in welchen Kontexten man mit welchen Mitteln Vertrauen sprachlich fördern kann und wie sich bestehendes Vertrauen bzw. Misstrauen sprachlich äußert (zu möglichen Fragestellungen und Methoden der linguistischen Vertrauensforschung vgl. Matějková 2009). Sie kann sich dabei auf bereits etablierte textlinguistische, pragmalinguistische und/oder gesprächsanalytische methodische Verfahren stützen. Auch diskurslinguistische Untersuchungen des gesellschaftlichen Vertrauensdiskurses könnten eine neue Perspektive auf das Vertrauensphänomen eröffnen (vgl. eine grobe Skizze möglicher Fragestellungen in Schiewe 2006, 45). (Schäfer 2013, 38)

Vertrauen stellt in der Linguistik also zwar einen relativ neuen Gegenstandsbereich dar, seine Untersuchung kann jedoch an vielen Stellen an die etablierten linguistischen Forschungsthemen anknüpfen. Zu den wesentlichen Anknüpfungspunkten gehören:
– Aspekte der Imagearbeit (*face* nach Goffman),
– Aspekte der Beziehungsarbeit (pragmatische Stilistik nach Sandig),
– Aspekte der Persuasion,
– Aspekte der Angemessenheit (als Kategorie der linguistischen Sprachkritik),
– Aspekte des *recipient design* (als Kategorie der Gesprächsanalyse),
– kulturelle Aspekte.

Diese und weitere Aspekte können mit den (hierfür modifizierten) Instrumentarien der Pragmatik, pragmatischen Stilistik, Gesprächsanalyse oder Diskurslinguistik beleuchtet werden. Inwiefern sie mit Vertrauen zusammenhängen und wie sie linguistisch konkret untersucht werden können, wird in den folgenden Kapiteln ausgeführt und an Beispielen verdeutlicht.

Hinsichtlich weiterer Aspekte und Methoden kann sich die Linguistik von anderen Disziplinen inspirieren lassen, die Vertrauen jeweils aus ihrer Fachperspektive betrachten. Kurze Exkurse in benachbarte Disziplinen sind aus zwei Gründen notwendig, die beide mit der starken Interdisziplinarität des Forschungsfeldes verbunden sind. Zum einen muss die Linguistik erkennen und anerkennen, dass die Beschäftigung mit Vertrauen in anderen Disziplinen bereits weit fortgeschritten ist, z.T. mit jahrzehntelanger Tradition, und wichtige Erkenntnisse vorgelegt hat. Zum anderen ist zu prüfen, ob und inwiefern diese Erkenntnisse für die linguistische Erforschung des Phänomens fruchtbar gemacht werden können. Eine ernst gemeinte Interdisziplinarität ist ein Dialog verschiedener Disziplinen „across a range of divides, with the aim to span boundaries whether they are between disciplines, between theoretical positions, methodological traditions or geographical regions" (Lyon/Möllering/Saunders 2012, 2). Die Herausforderung der Interdisziplinarität besteht entsprechend darin, die Erkenntnisse aus anderen Bereichen zu rezipieren, aus eigener disziplinären Perspektive zu durchdenken und weiterzudenken und sie, wo es sinnvoll und möglich erscheint, bei der eigenen Arbeit zu berücksichtigen.

Die Annahmen und Erkenntnisse der bisherigen linguistischen und kommunikationswissenschaftlichen Vertrauensforschung können wie folgt zusammengefasst werden:
- Vertrauen ist ein pragmatisches Phänomen.
- Die Thematisierung von Vertrauen stellt den offensichtlichsten Zusammenhang zwischen Sprache und Vertrauen dar. Sie ist allerdings nicht der einzige Untersuchungsgegenstand der Vertrauensforschung. Untersucht werden darüber hinaus – und primär – implizite Mechanismen der Vertrauensbildung, die nicht an die explizite Nennung von *Vertrauen* gebunden sind.
- Mittel der Vertrauensbildung sind Aspekte des sprachlichen bzw. kommunikativen Stils.
- Untersucht wurden Vertrauen, Vertrauenswürdigkeit und Glaubwürdigkeit[12] bisher im Kontext wirtschaftlicher Kommunikation (Geschäftsberichte, Öffentlichkeitsarbeit), massenmedialer Kommunikation (Journalismus, Heiratsanzeigen), politischer Kommunikation (Talkshows) und wissenschaftlicher Kommunikation (Fachaufsätze).
- Die linguistische Vertrauensforschung kann an eine Vielzahl von etablierten linguistischen Themen anknüpfen. Die anschlussfähigen Aspekte linguistischer Untersuchungen sind in erster Linie Imagearbeit, Beziehungsarbeit, Persuasion, Angemessenheit, recipient design und kulturelle Aspekte.
- Die linguistische Vertrauensforschung kann auf bewährte Methoden zurückgreifen. Zu nennen sind vor allem die pragmatische Stilanalyse, Gesprächsanalyse und Diskursanalyse.

Die moderne Vertrauensforschung ist maßgeblich durch Anwendungsorientierung und Vernetzung verschiedener Perspektiven geprägt. Sie untersucht Vertrauen als einen wesentlichen Mechanismus des sozialen Zusammenlebens auf allen Ebenen (vgl. Lyon/Möllering/Saunders 2012), denn die „Vertrauensfrage schwebt über jeder Interaktion" (Luhmann 2000, 48). Trotz der starken Interdisziplinarität und der damit einhergehenden Vielfalt an Definitionen, theoretischen Konzepten und methodischen Zugängen kann man in einigen der grundlegenden Fragen Konsens feststellen. So gilt in Anlehnung an Luhmann (2000) als weitgehend akzeptiert, dass Vertrauen die Komplexität der sozialen Wirklichkeit reduziert. Diese zentrale Funktion von Vertrauen ist enorm wichtig, denn „die Welt ist zu unkontrollierbarer Komplexität auseinandergezogen, sodass andere Menschen zu jedem beliebigen Zeitpunkt sehr verschiedene Handlungen frei wählen können" (Luhmann 2000, 27–28). Aus der unüberschaubaren Menge der Möglichkeiten ergibt sich für die Akteure das Risiko, dass man nie alle potenziellen Entwicklungen einschätzen kann. Vertrauen hilft den Menschen, Wissenslücken zu überbrücken und trotz unvollständigen Wissens und des sich daraus ergebenden Risikos handlungsfähig zu bleiben. Vertrauen ist somit immer „ein mittlerer Zustand zwischen Wissen und Nichtwissen um den Menschen. Der völlig Wissende braucht nicht zu vertrauen, der völlig Nichtwissende kann vernünftigerweise nicht einmal vertrauen" (Simmel 1922, 263). Kohring (2006, 126–129) betont, dass Vertrauen lediglich das Wissen *über* soziale Akteure (in Simmels Definition „Wissen und Nichtwissen *um den Menschen*") ersetzen kann und nicht das Wissen *der* sozialen Akteure. Er untersucht den Zusammen-

---

12 Zur Unterscheidung der Konzepte vgl. Kap. 4.

hang zwischen Vertrauen und Wissen näher und entwirft eine Typologie der Beziehungen zwischen ihnen, indem er „vertrauen, um zu wissen", „wissen, um zu vertrauen" und „wissen über Vertrauen" unterscheidet. Vertrauen baut auf den bisherigen Erfahrungen auf, ist aber prinzipiell immer in die Zukunft gerichtet, es ist die „Hypothese künftigen Verhaltens, die sicher genug ist, um praktisches Handeln darauf zu gründen" (Simmel 1922, 263).

Wie wir in der Einleitung anhand der diskutierten Beispiele gesehen haben, muss die Art der Akteure und ihre gegenseitige Beziehung berücksichtig werden. Da alle sozialen Akteure mit der Komplexität der Welt konfrontiert sind und mit dem damit verbundenen Risiko umgehen müssen, stellt Vertrauen für alle eine wertvolle Ressource dar: für Privatpersonen sowie öffentliche Akteure, für individuelle Akteure wie für kollektive. Quer durch die verschiedenen Disziplinen wird daher begrifflich *persönliches Vertrauen* zwischen einzelnen Menschen vom *Systemvertrauen* zwischen Personen und gesellschaftlichen bzw. organisationalen Systemen unterschieden. Der Begriff des *Systems* ist

> ein Grundbegriff der Soziologie zur Analyse der Wechselwirkungen aufeinander bezogenen (interdependenten) Handelns mehrerer Individuen, Gruppen oder Organisationen. Ein S. besitzt ein gewisses Maß von Integration und Geschlossenheit im Verhältnis seiner Elemente zueinander (Struktur), eine es von anderen S.en, d.h. von der Umwelt, abhebende Grenze, eine gewisse Ordnung in den Beziehungen mit anderen S.en, eine gewisse Kontinuität und Regelmäßigkeit in den Beziehungen zwischen den Elementen des S.s. (Hillmann 2007, 880)

Persönliches Vertrauen und Systemvertrauen in Abgrenzung gegeneinander kann man wie folgt definieren:

> Persönliches Vertrauen bezeichnet eine Qualität von Beziehungen zwischen Personen und es entsteht immer dann, wenn ein konkreter Interaktionspartner involviert ist, dem auf Grund seiner spezifischen Merkmale und Eigenschaften Vertrauen geschenkt wird. Systemisches Vertrauen schließt alle solche Konzeptionen des Vertrauens ein, bei denen Vertrauen in eine Organisation, eine Institution oder auch die Gesellschaft beziehungsweise die Demokratie als solche investiert wird. (Schweer/Thies 2005, 50)

Auf der Systemebene fehlt ein Merkmal, das Vertrauen auf der persönlichen Ebene maßgeblich prägt, nämlich Reziprozität. Vertrauen in Organisationen wird also durch vermittelnde Effekte gesteuert. Die erste Vermittlungsinstanz sind die VertreterInnen der Systeme. Sie bilden den Übergang zwischen den beiden Formen von Vertrauen, denn Einzelakteure kommunizieren nie mit einem gesamten System (z.B. mit der Regierung, einer Stiftung, einer Schule, dem ADAC etc.), sondern immer nur mit Personen, die dieses System repräsentieren. Deren (mangelnde) Vertrauenswürdigkeit wird häufig im Prozess einer Generalisierung auf das gesamte System übertragen. Eine weitere wichtige Instanz sind die Medien „und hierzu gehören zunehmend auch die Internet-Präsentation und -Kommunikation bis hin zum so genannten ‚e-government'" (Schweer/Thies 2005, 56). Medien vermitteln ein Bild der Institutionen und lassen dadurch öffentliches Vertrauen (Bentele 1994b, 141) entstehen:

> Öffentliches Vertrauen ist ein kommunikativer Mechanismus zur Reduktion von Komplexität, in dem öffentliche Personen, Institutionen und das gesamte gesellschaftliche System in der Rolle des „Vertrauensobjekts" fungieren. Öffentliches Vertrauen ist ein medienvermittelter Prozeß, in dem die „Vertrauenssubjekte" zukunftsgerichtete *Erwartungen* haben, die stark von vergangenen *Erfahrungen* geprägt sind. Mit dieser Definition wird öffentliches Vertrauen als *Prozeß* eingeführt. Gleichzeitig können aber auch die *Resultate* dieses Prozesses – idealisiert und zeitunabhängig als Zustand gedacht – ebenfalls mit diesem Begriff belegt werden. (Hervorhebungen i.O.)

Bentele (1994b, 143) schlägt aus kommunikationswissenschaftlicher Sicht eine Typologie vor, die vier Vertrauenstypen unterscheidet: *(interpersonales) Basisvertrauen, (öffentliches) Systemvertrauen, (öffentliches) Institutionenvertrauen* und *(öffentliches) Personenvertrauen*. Das interpersonale Basisvertrauen stellt die Basis für alle Typen öffentlichen Vertrauens dar und ist darin in unterschiedlicher Intensität enthalten. Die drei Typen öffentlichen Vertrauens versteht Bentele (1994b, 144) folgendermaßen:

> Das *Systemvertrauen* bezieht sich auf das politisch-gesellschaftliche (und/oder wirtschaftlich-gesellschaftliche) Gesamtsystem. Es dürfte deutlich stabiler sein als die beiden anderen Typen öffentlichen Vertrauens, bildet sich vermutlich innerhalb der Sozialisation auch später aus. Das *Institutionenvertrauen* ist ein spezifischer Vertrauenstyp und kann (beispielsweise wenn es sich auf eine bestimmte politische Partei bezieht) vergleichsweise niedrig sein bei gleichzeitig hohem Systemvertrauen. *Personales öffentliches Vertrauen* basiert u.a. auf den psychologischen Mechanismen des Basisvertrauens, ist aber auf öffentliche Personen bezogen. Es ist möglich, ein vergleichsweise geringes personales Vertrauen in bestimmte politische Führungspersonen zu haben bei gleichzeitig hohem Institutionenvertrauen (z.B. in die entsprechende Partei) oder Systemvertrauen. (Hervorhebungen i.O.)

Die analytischen Unterscheidungen von verschiedenen Vertrauenstypen gehen mit der Trennung von strukturellen Ebenen einher, auf denen sich Vertrauen manifestiert: Mikroebene der Individuen, Mesoebene der sozialen Netzwerke und Organisationen und Makroebene der Gesellschaft (vgl. z.B. Lane/Bachmann 1998, Kramer/Tyler 1996, Endreß 2002 oder Bachmann/Zaheer 2006).

Neben der hierarchischen Unterscheidung von Vertrauenstypen auf unterschiedlichen Ebenen wurden auch horizontal verschiedene Auffassungen von Vertrauen entwickelt. Möllering (2006) fasst die verschiedenen Konzeptualisierungen von Vertrauen unter den Begriffen *Reason, Routine* und *Reflexivity* zusammen. Mit dem Begriff *Reason* verweist er auf die rationalistischen Ansätze, die Vertrauen als eine rationale Entscheidung auffassen. Damit treten die Gründe für die Vertrauensentscheidung in den Vordergrund der Betrachtung. Der Rational-Choice-Ansatz stammt originär aus der ökonomischen Theorie und wurde nach dem Zweiten Weltkrieg von der Psychologie und Soziologie übernommen und zur Modellierung von

Vertrauen angewandt. Vertrauen wird als eine kognitiv begründete Entscheidung von rational handelnden Individuen, die ihre Interessen verfolgen, operationalisiert: „In a trust relation there are, at minimum, two parties: trustor and trustee. I will assume both to be purposive, having the aim of satisfying their interests, whatever those might be." (Coleman 1994, 96) Entsprechend diesem Verständnis konzentriert sich der Rational-Choice-Ansatz auf Kosten-Nutzen-Einschätzungen und zielt auf Möglichkeiten der Nutzenmaximierung unter risikobehafteten Umständen ab. Das Risiko besteht in der Unmöglichkeit, im Moment der Leistung unmittelbar die Gegenleistung zu erhalten. Vertrauen ist somit „incorporation of risk into the decision" (Coleman 1994, 91). Diese Auffassung von Vertrauen, die kognitive Mechanismen von Vertrauen prominent in den Vordergrund rückt, hat die Vertrauensforschung lange Zeit geprägt.

Erst in den 1980er und verstärkt in den 1990er Jahren kam laute Kritik dieser einseitigen Reduktion von Vertrauen auf seine kognitiven Aspekte auf. Es wurde betont, dass Vertrauen auch von emotionalen Faktoren geprägt ist (vgl. Lewis/Weigert 1985, McAllister 1995, Endreß 2002, Lahno 2002 u.a.). Rousseau et al. (1998, 395) formulieren eine psychologisch ausgerichtete Definition, die auf der Grundlage interdisziplinärer Forschung erstellt wurde und diese anschließend stark beeinflusst hat:

> Trust is a psychological state comprising the intention to accept vulnerability based upon positive expectations of the intentions of behavior of another. [...] Trust is not a behavior (e.g., cooperation), or a choice (e.g., taking a risk), but an underlying psychological condition that can cause or result from such actions. Regardless of the discipline of the researchers, we share the root assumptions that trust is psychological and important to organizational life.

In ihrer Studie untersuchten Rousseau et al. Gemeinsamkeiten und Unterschiede in den Annahmen und Methoden, die ihre KollegInnen aus der Wirtschaftswissenschaft, Soziologie, Psychologie und Marketingforschung in ihren Beiträgen zur thematischen Sonderausgabe von *Academy of Management Review* präsentierten. Sie verfolgten dabei folgendes Ziel (Rousseau et al. 1998, 393): „We seek to identify the shared understandings of trust across disciplines, while recognizing that the divergent meanings scholars bring to the study of trust also can add value". Die Metaanalyse stellte fest, dass „divergent assumptions are manifest in our divergent use of language" (Rousseau et al. 1998, 393). Damit weisen sie auf eine Herausforderung der interdisziplinären Forschung hin, nämlich die Etablierung verschiedener Terminologien in verschiedenen Forschungstraditionen und Disziplinen. Im Ergebnis resümieren Rousseau et al. dennoch positiv: Die diversen Zugänge zu Vertrauen seien „not so different after all".

Seit Ende der 1990er Jahre schließlich gilt als Konsens, dass Vertrauen nicht auf seine kognitive Komponente reduziert werden kann. Es hat sich das Verständnis durchgesetzt, dass für Vertrauen kognitive, emotionale und Verhaltensfaktoren gleichermaßen relevant sind (vgl. Lyon/Möllering/Saunders 2012, Möllering 2006, Lewis/Weigert 2012). Diese drei Aspekte fließen im Konzept der sozialen Einstellung zusammen, das eine zentrale Größe der sozialpsychologischen Forschung darstellt und zur wichtigen Konzeptualisierung von Vertrauen geworden ist (Schweer/Thies 2003, 2005 u.a.; zu Vertrauen als Einstellung vgl. Kap. 3). Je nach Situation sind die drei Faktoren unterschiedlich stark ausgeprägt und je nach Fragestellung tritt bei der wissenschaftlichen Betrachtung von Vertrauen die eine oder andere Komponente stärker in den Vordergrund (vgl. Lahno 2005, der Vertrauen primär als eine emotionale Einstellung auffasst).

Die psychologisch orientierten Konzepte heben nun andere Aspekte von Vertrauen hervor als der Rational-Choice-Ansatz. Sie werden von Möllering (2006) unter den Begriffen *Routine* und *Reflexivity* zusammengefasst. Mit *Routine* bezieht sich Möllering auf Ansätze, die Vertrauen als Routinen, also als automatisierte, habitualisierte Handlungsweisen „in the sense of regular action patterns and rules" (Möllering 2006, 53) verstehen. Vertrauen ist somit eine unreflektierte Hintergrundfolie, die „taken-for-granted" ist. Der Begriff *Reflexivity* betont die aktive Rolle der Akteure in der Interaktion und deren Beziehungsgeschichte (Möllering 2006, 79):

> I will argue that trustors cannot only select the right conditions and then be passive and wait for trust to emerge; they can also actively work on trust [...] and engage in extensive signalling, communication, interaction and interpretation in order to maintain the continuous process of trust building.

Somit treten genau die Aspekte hervor, die für die linguistische Vertrauensforschung zentral sind: die kontinuierlichen kommunikativen Praktiken beider Seiten und die semiotische Basis des Prozesses, die im Gebrauch von Zeichen und deren Interpretation besteht. Als Kern von Vertrauen sieht Möllering das Moment der Überbrückung restlicher Unsicherheit, die weder reduziert noch beseitigt werden kann. Diesen Kern nennt er *suspension* und versteht ihn

> as the process that enables actors to deal with irreducible uncertainty and vulnerability. Suspension is the essence of trust, because trust as a state of positive expectation of others can only be reached when reason, routine and reflexivity are combined with suspension. (Möllering 2006, 111)

Vor diesem Hintergrund charakterisiert Möllering (2006, 111) Vertrauen wie folgt:

> Trust is an ongoing process of building on reason, routine and reflexivity, suspending irreducible social vulnerability and uncertainty *as if* they were favourably resolved, and maintaining thereby a state of favourable expectation towards the actions and intentions of more or less specific others.

Wenngleich psychologische Ansätze und Erkenntnisse in der interdisziplinären Forschung stärker berücksichtigt werden, liegt mitnichten eine einheitliche Definition von Vertrauen innerhalb der Psychologie vor. Grundsätzlich kann man drei Herangehensweisen unterscheiden: Vertrauen als Persönlichkeitsvariable, als situative Variable und als Beziehungsvariable (vgl. Schweer/Thies 2003, 4–8). Schweer (1997, 2008) entwickelte eine differentielle Vertrauenstheorie, die diese Sichtweisen vereint (vgl. auch Schweer/Thies 2003). Nach diesem Verständnis sind die folgenden Faktoren in eine integrative Theorie einzubinden, um die Entwicklung von Vertrauen adäquat zu erfassen:
– situationale Faktoren: (A-)Symmetrie der Beziehungsstruktur, Grad der Freiwilligkeit, Möglichkeit zur offenen Kommunikation, zeitliche Dauer,
– personale (individuelle) Faktoren: individuelle Vertrauenstendenz, implizite Vertrauenstheorie,[13]
– Qualität des Anfangskontaktes.

Schweer (1997, 4) geht davon aus, dass es „vermutlich keine generellen Faktoren gibt, die für alle Personen in allen Situationen die Entwicklung oder Nichtentwicklung von Vertrauen prognostizieren lassen."

Endreß nähert sich dem Vertrauensphänomen aus soziologischer Sicht und kommt auf der Grundlage soziologischer Forschungstradition zu einer ähnlichen Unterscheidung wie sie Möllering mit *Routine* und *Reflexivity* trifft. Er plädiert dafür,

> dass für eine adäquate Erörterung des Vertrauensphänomens in der Soziologie zwischen den Formen expliziten, thematisierten, reflexiven Vertrauens einerseits und impliziten, fungierenden Vertrauens andererseits unterschieden werden muss. Ist Ersteres zugeschnitten auf die Artikulation von Risikolagen oder Misstrauensunterstellungen, so Letzteres auf den Modus des Vertrauens als alles Verhalten und Handeln stillschweigend begleitende Interaktionsressource, d.h. als die weitgehend unthematisch bleibende Hintergrundannahme sozialen Handelns. (Endreß 2002, 68)[14]

---

13 Auf diese personalen Aspekte wird später noch genauer eingegangen, vgl. Kap. 3.
14 Später erweitert Endreß 2014 sein Modell um *habituelles Vertrauen* und spricht nicht mehr von Vertrauensformen, sondern von verschiedenen Modi des Vertrauens (vgl. dazu Kap.3). Diese analytisch zu unterscheidenden Modi stellen nach Endreß (2014, 38) eine Dimension dar, die quer zu der Unterscheidung von persönlichem und Systemvertrauen verläuft (vgl. zu dem Modell ausführlicher in Kap. 3).

So verstanden, erinnert *fungierendes Vertrauen* an Juchems Konzept des *Basisvertrauens*, das er als „Vertrauen in die Kommunikations- und Handlungsbedingungen der gesellschaftlichen Individuen in der Alltagswirklichkeit" auffasst (Juchem 1988, 8). Solches Basisvertrauen ist „ein Systemvertrauen besonderer Art, das eine grundlegende Bedingung der Alltagswirklichkeit darstellt und alle weiteren Ausprägungen des Vertrauens fundiert" (Juchem 1988, 103). Zusammenfassend konzeptualisiert Endreß Vertrauen wie folgt:

> [A]nalog zum Phänomen der Treue oder auch dem der Autorität haben wir es beim Vertrauen mit einem sozialen Zuschreibungsphänomen und nicht mit einer individuellen Eigenschaft zu tun. In *soziologischer Perspektive* ist Vertrauen als (implizite oder explizite) reziproke Orientierung von (mindestens zwei) Akteuren zu fassen, die auf einem (impliziten oder expliziten) gemeinsam geteilten Situationsverständnis beruht und in dadurch strukturierten Verhaltensweisen und Handlungen zum Ausdruck kommt, sich darin symbolisiert (vgl. Lewis/Weigert 1985b: 456). Im Rahmen einer soziologischen Thematisierung kann Vertrauen nicht auf die Einstellung oder das Gefühl einer Person zu einer anderen reduziert werden. (Endreß 2002, 71)

Wie ersichtlich wird, ist aus soziologischer Perspektive das Situationsverständnis relevant, das durch alle Beteiligten gemeinsam ko-konstruiert wird. Vor diesem gemeinsam erzeugten Hintergrund ist die Vertrauensbildung zu betrachten. Die konkrete Interaktion von Akteuren, die auf der Mikroebene angesiedelt ist, spielt auch für die linguistische Forschung eine wesentliche Rolle. So wird beispielsweise im Kommunikationsmodell von Linke/Nussbaumer/Portmann (2004, 199) der Situationsdeutung der SprecherInnen eine zentrale Stellung eingeräumt, wobei eine zumindest teilweise Überschneidung der Deutungen eine Voraussetzung für gelingende Kommunikation darstellt. Dies gilt sowohl für schriftliche als auch für mündliche Kommunikation. Für die Gesprächsanalyse gehört die Analyse der Mechanismen gemeinsamer Ko-Konstruktion der kommunikativen Situation zu den zentralen Anliegen. Dieses Erkenntnisinteresse ist nicht zufällig mit der soziologischen Sichtweise verwandt, denn die Gesprächsanalyse knüpft u.a. an die mikrosoziologischen Studien Erving Goffmans an (vgl. Kap. 8).

Die interdisziplinäre Zusammenarbeit (oder zumindest der Blick über den disziplinären Tellerrand) hat sich in der Vertrauensforschung weitgehend etabliert. Vor allem die Ansätze aus der Soziologie und Psychologie werden in anderen Disziplinen rezipiert und weiter ausgebaut. Ein Beispiel für interdisziplinäre Zusammenarbeit auf dem Feld der Vertrauensforschung ist das Graduiertenkolleg „Vertrauen und Kommunikation in einer digitalisierten Welt" an der Universität in Münster.[15] Es vereint WissenschaftlerInnen aus den Gebieten der Kommunikationswissenschaft,

---

15 Vgl. den Internetauftritt mit Darstellung der Einzelprojekte unter https://www.wwu.de/GK-Vertrauen-Kommunikation/dissertationsprojekte/index.html (Stand: 24.04.2016). Dazu vgl. auch Blöbaum 2016.

Psychologie, Sportwissenschaft, Wirtschaftsinformatik und der Wirtschaftswissenschaft[16], die

> unter Vertrauen einen grundlegenden sozialen Mechanismus [verstehen], der kommunikativ in interpersonaler, medienvermittelt öffentlicher und in geplanter Organisationskommunikation hergestellt wird. Das Kolleg sammelt in empirisch-analytischen, methodischen und theoretisch-konzeptionellen Forschungsprojekten der Kollegiaten Erkenntnisse für die Vertrauensforschung. Diese weisen einerseits über den jeweiligen disziplinären Forschungsstand hinaus und heben andererseits die disziplinübergreifenden Aspekte der Kategorie Vertrauen hervor.

Untersucht wird Vertrauen in den gesellschaftlichen Bereichen Medien, Wirtschaft, Wissenschaft und Sport.

Einer der aktuell sehr dynamischen Anwendungsbereiche der Vertrauensforschung sind die Betriebswirtschaftslehre und Managementforschung. Durch seine praktische Orientierung und die entsprechenden Fragestellungen bietet dieses Feld wesentliche theoretische Impulse und praktische Anwendungsbereiche für die linguistische Vertrauensforschung,[17] weswegen es hier etwas detaillierter dargestellt werden soll. Aus Sicht der Wirtschaftswissenschaft ist Vertrauen zu einer „Schlüsselkategorie wirtschaftlichen Handelns" (Fiedler 2001) geworden, „it can truly be seen as one of the core themes of organizational analysis and management as a hole" (Bachmann/Zaheer 2006, 1). Dies hängt mit der steigenden Relevanz von Vertrauen in der globalisierten Welt zusammen:

> Both the steep increase in the number and variety of exchange relations and the increased complexity and uncertainty of the business environment cannot be handled without the presence of interpersonal and/or organizational trust. (Lane/Bachmann 1998, 1)

Die wirtschaftswissenschaftliche Forschung bezieht sich explizit auf sozialwissenschaftliche Grundlagen. Möllering/Sydow (2005, 65–66) bezeichnen ihren Ansatz als einen Beitrag

> zu einer Betriebswirtschaftslehre, die sich als anwendungsorientierte Sozialwissenschaft versteht, die damit aber gerade beim Thema Vertrauen mit einer geradezu überwältigenden Vielfalt an relevanter Forschung in benachbarten Disziplinen konfrontiert ist.

Auf sozialwissenschaftlicher Basis arbeitet auch Ripperger (1998, 8), die mit ihrer Arbeit zeigen möchte, „wie durch eine integrative Betrachtung der verschiedenen Perspektiven unter dem ökonomischen Paradigma ein Modell des Vertrauensme-

---

16 Es ist derzeit noch typisch, dass die Linguistik bei interdisziplinären Forschungsprojekten und Tagungen zum Thema Vertrauen nicht vertreten ist.
17 Es verwundert daher wenig, dass die ersten linguistischen Vertrauensstudien Textsorten aus dem wirtschaftlichen Bereich untersuchten (vgl. Keller 2006; Reinmuth 2006, 2009; mehr dazu vgl. S. 21 in diesem Kapitel).

chanismus entwickelt werden kann". Ähnlich will Frings (2010) eine „Integration der soziologischen und der ökonomischen Vertrauenstheorie" leisten (Titel der Studie).

Relevant ist Vertrauen für die Wirtschaft in vielfacher Hinsicht. Zu nennen sind beispielsweise Kooperationen, Kaufhandlungen, Investitionen und andere Transaktionen. Vertrauen gilt allgemein als Ressource, die zur Kostensenkung beiträgt.

> Der Aufbau einer Vertrauenskultur ist mit Investitionen in die Implementierung sozialer Institutionen zum Schutz von Vertrauen und deren Durchsetzung, also mit *Investitionen in eine Vertrauensverfassung* verbunden. Der Großteil der Transaktionskosten innerhalb einer Vertrauenskultur fällt in Verbindung mit diesen Investitionen an, während die mit den einzelnen Transaktionen verbundenen Transaktionskosten, die vor allem im Rahmen der vertraglichen Explikation möglicher Kontingenzen entstehen, minimiert werden. (Ripperger 1998, 178)

Vertrauen scheint seit Ende der 1990er Jahre und verstärkt in der ersten Dekade des 21. Jahrhunderts ein „Hot Topic" in der Forschung zu Management, Unternehmenskommunikation und Führung geworden zu sein und das sowohl aus wirtschaftswissenschaftlicher wie aus psychologischer und soziologischer Perspektive. Vertrauen ist „ein zentraler Garant für den Erfolg eines Unternehmens sowie ein höchst fragiles Produkt soziokultureller Interaktionsprozesse" (Ebert 2015, 482). Es wird im Zusammenhang mit Führung, Innovationsprozessen und Motivation betrachtet und als Erfolgsfaktor der Unternehmerkultur und -kommunikation ausgewiesen.[18] Auch die Unternehmenskommunikation nach außen, die mit Public Relations, Marketing und den Konzepten Identität, Marke, Image und Reputation zusammenhängt, bildet einen relevanten Bereich.[19] Vertrauen gerät zunehmend als ein allgemeines Organisationsprinzip ins Blickfeld der interdisziplinären Forschung[20] sowie der Wirtschaftspraktiker, „Vertrauensberater" und Trainer.[21]

Da Unternehmen in einer globalisierten Welt immer häufiger in interkulturellen Kontexten agieren, rückt auch die Vertrauensbildung innerhalb von interkulturellen Beziehungen stärker in den Fokus (vgl. Schwegler 2011). An dieser Stelle zeigt sich eine fruchtbare Schnittstelle zwischen betriebswirtschaftlicher und psychologischer Forschung (zur Psychologie des interkulturellen Dialogs vgl. Thomas 2008, mehr dazu in Kap. 7). Die hohe Relevanz des Vertrauenskonzeptes für die unternehmerische Tätigkeit in der nationalen und internationalen Arena spiegelt sich auch in der Unternehmensberatung wider (vgl. Greschuchna 2006, Mencke 2005).

---

18 Vgl. Bittl 1997, Ripperger 1998, Schmitz 2005, Osterloh/Weibel 2006, Laufer 2007, Krause 2010, Holzheu 2010, Fuchs 2010, Frey 2011, Möller 2012, Sommerlatte/Fallou 2012, zu virtuellen Unternehmen Fladnitzer 2006.
19 Vgl. Herger 2006, Deckow 2006, Hoffjann 2013, zu Glaubwürdigkeit in der Marketingkommunikation Eisend 2003.
20 Vgl. Ripperger 1998, Schweer/Thies 2003 u.a.
21 Vgl. Höhler 2003, Laufer 2007, Sprenger 2007 oder Covey/Merrill 2006.

Vertrauen spielt, das Voranstehende resümierend, auf allen Ebenen eine Rolle: auf der Makroebene als Vertrauen in Finanzmärkte und deren Institutionen, auf der Mesoebene als Vertrauen in und zwischen Organisationen, auf der Mikroebene als zwischenmenschliches Vertrauen z.B. am Arbeitsplatz.[22] Mit Vertrauen am Arbeitsplatz beschäftigt sich das „Great Place to Work Institute" (http://www.greatplacetowork.de). Es hat ein Modell zur Bewertung von Organisationen aus der Sicht von MitarbeiterInnen entwickelt. Das Modell besteht aus fünf Kategorien, von denen drei gemeinsam die Vertrauensdimension bilden – Glaubwürdigkeit, Respekt und Fairness. Vertrauen wird hier als eine wichtige Qualität der Arbeitsbedingungen modelliert.

Die Anwendungsorientierung der aktuellen Vertrauensforschung zeigt sich im deutschsprachigen Raum u.a. in der Gründung von Instituten, die die Rolle von Vertrauen für die Praxis reflektieren und Firmen sowie anderen Interessenten ihre Dienstleistungen im Bereich der Beratungstätigkeit und wissenschaftlichen Begleitung anbieten. Zu nennen sind das „Trust Management Institut" (http://www.trust-management-institut.de), das von Ulrike Schwegler gegründete „Institut für Angewandte Vertrauensforschung" (www.ifavf.de) oder das von Martin K. W. Schweer gegründete „Zentrum für Vertrauensforschung" an der Universität Vechta.[23] Seit Anfang der 2000er Jahre verzeichnete die Vertrauensforschung außerdem eine Reihe wichtiger Entwicklungen, die der Vernetzung und dem wissenschaftlichen Austausch dienen. So wurden beispielsweise das „FINT" (First International Network on Trust, http://www.fintweb.org) und das „Journal of Trust Research" gegründet, die sich als interdisziplinäre Plattformen verstehen.

Sehen Sie sich die Internetseiten des „Instituts für Angewandte Vertrauensforschung" (zu finden unter www.ifavf.de) und des „Trust Management Instituts" (TMI, http://www.trust-management-institut.de) an.
- Welche Grundannahmen über Vertrauen liegen der Arbeit der Institute zugrunde?
- Was sind die Ziele der Institute, aus welchen Perspektiven und in welchen Kontexten wird Vertrauen untersucht?
- Werden sprachliche Aspekte der Vertrauensbildung thematisiert? Wenn ja, inwiefern?

Wie man den Internetseiten der beiden Institute entnehmen kann, sind ihre Aktivitäten maßgeblich in wirtschaftswissenschaftliche und organisationspsychologische Forschung eingebettet. Das TMI wird getragen von einem „Kreis von Unternehmensführern, Wissenschaftlern und Management Consultants", die wissenschaftlichen Grundlagen der Tätigkeit und die Implikationen des Vertrauensbegriffes werden

---

22 Für weitere Einblicke in dieses anwendungsbezogene Forschungsfeld vgl. Schäfer (2013, 22–25).
23 Vgl. http://www.uni-vechta.de/paedagogische-psychologie/arbeitsstellen/zentrum-fuer-vertrauensforschung-zfv (Stand: 29.07.2016).

hier sehr ausführlich dargestellt, was sicherlich selbst als ein vertrauensförderndes Mittel verstanden werden kann.[24] Auf die Frage „Warum Vertrauen?" bietet das TMI die folgende Antwort:[25]

WARUM VERTRAUEN?
Wir konstatieren zunehmenden Vertrauensschwund in der Finanzwelt, in Politik und Gesellschaft, aber auch in und zwischen den Unternehmen, der zu Entwicklungsblockaden und Dysfunktionalitäten führt.

Vertrauen entsteht durch die Erfahrung von Glaubwürdigkeit, Verlässlichkeit und Authentizität von Menschen und Organisationen und bewirkt eine höhere Qualität des Zusammenwirkens der Akteure.

Vertrauensmangel wirkt sich negativ bis lähmend auf die Entwicklung und die laufenden Aktivitäten der Unternehmen aus, indem er hohen Aufwand verursacht, zu Zeitverlust führt, den Erfolg beschneidet und Nachhaltigkeit verhindert. Dem allein mit Prozessoptimierung und Systemen entgegen wirken zu wollen, erhöht die Komplexität und beeinträchtigt die Innovationsfähigkeit der Organisationen.

Es geht heute vielmehr darum, die Faktoren und Bedingungen zu bestimmen, die die Grundlage für die Bildung eines neuen Vertrauensklimas in unserer immer komplexeren Welt darstellen, und die Verantwortungsträger in den Unternehmen in die Lage zu versetzen, diesen wachsenden Anforderungen gerecht zu werden. Im Interesse der Erfolgssicherung.

Diese komprimierte Antwort kann als eine Kurzfassung der Erkenntnisse aus der wirtschaftswissenschaftlichen Vertrauensforschung und der Praxis in der Wirtschaft gelesen werden. Ähnliche Aspekte werden auf der Seite des Instituts für Angewandte Vertrauensforschung genannt (allerdings nicht so ausführlich).[26]

Vertrauen gewinnen – Gewinn durch Vertrauen

Vertrauen - der entscheidende Erfolgsfaktor
Untersuchungen zeigen, dass Vertrauen nicht nur ein gutes Gefühl ist: Vertrauen beschleunigt Veränderungsprozesse und führt zur Senkung von (Transaktions-)Kosten. Vertrauen fördert den nachhaltigen Geschäftserfolg. Damit ist Vertrauen ein „weicher" Faktor, der sich „hart" auszahlt.

Vertrauen als wertvolle Ressource für ein effektives Risiko-Management
Der Prozess des Vertrauens ist wie ein Sprung über die Schlucht des Unbekannten und der Unsicherheit. Damit gilt: Trust is not for free. Vertrauen ist eine riskante Investition in die

---

24 Vgl. http://www.trust-management-institut.de/warum-vertrauen/was-ist-vertrauen (Stand: 10.03.2016).
25 Vgl. http://www.trust-management-institut.de/warum-vertrauen (Stand: 10.03.2016).
26 Vgl. http://www.ifavf.de/deutsch/konzept.html (Stand: 10.03.2016).

Zukunft. Wir unterstützen Sie dabei, Vertrauen in kritischen Situationen als wertvolle Ressource vernünftig einzusetzen.

Vertrauen als Basis jeglicher Kommunikation und Kooperation
Vertrauen ist nicht einfach vorhanden oder nicht vorhanden. Vertrauen ist auch keine Persönlichkeitseigenschaft, sondern eine Entscheidung. Vertrauen kann und muss aktiv aufgebaut, gefördert und gepflegt werden.

Vertrauen in internationalen Geschäftsbeziehungen
Infolge der zunehmenden Globalisierung sowohl der Absatz-, der Beschaffungs- und der Arbeitsmärkte ist ein effektives Vertrauensmanagement über nationale Grenzen hinweg von aktueller Brisanz.

Auch hier werden die Vorteile des „weichen" Faktors nachdrücklich betont, womit letztlich die Daseinsberechtigung des Instituts begründet wird. Beide Institute verkörpern die angewandte Vertrauensforschung und leisten einen direkten Austausch zwischen Theorie und Praxis. In beiden Fällen zeigt sich, dass die Rolle der sprachlichen Kommunikation nicht erwähnt oder gar konkretisiert wird. So wird zwar auf der Seite www.ifavf.de postuliert, dass Vertrauen „Basis jeglicher Kommunikation und Kooperation" sei und dass es „aktiv aufgebaut, gefördert und gepflegt werden" kann und muss. Wie man dies aber tun kann und dass es sich hierbei im Wesentlichen um sprachliche Prozesse handelt, findet keine Erwähnung. Es scheint für die betriebswirtschaftliche und organisationspsychologische Forschung bezeichnend zu sein, dass die Rolle der (sprachlichen) Kommunikation vorausgesetzt, nicht aber näher untersucht wird. Bittl (1997, 3) stellt treffend fest, dass

> Erfolg oder Mißerfolg unternehmerischer Tätigkeit zu einem wesentlichen Teil von interpersonellen Kommunikationsprozessen geprägt bzw. determiniert wird. Gerade diesen Prozessen kommt eine *vertrauenskonstituierende* Bedeutung zu, die es aufgrund der unzweifelhaften Notwendigkeit des Vertrauens der verschiedenen Teilöffentlichkeiten in ein Unternehmen entsprechend zu gestalten gilt. Um so mehr erstaunt die festzustellende *Diskrepanz* zwischen der *Relevanz* von Aspekten sowie Zusammenhängen der zwischenmenschlichen Kommunikation und des Vertrauens und ihrer *theoretischen Durchdringung* im betriebswirtschaftlichen Schrifttum.

Dieser Feststellung ist insgesamt auch heute – rund 20 Jahre später – zuzustimmen und genau hier kann die linguistische Vertrauensforschung ansetzen. Eine Ergänzung der Erforschung von Vertrauen in diversen (nicht nur wirtschaftlichen) Zusammenhängen um die linguistische Perspektive und die Einbeziehung linguistischer Konzepte und Erkenntnisse in die praktische „Vertrauensberatung" scheinen mir sehr sinnvoll, lohnend und durchaus praktikabel.

3 Vertrauensbildung als semiotischer Prozess

Wie wir im Kapitel zum aktuellen Forschungsstand gesehen haben, wird Vertrauen je nach disziplinärer Perspektive, Fragestellung und methodischem Ansatz unterschiedlich aufgefasst. Aus sprachwissenschaftlicher Sicht treten die kommunikativen Aspekte in den Vordergrund. Es wurde ausführlich dargestellt, dass Vertrauen als ein pragmatisches Phänomen verstanden wird, das durch die Kommunikation entsteht und kommunikativ gepflegt werden muss. Somit ist der prozessuale Charakter von Vertrauen dominant: Vertrauen ist nicht entweder da oder absent, sondern entsteht durch kommunikative Praktiken, die stets kontextspezifisch ausgeführt und bei der Analyse daher kontextabhängig untersucht werden müssen. Diese spezifischen Vorannahmen münden in eine entsprechende, linguistisch basierte Definition des Phänomens, die in diesem Kapitel dargestellt und diskutiert wird.

Die Linguistik ist allerdings nicht die einzige Disziplin, die den prozessualen Charakter von Vertrauen betont. Insofern erscheint es sinnvoll und angebracht, die bereits vorhandenen Konzeptualisierungen innerhalb anderer Disziplinen daraufhin zu überprüfen, inwiefern sie mit den linguistischen Annahmen kompatibel sind. Eine solche Betrachtung verschiedener Auffassungen schärft das Auge für die linguistisch relevanten Aspekte und für die Anwendbarkeit linguistischer Methoden. So bietet beispielsweise die psychologische Konzeption des Urvertrauens von Erikson (vgl. dazu Kap. 2) aus linguistischer Perspektive kaum Anknüpfungspunkte, da der Schwerpunkt auf tiefenpsychologischen, vorsprachlichen Aspekten liegt und sprachliche Kommunikation zwischen Mutter und Säugling eine marginale Rolle spielt.[1] Wir suchen nach einer Konzeption, die der Sprache als einem wesentlichen kommunikativen Mittel eine entsprechende Stelle einräumt. Ein solches Konzept bietet die Sozialpsychologie mit dem Begriff der *sozialen Einstellung* (zu Einstellungen aus sozialpsychologischer Sicht vgl. Haddock/Maio 2014). Dieses Konzept ist deswegen für unsere Zwecke geeignet, weil Einstellungen in kommunikativen Prozessen entstehen. Die Zeichenhaftigkeit der Kommunikation bildet somit eine wesentliche Grundlage für die Entstehung von Einstellungen. Für unsere Betrachtung sind die folgenden Aspekte zentral:
– Einstellungen sind nicht per se gegeben, sondern entstehen interaktiv durch kommunikative Prozesse.
– Einstellungen sind als Tendenzen beschreibbar.
– Einstellungen enthalten stets eine kognitive, eine affektive und eine verhaltensbezogene Komponente.

---

[1] Dennoch sind allgemein semiotische Aspekte von Bedeutung, da in der Beziehung natürlich Kommunikation stattfindet. Körperliche Nähe, Berührungen, Weinen des Kindes, Stimme der Mutter etc. können als Zeichen verstanden werden.

– Einstellungen sind mit einer Bewertung verbunden.
– Einstellungen erfüllen verschiedene Funktionen.

Die Auffassung von Vertrauen als soziale Einstellung, die in der soziologischen und psychologischen Vertrauensforschung etabliert ist, kann also für die linguistische Vertrauensforschung fruchtbar gemacht werden. Bei der Übernahme des Konzeptes muss dennoch darauf geachtet werden, dass es stets im Einklang mit den linguistischen Vorannahmen und Erkenntnisinteressen definiert und empirisch untersucht wird. Im Folgenden wird in einem Exkurs das sozialpsychologische Konzept näher erläutert, damit es auf Vertrauen bezogen und linguistisch spezifiziert werden kann.

Eine Einstellung kann verstanden werden als „a psychological tendency that is expressed by evaluating a particular entity with some degree of favor or disfavor" (Eagly/Chaiken 1998, 269). Diese komprimierte Definition enthält mehrere wichtige Aspekte. Zunächst einmal sind Einstellungen psychische Größen, die als eine Tendenz auf einer fließenden Skala beschrieben werden können, d.h. sie sind als ein Kontinuum zu verstehen. Man kann somit nicht genau ermitteln und präzise quantitativ (auf einer Punkte-Skala) bestimmen, wie viel Vertrauen, Liebe, Sympathie etc. man einem Partner entgegenbringt. Man kann lediglich tendenzielle Aussagen treffen. Einstellungen sind stets auf ein Einstellungsobjekt gerichtet, das eine Person, ein Tier, ein Gegenstand, ein Sachverhalt etc. sein kann. Dieses Objekt wird auf eine bestimmte Art und Weise bewertet, die der Einstellung entspricht. Die Bewertung ist somit auch als ein Kontinuum zu sehen, als ein Mehr oder Weniger an Zuneigung bzw. Abneigung.

Aus unserem Alltag kennen wir sowohl Situationen, in denen Vertrauen unreflektiert (also „blind") geschenkt wird und mit emotionaler Involviertheit Hand in Hand geht (z.B. in partnerschaftlichen Beziehungen), als auch Situationen, in denen wir die Vertrauenswürdigkeit einer Person (z.B. eines Finanzberaters) bewusst einzuschätzen versuchen. Beides – Emotion sowie kognitiver Aufwand – gehören zu Vertrauen. Der Vorteil der Auffassung von Vertrauen als eine soziale Einstellung besteht aus methodischer Sicht darin, dass Vertrauen nicht auf rein kognitive oder rein emotionale Aspekte reduziert wird, sondern dass das Zusammenspiel der verschiedenen Komponenten berücksichtigt wird. Die kognitiven und emotionalen Aspekte kommen stets in unterschiedlichen beobachtbaren Formen des Verhaltens (behaviorale Komponente) zum Ausdruck. Sowohl die einer Einstellung zugrunde liegenden Erfahrungen als auch die Ausdrucksformen dieser Einstellung kann man also immer in drei Komponenten unterteilen: Affekt, Kognition und Verhalten. Laut Narowski (1974, 167) sind diese drei Komponenten zwei Bereichen zuzuordnen: „Vertrauen hat wie andere Einstellungen zwei Bereiche, hinsichtlich derer es betrachtet werden kann: den Erlebnisbereich mit seinen affektiven und kognitiven Anteilen und den Handlungs- und Verhaltensbereich". Die drei Komponenten von Einstellungen beschreibt die Sozialpsychologie folgenderweise:

Einstellungen haben eine kognitive, eine affektive und eine Verhaltenskomponente. Als kognitive Komponente bezeichnet man die Überzeugungen, Gedanken und Merkmale, die mit einem Einstellungsobjekt verbunden sind. Als affektive Komponente werden die Gefühle oder Emotionen bezeichnet, die mit einem Einstellungsobjekt assoziiert sind. Die Verhaltenskomponente bezieht sich auf (frühere, aktuelle oder antizipierte) Verhaltensweisen gegenüber dem Einstellungsobjekt. (Haddock/Maio 2014, 206)

Diese drei Komponenten sind „merged into a unitary social experience" (Lewis/Weigert 1985, 969) und sind allen Einstellungen gemeinsam. Auch Vertrauen weist folgerichtig diese drei Komponenten auf. Narowski (1974, 168) führt die einzelnen Dimensionen aus:

Kognitive Dimension: Einem anderen Menschen vertrauen heißt demnach: ihn als wohlgesinnt wahrnehmen, ihn für glaubwürdig halten, ihn der Bewältigung einer Aufgabe für fähig ansehen, usw.

Affektive Dimension: Zugleich heißt jedoch vertrauen sich in der Nähe des anderen sicher wissen, geborgen fühlen, beruhigt sein, sich in dieser bestimmten Beziehung zum anderen frei von Angst und Besorgnis fühlen, usw.

Verhaltens- bzw. Handlungsdimension: Schließlich beinhaltet Vertrauen über das bisher Angedeutete hinaus: sich entsprechend dieser Wahrnehmung und diesem Gefühl zu verhalten und zu handeln, das kann z.B. heißen: sich mit dem anderen einlassen, ihm von den eigenen Unzulänglichkeiten Mitteilung machen, seinen Rat befolgen, sein Tun nicht kontrollieren, ihn ermutigen, seine Eigeninitiative fördern, ihm Verantwortung übertragen, usw.[2]

Je nach Situation können die Komponenten von Vertrauen unterschiedlich gewichtet sein, man kann allerdings davon ausgehen, dass alle drei stets gegeben sind. Basierend auf der Unterscheidung der drei Komponenten kann man mit Haddock/Maio (2014, 199) definieren: Eine Einstellung ist „eine Gesamtbewertung eines Objekts, die auf kognitiven, affektiven und verhaltensbezogenen Informationen beruht". Diese Definition enthält einen weiteren wichtigen Aspekt, nämlich:

dass das Äußern einer Einstellung ein wertendes Urteil über ein Stimulusobjekt beinhaltet. Mit anderen Worten beinhaltet eine Einstellungsäußerung, dass man eine Entscheidung darüber fällt, ob man etwas mag oder nicht, ob man etwas zustimmt oder es ablehnt, bzw. ob man einem bestimmten Sachverhalt, einem Objekt oder einer Person Zuneigung oder Abneigung entgegen bringt. (Haddock/Maio 2014, 199)

---

2 Vgl. dazu Hartmann (2011, 168–169): „Weil Vertrauen auf diese Weise zur Verwirklichung von Zielen und Zwecken beitragen kann, kommt ihm der Charakter einer praktischen Einstellung zu. Als Einstellung entfaltet sich Vertrauen nur, wenn es in Handlungen mündet, die sinnvoll unter eine vertrauensrelevante Beschreibung gebracht werden können."

Einstellungen können hinsichtlich ihrer Valenz und Stärke variieren. Mit *Valenz* sind positive, negative oder neutrale Bewertungen gemeint. *Stärke* bezieht sich auf die Intensität der erlebten Einstellung. So kann eine positive wie negative Einstellung zu einem Gegenstand hinsichtlich der Stärke dieser Einschätzung variieren. Insofern sollte man Einstellungen nicht kontradiktorisch als gegeben oder nicht gegeben verstehen (man mag etwas oder man mag es nicht), sondern als unterschiedlich starke Ausprägung auf einer fließenden Skala und somit als eine psychologische Tendenz, wie Eagly/Chaiken (1998, 269) in ihrer Definition hervorheben (vgl. weiter oben in diesem Kapitel).

Entsprechend ihrer Vielschichtigkeit erfüllen Einstellungen auch verschiedene Funktionen. Haddock/Maio (2014, 208) nennen die folgenden fünf:
1. Einschätzungsfunktion
2. utilitaristische Funktion
3. soziale Anpassungsfunktion
4. Ich-Verteidigungsfunktion
5. Wertausdrucksfunktion

Die Einschätzungsfunktion meint „die Fähigkeit von Einstellungen, die positiven und negativen Eigenschaften von sozialen Objekten gleichsam energiesparend in einem einzigen Wert zusammenzufassen" (Haddock/Maio 2014, 208). Somit dient diese Funktion (bei Erwin 2001 „knowledge function") der Ordnung der Welt und einer schnellen Orientierung.

> The core idea of this function is that attitudes make our world more understandable. They provide a frame of reference for ascribing meaning to the things that happen to us and the things that we encounter. They help impose order on the world, make it predictable and help us feel we are functioning effectively. (Erwin 2001, 11)

Diese Funktion kann dazu beitragen, dass Menschen Dinge (Tätigkeiten, Personen, Themen etc.) vermeiden, die für sie schädlich sind, und sich hingegen Dingen zuwenden, die ihnen gut tun. Sie hängt eng mit der utilitaristischen Funktion zusammen. Diese Funktion ist „bei Einstellungen zu finden, die Belohnungen maximieren und Bestrafungen minimieren, die man durch das Einstellungsobjekt erhält" (Haddock/Maio 2014, 208). Die soziale Anpassungsfunktion von Einstellungen bewirkt, dass wir uns mit Menschen identifizieren, die wir mögen, dass wir sie als Vorbilder wahrnehmen und unser Handeln eventuell nach ihnen richten.[3] Von Menschen, die wir nicht mögen, distanzieren wir uns hingegen, wenn auch der Abstand nicht explizit zum Ausdruck gebracht werden muss. Die Ich-Verteidigungsfunktion von Einstellungen trägt zum Schutz des Selbstwertgefühls bei. So kann man beispiels-

---

[3] Vgl. dazu den Einsatz von bekannten Persönlichkeiten, sog. *Testimonials*, in der Werbung, der dazu dienen soll, das beworbene Produkt besser zu verkaufen (vgl. Kap. 6).

weise eine Abneigung zu einer Tätigkeit (Sportart, Studienfach, Tätigkeit etc.) entwickeln, bei der man schlechte Leistungen erreicht, weil durch schlechte Leistungen das Selbstwertgefühl bedroht wird. Schließlich können Einstellungen die Wertausdrucksfunktion erfüllen, die sehr eng mit dem Selbstbild und den zentralen Werten eines Individuums verbunden ist:

> Attitudes may be significant for the individual because they support and are integral to their self-concept. Consequently, expressing and having these values and attitudes affirmed are a source of satisfaction to the individual. (Erwin 2001, 10)

Eine Person kann z.B. mit dem Fahrrad oder Roller zur Arbeit fahren und damit zum Ausdruck bringen, dass sie viel Wert auf Gesundheit, Umweltschutz und/oder auf Lockerheit und informelles Auftreten legt. Diese Transportart kann (muss aber nicht) von der Person als Zeichen gemeint sein, um die eigene Lebenseinstellung auszudrücken. Sie wird jedoch erst dann zum Zeichen, wenn sie von der Umgebung wahrgenommen und als Zeichen interpretiert wird.

Es ist deutlich, dass Einstellungen verschiedene erwünschte Funktionen erfüllen. Die Frage ist nun, wie Einstellungen entstehen. Aus der sozialpsychologischen Forschung ist bekannt – und im Alltag nachvollziehbar –, dass Einstellungen nicht von sich aus gegeben sind. Einstellungen zu unbelebten Objekten entstehen durch Erfahrungen damit (z.B. durch ihren Gebrauch), Einstellungen zu sozialen Akteuren entstehen in der Interaktion mit ihnen. Auch Vertrauen zwischen sozialen Akteuren entsteht im Laufe der Interaktion. Diese basiert dabei sowohl auf sprachlichen wie auch nichtsprachlichen Zeichen. Ebenso wird die Vertrauensbildung von allen Zeichentypen (von verbalen Zeichen wie paraverbalen und nonverbalen) beeinflusst und getragen. Entscheidend für die Entstehung von Vertrauen ist, dass Kommunikation stattfindet. Kommunikation wird hier als soziales Handeln verstanden.

Dass nicht nur verbale Kommunikation für den Aufbau von Vertrauen eine Rolle spielt, wird uns beispielsweise dann bewusst, wenn wir uns eine vertrauensvolle Beziehung zwischen Mutter und Säugling oder zwischen taubstummen Menschen vor Augen führen. In solchen Fällen dienen andere als die verbalen Mittel der Kommunikation und Beziehungspflege. Auch in Interaktionen, in denen primär das Kommunikationsmittel Sprache verwendet wird, sind nichtsprachliche Mittel (Gestik und Mimik, Kleidung u.a.) an der Vertrauensbildung beteiligt. Die Vertrauensbildung ist somit ein Prozess, der nicht rein sprachlich, sondern semiotisch basiert ist, wobei die Sprache als zentrales Mittel menschlicher Kommunikation im Regelfall maßgebend ist. Mit anderen Worten: Vertrauen ist stets in kommunikative Praktiken eingebettet, es ist Teil einer Praxis, wie Hartmann (2011, 170) betont:

> Die Einstellung des Vertrauens ist nicht nur praktisch, weil sie durch Handlungen „gesättigt" wird, sie ist auch praktisch, weil sie sich im Rahmen von Praktiken verwirklicht, die das Einnehmen der Einstellung erst möglich machen. Auch in diesem Sinne ist die Einstellung des Vertrauens psychologisch durchaus real; sie ist real nicht als bewusster Wunsch oder bewusste

Überlegungen, sondern als Praxis, in deren Rahmen sich Einstellungen bilden können, die implizit bleiben, weil sie sich in der Praxis selbst darstellen und dadurch Einfluss auf Gedanken, Emotionen, Wünsche etc. nehmen.

Die Vertrauensbildung basiert in der Regel auf einer Reihe von Erfahrungen. Wenn es eine Beziehungsgeschichte gibt, bilden die bisherigen Erfahrungen mit dem Gegenüber die wichtigste Grundlage für die Vertrauensbildung. Man geht i.d.R. von der Beständigkeit bestimmter Denk- und Handlungsmuster aus und projiziert die bisherigen Erfahrungen auf die Zukunft. Wenn man eine Person gut kennt, weiß man auch, wie sie denkt, wie sie handelt, wovor sie Angst hat, welche Herausforderungen sie gern annimmt, wie sie bestimmte Sachen einschätzt etc. Aufgrund dieses Wissens über den Partner kann man sein zukünftiges Handeln bis zu einem gewissen Grad vorhersagen. Vorhersagbarkeit und damit einhergehend eine gute „Lesbarkeit" des Handelns ist eine wichtige Grundlage für die Vertrauensbildung. Menschen, deren Handeln und Verhalten wir gar nicht „lesen" können, die für uns völlig unberechenbar und ein Rätsel sind, schätzen wir häufig als „undurchsichtig" und als eher weniger vertrauenswürdig ein.

Für die Vertrauensbildung spielen aber auch Erfahrungen eine Rolle, die nicht direkt das Gegenüber betreffen. Wichtig sind beispielsweise Erfahrungen mit anderen, aber ähnlich gelagerten Situationen sowie Erfahrungen anderer Bezugspersonen, die man vom Hörensagen kennt. Auch stereotype Vorstellungen und Klischees spielen eine Rolle. Vertrauen entsteht somit stets vor dem aktuellen Erfahrungshintergrund, „der sich entweder im Laufe der Geschichte einer konkreten sozialen Beziehung oder kumulativ als nicht direkt beziehungsbezogener Erfahrungswert aufgebaut hat" (Endreß 2001, 185). Man beachtet also Informationen, die aus verschiedenen Quellen stammen können und als Quasi-Argumente für die Einschätzung der Vertrauenswürdigkeit einer Person oder Institution herangezogen werden.

> Die Indikatoren für diese Quasi-Argumente [als Legitimierung der positiven Erwartung des Nicht-Schadenseintritts – P.S.] leitet das Vertrauenssubjekt aus der Beobachtung seiner Umwelt ab. Es handelt sich hierbei z.B. um *Erfahrungen* mit dem Vertrauensobjekt, *Wissen um die Erfahrungen anderer* mit dem Vertrauensobjekt, die Beobachtung anderer Vertrauenshandlungen gegenüber dem gleichen Vertrauensobjekt, die festgestellte Mehrheitsmeinung, persönliche und strukturell *bedingte Indikatoren* für das Verhalten des Vertrauensobjekts. (Kohring 2001, 69, Hervorhebungen i.O.)

Wir haben festgestellt, dass Vertrauen maßgeblich durch kommunikative – sprachliche und nichtsprachliche – Prozesse entsteht. Wenn dem so ist, muss es folgerichtig möglich sein, anhand der Analyse dieser Prozesse mehr über die Vertrauensbildung zu lernen. Der Sprache kommt innerhalb dieser Prozesse im Normalfall eine besondere Stellung zu und die Linguistik bietet geeignete Ansätze und Methoden, um durch die Analyse sprachlicher Mechanismen der Vertrauensbildung zu deren Erforschung beizutragen. Die Auffassung von Vertrauen als soziale Einstellung stellt eine Voraussetzung linguistischer Untersuchungen dar, da sie die kommunikativen und im weiteren Sinne semiotischen Aspekte von Vertrauen in den Vordergrund rückt und damit den Weg für linguistische Fragestellungen ebnet.

Eine zentrale methodische Frage, die wir uns bei linguistischen Untersuchungen der Vertrauensbildung stellen müssen, ist, wonach wir bei der Analyse suchen: Soll nach der expliziten Thematisierung von Vertrauen gesucht werden? Dienen eventuell auch andere, subtilere Mittel der Vertrauensbildung?

Diskutieren Sie die Kernthese von Frevert (2009), die sie im Titel formuliert: *Wer um Vertrauen wirbt, weckt Misstrauen.*
- Wie ist *um Vertrauen werben* zu verstehen?
- Ist *um Vertrauen werben* aus Ihrer Sicht mit *Vertrauen fördern* gleichzusetzen?
- Inwiefern ist hier die Unterscheidung zwischen expliziten und impliziten Mitteln relevant, hilfreich und/oder notwendig?

Freverts These „Wer um Vertrauen wirbt, weckt Misstrauen" ist wie folgt zu verstehen: „Wer den Vertrauensbegriff appellativ benutzt, ungeschminkt mit ihm wirbt, weckt bei Bürgern heute eher Misstrauen." (Frevert 2009, 28) Das *Werben um Vertrauen* ist somit an die explizite Thematisierung und den direkten Appell gebunden. Die Vertrauensförderung, so wie sie hier verstanden wird, ist ein Prozess, der nicht ausschließlich – und nicht primär – auf einer expliziten Thematisierung von Vertrauen basiert, sondern vielmehr eher durch implizite Mittel erfolgt:[4]

> Kommunikation kann Glaubwürdigkeit und Vertrauen nicht erzeugen, indem der Kommunikator explizit darauf hinweist, glaub- und vertrauenswürdig zu sein. Die Kommunikation selbst muss über Merkmale verfügen, die für die Vertrauenswürdigkeit des Kommunikators sprechen, die als *Symptome* für Glaubwürdigkeit interpretiert werden können. (Reinmuth 2009, 133, Hervorhebung i.O.)

Es kann also angenommen werden, dass der Prozess der Vertrauensförderung primär auf impliziten Mitteln basiert. Explizite Thematisierung kann zwar auch zur Vertrauensförderung beitragen, sie stellt aber oft eine Gratwanderung dar, da die Werbung um Vertrauen viele Menschen misstrauisch stimmt.

Es wurde deutlich, dass Kommunikation eine wichtige Voraussetzung und gleichzeitig einen Rahmen für die Vertrauensbildung darstellt. Im Laufe der Interaktion entwickelt sich Vertrauen und kann dabei drei verschiedene Stufen durchlaufen, auf denen die einzelnen Aspekte von Vertrauen jeweils unterschiedlich stark in den Vordergrund treten. Anhand dieser Stufen kann der Prozess der Vertrauensbildung modelliert werden (zur ausführlichen Darstellung und Diskussion des Modells vgl. Schäfer 2013, 59–72). Das Stufenmodell stellt die Entwicklung von Vertrauen in

---

4 Vgl. die Diskussion dieses Aspektes bei der Darstellung des Forschungsstandes in Kap. 2.

den Vordergrund. Ihre Modellierung anhand von Stufen entspricht dem intuitiven Verständnis davon, dass Vertrauen „wächst", wenn sich eine Beziehung positiv entwickelt. Die Stufen sollen den grundsätzlichen qualitativen Unterschied in den einzelnen Phasen der Vertrauensbildung verdeutlichen und implizieren somit auch eine zeitliche Komponente. Dabei sind innerhalb einer jeden Stufe verschiedene Schattierungen denkbar und wahrscheinlich. Alle drei Stufen erfüllen die Funktion zur Reduktion von Komplexität, jedoch in einem unterschiedlichen Maß. Das Maß an Komplexitätsreduktion ist somit ein distinktives Merkmal, anhand dessen die Stufen unterschieden werden können. Das Modell sieht insgesamt vier distinktive Merkmale vor:

- Maß der Komplexitätsreduktion (Vertrauen reduziert mehr oder weniger die Komplexität der sozialen Situation)
- Grad der Reflektiertheit (Vertrauen wird von der vertrauenden Person mehr oder weniger reflektiert)
- Reichweite von Vertrauen (Summe aller Lebensbereiche, auf die sich das Vertrauen bezieht)
- Verhältnis zwischen der kognitiven und affektiven Komponente (Dominanz einer Komponente auf der jeweiligen Stufe)

Die Kombination dieser Merkmale charakterisiert die grundsätzliche Ausprägung von Vertrauen auf den drei Stufen. Wichtig ist dabei die logisch-funktionale Verknüpfung der einzelnen Merkmale. Tendenziell kann man folgenden Zusammenhang annehmen: Je mehr eine Situation kognitiv verarbeitet wird (rational analysiert, Risiken und Vorteile werden eingeschätzt etc.), desto reflektierter ist das entgegengebrachte Vertrauen, desto weniger wird dadurch die Komplexität reduziert und das Vertrauen bezieht sich wahrscheinlicher nur auf den einen konkreten Lebensbereich, in dem die Vertrauenssituation eingebettet ist, und besitzt damit eine geringe Reichweite – und umgekehrt.

Die drei Stufen, die Vertrauen im Laufe der Interaktion durchlaufen kann – aber nicht zwingend durchlaufen muss – bezeichne ich als
- Grundvertrauen
- Auftaktvertrauen
- Ausgeprägtes Vertrauen

Das *Grundvertrauen* stellt die Stufe dar, die den Charakter „der unbezweifelten Zuversicht und des ‚festen Glaubens' [...] hat (Juchem 1988, 7). Dieses Vertrauen ist eine Bedingung für die Bildung einer gesunden Persönlichkeit (sonst hätte man ständig pathologische Angst), die Grundlage jeglichen Handelns und eine notwendige Voraussetzung für die Weiterentwicklung von Vertrauen. Es ist latent, der kognitive Aufwand ist dadurch minimal und die Reduktion der Komplexität maximal. Das Grundvertrauen bezieht sich fast ausschließlich auf die eigene Sicherheit und die grundlegenden Bedürfnisse, sodass man eher von einer niedrigen Reichweite ausgehen kann. Diese Stufe ist am wenigsten von der Kommunikation abhängig.

Das *Auftaktvertrauen* basiert auf der latenten Grundstufe und stellt eine Art Übergangsphase dar, die in neuen Situationen (z.B. in der Interaktion mit unbekannten Personen) eintritt. Es stellt eine subjektive untere Grenze der notwendigen Intensität von Vertrauen dar, die es dem Menschen ermöglicht, sich auf kooperatives Handeln einzulassen. Für diese Phase ist daher intensive und als erfolgreich oder angenehm empfundene Kommunikation mit dem Gegenüber zentral. Die führt dazu, dass man das Gegenüber besser einschätzen kann, dass eine gewisse Vertrautheit entsteht. Vertrautheit in diesem Sinne darf nicht mit Vertrauen und auch nicht einer engen Beziehung verwechselt werden. Sie impliziert lediglich, dass man Wissen über den Partner hat, das man für die Einschätzung und Vorhersage seines Handelns verwenden kann. Auf der Grundlage intensiver Kommunikation und Auseinandersetzung mit dem Gegenüber kann also Vertrautheit entstehen, die Vorhersagbarkeit des Handelns und Vertrauen ermöglicht.[5] In neuen Situationen neigt man tendenziell dazu, die Vertrauensleistung mit steigenden wahrgenommenen Risiken mehr abzuwägen. Die Stufe des Auftaktvertrauens ist daher diejenige, die am stärksten kognitiv geprägt ist und am ehesten bewusst reflektiert wird. Die Komplexität wird dadurch nicht so stark reduziert und Vertrauen bezieht sich auf dieser Stufe primär oder ausschließlich auf einen spezifischen Bereich: Wenn ich z.B. einem Handwerker einen größeren Auftrag gebe, heißt es nicht, dass ich ihm dann automatisch auch meine Kinder anvertraue.

Die Kommunikation der Akteure und die Entwicklung von Vertrautheit auf dieser Stufe sind für die weitere Entwicklung der Beziehung entscheidend. Eine geschäftliche Beziehung zu einem Handwerker oder eine berufliche Beziehung zu einer Kollegin können durchaus auf der Stufe des Auftaktvertrauens bleiben und dabei für beide Seiten optimal sein. Partnerschaftliche und freundschaftliche Beziehungen und Beziehungen innerhalb der Familie entwickeln sich hingegen in der Regel weiter und erreichen die höchste Stufe des *ausgeprägten Vertrauens*. Auf dieser Stufe überprüft man nicht mehr jedes Mal, ob man dem anderen vertrauen kann. Der kognitive Aufwand bei der Verarbeitung der Informationen geht zurück, die Komplexität wird dadurch wieder stärker reduziert (nicht so stark jedoch wie beim Grundvertrauen). Das Vertrauen wird tendenziell eher wenig reflektiert (weswegen

---

5 Zur Beziehung zwischen Vertrauen und Vertrautheit vgl. Luhmann (2001, 144), Gambetta (2001, 233) oder Endreß (2001, 176). Alle stellen fest, dass Vertrautheit eine Basis für Vertrauen bildet. Ohne Vertrautheit gibt es kein Vertrauen, denn Vertrauen muss „in einer vertrauten Welt erlangt werden" (Luhmann 2001, 144). Vertrautheit basiert auf wiederholten Erfahrungen mit dem Gegenüber. Wenn man keine Erfahrungen hat und trotzdem mit einer unbekannten Person oder Institution interagieren muss, können an Stelle der fehlenden Vertrautheit stereotype Vorstellungen, Klischees, von Dritten erfahrene Informationen etc. treten. (vgl. dazu S. 44).

erlebte Vertrauensbrüche in der Partnerschaft oder Familie psychisch sehr belastend sind) und bezieht sich auf mehrere Lebensbereiche. Abbildung 2 fasst die zentralen Merkmale der Vertrauensstufen grafisch zusammen.

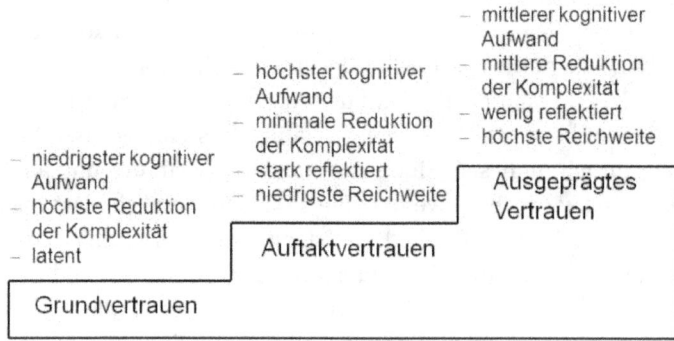

Abb. 2: Stufenmodell der Vertrauensbildung

Das hier entwickelte Modell weist Ähnlichkeiten mit dem Vorschlag von Endreß (2014) auf, drei Vertrauensmodi zu unterscheiden: *reflexives Vertrauen, habituelles Vertrauen* und *fungierendes Vertrauen*. Diese Modi sind z.T. analog zu den Vertrauensstufen definiert, z.T. weichen sie davon ab. Ihr definitorisches Kriterium ist der Grad der Reflektiertheit von Vertrauen (Endreß spricht in Anlehnung an Luhmann von *Reflexivität*). Die ersten beiden Modi sind als vor-reflexive Modi zu verstehen. *Fungierendes Vertrauen* als „vor-reflexive, vor-sprachliche und sich primär expressiv artikulierende Form [ist] als konstitutiv für jedes (‚nicht-pathologische') menschliche Welt-, Sozial- und Selbstverständnis zu begreifen" (Endreß 2014, 40) und entspricht hier dem *Grundvertrauen*. *Habituelles Vertrauen* – ebenso vor-reflexiv – ist das „pragmatisch wirksame Vertrauensfundament der Routinegrundlagen alltäglichen Handelns und Interagierens" (Endreß 2014, 40). Es umfasst die Selbstverständlichkeit und Vertrautheit der „‚Fleisch gewordenen', da sich stets wiederholenden und so letztlich implizit bleibenden und latent wirksamen (subjektiven) Standardvollzüge wie (objektiven) -annahmen sozialen Lebens" (Endreß 2014, 40). So verstanden weist *habituelles Vertrauen* am ehesten Züge des *ausgeprägten Vertrauens*, das auf Routinen basiert, auf. Davon unterscheidet Endreß den Modus *reflexiven Vertrauens*, „der als kognitiver Vertrauensmodus den Spezialfall des Vertrauens im Kontext strategischer Interaktionen umfasst und dieses somit als kalkuliert einsetzbare Handlungsressource auf den Begriff bringen soll" (Endreß 2014, 40). So definiert entspricht reflexives Vertrauen hier am ehesten dem *Auftaktvertrauen*.

> Reflexives Vertrauen ist per definitionem thematisch, also explizit und kommunikativ verfügbar aufgrund eines möglichst umfassenden Erwägens aller für eine bestimmte Handlungssitua-

tion als relevant angesehenen Umstände, während habituelles Vertrauen thematisierbar (modus potentialis), somit im Prinzip seines pragmatisch-impliziten Modus entkleidbar ist. Fungierendes Vertrauen bleibt im Kontrast zu diesen beiden Vertrauensmodi nicht nur wesentlich unthematisch, sondern ist als solches – da eine Vollzugsrealität – als nicht thematisierbar anzusehen. Fungierendes Vertrauen trägt menschliches Zur-Welt-Sein, d.h. Handeln und Interagieren und intersubjektive Beziehungen in Gestalt einer notwendig begleitenden, einer unverzichtbaren Hintergrundressource. (Endreß 2014, 40)

Endreß plädiert dafür, diese drei Modi quer zu der gängigen Unterscheidung von persönlichem Vertrauen und Systemvertrauen anzusetzen: „Sowohl für die Form persönlichen Vertrauens als auch für die Form des Systemvertrauens lassen sich – wiederum differenziert für die verschiedenen Aggregatebenen des Sozialen – alle drei Vertrauensmodi identifizieren." (Endreß 2014, 45) Auch die hier vorgeschlagenen Vertrauensstufen sind quer zu der Unterscheidung der Vertrauensformen zu sehen. Allerdings sind sie im Vergleich zu dem Modell von Endreß stärker entlang der zeitlichen Entwicklung von Vertrauen innerhalb einer Beziehung definiert und fangen damit die zeitliche Dimension ein, die bei Endreß m.E. nicht berücksichtigt ist. Als Zwischenfazit halten wir fest: Vertrauen entwickelt sich in verschiedenen Stufen, die sich in der Ausprägung von einzelnen Merkmalen unterscheiden. Auf allen Stufen basiert die Vertrauensbildung auf dem Austausch von sprachlichen und nichtsprachlichen Zeichen, wobei die Grundstufe am wenigsten kommunikativ geprägt ist. An dieser Stelle wird die Definition von Zeichen relevant.

Die Linguistik kennt eine Vielzahl verschiedener Zeichenmodelle, die in der Entwicklung der Disziplin unterschiedlichen Stellenwert innehaben. Prominent ist sicherlich das bilaterale Zeichenmodell von Ferdinand de Saussure, das die gesamte strukturalistische Linguistik prägt und in modifizierter Form auch in neuere Ansätze eingeht.[6] Nach diesem Verständnis ist ein Zeichen eine rein psychische Größe, die aus zwei miteinander konventionell verbundenen Seiten besteht: dem *Konzept (signifié)* und dem *Lautbild (signifiant)*.[7] Diese Zeichendefinition verlagert das gesamte Zeichen in den Kopf der Menschen und verkennt damit die Tatsache, dass Zeichen nicht an sich existent sind, sondern dass eine sprachliche Äußerung erst zum Zeichen wird, indem sie von jemandem getätigt und von einer anderen Person als Zei-

---

6 Als Beispiel kann die Konstruktionsgrammatik genannt werden, die Konstruktionen als konventionalisierte Form-Bedeutung-Paare definiert und sich damit explizit auf das bilaterale Zeichenmodell von de Saussure bezieht (vgl. u.a. Fischer/Stefanowitsch 2006, Ziem/Lasch 2013 und 2014). Schneider (2014) betont allerdings, dass das überlieferte Zeichenmodell, das im „Cours de linguistique générale" publiziert wurde, deutlich von den Überlegungen Saussures abweicht, die anhand seines fragmentarischen Nachlasses rekonstruiert werden können und eine stärkere Flexibilität des Zeichenmodells annehmen.
7 Diese Begriffe werden in der neuen Übersetzung des *Cours* (vgl. Wunderli 2013) verwendet neben *Signifikat* und *Signifikant*. Alternativ spricht man auch von *Inhalt/Vorstellung* einerseits und *Ausdruck* anderseits oder von *Bezeichnetem* einerseits und *Bezeichnung/Bezeichnendem* anderseits.

chen interpretiert wird. Der Bezug zu außersprachlichen Objekten und zu handelnden Personen fehlt im bilateralen Modell und wird erst in trilateralen Modellen berücksichtigt. Zu nennen sind in dem Zusammenhang exemplarisch:[8]
- das semiotische Dreieck von Ogden/Richards, das außersprachliche Objekte in der Modellierung berücksichtigt, jedoch keinen systematischen Bezug auf handelnde Personen enthält,
- das Zeichenmodell von Morris, das im Rahmen der pragmatischen Dimension auch handelnde Akteure berücksichtigt und
- das Organon-Modell von Bühler, das die Akteure differenzierter betrachtet (als Sender und Empfänger) und das auch als ein Kommunikationsmodell gelesen werden kann.

Durch die jeweils dritte Komponente wird das bilaterale Modell erweitert, aus dem Kopf der SprecherInnen herausgeholt und im Sprachgebrauch von handelnden Individuen verankert, die sich auf Sachverhalte beziehen und damit bestimmte Intentionen verfolgen. Bezüglich der kommunizierenden Personen wird in der Linguistik traditionell zwischen der Produzenten- und der Rezipientenperspektive unterschieden, die in den gängigen, aber durchaus problematischen Begriffen *Sender* und *Empfänger* zum Ausdruck kommt.[9] Diese Unterscheidung ist für die linguistische Forschung zentral und entsprechend ist sie auch für unsere Untersuchung der Vertrauensbildung maßgeblich. Wenn man sprachliche Äußerungen produziert und als Zeichen einsetzt, steht man vor anderen Aufgaben und Herausforderungen als wenn man Äußerungen rezipiert (hört oder liest) und versucht, sie zu verstehen. Unter ihrem kommunikativen Aspekt betrachtet sind Zeichen

> Hilfsmittel, um von unmittelbar Wahrnehmbarem auf nicht unmittelbar Wahrnehmbares zu schließen. Dies ist aus der Perspektive des Interpreten gesehen. Aus der Perspektive des Sprechers (im wohlverstandenen Sinne) gesehen sind Zeichen Muster zur Hervorbringung wahrnehmbarer Dinge, die er dem Interpreten an die Hand gibt, um diesen dazu zu bringen zu erschließen, in welcher Weise er ihn zu beeinflussen beabsichtigt. (Keller 1995, 113)

---

[8] Auf diese Modelle kann hier nicht im Detail eingegangen werden. Zur kurzen Darstellung der grundlegenden Zeichenmodelle vgl. z.B. Pelz (2007, Kap. 3). Zum Modell von Morris vgl. Gloning (1996, 265–269). Zum Organonmodell von Bühler vgl. auch Kap. 4, S. 71.

[9] Problematisch ist an diesen Begriffen die ihnen zugrunde liegende Metaphorik, die unterstellt, dass der Sender eine Nachricht „verpackt" und abschickt und der Empfänger diese einfach entgegennimmt, „auspackt" und in dem Paket genau das findet, was der Sender für ihn eingepackt hat. Diese Implikationen der Metapher treffen auf die komplexe soziale Kommunikation nicht zu. Die Paket-Metapher und die mit ihr verwandten Rohr-Metapher, Kanal-Metapher, Botschaft-Metapher u.ä. stammen aus der Kommunikationstheorie der Nachkriegszeit, die sich vor allem mit der Optimierung der Signalübertragung bei der Funktechnologie beschäftigte. Vor diesem wissenschaftshistorischen Hintergrund müssen auch die verwendeten Begriffe kritisch reflektiert werden (vgl. Rommerskirchen 2014, Kap. 6.2).

Nach der Zeichentheorie von Keller (1995, 102–112) hat jedes Zeichen zwei untrennbare Aspekte:

> den Aspekt der Wahrnehmbarkeit und den Aspekt der Interpretierbarkeit. Zeichenverwendungen sind also sinnlich wahrnehmbare Dinge, Sachverhalte, Handlungen oder Ereignisse, die für interpretierbar gehalten werden. Interpretierbar zu sein, muß nicht notwendigerweise die primäre Funktion dessen sein, was als Zeichen betrachtet wird, aber es muß eine seiner Funktionen bzw. seiner Gebrauchsmöglichkeiten sein. Ein Auto hat beispielsweise die primäre Funktion, ein Transportmittel zu sein; darüber hinaus kann es als Zeichen dienen, etwa als Zeichen einer bestimmten Gruppenzugehörigkeit des Besitzers. (Keller 1995, 108–109)

Auf dieser Grundlage trifft Keller folgende terminologische Unterscheidung: „Die Eigenschaft, vermöge derer ein Zeichen wahrnehmbar ist, soll *Ausdruck des Zeichens* heißen; die Eigenschaft, vermöge derer ein Zeichen interpretierbar ist, sei *Bedeutung des Zeichens* genannt." (Keller 1995, 109, Hervorhebung P.S.). Beide zusammen bilden ein Zeichen und brauchen somit einander: „Der Ausdruck braucht die Bedeutung als Identitätskriterium, und die Bedeutung braucht den Ausdruck zur Materialisation." (Keller 1995, 111)[10]

Übertragen wir nun Kellers Theorie auf die Vertrauensbildung. Ein bestimmtes Verhalten wird dadurch zum Zeichen für den Rezipienten, dass es wahrnehmbar und interpretierbar ist. Wenn man seine Vertrauenswürdigkeit unter Beweis stellen möchte, muss man so handeln, dass das Handeln für den Kommunikationspartner wahrnehmbar ist und gleichzeitig so, dass es für ihn interpretierbar ist. Dazu ist es notwendig, die (individuellen sowie sozial und kulturell bedingten) Interpretationsvorlagen des Gegenübers zu antizipieren. Ist keine Wahrnehmbarkeit oder Interpretierbarkeit gegeben, wird das Handeln nicht zum Zeichen und bietet somit keine Grundlage für Rückschlüsse auf Vertrauenswürdigkeit. Nicht nur unser bewusstes Handeln kann jedoch zum Zeichen werden, sondern auch alle Arten von Verhalten, die für unsere Umgebung wahrnehmbar und interpretierbar sind. Auch das Schweigen, mit dem man Kommunikation vermeiden will, kann als Zeichen gedeutet werden – z.B. als Zeichen für Widerstand, Ignoranz, Desinteresse, Resignation oder

---

10 Kellers Auffassung von Zeichen ist wie das bilaterale Zeichenmodell von de Saussure zweiteilig angelegt, sie unterscheidet sich jedoch in theoretischer sowie terminologischer Hinsicht davon. Keller (1995, 108) kritisiert die strukturalistische Zeichenauffassung: „Ein jedes Zeichen hat zwei Seiten, den Ausdruck und die Bedeutung. Sie finden zueinander im Akt der Semiose. Eine solche Redeweise, sie geht auf de Saussure zurück, ist irreführend, und zwar aus zwei Gründen. Zum einen lädt die Rede von der Semiose zu der unangemessenen Ansicht ein, das, was sich semiotisch verbindet, müsse vor der Verbindung unabhängig voneinander existiert haben. [...] Zum anderen lädt die Redeweise von den beiden Seiten – auch wenn man dazu sagt, daß sie so untrennbar seien wie die beiden Seiten eines Blattes Papier – zu einer Verdinglichung der Bedeutung ein. [...] Ich werde anstatt von Seiten von den beiden Aspekten des Zeichens reden."

dafür, dass man seine volle Aufmerksamkeit einer anderen Sache widmet. Mit Keller gesagt: „Es gibt kein Entrinnen aus der Interpretierbarkeit." (Keller 1995, 15)[11]

Durch Wahrnehmung und Interpretation werden also Elemente unserer Umgebung zu Zeichen. Beide Vorgänge können dabei intersubjektiv variieren. Die Wahrnehmung ist kein genaues Abbild der objektiven Wirklichkeit, sondern wird durch verschiedene Faktoren wie unsere Vorannahmen und implizite Theorien beeinflusst (vgl. Schweer 2008, 21).[12] Diese Faktoren beeinflussen somit auch die auf Zeichen basierende Vertrauensbildung. Laut Schweers differentieller Vertrauenstheorie gibt es neben situationalen Faktoren (Beziehungsstruktur, Grad der Freiwilligkeit, Möglichkeit zur offenen Kommunikation und Zeit), zwei entscheidende personale Faktoren, die sich auf die Vertrauensbildung auswirken: die individuelle Vertrauenstendenz und die implizite Vertrauenstheorie (vgl. Schweer 2008, vgl. Kap. 2). Beide haben ihren Anteil daran, *wie* wir *was* wahrnehmen und interpretieren. Empirische Untersuchungen deuten darauf hin, dass

> die Vertrauenstendenz als eine Art Wahrnehmungsfilter fungiert, welche die Wahrnehmung des Gegenübers subjektiv in eine erwartete Richtung lenkt: Personen mit stark ausgeprägter Vertrauenstendenz in einem bestimmten Lebensbereich nehmen in signifikant höherem Maß vertrauensfördernde Verhaltensweisen bei ihrem Gegenüber wahr. (Schweer 2008, 20)

Das Konstrukt der individuellen Vertrauenstendenz trägt der Beobachtung Rechnung, dass

> die vertrauensrelevanten Erfahrungen, die ein Mensch im Laufe seines Lebens macht, sich nicht unmittelbar und direkt in Vertrauenshandlungen niederschlagen, sondern zunächst in der grundsätzlichen Überzeugung, anderen Menschen potenziell Vertrauen schenken zu können. Eine solche Überzeugung kann aber nun über verschiedene Lebensbereiche variieren, sie ist [...] nicht lebensbereichsübergreifend. (Schweer 2008, 20)

Die implizite Theorie beeinflusst hingegen unsere Interpretation der wahrgenommenen Verhaltensweisen, Sachverhalte etc., indem sie uns Interpretationsvorlagen in Form von normativen Erwartungen liefert:

> Mit *impliziter Vertrauenstheorie* gemeint ist somit die Gesamtheit der normativen Erwartungen eines Individuums an das Verhalten anderer Personen im Hinblick auf eine positive Vertrauensentwicklung. Jeder Mensch besitzt insofern eine Vorstellung von dem „Prototyp" des „vertrauenswürdigen" bzw. „vertrauensunwürdigen" Interaktionspartners, wobei diese Vorstel-

---

11 In diesem Sinne ist auch das bekannte Axiom „Man kann nicht nicht kommunizieren" von Watzlawick/Beavin/Jackson (1993, 51) zu verstehen. Es unterscheidet nicht zwischen *Kommunikation* als intentionalem sozialen Handeln und *Verhalten* als Oberbegriff auch für nicht intentionale Bewegungen, körperliche Reaktionen u.Ä. (vgl. dazu Abb. 6 auf S. 85).
12 Diese theoretische Annahme entspricht dem konstruktivistischen Ansatz, auf den in Kap. 7 im Zusammenhang mit Kultur näher eingegangen wird.

lungen je nach konkretem Lebensbereich variieren können [...]. Vertrauen wird nun um so eher erlebt, je stärker die eigenen Erwartungen an eine „vertrauenswürdige" Person mit deren wahrgenommenem Verhalten in Einklang stehen. (Schweer 2008, 21)

Ein großer Teil der normativen Erwartungen eines Menschen ist durch seine Wertevorstellungen geprägt. Geteilte Wertevorstellungen sind daher eine wichtige Grundlage für die Vertrauensbildung (Lahno 2002, 209). Das Gefühl der Verbundenheit entsteht „in einem komplexen wechselseitigen Abstimmungsprozess, der das gesamte Spektrum des wechselseitig beobachtbaren Verhaltens abdeckt" (Lahno 2002, 15).[13] Empfundene Verbundenheit ist nicht nur für persönliches Vertrauen relevant, sondern spielt auch für institutionelles Vertrauen eine wichtige Rolle. Eine Institution, mit deren Leitgedanken und Wertvorstellungen sich eine Person identifizieren kann, hat die beste Chance, von ihr als vertrauenswürdig empfunden zu werden.

Die Vertrauensbildung ist somit in einem entscheidenden Maß davon geprägt, was von den Akteuren wahrgenommen und wie interpretiert wird, was zum Zeichen wird und was nicht und welche Bedeutung den Zeichen zugeschrieben wird (vgl. Ausführungen zur Pragmatik in Kap. 5). Zeichenwahrnehmung und Interpretation ist immer auch mit Kategorisierungsprozessen verbunden. Indem wir etwas auf eine bestimmte Weise interpretieren, weisen wir den Gegenstand gleichzeitig einer Kategorie zu. Schweer/Petermann/Egger (2013) heben hervor, dass Vertrauensbildung auf mehrdimensionalen sozialen Kategorisierungsprozessen basiert und somit immer einen sehr komplexen Prozess darstellt.

Die Zeichenhaftigkeit der Vertrauensbildung macht es notwendig, die Perspektive der Zeichenproduktion und -rezeption analytisch zu trennen. Wenn wir uns der Vertrauensbildung aus der Perspektive der ProduzentInnen nähern, müssen wir stets beachten, dass die von ihnen als vertrauensfördernd gedachten Mittel bei den RezipientInnen anders ankommen können. Aus dieser Perspektive untersuchen wir daher das Potenzial (oder: die Wirkungspotenz) der Kommunikation, vertrauensbildende Prozesse anzustoßen (vgl. Schäfer 2013, 75–79). Untersuchen wir die Vertrauensbildung hingegen aus Sicht der Zielgruppe und möchten die tatsächliche Wirkung in den Blick nehmen, müssen wir hingegen bedenken, dass die Zeichen möglicherweise anders intendiert waren und etwas andere vermitteln sollten als bei den RezipientInnen tatsächlich angekommen ist.

Neben der analytischen Unterscheidung der Perspektiven, aus denen wir uns dem Prozess der Entstehung von Vertrauen nähern, soll hier terminologisch zwischen *Vertrauensbildung* und *Vertrauensförderung* unterschieden werden.

---

[13] Vor diesem Hintergrund stimmen die zahlreichen und immer größer werdenden Demonstrationen der „Besorgten Bürger" und rechtsradikaler Gruppierungen sehr nachdenklich. Offenbar gelingt es den AnführerInnen dieser Bewegungen, den Menschen viel Identifikationspotenzial zu bieten, was sie in den Augen vieler zu vertrauenswürdigen Führungspersönlichkeiten macht.

> Der Begriff „Vertrauensbildung" bezeichnet einen als idealtypisch verstandenen natürlichen Prozess der Entwicklung von Vertrauen ohne jegliche Bemühungen, die Entwicklung zu beeinflussen. Er ist etwa analog zu den naturwissenschaftlichen Begriffen wie der „Zellenbildung" oder „Kristallbildung" zu verstehen. Diese Begriffe bezeichnen natürliche Prozesse und sind auf das reflexive „sich bilden" zurückzuführen, nicht auf das transitive „etwas bilden". Unter „Vertrauensförderung" ist hingegen der Prozess einer *intendierten* Vertrauensbildung zu verstehen. (Schäfer 2013, 59; Hervorhebung i.O.)

Diese terminologische Unterscheidung soll hervorheben, dass es natürliche Mechanismen gibt, die Vertrauen entstehen lassen bzw. begünstigen, und dass diese Mechanismen auch bewusst eingesetzt werden können, um Vertrauen auf diese Weise zu fördern. Der Übergang zwischen der Vertrauensbildung und der Vertrauensförderung ist allerdings graduell. Es handelt sich bei der Unterscheidung eher um die Bezeichnung der prototypischen Prozesse, die an beiden Enden einer fließenden Skala angesiedelt sind. So wäre ein prototypischer Prozess der Vertrauensbildung die Entwicklung der Beziehung zwischen Mutter und Säugling. In dieser intimen Beziehung entsteht Vertrauen (vgl. Eriksons *Urvertrauen*, 1953), es ist aber nicht der primäre Zweck der Kommunikation zwischen Mutter und ihrem Kind, Vertrauen entstehen zu lassen. Bei der Öffentlichkeitsarbeit eines Unternehmens ist es hingegen der Zweck. Die Public Relations zielen auf „eine Haltung, eine Einstellung, sie sollen ein positives Meinungsklima schaffen und Vertrauen fördern" (Arendt 1993, 15). Dieser Aufgabe sind sich die PR-Schaffenden bewusst, sodass man in diesem Fall von einem intendierten Prozess, also *Vertrauensförderung* sprechen kann. Die meisten Alltagssituationen liegen auf dieser Skala dazwischen. Es ist gewiss eher selten, dass man sich vor einem Treffen bewusst entscheidet, dass man das Vertrauen des Partners für sich gewinnen möchte, und dies konsequent als Ziel verfolgt. In bestimmten Situationen ist jedoch das Bewusstsein für die positive Selbstdarstellung relativ stark ausgeprägt, so beispielsweise bei öffentlichen Auftritten (z.B. Reden, Vorträge, öffentliche Diskussionen), bei der Arbeit von bestimmten Berufsgruppen (z.B. Geschäftsleute, medizinisches Personal, TherapeutInnen, TrainerInnen, LehrerInnen, SozialarbeiterInnen etc.), im privaten sowie beruflichen Leben beim Erstkontakt mit wichtigen Personen (z.B. den Schwiegereltern oder dem zukünftigen Chef). In solchen Situationen wird uns in der Regel bewusst, wie wichtig Vertrauenswürdigkeit ist, und wir bemühen uns, Fehler zu vermeiden, um Vertrauen des Gegenübers (in unsere Kompetenzen, unsere Aufrichtigkeit, unsere Zuverlässigkeit etc.) zu gewinnen. Damit betreiben wir mehr oder weniger bewusst die Vertrauensförderung (dazu vgl. Kap. 4).

Der Begriff *Vertrauensförderung* wird hier (in Anlehnung an Schäfer 2013, 73) dem aus der internationalen Politik stammenden Begriff der *vertrauensbildenden Maßnahmen* vorgezogen (zur kritischen Reflexion des Begriffes vgl. Windel 1983). Die Bezeichnung der Maßnahmen als *vertrauensbildend* unterstellt implizit, dass die Maßnahmen direkt Vertrauen *bilden*, dass es also eine deutliche Kausalität zwischen den Maßnahmen und der Entstehung von Vertrauen gibt. Diese klare Kausalität gibt es aber aufgrund der Zeichenhaftigkeit von Vertrauen nicht. Vertrauen kann man nicht direkt bilden – so wie man auch andere Einstellungen wie Sympathie, Zuneigung, Liebe oder Hass nicht bilden kann. Man kann jedoch die Einstellungsbildung (darunter auch die Vertrauensbildung) durch die Gestaltung der Kommunikation – indirekt, quasi auf einem Umweg – so beeinflussen, dass die erwünschte Einstellung des anderen begünstigt wird und wahrscheinlicher entsteht. Der Begriff der Vertrauensförderung soll betonen, dass Vertrauen nicht unmittelbar *gebildet*, *hergestellt* oder *geschaffen* werden kann, dass es jedoch *gefördert* werden kann, indem man die natürlichen Mechanismen durch die Kommunikation unterstützt.

Die Kommunikation dient aber in der Regel nicht direkt und nicht ausschließlich der Vertrauensförderung. Wir kommunizieren, um bestimmte Ziele zu erreichen (um jemanden zu etwas zu bringen, etwas zu erfragen, jemanden zu erfreuen, eigene Sorgen und Freuden zu teilen, Langeweile zu vertreiben etc.), selten ist aber die Vertrauensförderung das primäre Ziel der Interaktion. Vertrauen entsteht somit als eine Art „Nebenprodukt" der Interaktion, die primär anderen Zwecken dient (z.B. man erklärt einem Kollegen ein Verfahren und zeigt sich dadurch – sekundär – als kompetent und in dieser Hinsicht vertrauenswürdig). Diese Beobachtung stimmt mit der Beobachtung von Elster (1987, 141) überein, der eine Gruppe von Zuständen beschreibt, die „nur als Nebenprodukt von Handlungen entstehen können, die zu anderen Zwecken unternommen werden". Dazu zählt er beispielsweise Spontaneität, Schlaf, Glauben und Natürlichkeit. Auch Vertrauen entsteht „nebenbei" und kann nicht absichtlich hervorgebracht werden. Man kann zwar Vertrauen fördern (in dem oben dargestellten Sinne), dies darf aber nicht zu offensichtlich sein, weil sonst die Gefahr droht, dass die beabsichtigte Vertrauensförderung als Manipulation empfunden wird und eher zu Misstrauen führt (vgl. das Zitat von Frevert 2009 auf S. 45). Die Annahme, dass Vertrauen aufgrund seiner Eigenschaften ein Nebenprodukt darstellt, wird durch Offe (2001, 257, Hervorhebungen i.O.) unterstützt:

> Der stabile Zustand, kontinuierlich Vertrauen zu gewähren und es zu gewinnen, hat verschiedene vorteilhafte *Funktionen* sowohl für den Vertrauenden als auch für den Empfänger von Vertrauen. Die Kenntnis dieser Funktionen kann rationale Akteure veranlassen, Vertrauensbeziehungen zu suchen, auch wenn die meisten dieser positiven Funktionen eher den Charakter willkommener Nebeneffekte als direkt intendierbarer Handlungsfolgen haben. Vertrauensbeziehungen haben erwünschte Funktionen, aber die Beteiligten können sie nicht *im Blick auf* diese Funktionen etablieren. Insofern sind auch die »vertrauensbildenden Maßnahmen« ein Oxymoron.

Vertrauen kann somit als ein „willkommener Nebeneffekt" der Kommunikation verstanden werden, der vorteilhafte Funktionen aufweist und durch semiotische Prozesse gefördert werden kann.

Denken Sie noch einmal an das Beispiel einer Mitfahrgelegenheit. In Kapitel 1 haben wir bereits die Rolle von Vertrauen in diesem Kontext diskutiert.
- Wenden Sie das Stufenmodell der Vertrauensbildung auf dieses Beispiel an. Beschreiben Sie mithilfe des Modells die verschiedenen Stufen der Vertrauensbildung und die Merkmale von Vertrauen auf den jeweiligen Stufen.
- Lesen Sie das unten stehende Zitat von Goffman (1998, 5) und verdeutlichen Sie die einzelnen Punkte am Beispiel einer Mitfahrgelegenheit.
- Nennen Sie konkrete Aspekte der Mitfahrgelegenheit, die die Zeichenhaftigkeit von Vertrauen deutlich machen. Verwenden Sie in der Analyse Kellers Unterscheidung von zwei Aspekten eines Zeichens: *Wahrnehmbarkeit* und *Interpretierbarkeit*.
- Erläutern Sie anhand des Beispiels Schweers Unterscheidung von *individueller Vertrauenstendenz* und *impliziter Vertrauenstheorie*.
- Inwiefern ist Vertrauen bei der Mitfahrgelegenheit ein willkommener Nebeneffekt?

„Den Anwesenden sind verschiedene Informationsquellen zugänglich, und es stehen ihnen verschiedene Vermittler (oder „Zeichenträger") zur Verfügung, die die Informationen überbringen. Kennen sie den Einzelnen nicht, so können die Beobachter seinem Verhalten und seiner Erscheinung Hinweise entnehmen, die es ihnen ermöglichen, entweder frühere Erfahrungen mit ähnlichen Personen auszuwerten oder – was entscheidender ist – nicht überprüfte Klischeevorstellungen auf ihn zu übertragen. Auf Grund ihrer früheren Erfahrungen können sie auch erwarten, in einer gegebenen sozialen Umgebung nur Personen einer bestimmten Art anzutreffen. Sie können sich auf das verlassen, was der Einzelne über sich selbst sagt, oder darauf, wie er sich ausweist. Kennen die anderen den Einzelnen oder wissen sie auf Grund von Erfahrungen, die der Interaktion vorangingen, etwas über ihn, können sie sich bei der Vorhersage seines gegenwärtigen und zukünftigen Verhaltens auf Annahmen über die Beständigkeit und Allgemeingültigkeit psychologischer Zuge stützen." (Goffman 1998, 5)

Wenn man sich beim Reisen für eine Mitfahrgelegenheit entscheidet, ist das Grundvertrauen bereits gegeben. Ohne diese grundlegende Vertrauensstufe würde man gar nicht reisen können und schon gar nicht mit fremden Menschen zusammen. Das Grundvertrauen ist im Normalfall latent, man reflektiert nicht ständig darüber, dass man Vertrauen in die Mitmenschen hat. Durch die unbewusste Vertrauensbasis werden uns viele Entscheidungen abgenommen, die Komplexität der sozialen Realität wird stark reduziert. So muss man nicht jedes Mal überlegen, ob man unbewaffnet das Haus verlassen kann, ob man mit Fremden sprechen darf etc. Wir können also davon ausgehen, dass der erste Kontakt mit einer fremden Person, die eine Mitfahrgelegenheit anbietet, bereits auf der Stufe des beginnenden Auftaktvertrauens ansetzt. Das gilt auch für den Fahrer bzw. die Fahrerin, die Mitreisende mitnimmt. Beide Seiten gehen bestimmte Risiken ein, die im Grunde beiden Seiten bewusst sind.

Der erste Kontakt gestaltet sich meistens durch einen Anruf oder eine SMS. Man klärt, ob der Fahrer bzw. die Fahrerin noch Plätze frei hat, welche Strecke man mitfahren möchte, wann von wo losgefahren wird, wie viel Gepäck man mitnehmen kann etc. Es handelt sich also vor allem um praktische Informationen zum Ablauf der gemeinsamen Fahrt. In dieser Phase ist i.d.R. für beide Seiten wichtig, dass der andere klar kommuniziert und dass sich beide kooperativ zeigen. Entscheidend für den weiteren Verlauf der Beziehung ist dann der persönliche Kontakt am Tag der Fahrt. Wie wirkt die jeweils andere Person, welchen Fahrstil hat der Fahrer/die Fahrerin, kommt er/sie pünktlich zum vereinbarten Ort, in welchem Zustand ist das Auto, lässt der Fahrer/die Fahrerin die Mitfahrenden an dem vereinbarten Ort aussteigen oder ändert er/sie den Plan, ist er/sie insgesamt zuverlässig, spricht man während der Fahrt mit dem anderen etc. Das u.v.m. sind relevante Aspekte, auf die beide Seiten achten und die als Zeichen für gegebene oder mangelnde Vertrauenswürdigkeit interpretiert werden können. Auf welche Qualitäten die Menschen achten, wird u.a. durch die Bewertungen auf www.blablacar.de deutlich (vgl. Abb. 3). Dort findet man beispielsweise die folgenden Einschätzungen (Stand: 11.04.2016):

Abb. 3: Bewertungen von blablacar-NutzerInnen

Wie man den exemplarischen Bewertungen entnehmen kann, sind Pünktlichkeit, Freundlichkeit und Gesprächsbereitschaft wichtige Qualitäten, die honoriert werden. Diejenigen, die Bewertungen abgeben, stehen mit ihrem Gesicht (User-Foto) für ihre Einschätzung, was wiederum ihre Vertrauenswürdigkeit stärkt. Die Bewertungen sind insofern relevant, als sie (mit Vorsicht) als Orientierung für zukünftige Mitfahrgelegenheiten dienen können. So kann ein Mitfahrer beispielsweise von sich aus still und formal sein und das als Ausdruck seiner Seriosität und Bodenständigkeit verstehen, er wird aber von anderen als trocken, langweilig und unfreundlich empfunden. Wenn so ein Mitfahrer viele Bewertungen liest, in denen das nette Gespräch während der Fahrt positiv hervorgehoben wird, kann er das u.U. als Korrektiv für sein weiteres Handeln nutzen. Indem er die erwartbaren Zeichen setzt, kann er wahrscheinlicher den Erwartungen der anderen entsprechen.

Zum Zeichen wird etwas erst dann, wenn beide Aspekte – Wahrnehmbarkeit und Interpretierbarkeit – gegeben sind. Eine Verhaltensweise oder Erscheinung, die von dem Gegenüber nicht wahrgenommen wird, wird nicht zum Zeichen – weder zum Zeichen für Vertrauenswürdigkeit noch zum Zeichen für mangelnde Vertrauenswürdigkeit. Das kann z.B. passieren, weil man gerade schläft und einen Fahrfehler nicht bemerkt, weil man in ein anregendes Gespräch vertieft ist und dabei nicht auf die unbequemen Sitze achtet, weil man sich mit Automarken nicht auskennt und deswegen dem Auto keine stereotypen Eigenschaften zuschreibt etc. Gleichzeitig wird eine Erscheinung nicht zum Zeichen, wenn man über keine Interpretationsvorlagen verfügt, die der Erscheinung Sinn geben würden. So können beispielsweise in interkulturellen Kontakten bestimmte Gesten oder Äußerungen trotz deren Wahrnehmbarkeit bedeutungslos bleiben, da man sie nicht entsprechend interpretieren kann. Erst wenn beide Aspekte gegeben sind, kann etwas als Zeichen in die Vertrauensbildung eingehen.

Auch die persönliche Vertrauensbereitschaft und die Risikobereitschaft spielen als personale Faktoren eine Rolle bei der Entwicklung von Vertrauen. So können von Person zu Person verschiedene Aspekte des Verhaltens unterschiedlich gewertet werden. Das Verhalten des jeweils anderen wird dabei stets vor dem Hintergrund der bisherigen – selbst erlebten oder gehörten – Erfahrungen wahrgenommen, die als Wahrnehmungsfilter fungieren (individuelle Vertrauenstendenz). Hat man lauter negative Erzählungen über die Mitfahrgelegenheiten gehört, wird man die neuen Informationen tendenziell eher so wahrnehmen, dass sie in das negative Bild passen – und umgekehrt bei positiven Erfahrungen. Aufgrund der Erfahrungen entwickelt man normative Vorstellungen (implizite Vertrauenstheorie), mit denen man die aktuell vorgefundene Realität (z.B. das Verhalten des Fahrers) vergleicht.

Die Stufe des Auftaktvertrauens ist mit bewusster Reflexion der Vertrauensgabe und mit potenziellen Risiken verbunden, z.B. dass man zu spät ankommt, dass man eine unbequeme Fahrt haben wird, dass das Auto kaputt geht, dass der Fahrer zu schnell oder unsicher fährt und einen Unfall verursacht etc. Das Vertrauen ist auf dieser Stufe auf die konkrete Situation der Mitfahrgelegenheit (Fahrstil, Fahrsicherheit, technischer Zustand des Autos etc.) gerichtet und hat somit eine relativ niedrige Reichweite. Je nach dem Verlauf der Mitfahrgelegenheit, je nachdem, wie man sich dabei gefühlt hat, ob man das Ziel gut und rechtzeitig erreicht hat, ob man sich während der Fahrt gut unterhalten hat etc. wird sich die Beziehung weiterentwickeln oder aber es bleibt nur bei der einen gemeinsamen Fahrt. Wenn man gute Erfahrungen gemacht hat, ist es wahrscheinlicher, dass man eventuell in der Zukunft mit demselben Fahrer/derselben Fahrerin mitfährt bzw. dass man die Person wieder (oder eventuell sogar regelmäßig) mitnimmt. Wenn die ersten Erfahrungen positiv sind und die Umstände das Weiterbestehen dieser „MFG-Beziehung" begünstigen, kann sich das Auftaktvertrauen in ausgeprägtes Vertrauen entwickeln. Dieses entsteht als ein willkommener, aber nicht von Vornherein intendierter Nebeneffekt der ersten Erfahrungen, die primär dem Ziel günstiger und sicherer gemeinsamer Fahrt dienten. Dabei kann es entweder bei einer reinen „MFG-Beziehung" bleiben oder es entwickelt sich darüber hinaus (wohl eher seltener) eine persönliche Beziehung. Für diesen Übergang spielt eine entscheidende Rolle, welche normativen Vorstellungen man von einer solchen Beziehung hat und was man davon erwartet. Manche Personen sind von Anfang an sehr offen und erzählen über private Angelegenheiten, andere belassen es auch beim wiederholten Mitfahren bei einer eher formellen, quasi geschäftlichen Beziehung. Die Ausprägungen der höchsten Vertrauensstufe können unterschiedlich sein, gemeinsam ist ihnen jedoch, dass man beim wiederholten Mitfahren nicht mehr so stark auf jedes Detail achtet wie bei der ersten Fahrt und dass man nicht mehr so stark die möglichen Risiken reflektiert. Der Grad der Reflektiertheit und der kognitive Aufwand bei der Beurteilung gehen somit zurück, dadurch wird die Komplexität der sozialen Realität wieder stärker reduziert und die Reichweite des Vertrauens kann steigen (man unterhält sich z.B. zunehmend über private Themen).

Das Vertrauen eines Akteurs wird gefördert, wenn dieser Akteur das Einstellungsobjekt (andere Person, Institution etc.) für vertrauenswürdig hält. Die Vertrauensförderung basiert somit auf der Darstellung eigener Vertrauenswürdigkeit. Vertrauen und Vertrauenswürdigkeit sind zwei eng miteinander verflochtene Konzepte, die jedoch analytisch zu trennen sind, da sie unterschiedlichen Status haben. Sie beschreiben ein und dasselbe Phänomen aus unterschiedlichen Perspektiven (vgl. Reinmuth 2006, 30). Vertrauen beschreibt die Qualität einer Beziehung aus einer übergeordneten Ebene. Vertrauenswürdigkeit hingegen beschreibt die subjektive Wahrnehmung eines Akteurs. Ob wir jemanden für unseres Vertrauens *würdig* halten, hängt davon ab, welche Erwartungen wir an eine vertrauenswürdige Person haben, d.h. an welchem Prototypen wir uns orientieren (vgl. das Zitat aus Schweer 2008, 21 auf S. 52 weiter oben in diesem Kapitel). Vertrauenswürdigkeit ist somit keine an sich gegebene Eigenschaft eines Akteurs, sondern wird ihm vielmehr von anderen Akteuren zugeschrieben, sie ist also eine Attribuierung, ein Zuschreibungsprodukt. Man *ist* demnach nicht an sich vertrauenswürdig oder nicht, sondern man wird für vertrauenswürdig *gehalten*. Und die Zuschreibung von Vertrauenswürdigkeit ist nur in der Interaktion möglich. Das heißt, dass die Akteure in jeder Interaktion ihre Vertrauenswürdigkeit kommunikativ herstellen und pflegen müssen. Es gibt mithin eine gewisse „Beharrungstendenz", mit der wir Akteure, die wir früher bereits als vertrauenswürdig eingestuft haben, tendenziell auch weiterhin als vertrauenswürdig wahrnehmen. Diese Beharrlichkeit hängt mit der individuellen Vertrauenstendenz zusammen, die als ein Wahrnehmungsfilter fungiert (vgl. das Zitat aus Schweer 2008, 20 auf S. 52). Dennoch kann man die eigene Vertrauenswürdigkeit leicht verspielen, wenn man die Erwartungen anderer (wiederholt) enttäuscht.

Dass der Verlust von Vertrauenswürdigkeit weitreichende Konsequenzen für das private und/oder berufliche Leben haben kann und häufig tatsächlich hat, kann man im öffentlichen medialen Diskurs verfolgen: Erinnern wir in diesem Zusammenhang exemplarisch nur an den Rücktritt des ehemaligen Bundespräsidenten Christian Wulff, der seine Vertrauenswürdigkeit durch eine „Serie von Kommunikationspannen"[14] dauerhaft beschädigt hat. Vertrauenswürdigkeit ist ein wichtiger Bestandteil des Images eines jeden Akteurs und das Fehlen oder der Verlust dieser

---

14 Vgl. http://www.faz.net/aktuell/politik/inland/christian-wulff-von-verlorenem-vertrauen-12141575.html (Stand: 04.08.2015).

Komponente wird sozial sanktioniert: „Wenig vertrauenswürdige Personen wirken weniger überzeugend, können sich weniger Einfluss oder Handlungsspielraum erarbeiten, direkter Kontakt mit ihnen ist weniger angenehm oder wird sogar vermieden etc." (Schäfer 2014, 245) Die Vertrauenswürdigkeit ist somit ein erwünschtes, wertvolles Kapital, ein „Statusgut, in das investiert werden muss und kann" (Grüninger 2001, 111).

Dieses wertvolle Statusgut kann mit Goffman (1999) als *face* aufgefasst werden. Der Begriff des *face* wird häufig als *Image* ins Deutsche übertragen. Auer (1999, 150) weist auf die Problematik dieser Übertragung hin:

> Als Nomen ist das Wort [*Gesicht,* als Entsprechung zu dem englischen *face* – P.S.] im Deutschen aber anders als im Englischen nicht frei wählbar; oft wird deshalb die „deutsche" Übersetzung *Image* gewählt. *Face-work* wird dann etwas holperig mit *Image-Arbeit* oder *Image-Pflege* wiedergegeben. Diese Übersetzung ist freilich problematisch. Das eingedeutschte Wort *Image* hat nichts mit Höflichkeit und Ehrerbietung zu tun; jemandes *Image* ist kein moralischer Wert wie *face* bei Goffman. Vielmehr verwenden wir den Begriff im Sinne von „Selbstdarstellung" oder „Selbstbild". (Auer 1999, 150; Hervorhebungen i.O.)

Für Goffman ist *face* „ein positiver sozialer *Wert* [...], den eine Person durch konsistentes Verhalten für sich beansprucht bzw. der ihr aufgrund dieses Verhaltens zugeschrieben wird." (Auer 1999, 150, Hervorhebungen i.O.). *Face* ist „ein in Termini sozial anerkannter Eigenschaften umschriebenes Selbstbild, – ein Bild, das die anderen übernehmen können." (Goffman 1999, 10) In dieser Einführung wird der Begriff des *Image* als die Gesamtheit der kommunikativ konstruierten Selbstdarstellung(en) verstanden. Wenn nur auf einen Teil der Gesamtheit referiert wird, wird dies spezifiziert. Das *Image der Vertrauenswürdigkeit* ist eine Facette des gesamten Images eines Akteurs und entspricht dem *face*. Das Image der Vertrauenswürdigkeit hat – um auf Auers Kritik einzugehen – etwas mit Höflichkeit und Ehrerbietung (vielleicht eher: Respekt, Anerkennung) zu tun und Vertrauen ist auch (zumindest implizit) mit einem moralischen Wert versehen.

Das Image der Vertrauenswürdigkeit ist keine objektive, an sich gegebene Eigenschaft, sondern eine Zuschreibung. In diesem Sinne kann die kommunikative Herstellung von Vertrauenswürdigkeit als *face-work* (oder *Image-Arbeit*) verstanden werden.[15] Die kommunikative Arbeit am eigenen Image hat im Rahmen einer sozialen Beziehung verpflichtenden Charakter, denn

> [a]lle Selbstdarstellung verpflichtet – allein schon dadurch, daß sie ein Selbst darstellt, für das Identität in Anspruch genommen wird. Man muß, will man derselbe bleiben, so bleiben, wie man sich gezeigt hat. (Luhmann 2000, 81)

---

15 Zur Image-Arbeit im Gespräch vgl. Kap. 8.

Für die Vertrauensbildung bedeutet das, dass man Vertrauen zwar durch täuschende Selbstdarstellung erwerben kann, „aber man kann es sich nur erhalten und als laufend verfügbares Kapital nutzen, wenn man die Täuschung fortsetzt" (Luhmann 2000, 84). Welche Mittel der Image-Arbeit in welcher Situation angemessen sind, hängt von verschiedenen Faktoren ab: „Wieviel face-work in einer bestimmten Situation angebracht und notwendig ist, ist gesellschaftlich und kulturell bedingt; die guten Sitten sind also weder situativ, noch sozial, noch kulturell neutral" (Auer 1999, 151; zum Konzept der Angemessenheit vgl. Kap. 11).

Die zentralen Aspekte der Vertrauensbildung als einem semiotischen Prozess werden im Folgenden zusammenfassend dargestellt.

Vertrauensbildung als semiotischer Prozess – Zusammenfassung
- Vertrauen ist eine soziale Einstellung, die nicht per se existent ist, sondern im Laufe der Interaktion entsteht.
- Vertrauen enthält stets drei miteinander verbundene Komponenten: eine kognitive, eine emotive und eine verhaltensbezogene.
- Die Vertrauensbildung kann als ein dreistufiger Prozess modelliert werden. Unterschieden werden können das *Grundvertrauen*, das *Auftaktvertrauen* und das *ausgeprägte Vertrauen*.
- Die Vertrauensbildung ist in jeder Phase in kommunikative Prozesse eingebettet. Vertrauen entsteht *in* und *durch* Kommunikation, es kann ebenfalls durch Kommunikation beschädigt oder gar zerstört werden.
- Vertrauensbildung ist kein rein sprachlicher Prozess, da auch nichtsprachliche Zeichen eine wichtige Rolle spielen.
- Eine Handlungsweise (nichtsprachliche Handlung oder sprachliche Äußerung) wird erst dann zum Zeichen, wenn sie für die Rezipienten wahrnehmbar und interpretierbar ist. *Wahrnehmbarkeit* und *Interpretierbarkeit* sind zwei untrennbare Aspekte des Zeichens.
- Aufgrund der Zeichenhaftigkeit der Vertrauensbildung ist es methodisch notwendig, die Produzenten- und die Rezipientenperspektive analytisch zu trennen. Aus der Produzentenperspektive untersucht man die intendierte Wirkung von Zeichen, aus der Perspektive der Rezipienten nimmt man die tatsächliche Wirkung in den Blick. Die intendierte und die tatsächlich erreichte Wirkung von Kommunikation müssen nicht immer übereinstimmen.
- Vertrauen kann nicht auf Anhieb *gebildet* oder *geleistet* werden. Es ist ein willkommener Nebeneffekt der Kommunikation, die primär anderen Zwecken dient.
- Die terminologische Unterscheidung zwischen *Vertrauensbildung* und *Vertrauensförderung* unterstreicht die Tatsache, dass Vertrauen durch natürliche Prozesse (im Sinne von ‚nicht intentional', ‚ungezwungen' o.Ä.) entsteht und diese intentional unterstützt werden können, wodurch Vertrauen gefördert wird.
- Vertrauen entsteht auf der Basis der Zuschreibung von Vertrauenswürdigkeit. Vertrauenswürdigkeit ist keine objektiv gegebene Eigenschaft eines Akteurs, sondern eine subjektive Zuschreibung eines Interpreten.
- Vertrauenswürdigkeit ist ein Teil des Images eines Akteurs, sie ist ein positiver sozialer Wert. Das Image (oder *face* nach Goffman 1999) wird kommunikativ hergestellt und gepflegt. Die Mittel dazu sind sozial und kulturell spezifisch.

Nachdem theoriegeleitet die zentralen Aspekte der Vertrauensbildung als eines semiotischen Prozesses dargestellt und diskutiert wurden, soll nun überprüft werden, ob und inwiefern diese semiotischen Merkmale von Vertrauen im Sprachgebrauch sichtbar sind. Um das zu tun, begeben wir uns auf die Ebene der Thematisierung. Wir untersuchen, in welchen semantischen Zusammenhängen der Begriff *Vertrauen* verwendet wird. Wir achten dabei auf größere syntaktische Konstruktionen, in die der Begriff eingebettet ist und in denen er regelhaft verwendet wird. Solche „charakteristische[n], häufig auftretende[n] Wortverbindungen, deren gemeinsames Vorkommen auf einer Regelhaftigkeit gegenseitiger Erwartbarkeit beruht, also primär semantisch (nicht grammatisch) begründet ist" (Bußmann 2008, 345) werden als *Kollokationen* bezeichnet (z.B. *Hund – bellen, dunkel – Nacht* u.a.)

- Welche Kollokationen mit den Begriffen *Vertrauen* und *vertrauen* fallen Ihnen ein? Denken Sie an häufige Verbindungen des Substantivs *Vertrauen* mit Verben und Adjektiven oder an Verbindungen des Verbs *vertrauen* mit Substantiven oder Adverbien.
- Geben Sie im Leipziger Wortschatzportal unter http://wortschatz.uni-leipzig.de den substantivischen Suchbegriff *Vertrauen* ein. Beachten Sie dabei Groß-/Kleinschreibung.
- Der Eintrag enthält auch die Ergebnisse der sog. Kookkurrenzanalyse.[16] Sehen Sie sich im Detail die signifikanten Kookkurrenzen für *Vertrauen* an.
- Systematisieren Sie die gefundenen Kookkurrenzen so, dass die Gruppen/Kategorien Aufschluss über Aspekte der Vertrauensbildung geben. Nach welchen Kriterien gehen Sie vor? Wie viele und welche Gruppen ergeben sich daraus?
- Welche Aspekte der Vertrauensbildung werden aufgrund der Kookkurrenzanalyse sichtbar?

Die Suche nach dem Substantiv *Vertrauen* ergibt insgesamt 49 Kookkurrenzen. Bei erster Sichtung fällt auf, dass es sich sowohl um Inhaltswörter (Substantive, Adjektive und Verben) als auch um Funktionswörter (Artikel, Präpositionen, Konjunktionen, Pronomen, Adverbien) in verschiedenen morphosyntaktischen Formen (flektiert und nicht flektiert) handelt. Die grobe Aufteilung nach Wortarten sagt aber noch nichts über die Merkmale der Vertrauensbildung aus, sodass wir feiner differenzieren müssen. Es bietet sich ein inhaltliches Kriterium an, das die Semantik der Wörter in den Blick nimmt und eine thematische Unterteilung ermöglicht. Eine derartige Systematisierung könnte wie folgt aussehen:[17]

---

16 *Kookkurrenz* (oder *Distribution*) ist ein Begriff des amerikanischen taxonomischen Strukturalismus. Die Kookkurrenz eines Elements ist „die Summe aller syntaktischen Umgebungen, in denen es vorkommen kann." (Bußmann 2008, 375). Die Kookkurrenzanalyse ermittelt das „Miteinandervorkommen von sprachlichen Elementen verschiedener Klassen in Sätzen" (Bußmann 2008, 375) und wertet das Vorkommen statistisch aus. Aufgelistet werden nur die statistisch signifikanten Kookkurrenzen.

17 Zu Zwecken der Systematisierung werden im Folgenden die Wörter in der jeweiligen Nennform (Infinitiv bei Verben, Nominativ Singular bei Nomen und Adjektiven) angegeben.

1. Ausdrücke, die auf die Zuwendung von Vertrauen hindeuten: *schenken, genießen, entgegenbringen, haben* und *aussprechen*,
2. Ausdrücke, die auf einen Vertrauensverlust hindeuten: *erschüttern, verlieren, verspielen, schwinden* und *kein*,
3. Ausdrücke, die auf den (Wieder-)Aufbau von Vertrauen Bezug nehmen: *(zurück)gewinnen, (wieder)herstellen, stärken, schaffen, aufbauen, herstellen* und *wieder*,
4. Akteure, die als Vertrauensgeber oder -nehmer agieren: *Bevölkerung, Kunden, Bürger, Investoren, Regierung, Politik, Wähler* und *Anleger*,
5. Ausdrücke, die Merkmale von Vertrauen beschreiben: *volles, vollstes, gegenseitiges* und *großes*,
6. Ausdrücke, die Vertrauen Akteuren und Sachverhalten zuordnen: *ihr, ihm, unser* und *in* (im Sinne von Vertrauen *in* eine Person, ein System usw.)
7. Weitere Verben: *sagen* und *sich bedanken*,
8. Funktionswörter: *das, und, dass*.

Die ersten drei Gruppen deuten darauf hin, dass Vertrauen als soziale Einstellung nicht von vornherein existent ist: Vertrauen entwickelt sich, es kann verloren gehen und wiederaufgebaut werden. Alle diese Aspekte betreffen den semiotischen Charakter von Vertrauen. Implizit sind dabei beide Perspektiven vertreten. Die Perspektive des Rezipienten/der Rezipientin der Kommunikation wird beispielsweise durch *schenken, entgegenbringen* oder *aussprechen* zum Ausdruck gebracht. Die Perspektive des Produzenten/der Produzentin kommt in *genießen, (zurück)gewinnen, (wieder)herstellen, stärken* oder *schaffen* zum Ausdruck.

Die fünf häufigsten Kookkurrenzen – in der jeweiligen morphosyntaktischen Form – sind *das, in, erschüttert, zurückzugewinnen* und *verloren*. Wenn wir von den Funktionswörtern *das* und *in* absehen, dominieren somit quantitativ drei Verben, die den Verlust und Wiederaufbau von Vertrauen beschreiben. Das macht deutlich, dass Vertrauen vor allem dann thematisiert wird, wenn es gefährdet ist, als problematisch oder gar zerstört empfunden wird. Aus der Analyse wird ebenfalls deutlich, in welchen Kontexten *Vertrauen* diskutiert wird. Die explizit genannten Akteure sind fast ausschließlich den Bereichen Wirtschaft (*Investoren, Anleger, Kunden*) und Politik (*Regierung, Politik, Wähler, Bürger*) zuzuordnen. Lediglich der Ausdruck *Bevölkerung* kann keinem der Bereiche eindeutig zugeordnet werden. Die Kookkurrenz von *bedankte* und *Vertrauen* weist außerdem darauf hin, dass Vertrauen als ein willkommenes, erwünschtes Gut verstanden wird, für das man sich bedankt. Es ist somit kein Zufall, dass der Dank für das Vertrauen der Kunden/Mitglieder etc. zu häufigen Mitteln der Öffentlichkeitsarbeit und Werbung gehört (vgl. Kap. 6). Man bedankt sich sogar nicht nur für aktuelles Vertrauen, sondern mitunter auch für früheres, eventuell nicht mehr existentes Vertrauen, wie das folgende Beispiel zeigt.

> Kündigung Ihrer Mitgliedschaft
> Kundennummer: [...]
>
> Guten Tag Frau [NACHNAME]
> als allererstes bedauern wir Ihre Entscheidung uns zu verlassen und bestätigen Ihre Kündigung zum 30.06.2014. Bei Rückfragen stehen wir Ihnen gerne zur Verfügung.
> Wir bedanken uns trotzdem für Ihr Vertrauen, wünschen Ihnen alles Gute und würden uns sehr freuen, Sie zu einem späteren Zeitpunkt wieder bei uns begrüßen zu dürfen.
>
> Mit freundlichen Grüßen
> Ihre [NAME DER FIRMA] Studioleitung

Bei dem Text handelt es sich um die Bestätigung einer Kündigung der Mitgliedschaft in einem Fitness-Studio. Obwohl man die Kündigung u.U. als einen Hinweis auf Unzufriedenheit und mangelndes Vertrauen deuten könnte, betont der Textproduzent das (früher gegebene) Vertrauen und bedankt sich dafür. Das zeigt, dass Vertrauen als eine durchweg positive, erwünschte und angestrebte soziale Ressource darstellt, die immer wieder aktiviert werden muss. Für diese Aktivierung sind sprachliche Mittel maßgeblich. So gesehen kann man die Bestätigung der Kündigung als ein mögliches Mittel ansehen, Vertrauen der Kundin in der Zukunft zurückzugewinnen (falls mangelndes Vertrauen der Kündigungsgrund war) oder es zu erhalten. Im Vergleich zu anderen Texten, die dieselbe Funktion erfüllen sollen, fällt beispielsweise auf, dass diese Kündigungsbestätigung keine Angebote enthält, die der Kündigung entgegenwirken sollen, keine weitere Kontaktpflege ankündigt etc. Die Kündigung wird akzeptiert und bestätigt, der Ausblick in die Zukunft ist recht allgemein gehalten und macht lediglich deutlich, dass eine erneute Mitgliedschaft jederzeit möglich ist. Es hängt von der Kundin ab, ob sie diesen höflich-neutralen Stil im Sinne der Vertrauenswürdigkeit des Studios interpretiert.

Die Kookurrenzanalyse auf dem Wortschatzportal und dieses kleine Beispiel zeigen, dass sich der semiotische Charakter von Vertrauen auf der thematischen Ebene im Sprachgebrauch niederschlägt. Die Menschen sprechen darüber, dass Vertrauen schrittweise entsteht, dass es verloren gehen und (wieder)gewonnen werden kann. Sie sprechen über die Akteure, auf die sich Vertrauen bezieht, und über Akteure, die anderen Vertrauen entgegenbringen. Sie sehen Vertrauen als eine willkommene Ressource, für die sie sich bedanken und die sie kommunikativ pflegen. Die Analyse von Thematisierungen bietet einen ersten Zugang zur Erforschung des Zusammenhangs von Sprache und Vertrauen. Sie kann auf Aspekte hinweisen, die bei der Vertrauensbildung im Regelfall eher implizit bleiben. Um die impliziten Mechanismen aufdecken und untersuchen zu können, muss Vertrauen über die Thematisierung hinaus erfasst werden, wofür eine Operationalisierung notwendig ist (vgl. Kap. 4).

4 Operationalisierung von Vertrauen

Wir haben bisher festgestellt, dass Vertrauen in der interdisziplinären Forschung unterschiedlich definiert wird (vgl. Kap. 2) und dass für linguistische Untersuchungen die Auffassung von Vertrauen als soziale Einstellung zentral ist (vgl. Kap. 3). Wie andere Einstellungen entwickelt sich auch Vertrauen in semiotischen Prozessen. Damit rücken kommunikative Aspekte der Vertrauensbildung in den Vordergrund. Diese Perspektivierung eröffnet einen Rahmen für linguistische Untersuchungen. Um Vertrauen untersuchen zu können, muss zunächst ein Analyseinstrumentarium entwickelt werden, das es uns ermöglicht, die Vertrauensbildung linguistisch zu erfassen. Für die Entwicklung eines solchen Analysewerkzeugs müssen wir uns stets die möglichen Fragestellungen vor Augen führen. Das Analysewerkzeug soll ein Mittel zum Beantworten konkreter Fragen sein und geeignete Mittel müssen stets im Hinblick auf das zu erreichende Ziel gewählt werden.

Ein erster Umriss möglicher linguistischer Fragestellungen ergibt sich aus dem Stufenmodell der Vertrauensbildung (vgl. Kap. 3). Das latente *Grundvertrauen*, das eine psychische Disposition darstellt und sich in der frühen Phase der Kindheit entwickelt, bietet nur wenige Anschlusspunkte für die Linguistik und ist primär ein Untersuchungsfeld der (Entwicklungs-)Psychologie. In der linguistischen Literatur wird das Grundvertrauen im Sinne einer notwendigen Kommunikationsbasis kaum explizit diskutiert, es fließt aber implizit als „Vertrauen in die Kommunikations- und Handlungsbedingungen der gesellschaftlichen Individuen in der Alltagswirklichkeit" (Juchem 1988, 8) in kommunikationswissenschaftliche und pragmalinguistische Überlegungen ein. Ernst (2002, 22) bezeichnet das stillschweigende Übereinkommen der Interagierenden hinsichtlich des Sprach- und Weltwissens als „sprachlichen Vertrauensgrundsatz". Die Erwartung, dass die Kommunikationspartner sich grundsätzlich kooperativ verhalten, findet man auch bei Grice (1993, 248). Das Vertrauen in die Einhaltung des Kooperationsprinzips und der Konversationsmaximen bildet die notwendige Grundlage für das Erschließen des Gemeinten und somit für die Implikatur.[1] Ein ähnlicher Gedanke wird bei Coseriu (1988, 126) explizit:

> Das allgemeine Prinzip der textuellen Aufhebung besteht also in dem Vertrauen dem anderen gegenüber, daß er sinnvoll und nicht inkongruent spricht, daß die Inkongruenz mit Absicht ausgedrückt wird. [...] Aufgrund des Vertrauensprinzips nehmen wir im voraus an, daß die Inkongruenz mit Absicht erfolgt, und brauchen gerade Anzeichen dafür, daß sie nicht beabsichtigt ist.

---

[1] Zu Grices Theorie der Implikatur und der Unterscheidung von *Sagen* und *Meinen* vgl. Rolf 1994.

Das Vertrauen bildet in dieser Auffassung die Grundlage der Kommunikation und die Hintergrundfolie, vor der wahrgenommene Inkongruenzen[2] zum Zeichen werden. Dieses grundsätzliche Vertrauen in die Kommunikationsbedingungen stellt ein zentrales theoretisches Postulat und eine Grundannahme dar: Kommunikation ohne das Vertrauensprinzip kann es gar nicht geben. Einer empirischen linguistischen Untersuchung ist diese grundlegende Vertrauensstufe daher kaum zugänglich. Das Augenmerk der Linguistik kann und sollte sich vor allem auf die anderen beiden Vertrauensstufen richten.

Auf der Stufe des *Auftaktvertrauens* ist die (gegenseitige) Zuschreibung von Vertrauenswürdigkeit prägend. Die Eindrücke, die man von dem Partner, der Kommunikation mit ihm und der Kommunikationssituation bekommt, werden (häufig reflektiert und mit einem höheren kognitiven Aufwand) ausgewertet und die empfundene Qualität der Kommunikation wirkt sich auf die weitere Entwicklung der Beziehung aus. Daher ist diese Stufe durch die Darstellung der eigenen Vertrauenswürdigkeit und die Einschätzung der Vertrauenswürdigkeit des Partners geprägt. Zentral sind die folgenden Fragen:

> Was wird von wem im jeweiligen Kontext als vertrauenswürdig eingestuft? Wir kann man das Vertrauen der Interaktionspartner gewinnen, d.h. wie erweist man sich in einer bestimmten Situation und im Kontakt mit einem bestimmten Partner als vertrauenswürdig? Die erste, grundlegende Frage für die Linguistik lautet demnach: Welche sprachlichen (Stil, Lexik, Phraseologismen, Sprachhandlungen etc.) und außersprachlichen (Bilder, Textdesign etc.) Mittel besitzen das Potenzial, im konkreten Kontext vertrauensfördernd zu wirken? (Schäfer 2013, 72)

Auf der höchsten Stufe der Vertrauensbildung – *ausgeprägtes Vertrauen* – werden bereits beiderseitig zugeschriebene Vertrauenswürdigkeit und ein höheres Maß an Vertrauen unterstellt. Es geht nun primär darum, das Vertrauen zu pflegen und zu erhalten. Die leitende Frage aus linguistischer Perspektive lautet daher: „Wie schlägt sich das gegenseitige Vertrauen in der Kommunikation nieder (Informationsfluss, Stil, Grad der Formalität, Grammatik, Sprachhandlungen – z.B. Humor, Feedback etc.)?" (Schäfer 2013, 72). Aus linguistischer Perspektive können wir also die kommunikativen Mittel untersuchen, welche die Akteure nutzen, um Vertrauen aufzubauen und zu pflegen. Die Mittel können dabei auf verschiedenen Ebenen des Sprachsystems angesiedelt sein:
– Lexik: Welche Ausdrücke, Kollokationen, feste Wendungen etc. werden verwendet, um in einer Situation vertrauenswürdig zu erscheinen? Welche Begriffe etc. wirken auf die Kommunizierenden tatsächlich vertrauenswürdig?

---

[2] Der Begriff *Kongruenz* bei Coseriu entspricht in etwa dem weiter unten eingeführten vertrauensfördernden Faktor der Konsistenz. *Kongruenz* (im Kontext des Textverstehens) hebt auf semantisch und logisch zusammenhängendes sprachliches Handeln ab, das keine Widersprüche und Abweichungen von dem Erwartbaren enthält. *Konsistenz* schließt auch nichtsprachliches Handeln ein.

- Semantik: Welche Bedeutungsaspekte sind für die Vertrauensbildung relevant (z.B. Konnotationen, nicht konventionalisierte Verwendung von Wörtern, semantische Innovationen, Wortfelder, Frames etc.)?
- Pragmatik: Welche pragmatischen Aspekte der Kommunikation spielen für die Vertrauensbildung eine Rolle (z.B. sprachliche Konstruktion sozialer Rollen und Identitäten, Sprechhandlungen, Präsuppositionen, Deixis, Implikaturen etc.)?
- Grammatik: Welche syntaktischen Strukturen dienen der Vertrauensbildung (z.B. Satzstruktur, Satzart, satzwertige Einheiten, Ellipsen etc.)? Welche morphosyntaktischen Formen werden dafür verwendet (z.B. Konjunktiv zur Signalisierung von Höflichkeit)?
- Gesprächsverhalten: Welche Aspekte des Gesprächsverhaltens sind für die Vertrauensbildung förderlich oder aber hinderlich (Gesprächsführung, Verteilung des Rederechts, Konstruktion der Beziehung zum Gegenüber, Themenwechsel etc.)? Von welchen Faktoren hängt die Bewertung ab?
- Phonetik bzw. Orthographie: Welche Aspekte der lautlichen Realisierung (Aussprache, Akzentuierung, Sprechtempo etc.) bzw. der graphischen Realisierung der Äußerung (Orientierung an der kodifizierten Norm und Abweichungen davon, typographische Mittel etc.) sind für die Vertrauensbildung relevant?
- Text-Bild-Beziehungen: Inwiefern spielen Text-Bild-Beziehungen eine Rolle für die Vertrauensbildung?
- Stil: Welche stilistischen Merkmale sind für die Vertrauensbildung relevant?

Alle genannten Aspekte des Sprachgebrauchs können als Ressource genutzt werden. Dabei stehen die hier separat aufgeführten Ebenen in wechselseitigen Beziehungen, die bei der Analyse berücksichtigt werden müssen. Auf der Ebene der Stilistik fließen die verschiedenen Mittel zusammen, denn nach dem pragmatischen Verständnis ist Stil die Art und Weise der Handlungsdurchführung, die sich aus allen Ebenen des Sprachsystems speist (vgl. Kap. 5). Die sprachliche Handlung kann in medial mündlicher sowie medial schriftlicher Form erfolgen, sodass wir beide Medialitäten in den Blick nehmen müssen. Linguistische Analysen ermöglichen, die medialen Realisierungsformen der Vertrauensbildung genauer zu beschreiben. Sie können Hinweise auf kommunikative Muster und Normen liefern, die für die Zuschreibung von Vertrauenswürdigkeit bedeutsam sind. Sie können die Produzenten- wie die Rezipientenperspektive einnehmen und die jeweils relevanten Einflussfaktoren ermitteln. Darüber hinaus können Untersuchungen des Sprachgebrauchs aufzeigen, wann von wem und in welchen Zusammenhängen über Vertrauen gesprochen wird und was jeweils unter diesem Konzept verstanden wird.

> Die linguistische Vertrauensforschung untersucht die sprachlichen und nichtsprachlichen Mittel, mit denen die Akteure (mehr oder weniger reflektiert) das Vertrauen ihrer Interaktionspartner für sich gewinnen (*Vertrauensaufbau*) und mit denen sie einmal aufgebautes Vertrauen pflegen (*Vertrauenspflege*). Vertrauensaufbau und Vertrauenspflege werden hier als Teil der Vertrauensförderung aufgefasst. *Vertrauensförderung* ist ein Oberbegriff, der die Förderung von Vertrauen in allen Phasen einer Beziehung bezeichnet. Vertrauensförderung durch sprachliche Mittel kann medial schriftlich (durch Briefe, Postkarten, E-Mails, Chatten, Notizzettel am Kühlschrank etc.) oder medial mündlich (Face-to-face-Gespräche, Telefonieren, Internettelefonie etc.) erfolgen. Die Linguistik sollte alle medialen Ausprägungen der Vertrauensförderung auf allen Ebenen des Sprachsystems in den Blick nehmen.

Nachdem wir das Feld der möglichen linguistischen Fragestellungen abgesteckt haben, können wir nun weiter überlegen, mit welcher Methode wir diesen Fragen nachgehen können. Die Grundlage für die Methode stellt dabei die Operationalisierung des zu untersuchenden Phänomens. Dabei wird ein komplexes Phänomen heruntergebrochen auf kleinere, besser greifbare Einheiten, die analytisch erfassbar sind. Ohne eine Operationalisierung könnten bei einer empirischen Untersuchung keine validen Ergebnisse erreicht werden, da das Phänomen nicht klar umrissen und somit schwer greifbar wäre. Die Operationalisierung ist dabei eine methodische Grundüberlegung, die auf theoretischen Annahmen basiert und die Vorgehensweise bei empirischen Untersuchungen prägt. Mit anderen Worten: Wird das Phänomen anders operationalisiert, erzielt man andere Ergebnisse.

Wenn wir uns mit Vertrauen wissenschaftlich beschäftigen, begegnen uns mindestens die folgenden Schwierigkeiten:

– Der Begriff *Vertrauen* hängt engt mit anderen Begriffen zusammen wie z.B. *Glaubwürdigkeit, Vertrautheit, Zuversicht, Zuverlässigkeit, Glaube, Treue* u.a. Diese Begriffe trennscharf voneinander abzugrenzen ist nicht einfach und wird in der Forschungsliteratur unterschiedlich gehandhabt.
– Wenn in der untersuchten Kommunikation von der *Zuversicht,* dem *Sich-verlassen-Können,* der *Glaubwürdigkeit* und anderen verwandten Konzepten die Rede ist, können/sollen wir sie zu unserem Untersuchungsgegenstand rechnen? Wo ziehen wir die Grenze, was noch zu Vertrauen gehört und was nicht mehr?
– Die Vertrauensförderung erfolgt i.d.R. mit impliziten Mitteln und intaktes Vertrauen wird im Normalfall nicht thematisiert. Zu Thematisierungen kommt es oft erst dann, wenn die Vertrauensbasis geschwächt ist, sodass man über die lexikalische Suche nur einen Ausschnitt des Vertrauensdiskurses erfassen kann. Die Suche nach dem Ausdruck *Vertrauen* kann also nur in eingeschränktem Maße methodisch hilfreich sein.
– Dass der Ausdruck *Vertrauen* in einer Interaktion nicht explizit vorkommt, heißt nicht, dass Vertrauen als Konzept und Beziehungsqualität nicht relevant wäre.
– Die Analyse von vertrauensfördernden Mechanismen ist stets interpretativ. Sofern keine Produzentenbefragung zur intendierten Wirkung erfolgt, müssen

wir uns auf begründete Hypothesen über die beabsichtige Wirkung der Kommunikation stützen.
- Wenn Probanden in empirischen Studien direkt danach gefragt werden, ob/wie stark sie einer Person oder Institution vertrauen,[3] aktualisiert man durch die Frage explizit ein Konzept, dass für sie möglicherweise in der konkreten Situation nicht relevant ist. Dadurch können die Ergebnisse evtl. verzerrt werden. Wie kann man aber Vertrauen sonst erkennen und messen, ohne es explizit zu thematisieren?[4]

Eine Operationalisierung von Vertrauen ist der einzige Weg, wie man diesen Problemen methodisch begegnen kann. So wird genau das und nur das zu Vertrauen gerechnet und als Hinweis auf Vertrauen interpretiert, was den entwickelten Kategorien entspricht. Im Folgenden wird eine mögliche linguistische Operationalisierung von Vertrauen vorgestellt, die ich in Schäfer (2013, 54–59 und 95–98) entwickelt habe.[5] Die Operationalisierung geht davon aus, dass Vertrauen durch vier Faktoren begünstigt wird. Diese vier Faktoren sind:[6]
- *Kompetenz* auf dem relevanten Gebiet,
- *Konsistenz* in den verbal und nonverbal vermittelten Inhalten und Konsistenz der Selbstdarstellung im Laufe der Zeit,[7]
- *Interesse* am Partner, seinen Problemen und den gemeinsamen Themen,
- *Koordiniertes Handeln* – Fähigkeit und Bereitschaft dazu, eigenes Handeln mit dem des Partners zu koordinieren.

Es reicht für die Vertrauensförderung allerdings nicht aus, dass diese Faktoren gegeben sind. Sie müssen im Laufe der Interaktion erkennbar werden, d.h. sie müssen dem Rezipienten vermittelt werden. So ist beispielsweise nicht ausreichend, wenn

---

3 Vgl. z.B. die Befragungen, auf die sich Schweer/Bertow (2006, 77) beziehen. Die Studienteilnehmer sollten auf die Frage „In welchem Maß vertrauen Sie den folgenden Institutionen?" auf einer Skala von 1 (vertraue sehr) bis 6 (vertraue überhaupt nicht) antworten. Vgl. auch die verschiedenen Statistiken zu Vertrauen, die auf de.statista.com (Stand 14.08.2015) veröffentlicht werden und die politische und allgemein gesellschaftliche Themen betreffen.
4 Diese Problematik wird u.a. von Kohring 2004 (in Bezug auf Vertrauen) und Kuhnhenn 2014 (in Bezug auf Glaubwürdigkeit) aufgegriffen. Sie nutzen zur Untersuchung der abstrakten Phänomene Vertrauen und Glaubwürdigkeit operationalisierte Feinkategorien, die abgefragt werden, um eine explizite Abfrage der interessierenden Phänomene zu vermeiden. Vgl. die Diskussion dieses Aspektes im Forschungsstand (Kap. 2).
5 Zu dieser Operationalisierung vgl. auch meine früheren Arbeiten Matějková 2010, 2011 und 2012.
6 Dieses Modell wurde abgeleitet von Überlegungen zu Kernmerkmalen von Vertrauensbeziehungen. Zu den Merkmalen und ihren gegenseitigen Beziehungen vgl. Schäfer (2013, 54–59).
7 Kompetenz und Konsistenz werden in diesem Modell als zwei Aspekte von Glaubwürdigkeit aufgefasst. Zur Entwicklung dieser Auffassung von Glaubwürdigkeit und zu ihrer Abgrenzung von Vertrauen und Vertrauenswürdigkeit vgl. Schäfer (2013, 47–53).

man kompetent *ist*, eine Aufgabe zu übernehmen, man muss es (z.B. dem Vorgesetzten) auch *zeigen* und zwar durch sein Handeln, darunter auch durch Kommunikation. Erst der Hinweis auf die Existenz dieses wichtigen Faktors kann tatsächlich Vertrauen fördern. So ist es auch bei den anderen Faktoren. Es reicht nicht aus, Interesse zu *haben*, man muss es *zeigen* etc. Darüber hinaus reicht es auch nicht aus, nur kompetent zu sein oder nur Interesse zu zeigen, wenn die anderen Faktoren nicht gegeben zu sein scheinen. Entscheidend für die Vertrauensförderung ist eine jeweils angemessene Kombination all dieser Faktoren.[8] Dabei ist davon auszugehen, dass je nach Situation, Intention, kulturellem Hintergrund der Partner etc. die Faktoren unterschiedlich gewichtet sind. Eine angemessene Kombination der Hinweise auf diese Faktoren besitzt das höchste Potenzial der Vertrauensförderung. Ob das Potenzial in der Kommunikation eingelöst wird, hängt davon ab, wie der Rezipient die Kommunikation wahrnimmt und interpretiert. Wenn er bestimmte Aspekte der Kommunikation als Hinweise auf die Vertrauenswürdigkeit des Kommunikators interpretiert, wird er ihm Vertrauenswürdigkeit zuschreiben und Vertrauen kann sich wahrscheinlicher bilden (vgl. Kap. 3). Zusammengefasst kann Folgendes festgehalten werden:

! Die Operationalisierung basiert auf der Annahme, dass Vertrauen gefördert wird, indem Hinweise auf die Vertrauen begünstigenden Faktoren *Kompetenz, Konsistenz, Interesse* und *koordiniertes Handeln* kommuniziert werden. *Kompetenz* und *Konsistenz* werden dabei als Aspekte der *Glaubwürdigkeit* konzipiert. Die Faktoren zu kommunizieren heißt nicht – wie im alltäglichen Sprachgebrauch – *über* sie zu kommunizieren, sie zu thematisieren, zu benennen etc. Wichtig ist vielmehr, dass der Rezipient aufgrund der Kommunikation auf die Vertrauenswürdigkeit des Kommunikators schließen kann. Dabei sind es nicht die einzelnen Faktoren, die Vertrauen fördern. Das höchste Potenzial der Vertrauensförderung besitzt ihre jeweils angemessene[9] Kombination. Ob Vertrauen in der Interaktion tatsächlich entsteht, hängt zum einen davon ab, welche vertrauensfördernden Faktoren der Produzent (kommunikativ) sichtbar macht, und zum anderen, wie die Kommunikation von dem Rezipienten wahrgenommen wird und ob sie als Zeichen für die Vertrauenswürdigkeit des Partners interpretiert wird. Der Kommunikator kann den Prozess der Vertrauensförderung dadurch beeinflussen, dass er die Interpretation des Rezipienten antizipiert und bei der Gestaltung seines sprachlichen Handelns berücksichtigt und dass er dem Rezipienten Interpretationsstützen bietet.

Mit dieser Operationalisierung haben wir festgelegt, wonach wir bei der Analyse sprachlicher Äußerungen suchen: Wir konzentrieren uns auf Mittel, die Kompetenz, Interesse und Bereitschaft zum koordinierten Handeln signalisieren und dabei auf Konsistenz im aktuellen Handeln wie über einen längeren Zeitraum hinweg schlie-

---

8 Diese Annahme stimmt mit der von Reinmuth (2006, 73) überein „dass nicht spezielle Merkmale einen glaubwürdigen Kommunikator ausmachen, sondern angemessene und auf den Hörer zugeschnittene Merkmale".
9 Zur Angemessenheit des Sprachgebrauchs vgl. Kap. 11 (Sprachkritik) und Kap. 7 (im Zusammenhang mit Kultur).

ßen lassen.¹⁰ Der Fokus liegt auf verbalen Mitteln. Paraverbale Mittel (wie Typographie und Farben in der medial schriftlichen Kommunikation oder Sprechtempo und Intonation in der medial mündlichen Kommunikation) und nonverbale Mittel (wie Bilder in der schriftlichen und Augenkontakt oder Mimik in der mündlichen Kommunikation) sollten allerdings auch – soweit wie möglich und nötig – berücksichtigt werden, da sie u.U. wertvolle Hinweise auf die Vertrauenswürdigkeit des Kommunikators liefern können. Eine linguistische Untersuchung der Mittel der Vertrauensförderung sollte alle relevanten semiotischen Codes in die Analyse einbeziehen, denn die Vertrauensbildung ist ein semiotischer und kein rein sprachlicher Prozess. Es ist eine zukünftige Aufgabe für die Forschung zu klären, wie die unterschiedlichen Ressourcen zusammenspielen und von Rezipienten wahrgenommen und gewichtet werden

Um die Komplexität der Kommunikation mit ihren verschiedenen semiotischen Codes in den Blick bekommen zu können, ist es hilfreich, weiter zu differenzieren. Im Folgenden werden drei Kommunikationsdimensionen analytisch unterschieden, die für die Vertrauensförderung relevant sind (vgl. Schäfer 2013, 95–98):
– Selbstdarstellung¹¹
– Beziehungsgestaltung
– Themen

Diese Unterscheidung ist als eine analytische Hilfestellung zu verstehen. In der realen Kommunikation sind diese Dimensionen eng miteinander verflochten. Die Unterscheidung verläuft parallel zu den Sprachfunktionen in Bühlers (1934) Organonmodell, das *Ausdruck, Appell* und *Darstellung* unterscheidet. Bühler geht davon aus, dass sprachliche Zeichen i.d.R. alle drei Funktionen gleichzeitig erfüllen, diese sind jedoch je nach Kontext unterschiedlich gewichtet. Es handelt sich also hier um „Dominanzphänomene, in denen wechselnd einer von den drei Grundbezügen der Sprachlaute im Vordergrund steht" (Bühler 1934, 32). Ähnlich kann man annehmen, dass jede Kommunikation im Hinblick auf alle drei Dimensionen eingeordnet werden kann und dass die kommunikativen Mittel innerhalb der verschiedenen Dimensionen zusammenspielen können. Die potenziell vertrauensfördernden Faktoren werden im Rahmen von einer oder mehreren dieser Dimensionen kommuniziert. So ist beispielsweise naheliegend, dass die Darstellung der Kompetenz der Dimension

---

10 Auf konkrete Kategorien für diese Feinanalyse wird im Kap. 5 eingegangen.
11 Der Begriff *Selbstdarstellung* wird hier relativ eng gefasst. Er umfasst alle Arten der expliziten und impliziten Referenz des Kommunikators auf seine Ziele, Werte, Vorstellungen, Arbeit etc. Auf diese Weise kann Selbstdarstellung von der Beziehungsgestaltung und von Themen unterschieden werden. Ein weit gefasster Begriff der Selbstdarstellung würde auch die anderen Kommunikationsdimensionen umfassen, denn nach dem Verständnis gehört es zur Selbstdarstellung dazu, wie man die Beziehung zu den Interaktionspartnern gestaltet und welche Themen man wie behandelt.

der Selbstdarstellung zugeordnet werden kann und die Darstellung von Interesse der Beziehungsgestaltung. Koordiniertes Handeln kann prinzipiell beiden Dimensionen zugerechnet werden. Die konkreten Äußerungen müssen letztlich im Einzelfall untersucht und den Kommunikationsdimensionen und vertrauensfördernden Faktoren zugeordnet werden.

Die Auswahl und Darstellung der Themen ist ein Aspekt, der zur Selbstdarstellung eines Akteurs verwendet wird. So gehören die Themen, mit denen sich eine Person oder Organisation beschäftigt (kulturelle Themen, soziale Probleme, politische Herausforderungen etc.) immer zu ihrem Selbstverständnis dazu. Gleichzeitig stellen die für einen Akteur relevanten und von ihm ins Gespräch eingebrachten Themen die Basis für die Gestaltung der Beziehung zu anderen Akteuren dar. Die Zuordnung der potenziell vertrauensfördernden Faktoren zu den kommunikativen Dimensionen ist insofern immer ein interpretativer Akt, der durch die Forschenden geleistet werden muss und der stark kontextabhängig ist. Der Faktor der Konsistenz scheint auf einer anderen, übergeordneten Ebene zu liegen, da (In-)Konsistenz nur im Vergleich mehrerer Aspekte konstatiert werden kann. So kann sich beispielsweise ein Kommunikator explizit als kooperativ bezeichnen, in der Dimension der Beziehungsgestaltung aber wenig Kooperativität zeigen, was insgesamt als inkonsistent empfunden werden kann. Wahrgenommene Diskrepanzen sind „die wichtigste Ursache für Vertrauensverluste" (Bentele 2008, 356).

Auf der Grundlage der bisherigen Ausführungen kann nun der Prozess der Vertrauensförderung ausführlicher modelliert werden (vgl. Abb. 4). In einer interaktiven kommunikativen Situation sind beide Akteure i.d.R. sowohl Produzent als auch Rezipient. Sie gestalten ihre kommunikativen Beiträge so, dass sie möglichst als vertrauenswürdige Personen eingeschätzt werden. Das tun sie, indem sie die vier Vertrauen begünstigenden Faktoren kommunikativ vermitteln. Die Dreiecke, in die diese vier Faktoren eingebettet sind, symbolisieren die drei Kommunikationsdimensionen, die für die Vertrauensförderung zentral sind. Die kommunikativen Beiträge werden von dem jeweils anderen wahrgenommen und im positiven Fall als Hinweise auf dessen Vertrauenswürdigkeit (VW) interpretiert. Ist dem so, so wird der Partner bis auf weiteres als eine vertrauenswürdige Person eingeschätzt und Vertrauen kann entstehen. Damit ist aber noch nicht das Ende des Prozesses erreicht, denn einmal gewonnenes Vertrauen muss kommunikativ ständig gepflegt werden, was die Pfeile symbolisieren, die zurück in Richtung der Dreiecke zeigen. Die Vertrauensförderung ist somit als ein kommunikativer Kreislauf zu verstehen.

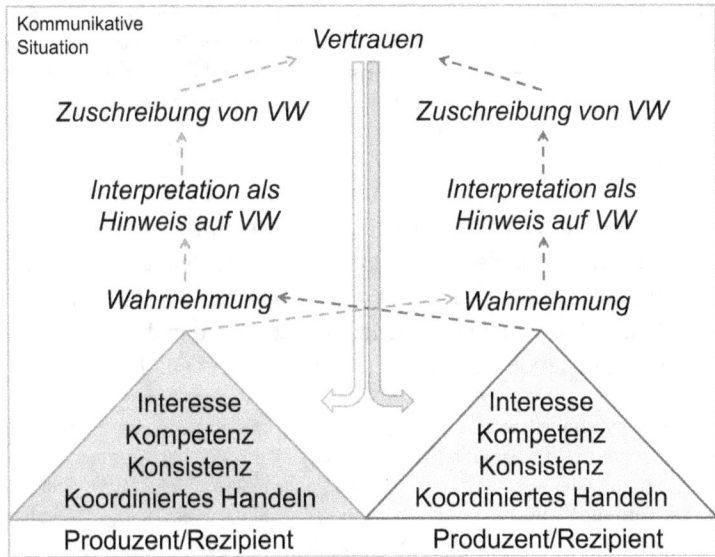

Abb. 4: Prozess der Vertrauensförderung

Stellen Sie anhand des bisher Gesagten dar, wie Vertrauen und Vertrauenswürdigkeit zusammenhängen.
- Diskutieren Sie die Beziehungen zwischen den Konzepten *Vertrauen, Vertrauenswürdigkeit, Glaubwürdigkeit, Manipulation* und *Misstrauen*.
- Überlegen Sie, auf welche Bezugsobjekte sich Vertrauen beziehen kann.
- Lesen Sie den folgenden Auszug aus einem Artikel, der kurz nach dem Germanwings-Unglück erschienen ist. Überlegen Sie, was der Pilot unternommen haben könnte. Lesen Sie dann den vollständigen Artikel unter http://www.abendblatt.de/vermischtes/article205228103/So-gab-ein-Pilot-in-Hamburg-Fluggaesten-Vertrauen-zurueck.html (Stand: 27.02.2016).

„Germanwings-Unglück
So gab ein Pilot in Hamburg Fluggästen Vertrauen zurück
[...]
Hamburg/Köln. Nach dem tragischen Tod von 150 Menschen durch den Absturz eines Germanwings-Airbus ist bei Flugpassagieren viel Vertrauen verloren gegangen. Auch verlässliche und sichere Technik kann nach der mutmaßlich absichtlich herbeigeführten Katastrophe in Südfrankreich viele Fluggäste nicht beruhigen. Viele steigen in ein Flugzeug und haben ein mulmiges Gefühl. [...] Doch der Kapitän schaffte es vor dem Start, seine Fluggäste [...] zu beruhigen."

Die Modellierung der Vertrauensbildung als semiotischer Prozess (vgl. Kap. 3) und die Operationalisierung der Vertrauensförderung haben bereits mehrfach deutlich gemacht, dass Vertrauen und Vertrauenswürdigkeit eng miteinander verflochten sind, dass sie hier jedoch analytisch getrennt werden. In dieser Hinsicht ist Reinmuth (2006, 30; Hervorhebungen i.O.) zuzustimmen, wenn er feststellt:

> *Vertrauen* und *Vertrauenswürdigkeit* sind also nicht zwei verschiedene Erscheinungen, sondern beschreiben beide ein und dasselbe Phänomen, einmal aus der Sicht des Vertrauensgebers und einmal auf einer übergeordneten Ebene. Vertrauenswürdigkeit kann durch das Handeln und die Kommunikation eines Akteurs zu einem Teil seines Images werden. Im Folgenden soll der Begriff der *Vertrauenswürdigkeit* als Imagedimension verstanden werden.

Reinmuth beschreibt hier Vertrauenswürdigkeit und Vertrauen als ein und dasselbe Phänomen, das auf jeweils unterschiedlichen Ebenen betrachtet wird. In dieser Einführung soll zusätzlich die zeitliche Dimension beachtet werden: Die subjektive Zuschreibung der Vertrauenswürdigkeit ist die Voraussetzung dafür, dass sich Vertrauen als eine Qualität der Beziehung entwickelt. Diese zeitliche Reihenfolge kann man in Reinmuths Konzeption (2006, 30; Hervorhebungen i.O.) ebenfalls finden:

> Wenn wir eine Person für vertrauenswürdig halten, dann entsteht eine bestimmte Haltung gegenüber dem Anderen, es entsteht Vertrauen. Dieses Vertrauen kann sich [...] in einer bestimmten *Handlung* manifestieren oder eine bestimmte *Situation* oder eine Art *Gefühl* bzw. eine *Einstellung* beschreiben. Vertrauen kann demnach nur existieren, solange es ein Bezugsobjekt hat, also jemanden oder etwas, der/das vertrauenswürdig ist.

Durch die analytische Unterscheidung von *Vertrauen* und *Vertrauenswürdigkeit* wird eine terminologische Schärfe gewährleistet, die eine Voraussetzung für die Operationalisierung darstellt. *Vertrauenswürdigkeit* ist aber nicht das einzige Konzept, das semantisch in der Nähe von *Vertrauen* steht und methodisch eng damit verbunden ist. Ein weiteres Konzept ist *Glaubwürdigkeit,* das in der Forschung ebenfalls sehr unterschiedlich definiert wird (vgl. die Darstellung in Kuhnhenn 2014, 21–27). In der Persuasionsforschung wird in der Nachfolge von Hovland/Janis/Kelley (1953, 21) Glaubwürdigkeit als ein zweidimensionales Konstrukt mit den Komponenten *Kompetenz* und *Vertrauenswürdigkeit* konzipiert.[12] Die Wahrnehmung beider Komponenten wird durch verschiedene Faktoren und deren Kombination beeinflusst:

> Merkmale, die die Wahrnehmung und Zuschreibung von Kompetenz beeinflussen, sind vor allem Alter, Status und sozialer Hintergrund, Hinweise auf Qualifikationen wie formelle Titel, Erfahrungen, Leistungen, Intelligenz, das Innehaben von Führungspositionen und das Ausmaß

---

[12] Hovland/Janis/Kelley (1953, 21) begründen diese Operationalisierung wie folgt: „An individual's tendency to accept a conclusion advocated by a given communicator will depend in part upon how well informed and intelligent he believes the communicator to be. However, a recipient may believe that a communicator is capable of transmitting valid statements, but still be inclined to reject the communication if he suspects the communicator is motivated to make nonvalid assertions. It seems necessary, therefore, to make a distinction between 1) the extent to which a communicator is perceived to be a source of valid assertions (his ‚expertness') and 2) the degree of confidence in the communicator's intent to communicate the assertions he considers most valid (his ‚trustworthiness'). In any given case, the weight given a communicator's assertions by his audience will depend upon both of these factors, and this resultant value can be referred to as the ‚credibility' of the communicator."

an Wissen um ein bestimmtes Fachgebiet. Für die Zuschreibung von Vertrauenswürdigkeit sind Hinweise auf Ehrlichkeit, Aufrichtigkeit, Neutralität, Unparteilichkeit, Unabhängigkeit und Selbstlosigkeit einer Quelle, die Zuverlässigkeit, Beständigkeit, Seriosität, Widerspruchsfreiheit, aber auch der Kommunikationskontext entscheidende Einflussgrößen. (Eisend 2003, 105–106)

Vertrauenswürdigkeit ist nach diesem Verständnis „die Abwesenheit von persuasiven oder gar manipulativen Absichten und zusätzlich die Bereitschaft, die Informationen, über die man verfügt, auch vollständig mitzuteilen" (Kohring 2001, 12). Sie wird als eine Komponente der Glaubwürdigkeit verstanden.[13] In dieser Einführung haben wir Glaubwürdigkeit hingegen als Vorstufe von Vertrauenswürdigkeit und Vertrauen bestimmt und sie anhand der Komponenten *Kompetenz* und *Konsistenz* operationalisiert.[14] Diese Auffassung stimmt mit der von Kuhnhenn (2014, 27; vgl. das Zitat in Kap. 2 auf S. 22) und von Bentele/Seidenglanz (2008, 346) überein:

> Glaubwürdigkeit ist sinnvollerweise als ein Teilphänomen von Vertrauen rekonstruierbar und ist als eine Eigenschaft bestimmbar, die Menschen, Institutionen oder deren kommunikativen Produkten (mündliche oder schriftliche Texte, audiovisuelle Darstellungen) von jemandem (Rezipienten) in Bezug auf etwas (Ereignisse, Sachverhalte etc.) zugeschrieben wird. Insofern ist Glaubwürdigkeit keine inhärente Eigenschaft von Texten, sondern Element einer mehrstelligen Relation.

Konsens besteht in der Forschung darin, dass Glaubwürdigkeit – wie Vertrauenswürdigkeit – das Produkt einer Zuschreibung (vgl. Reinmuth 2006, 113; Ortak 2004, 166) bzw. eines Evaluationsprozesses (vgl. Mammen 2010, 15) ist.

> Dieser Prozess findet allerdings nur teilweise bewusst statt und basiert auf Signalen, Informationen und Images, die dem Rezipienten bei der Beurteilung eines Kommunikats bzw. eines Kommunikators zur Verfügung stehen. Dabei kann Glaubwürdigkeit auch immer Teil eines Images eines Kommunikators sein oder werden. (Reinmuth 2006, 113)

Laut Ostermann (1999, 43) ist Glaubwürdigkeit

> weder ein Stilelement noch eine allgemeine Stilqualität, sondern ein Effekt, der gemeinsam mit einem bestimmten stilistischen Erscheinungsbild einer Rede oder eines Textes auftreten kann, ohne das sich dafür vorab allgemeine Kriterien angeben ließen.

---

[13] Dieses von der frühen Persuasionsforschung geprägte Verständnis ist in der aktuellen Forschungsliteratur zu Vertrauen nicht mehr präsent.
[14] Die Reduktion von Glaubwürdigkeit auf zwei Komponenten ist gewiss eine starke Vereinfachung, sie ist jedoch für die Operationalisierung von Vertrauen unumgänglich. Zur Begründung der Konzeption und Ableitung der zwei Aspekte aus der Literatur vgl. Schäfer (2013, 47–53). Eine umfassende Studie zur Glaubwürdigkeit legt Kuhnhenn 2014 vor.

Glaubwürdigkeit als eine Zuschreibung auf der Grundlage der Kommunikation kann somit als ein Stileffekt aufgefasst werden.[15] Von Vertrauen unterscheidet sich Glaubwürdigkeit in drei zentralen Punkten (vgl. Eisend 2003, 47):[16]
- Zeitbezug: Glaubwürdigkeit ist eine „Momentaufnahme" im Hier und Jetzt, während Vertrauen stets in die Zukunft gerichtet ist.
- Bezugsobjekte: Glaubwürdigkeit bezieht sich auf die Kommunikation und ihre Quelle. Vertrauen hat ein breiteres Spektrum an Bezugsobjekten. Neben Personen und Institutionen können es nach einigen Ansichten (z.B. Bentele 1994b, 142) auch natürliche oder technische Sachverhalte sein. In diesem Punkt herrscht allerdings keine Einigkeit. So argumentieren z.B. Kohring (2001), Möllering (2006) oder Sztompka (1995), dass sich Vertrauen nur auf soziale Akteure beziehen kann.[17]
- Status und Merkmale der Konstrukte: Glaubwürdigkeit ist eine zugeschriebene Eigenschaft, während Vertrauen eine soziale Einstellung ist.

Aus diesen Überlegungen ergibt sich eine logische Reihenfolge der drei Konzepte: Zunächst wird (im positiven Fall) dem Gegenüber anhand der Hinweise auf Kompetenz und Konsistenz die Eigenschaft der Glaubwürdigkeit zugeschrieben. Wenn der Rezipient auch Hinweise auf Interesse und koordiniertes Handeln findet, hat die Kommunikation das Potenzial, als Grundlage für die Zuschreibung von Vertrauenswürdigkeit zu dienen. Wird ein Gegenüber tatsächlich als vertrauenswürdig befunden, kann sich Vertrauen entwickeln. Die Reihenfolge, in der diese Phänomene erscheinen, ist somit: Glaubwürdigkeit – Vertrauenswürdigkeit – Vertrauen.

Das Wissen darum, wie man in einer bestimmten Situation die eigene Vertrauenswürdigkeit unter Beweis stellt, ist eine wichtige kommunikative Kompetenz und gehört in bestimmten Lebens- und Berufsfeldern zum notwendigen Know-How, das zum sozialen Erfolg beiträgt. Wo liegt nun die Grenze zwischen Vertrauensförderung und Manipulation?[18] Mit Schweer/Thies (1999, 167) gefragt: „Kann Vertrauen nicht auch zur Manipulation mißbraucht werden? Ist es von daher nicht kontraindiziert, einer Institution Vertrauen zu schenken?"

---

15 Zu Vertrauenswürdigkeit als perlokutionärem Effekt vgl. Kap. 5.
16 Mehr zu der Abgrenzung von Glaubwürdigkeit und verwandten Konstrukten (Vertrauen, Misstrauen, Vertrauenswürdigkeit, Verlässlichkeit, Reputation) vgl. Kuhnhenn (2014, 27–33).
17 Nach dieser Auffassung richtet sich das Vertrauen, das wir bspw. in ein Flugzeug oder ein Auto haben, nicht direkt auf die Technik, sondern auf deren Hersteller und andere soziale Akteure, welche die Technik hergestellt und zur Verfügung gestellt haben, die sie warten etc.
18 Neben dem theoretischen Interesse ergibt sich diese Frage auch aus meinen persönlichen Erfahrungen, da ich als Reaktion auf die grobe Darstellung des Themas *Vertrauensförderung* mehrere Male Einschätzungen hörte wie: „Du wirst dann bestimmt gut Menschen manipulieren können."

> Zunächst einmal ist es natürlich richtig, daß eine Person oder Institution, der Vertrauen entgegengebracht wird, einen gewissen Einfluß auf den Vertrauenden hat. Ein solcher Einfluß ist jedoch nicht beliebig, und er macht nicht quasi zwangsläufig Manipulationen möglich. Vertrauen, wie wir es heute verstehen, hat nichts gemein mit dem sogenannten *blinden Vertrauen*, also einer extrem hohen psychologischen Abhängigkeit. (Schweer/Thies 1999, 167, Hervorh. i.O.)

Bei erster Annäherung kann man einen deutlichen Unterschied in der moralischen Haltung sehen: Während Vertrauen prinzipiell auf Freiwilligkeit und einer gewissen „Gleichberechtigung" basiert, ist bei der Manipulation immer einer der Beteiligten überlegen und hat deutlich mehr Macht, nämlich der Manipulator. Er verfolgt im Verborgenen seine eigenen Interessen und handelt intransparent. Aus diesem Punkt ergibt sich die große (und weiter ansteigende) Relevanz von Transparenz, die praktisch zum Schlüsselwort der Vertrauensdiskurse wurde.[19] Wer sich Vertrauen verdienen will, muss transparent handeln, sonst gerät er in Verdacht, manipulative Absichten zu haben. Manipulation basiert zum großen Teil auf dem Missbrauch von Vertrauen und das unabhängig davon, ob Menschen manipuliert werden oder Ergebnisse, Zahlen, Daten etc. Die Methoden der Manipulation müssten also ähnlich wie bei der Vertrauensförderung sein.[20] Dennoch muss man beides unterscheiden können, da man sonst jede Vertrauensförderung mit Manipulation gleichsetzen könnte. Vor dem Hintergrund der durchgeführten Operationalisierung von Vertrauen kann man die Hypothese aufstellen, dass der zentrale Unterschied im Aspekt des *Interesses* besteht. Beim Vertrauensaufbau ist das Interesse am Partner (mehr oder weniger) ehrlich, während es von einem Manipulator lediglich vorgetäuscht wird, damit er sein Ziel erreicht. Täuschung ist somit ein wichtiges Mittel der Manipulation. Allerdings stellt sich die Frage, ob und wie man ehrliches Interesse von vorgetäuschtem unterscheiden kann. Als Hinweis auf Täuschung können z.B. Inkonsistenzen im Handeln des Manipulators dienen und die können u.U. durch linguistische Untersuchungen aufgezeigt werden.[21] Hier zeigt sich wieder der verpflichtende Charakter der Selbstdarstellung, den wir in Kapitel 3 diskutiert haben

---

19 Die Analyse von Texten im Zusammenhang mit dem ADAC-Skandal weiter unten verdeutlicht die Beziehung von Vertrauen, Manipulation (in dem Fall allerdings „nur" Manipulation von Zahlen) und (In-)Transparenz.

20 Auf diesen Aspekt verweist auch Baier (2001, 42), wenn sie feststellt: „Es waren die Kriminellen, nicht die Philosophen, die eine Expertise für die verschiedenen Formen des Vertrauens entwickelt haben." In der Formulierung verschwimmen allerdings die Grenzen zwischen Vertrauen und Manipulation.

21 Marx (2012) hat in ihren Untersuchungen zum Scamming – einer Art virtuellen Heiratsschwindels im Internet – gezeigt, dass die Opfer in der Regel erst durch Inkonsistenzen im sprachlichen Handeln des vermeintlichen Partners/der vermeintlichen Partnerin auf seine/ihre betrügerischen Absichten aufmerksam wurden. Mit Baier (2001, 42) kann man feststellen: „Das Vertrauen lädt nicht nur Heiratsschwindler ein, sondern auch Terroristen, die ein Gespür für seine am leichtesten zu zerstörenden und doch sozial zentralsten Formen haben."

(vgl. das Zitat von Luhmann 2000, 81 auf S. 60). Inkonsistenzen in der Selbstdarstellung können auf unehrliche Absichten hinweisen.

ℹ️ Die Tatsache, dass das Vertrauensverhältnis moralisch verpflichtend ist und die Menschen aneinander bindet, wurde zu DDR-Zeiten von dem Ministerium für Staatssicherheit (MfS) systematisch für eigene Zwecke ausgenutzt. In der sog. operativen Arbeit mit den inoffiziellen Mitarbeitern (IM) sollte gezielt Vertrauen zwischen dem Führungsoffizier und dem IM, für den er zuständig war, aufgebaut werden (vgl. Bock/Schäfer 2016). Der Führungsoffizier sollte Vorbild sein, den IM politisch und charakterlich „erziehen und befähigen", gleichzeitig sollte er gezielt ein „kameradschaftliches, vertrauensvolles Verhältnis" zu ihm aufbauen (zitiert aus Bock/Schäfer 2016, 65). Die Lehrmaterialien der MfS-Hochschule enthielten konkrete Anleitungen zur Vertrauensförderung, die u.a. die Gesprächsführung oder den Ablauf der Treffs betreffen. So wurde z.B. Folgendes empfohlen:

> „Im Verlauf der Treffs ist es möglich, auf die Persönlichkeit der IM einzugehen, eventuelle persönliche oder familiäre Probleme kennenzulernen [...] und mit Rat und Tat Unterstützung zu geben. Damit wird das Vertrauen der IM gefestigt und eine stärkere Bindung zu den IM-führenden Mitarbeitern und zum MfS erreicht. (JHS 1984a: 5)" (Bock/Schäfer 2016, 65)

Es fällt auf, dass der Vertrauensbegriff in der Arbeit des Ministeriums für Staatssicherheit und in seinem Sprachgebrauch eine wichtige Rolle spielte. Das wird dadurch unterstrichen, dass dem Begriff „Vertrauensverhältnis" im MfS-Wörterbuch ein ausführlicher, differenzierter Eintrag gewidmet wurde. Es stellt sich die Frage, wie der Vertrauensbegriff im Kontext der Geheimdienstarbeit verwendet wurde und inwiefern in diesem Kontext zwischen Vertrauen und Manipulation unterschieden werden kann.

Wenn manipulatives Handeln dem Manipulierten auffällt, ist i.d.R. ein Vertrauensbruch die Folge[22] und häufig entsteht dadurch Misstrauen. Die Beziehung zwischen Vertrauen und Misstrauen wird in der Forschungsliteratur unterschiedlich aufgefasst. Grundsätzlich kann man zwei Auffassungen unterscheiden. Nach der einen sind Vertrauen und Misstrauen zwei funktionale Äquivalente (vgl. Luhmann 2000, 92) bzw. sie sind konträr zueinander und nicht kontradiktorisch: „Wenn wir nicht vertrauen, sind wir nicht notwendigerweise misstrauisch." (Hartmann 2011, 57; ähnlich auch Schweer/Thies 2003, 22). So stellt Hartmann (2011, 59) fest, „dass es vorschnell ist, mangelndes Vertrauen mit Misstrauen gleichzusetzen – ein Trugschluss, der sich häufig im Kontext der politischen Umfrageforschung finden lässt." Damit ist die andere Auffassung angedeutet. Danach verhalten sich Vertrauen und Misstrauen wie kommunizierende Gefäße: Je mehr ich jemandem vertraue, desto weniger misstraue ich ihm und umgekehrt. Nach dieser Auffassung würde nach dem Aufdecken von Manipulation stärkeres Misstrauen die Folge sein, während es

---

22 Dies trifft z.B. auf den ADAC-Skandal zu. In dem Zusammenhang wurde der Vertrauensbruch thematisiert, nachdem die Manipulationen von Zahlen bekannt geworden sind. Vgl. dazu die Analyse in Kap. 5.

nach der ersten Auffassung dazu kommen kann, dass man das Vertrauen in den Akteur zwar verliert, dass man aber trotzdem kein Misstrauen zu ihm empfindet.[23]

Die durchgeführte Operationalisierung und Eingrenzung von Vertrauen soll im Folgenden an einem Textbeispiel exemplarisch verdeutlicht werden. Es handelt sich um einen Text, der im Shaker Verlag produziert wurde. Der Shaker Verlag spezialisiert sich auf wissenschaftliche Publikationen aus verschiedenen Fachgebieten und wendet sich mit seinen Angeboten an potenzielle Kunden. Vor diesem Hintergrund ist der folgende Text (vgl. S. 80) zu lesen.

Die personalisierte Anrede *Sehr geehrte Frau Dr. [Nachname]* dient der direkten Referenz auf die konkrete Rezipientin. Die Anrede ist förmlich und der Gebrauch des akademischen Titels signalisiert eine formelle, womöglich institutionelle Beziehung zwischen Produzent und Rezipientin. In Übereinstimmung damit wird die Rezipientin konsequent gesiezt. Sie wird über die Vorteile einer Publikation beim Shaker Verlag informiert und aufgefordert, sich ein individuelles Angebot erstellen zu lassen. Es wird deutlich, dass es sich um einen Werbebrief handelt, der die *verschiedenen Publikationsmöglichkeiten* des Verlags bewirbt. Wir können davon ausgehen, dass die Wahl des Verlags für die eigene Publikation zumindest teilweise davon abhängt, welche Reputation der Verlag hat, ob man darauf vertraut, dass der Verlag seine Arbeit ordentlich macht, dass man gut betreut wird, dass die Publikation aktiv beworben wird etc. Auch Verlage sind somit vom Vertrauen der potenziellen Kunden abhängig und setzen wie andere wirtschaftliche Unternehmen viel auf Werbung und Öffentlichkeitsarbeit.[24] Die Rolle von Vertrauen wird dadurch deutlich, dass der Verlag explizit auf das Vertrauen hinsichtlich seiner *langjährigen Erfahrung in der Publikation und Distribution von akademischen Arbeiten* appelliert.

---

23 Dieses Dilemma kann an dieser Stelle nicht weiter verfolgt werden. Es fällt auf, dass die interdisziplinäre Forschung i.d.R. nur jeweils das eine oder das andere Konstrukt in den Mittelpunkt stellt, aber kaum ihre gegenseitige Beziehung, die für das Verständnis beider Phänomene jedoch wichtig ist. So gab es beispielsweise bei der interdisziplinären Tagung zu Misstrauen im August 2015 in Bielefeld keinen einzigen Beitrag zum Thema Vertrauen (und auch keinen linguistischen Beitrag). Der Rückblick auf die Tagung legt jedoch nahe, dass die Beziehung zwischen Vertrauen und Misstrauen in den Diskussionen eine Rolle spielte, was auf die Relevanz der Verknüpfung hinweist (vgl. https://www.uni-bielefeld.de/ZIF/AG/2015/08-27-Galanova.html; Stand: 11.02.2016).
24 Zur Rolle von Vertrauen für die Werbung und Öffentlichkeitsarbeit vgl. Kap. 6, in dem stärker auf persuasive Strategien eingegangen wird.

Publizieren Sie beim Shaker Verlag

Sehr geehrte Frau Dr. NACHNAME,

wir freuen uns, Ihnen heute unsere verschiedenen Publikationsmöglichkeiten vorstellen zu können. Der Shaker Verlag publiziert seit fast 30 Jahren jährlich hunderte Titel zu verschiedenen wissenschaftlichen Themen - aktuell umfasst unser Programm rund 25.000 Titel. Wir gehören damit zu den führenden Fachverlagen Deutschlands.

Vertrauen Sie auf unsere langjährige Erfahrung in der Publikation und Distribution von akademischen Arbeiten. Sie erhalten von uns eine fachgerechte Beratung und persönliche Betreuung. Wir bieten Ihnen optimale Rahmenbedingungen zur Umsetzung Ihrer wissenschaftlichen Veröffentlichung. Zudem vertreiben und bewerben wir zielgerichtet Ihren Titel kostenfrei in Deutschland und weltweit.

Ihre Vorteile

- Buchpublikation mit ISBN, elektronische Publikation mit DOI
- Kostengünstige Autorenexemplare zum Herstellungspreis
- Keine Druckkostenzuschüsse
- Zusätzliche Online-Publikation über die Hochschule möglich
- Kompetente Unterstützung bei Satz und Layout
- Professionelles Fachlektorat

- Fachübersetzung ins Englische
- Kostenfreier Probedruck
- Kurze Produktionszeiten
- Nationaler und internationaler Vertrieb
- Unbegrenzte Lieferbarkeit
- Kostenfreie Bewerbung des Titels
- Autorenhonorar für den Buchverkauf bereits ab dem 1. Exemplar
- Bewerbungsservice

Überzeugen Sie sich von unseren attraktiven Konditionen und lassen Sie sich ein individuelles Angebot erstellen. Besuchen Sie uns einfach auf unserer Homepage unter www.shaker.de. Für weiterführende Informationen stehen wir Ihnen gerne jederzeit zur Verfügung.

Mit freundlichen Grüßen

Shaker (DIGITALE UNTERSCHRIFT)

Dr. Shaker
SHAKER VERLAG GmbH

Der Text weist verschiedene Mittel auf, die potenziell die Zuschreibung der Vertrauenswürdigkeit begünstigen. Dominant erscheint dabei die Selbstdarstellung des Verlags, die durch den Verlagsnamen und die personale Deixis *wir* realisiert wird. Der Verlag trägt offensichtlich den Namen des Gründers. Der wird mit seinem Titel *Dr. Shaker* unter dem Brief als Autor genannt und ist unterschrieben. Dabei handelt es sich um eine sog. emulierte (also technische nachgebildete) Handschrift. Diese wird „im Kontext von sozialen Positionierungspraktiken eingesetzt [...] und [kann] dort etwa der Herstellung von ‚Authentizität' sowie zur Konstruktion von ‚Analogizität' und ‚Spontaneität' dienen" (Spitzmüller 2013, 403). Man wird somit von dem höchsten Vertreter des Verlags angesprochen, was dem Brief Nachdruck verleiht und seine hohe Relevanz signalisiert. Wie der Titel *Dr.* zeigt, ist der Verlagsgründer selbst promoviert. Das impliziert, dass er den wissenschaftlichen Betrieb gut kennt, und betont seinen Status als kompetenter Leiter eines wissenschaftlichen Verlags.

Dass der Titel *Dr.* nicht näher spezifiziert wird (Dr. med., Dr. phil., Dr. rer nat. o.ä.) korreliert damit, dass im Text keine konkreten wissenschaftlichen Disziplinen genannt und damit auch keine ausgeschlossen werden.

Der Verlag stellt sich ins beste Licht und betont die Vorteile, die den AutorInnen das Publizieren beim Shaker Verlag bringt. Einen besonderen Schwerpunkt der Argumentation stellen dabei Hinweise auf die verschiedenen **Kompetenzen** des Verlags dar. Wir erfahren, dass der Verlag eine *langjährige Erfahrung – seit fast 30 Jahren* – hat und dass er damit *zu den führenden Fachverlagen Deutschlands* gehört, dass er aktuell *rund 25.000 Titel* im Programm hat, dass er *fachgerechte Beratung, persönliche Betreuung, professionelles Fachlektorat* und *optimale Rahmenbedingungen* bietet. Zu den Vorteilen gehören darüber hinaus *kostenfreier Probedruck*, das Entfallen von Druckkostenzuschüssen und *kurze Produktionszeiten*. Durch das Nennen dieser Vorteile hebt sich der Verlag implizit von der Konkurrenz ab. Diese verschiedenen positiven Aspekte der Zusammenarbeit mit dem Verlag stellen die Themen dar, durch die der Verlag sich präsentiert. Die kommunikative Dimension der Themen ist insofern mit der Selbstdarstellung eng verbunden, als dass sich der Textproduzent primär dadurch darstellt, welche Themen er aufgreift und wie er sich dazu positioniert. Wir können festhalten, dass der Verlag im Rahmen der Selbstdarstellung viele Hinweise auf die eigene Kompetenz kommuniziert, was für die Werbung als typisch gelten kann.

Die Beziehung zwischen Produzent und Rezipientin wird als eine geschäftliche Beziehung „auf Augenhöhe" gestaltet. Die **Interessen** der Angesprochenen – eine möglichst schnelle, kostengünstige Veröffentlichung der eigenen Publikation, guter Service etc. – werden in den Vordergrund gestellt. Der Verlag stellt sich selbst als einen Dienstleister dar, der dazu da ist, die AutorInnen bei der Verwirklichung ihrer persönlichen Ziele zu unterstützen. An dieser Stelle wird deutlich, wie eng Selbstdarstellung und Beziehungsgestaltung miteinander verknüpft sind: Die Selbstdarstellung bildet die Grundlage, auf der die Beziehung entsteht und konkret gestaltet werden kann. Die Freiwilligkeit der Beziehung wird dadurch deutlich, dass die Rezipientin explizit aufgefordert wird, sich selbst zu überzeugen. Sie kann sich auf der Homepage informieren, sich ein individuelles Angebot erstellen lassen oder sich bei weiteren Fragen direkt an den Verlag wenden. Dadurch signalisiert der Verlag Bereitschaft zum **koordinierten Handeln.** Auch *kompetente Unterstützung, fachgerechte Beratung* und *persönliche Betreuung* sind ohne koordiniertes Handeln nicht möglich, da man sich dabei stets auf die Probleme und Bedürfnisse des anderen einlassen muss. Voraussetzung dafür, dass man sich auf den Partner einlässt und seine Probleme ernst nimmt, ist wiederum ein grundsätzliches Interesse an ihm. Auch hier wird die Verwobenheit der Analysekategorien erneut deutlich.

Der Text ist sprachlich stimmig: Es gibt keinen Stilbruch, keine thematischen Widersprüche, die formelle Beziehung auf Augenhöhe wird durchgängig gewahrt, sodass der Text auf sprachlicher Ebene **konsistent** ist. Er ist allerdings relativ vage formuliert. Es werden keine konkreten wissenschaftlichen Disziplinen genannt, sodass nicht deutlich wird, ob und ggf. worauf sich der Verlag spezialisiert. Das kann als eine thematische Lücke aufgefasst werden, die je nach Erfahrungs- und Erwartungshorizont der RezipientInnen mal stärker, mal weniger stark ins Gewicht fallen dürfte. Abhängig vom Wissen der RezipientInnen über den Verlag und eventuell von bisherigen Erfahrungen mit ihm können auch Aussagen über die Konsistenz bezüglich des sprachlichen und nicht-sprachlichen Handelns getätigt werden. Falls man schlechte Erfahrungen mit dem Verlag gemacht hat, die den hervorgehobenen Vorteilen widersprechen, wird man eine Diskrepanz wahrnehmen, die dazu führen kann, dass der Verlag insgesamt nicht als vertrauenswürdig erscheint. Umgekehrt gilt auch: Wenn der Text bisherige Erfahrungen bestätigt, wird das die empfundene Vertrauenswürdigkeit des Verlags vermutlich steigern.

Wir haben gezeigt, dass der Werbebrief Hinweise auf alle potenziell vertrauensfördernden Faktoren enthält. Aufgrund der durchgeführten Operationalisierung können wir somit festhalten, dass der Text das Potenzial zur Vertrauensförderung besitzt. Ob er den gewünschten Effekt tatsächlich hervorbringt, hängt u.a. von dem Wissen und den Erwartungen der RezipientInnen ab. Die Operationalisierung macht es möglich, die sprachlichen Mechanismen der Vertrauensförderung aus linguistischer Sicht zu untersuchen und die Bedingungen für die Zuschreibung der Vertrauenswürdigkeit an konkreten sprachlichen Mitteln festzumachen.

5 Pragmatik und pragmatische Stilanalyse – Methodisches Vorgehen bei der Analyse

Das Adjektiv *pragmatisch* wird sowohl in der Alltagssprache verwendet als auch im Sinne eines linguistischen Fachbegriffes. In der Alltagssprache verwendet man *pragmatisch* im Sinne von „auf die anstehende Sache und entsprechendes praktisches Handeln gerichtet; sachbezogen" (http://www.duden.de/rechtschreibung/pragmatisch). So verstanden wird es in ähnlichen Kontexten verwendet wie *emotionslos, fachmännisch, leidenschaftslos, nüchtern, objektiv, rational, sachlich, trocken* u.a. (vgl. http://wortschatz.uni-leipzig.de). In der Sprachwissenschaft bezieht sich das Adjektiv auf die linguistische Disziplin der Pragmatik, die sich mit den Regeln des Sprachgebrauchs beschäftigt und als eine „Sprach-Handlungs-Theorie" (vgl. Linke/Nussbaumer/Portmann 2004, 201) an der Schnittstelle zwischen der Kommunikations- und der Sprachwissenschaft steht.[1] Die unterschiedlichen Verwendungsweisen haben einen wichtigen Punkt gemeinsam, nämlich die Intentionalität und die Zielgerichtetheit des Handelns, das als Mittel zum Erreichen eines bestimmten Zwecks verstanden wird. Wir handeln, um etwas zu erreichen, und wir wählen die Mittel jeweils so, dass wir unser Ziel möglichst effektiv erreichen. Ausgehend von dieser Annahme kann man von den verwendeten Mitteln auf das zu erreichende Ziel schließen. Ein zentrales Handlungsmittel der Menschen ist die Sprache.

Friedensnobelpreis: Obamas großer Tag in Oslo   20 Bilder

Wenn der Friedensnobelpreis für außergewöhnliche Reden verliehen würde, Barack Obama hätte ein Dutzend davon verdient. Auch seine Ansprache in Oslo War über jeden Zweifel erhaben. So feinfühlig und klug hat schon lange kein Staatsmann mehr über Krieg und Frieden gesprochen.

Der Nobelpreis ist keine Auszeichnung fürs Redenhalten

Doch der Nobelpreis war bisher kein Preis fürs Redenhalten, auch keine Auszeichnung fürs Ankündigen. Nicht das Wort, auch nicht das geistreiche, das geschliffene Wort, sondern die Tat wurde bisher geehrt.

Abb. 5: Friedensnobelpreis für Obama

---

1 Zu Definition von *Pragmatik* vgl. Bußmann (2008, 549–550).

> – Lesen Sie den oben stehenden kurzen Auszug aus einem Artikel über die Verleihung des Friedensnobelpreises an Barack Obama im Jahr 2009 (Abb. 5).[2] Der Text macht das Alltagsverständnis des Verhältnisses zwischen Reden/Sprechen und Handeln deutlich.
> – Diskutieren Sie, in welcher Beziehung nach dieser Auffassung Reden zu Handeln steht.

In der Alltagssprache wird i.d.R. unterstellt, dass Handeln einerseits und Sprache/Sprechen/Reden andererseits Gegensätze sind, was in den häufigen Gegenüberstellungen wie *nicht (nur) reden, sondern handeln* deutlich wird. Reden wird implizit als weniger hilfreich, weniger zielorientiert, möglicherweise als weniger verbindlich verstanden, als eine Tätigkeit, die nicht zum Erfolg führt, die eventuell als Vorstufe von Handeln gut sein kann, die aber an sich nicht viel bringt. Somit könnte man sagen, dass aus dieser Sicht Reden wenig pragmatisch, da wenig zielführend ist. Diese Auffassung von Reden und Handeln als Gegensätzen wird in der Kritik deutlich, die nach der Verleihung des Friedensnobelpreises an Barack Obama 2009 geäußert wurde (vgl. Abb. 5): Der Nobelpreis sei kein Preis für gute Reden, sondern für besondere Taten. Gute Reden gehören somit offensichtlich nicht zu solch preiswürdigen Taten.

Aus Sicht der linguistischen Pragmatik stellt sich dieser Sachverhalt anders dar. Die grundlegende Prämisse der Pragmatik besteht in der Auffassung von Sprachgebrauch als Handeln: Sprachgebrauch *ist* Handeln. Indem wir Sprache gebrauchen (Reden halten, Gespräche führen, Überzeugungsarbeit leisten, Fragen stellen, zustimmen oder widersprechen etc.), handeln wir. Wenn Obama bei bestimmten Anlässen bestimmte Themen auf eine bestimmte Art und Weise angesprochen hat, hat er dadurch gehandelt. Aus dieser Sicht ist Redenhalten tatsächlich eine Tat oder linguistisch gesagt: eine Handlung. Der alltagssprachliche Gegensatz wird in der Pragmatik aufgelöst, in diesem Sinne ist Sprachgebrauch immer pragmatisch.

Seit der pragmatischen Wende in der Linguistik ist diese Prämisse ein wichtiger Bezugspunkt sprachwissenschaftlicher Forschung.[3] Im Fokus steht der Sprachgebrauch (Parole) und nicht das Sprachsystem (Langue) wie beim Strukturalismus. Sprachgebrauch wird als Handeln aufgefasst und wie jedes andere Handeln ist er intentional und dient bestimmten Zwecken. Intentionen sind immer an Personen geknüpft, weswegen die handelnden Akteure und die Interaktionssituation bei der Betrachtung des Sprachgebrauchs stets in den Blick genommen werden müssen.

---

2 Vgl. den Artikel unter http://www.spiegel.de/politik/ausland/friedensnobelpreis-fuer-obama-falscher-preis-zur-falschen-zeit-a-666394.html (Stand: 25.04.2016).
3 Zur Einführung in die Pragmatik vgl. Levinson 2000, Meibauer 2001, Finkbeiner 2005 oder die zusammenfassende Darstellung in Linke/Nussbaumer/Portmann (2004, 194–232) u.a. Gloning 1996 diskutiert ausführlich die Ansätze der handlungstheoretischen Semantik und deren Beziehung zur Pragmatik.

Diese Grundannahmen sind in dem fachsprachlich verwendeten Adjektiv *pragmatisch* komprimiert. Sprachliches Handeln wird als intentionales Verhalten aufgefasst, das am Partner orientiert und symbolisch (durch sprachliche Zeichen) vermittelt ist. Die Beziehung zwischen V*erhalten, Handeln, Interaktion* und *Kommunikation* kann mit Linke/Nussbaumer/Portmann (2004, 197) wie folgt visuell dargestellt werden (vgl. Abb. 6).

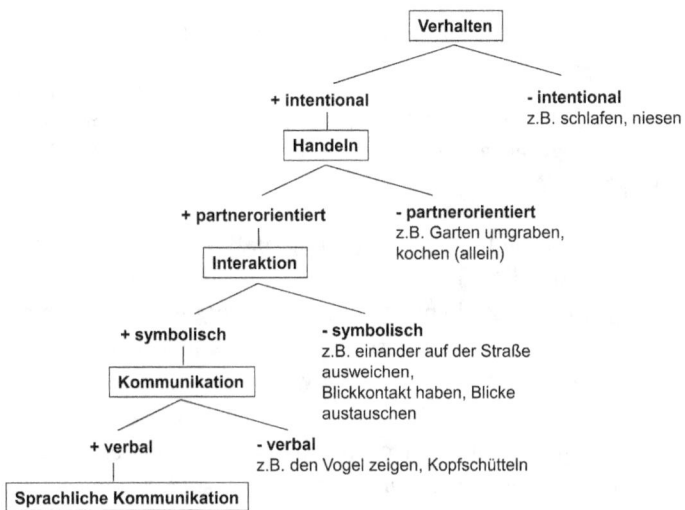

Abb. 6: Unterscheidung *Verhalten – Handeln – Interaktion – Kommunikation* nach Linke/Nussbaumer/Portmann (2004, 197)

Wir wissen bereits, dass Vertrauen in der Kommunikation entsteht und dass sprachliches Handeln dabei eine maßgebliche Rolle spielt. Die Vertrauensförderung kann somit auch als Handeln und Vertrauen als das Produkt des Handelns aufgefasst werden. Indem man kommuniziert, handelt man. Beim Kommunizieren sind die Akteure daran interessiert, sich auf eine bestimmte Weise darzustellen und i.d.R. sind sie bemüht, ein vertrauenswürdiges Image aufzubauen. Da Vertrauen eine wertvolle Ressource im sozialen Leben darstellt, ist die Vertrauensförderung eine kommunikative Aufgabe, die – neben anderen – gelöst werden muss. Vertrauen des Partners zu gewinnen muss nicht unbedingt das Ziel der Kommunikation sein – und ist es häufig nicht –, es kann aber das Erreichen des eigentlichen Ziel einfacher und wahrscheinlicher machen. Man kann allerdings davon ausgehen, dass die Schritte zur Vertrauensförderung den Akteuren häufig nicht bewusst sind und dass sie i.d.R. nicht mit der Absicht unternommen werden, Vertrauen zu fördern.

Die Vertrauensbildung ist ein semiotischer Prozess, der maßgeblich davon abhängig ist, ob und wie die Interagierenden jeweils die Kommunikation wahrnehmen und interpretieren (vgl. dazu Kap. 3). Da Wahrnehmung stets selektiv und von individuellen Grundannahmen beeinflusst ist, kann sie sich von Mensch zu Mensch unterscheiden. Jeder Akteur agiert jeweils auf die Art, von der er *annimmt*, dass sie seinem Ziel am ehesten dienlich ist (Reinmuth 2006, 127). Man geht also von sich selbst und von seinen Annahmen und Interpretationen aus. Gleichzeitig muss man jedoch – um das kommunikative Ziel zu erreichen – die Reaktionen des Kommunikationspartners antizipieren (vgl. Schäfer 2013, 87). Antizipation ist

> eine grundlegende Operation des Textproduzenten; er setzt den Text als Handlungsmittel ein, um ein Ziel zu erreichen. Dieses Ziel setzt die Verständigung mit dem Rezipienten notwendig voraus. Das Antizipieren als Orientierung an der Rezipientenrolle dient dazu, den intendierten Zweck, den der Text zu erfüllen hat, über die Art seiner Gestaltung im weitesten Sinne sicherzustellen. Texte entstehen so gesehen tatsächlich stets aus einem Defizit heraus, das abgearbeitet werden soll. (Ortak 2004, 117)

Antizipation ist somit Hypothesenbildung (vgl. dazu Kap 6). Wie bei jeder Hypothesenbildung kann es auch in der Kommunikation passieren, dass die Hypothese nicht zutrifft und widerlegt wird, dass sie nicht spezifisch genug ist, dass sie nicht den Kern des Problems trifft etc. So kann es geschehen, dass eine Äußerung beim Rezipienten ganz anders ankommt als erwartet und gewollt. Die tatsächlich erreichte Wirkung ist somit nicht immer gleich der intendierten Wirkung. Diese prinzipielle Unterscheidung schlägt sich in der linguistischen Pragmatik in der terminologischen Unterscheidung zwischen *perlokutionärer Kraft* (Wirkungspotenz einer Äußerung) und *perlokutionärem Effekt* („dasjenige, was bei H infolge der Äußerung ausgelöst wird", Staffeldt 2008, 167) nieder.[4] Weiter heißt es:

> Zur Bestimmung von perlokutionären Effekten muss nicht auf Intentionen von S zurückgegriffen werden. Insbesondere nicht auf perlokutionäre Ziele und Versuche. Ausgelöste Effekte können, müssen aber nicht S-intendiert sein. (Staffeldt 2007, 153)

Wenn man durch seine Kommunikation Vertrauen fördern möchte (perlokutionäres Ziel), muss man entsprechend kommunikativ handeln (perlokutionärer Versuch). Erst wenn der Rezipient tatsächlich dem Produzenten Vertrauen entgegenbringt, wurde der perlokutionäre Effekt erreicht und der Äußerung bzw. der Kommunikation kann perlokutionäre Kraft zugesprochen werden. Wie wir gesehen haben, ist aber nicht nur das sprachliche Handeln entscheidend für die Vertrauensbildung. Somit kann allgemeiner gesagt werden, dass Vertrauen als Effekt des Handelns eines Kommunikators entstehen kann.

---

4 Staffeldt (2007, 151–154) differenziert im Rahmen der Perlokution noch feiner und unterscheidet *perlokutionären Akt, perlokutionären Versuch, perlokutionäres Ziel, perlokutionäre (Stamm)Kraft* und *perlokutionären Effekt*. Auch nach dieser Unterscheidung ist der perlokutionäre Effekt „[d]as, was bei H oder/und B ausgelöst wird oder werden kann infolge der S-Lokution" (Staffeldt 2007, 153).

Stellen Sie sich vor, Sie stehen vor zwei kommunikativen Aufgaben, die Sie lösen müssen:
a) Sie organisieren für ein Kind, zu dem Sie eine enge Beziehung haben, einen Kindergeburtstag und müssen die Einladungskarten vorbereiten.
b) Sie organisieren in Ihrer Rolle als Studentin bzw. Student einen Auftritt des studentischen Theaters Ihrer Universität und sollen im Namen der Gruppe die Mitarbeiterinnen und Mitarbeiter Ihres Instituts dazu einladen.
– Gestalten Sie die entsprechenden Texte. Denken Sie dabei auch über deren Materialität nach.
– Arbeiten Sie anschließend heraus, wodurch sich die Texte unterscheiden und welche Gemeinsamkeiten sie aufweisen.

Die Gemeinsamkeiten der hypothetischen Texte aus der Aufgabe oben sind auf das gemeinsame übergeordnete kommunikative Ziel zurückzuführen, nämlich auf die Intention, bestimmte Menschen dazu zu bewegen, an einer Veranstaltung teilzunehmen. Die zentrale Gemeinsamkeit liegt somit im Bereich der außersprachlichen Faktoren. Aus diesem kommunikativen Ziel ergeben sich bei einer ersten Annäherung ähnliche Strategien: Man greift vermutlich auf das Muster der Einladungen zurück, das man aus der Alltagspraxis kennt, denn Einladungen stellen bei solchen Anlässen konventionalisierte Praktiken dar. Man formuliert also einen Text, der der Textsorte Einladung zugeordnet werden kann. Sehr wahrscheinlich werden beide Texte auch eine explizite Verbalisierung der Sprechhandlung EINLADUNG enthalten (z.B. *Wir laden Dich/Sie herzlich ein* ...), denn sie ist die dominante Sprechhandlung der Textsorte. Somit ergeben sich aus dem gemeinsamen Ziel (also der intendierten Wirkung) ähnliche Mittel, die eingesetzt werden, um das Ziel zu erreichen. Dennoch müssen sich die beiden Texte in vielerlei Hinsicht maßgeblich unterscheiden, damit sie von den Adressaten verstanden und als angemessen akzeptiert werden und dadurch zum kommunikativen Erfolg führen.

Es liegt auf der Hand, dass die entscheidenden Unterschiede in dem konkreten Anlass (Geburtstagsfeier/Theateraufführung) und in Status und Rolle der AdressatInnen (kleine Kinder/DozentInnen) bestehen, die die Beziehung zwischen dem Textproduzenten und den Adressaten prägen. Während die Beziehung zu dem Neffen eine familiäre, freundschaftliche Beziehung zwischen einem Erwachsenen und einem ihm vertrauten Kind ist, gehört die Beziehung zu den Dozierenden in den Bereich der institutionellen Kommunikation, wobei die AdressatInnen über einen höheren sozialen Status im universitären System verfügen. Daraus ergeben sich für beide Beziehungen unterschiedliche Grade der Formalität. Alle bisher genannten Faktoren sind außersprachlicher Natur. Um erfolgreich zu handeln (hier: um zu erreichen, dass die eingeladenen Personen zu den Veranstaltungen kommen), muss man sie berücksichtigen und eigenes sprachliches und nichtsprachliches Handeln darauf ausrichten. So wird man z.B. entscheiden, ob man duzt oder siezt, ob man Fachwortschatz verwendet oder darauf verzichtet, man wird unterschiedlich formulieren (z.B. die Komplexität der Sätze an die kognitiven Fähigkeiten der Adressaten anpassen, bestimmte Begriffe oder Metaphern verwenden oder nicht usw.) und man wird auch die Medialität und Materialität der Texte unterschiedlich gestalten. So wird man sich überlegen müssen, ob und inwiefern Bilder angebracht sind, ob man mit Farben arbeitet, ob man eine Papierkarte gestaltet oder eine E-Mail schickt etc. Mit anderen Worten: Die sprachlichen Mittel und die sie begleitenden paraverbalen (Schriftart, -größe, -farbe etc.) und nonverbalen (Bilder, Materialität) Zeichen müssen an die außersprachlichen Faktoren angepasst sein. Durch die Analyse der Texte kann man somit Rückschlüsse auf diese Faktoren ziehen und Informationen pragmatischer Art gewinnen, die über den reinen Textinhalt hinausgehen. Das ist das Anliegen der pragmatischen Stilanalyse.

Die pragmatische Stilistik ist eine produktive Weiterentwicklung der Sprechakttheorie.[5] Sie ist vor allem mit dem Namen von Barbara Sandig (1984, 2006) verbunden. Der Ansatz der Sprechakttheorie bleibt dabei nicht auf der Satzebene, sondern wird auch auf komplexere Äußerungen bzw. Texte bezogen.[6] Nach Sandigs Auffassung ist Stil „die sozial relevante (bedeutsame) Art der Handlungsdurchführung" (Sandig 2006, 9), er ist „Bestandteil von Texten, er ist die Art, wie Texte zu bestimmten kommunikativen Zwecken gestaltet sind" (Sandig 2006, 3). Die Art der Handlungsdurchführung wird erst dann bedeutsam, wenn sie von dem Rezipienten als solche wahrgenommen und interpretiert wird. Zum Stil gehört das Befolgen von Konventionen wie das Nichtbefolgen (vgl. Sandig 2006, 2), die Musterhaftigkeit wie die Abweichung (vgl. Fix 2009). Stilistisches Handeln ist somit ein semiotischer Prozess, da die Zeichenhaftigkeit von Stil für seine Wirkung entscheidend ist.

Stil ist zu beschreiben als das Ergebnis einer Wahl aus verschiedenen Möglichkeiten die man hat, um etwas auszudrücken. Dieser Aspekt wird unter dem Begriff *Stilwahl* zusammengefasst. Dabei ist die Wahl stets an dem zu erreichenden Ziel, an einer Intention orientiert, die als *Stilabsicht* bezeichnet wird. Die Stilabsicht umfasst die intendierte Wirkung, die eine sprachliche Äußerung beim Rezipienten hervorrufen soll, die tatsächlich erreichte Wirkung kann aber – wie bereits beschrieben – davon abweichen und wird als *Stilwirkung* gesondert berücksichtigt. Stil ist damit nach Sandig ein Ganzes bestehend aus Absicht, Wahl und Wirkung (Sandig 1984, 151–153). Der Fokus der pragmatischen Stilanalyse liegt dabei auf Stilabsichten, denn

> über die tatsächlich eingetretene Wirkung eines Textes lassen sich keine absoluten Aussagen treffen, sie ist immer individuell und außer von der wirkungsvollen sprachlichen Gestaltung auch von der Erwartung, der Einstellung und anderen Faktoren abhängig, Wir können lediglich Überlegungen zu potentiellen, wahrscheinlichen Wirkungen anstellen. (Fix/Poethe/Yos 2001, 156)

---

[5] Zur Einführung in die Sprechakttheorie vgl. Hindelang 2010 oder Sfaffeldt 2008.
[6] Dadurch wird die oft kritisierte Satzverhaftetheit der Sprechakttheorie (vgl. Linke/Nussbaumer/ Portmann 2004, 219) überwunden.

Durch den Fokus auf Stilabsichten ist die Methode der pragmatischen Stilanalyse

> vor allem für solche Texte angemessen und Erfolg versprechend, bei denen ausgeprägte Wirkungsabsichten bestehen und in denen es besonders auf die Gestaltung sozialer Beziehungen zwischen Sender und Empfänger ankommt. (Fix/Poethe/Yos 2001, 151)

Diese methodische Überlegung macht deutlich, dass sich der Ansatz für die Untersuchung der Vertrauensförderung gut eignet. Die Vertrauensförderung stellt einen wichtigen Aspekt sozialer Beziehungen dar und wir können in diesem Prozess ausgeprägte Wirkungsabsichten unterstellen, da es darum geht, Vertrauen zu fördern.[7]

Um bestimmte Wirkungsabsichten zu realisieren, wählt man die sprachlichen und nichtsprachlichen Mittel so, dass man das Ziel möglichst effektiv erreicht. Somit hat der Stil einen Handlungscharakter: Die Art und Weise, wie man Texte gestaltet – also wie man sprachlich handelt –, entspricht demnach dem Stil.

> Man könnte nun annehmen, Stil und Handeln seien identisch. Das ist aber nicht intendiert: Stil ist ein Teilaspekt sprachlichen Handelns, ein funktionales Element davon. Zugleich kann Stil aber nur analytisch vom Handeln getrennt werden: Handlungen werden „in" einem Stil vollzogen. (Sandig 1984, 157)

Wie jedes Handeln, wird Stil in diesem Ansatz als intentional verstanden. Intentionalität meint dabei jedoch nicht, dass die einzelnen Schritte (Stilabsicht, Stilwahl und Stilwirkung) dem Textproduzenten in jeder Phase bewusst wären und dass er den gesamten Formulierungsaufwand bewusst rational steuern würde. Relevant für die Analyse ist „sowohl Bewusstes wie Automatisches und Symptomatisches, das sich im Stil dem Rezipienten zeigt" (Sandig 2006, 29). Die pragmatisch angelegte Stilanalyse kann somit auf Aspekte hinweisen, die dem Rezipienten im Moment der Textgestaltung nicht bewusst sind, sie kann sekundäre Informationen pragmatischer Art ermitteln. Diese Informationen beziehen sich auf folgende Aspekte (vgl. Fix/Poethe/Yos 2001, 35):

– die Situation, die dem Text zugrunde liegt,
– die Selbstdarstellung des Produzenten,
– die sprachliche Umsetzung der Beziehungsgestaltung zwischen Produzenten und Rezipienten,
– die Art, wie (als welche Textsorte/Gattung) ein Text gelesen werden soll,
– und auf das Verhältnis des Produzenten zu der von ihm verwendeten Sprache.

Daraus ergibt sich bei einer ersten Annäherung an einen Text die methodische Herangehensweise:

---

[7] Vgl. das Zitat von Ostermann (1999, 43) in Kap. 4 auf S. 76, in dem Glaubwürdigkeit als ein Effekt von Kommunikation beschrieben wird.

> Als methodisch günstig erweist sich bei einer pragmastilistisch orientierten Analyse das Ansetzen an den W-Fragen: Wer – sagt was – mit welcher Art von Text – zum wem – zu welchem Zweck – mit welcher Wirkung – wie? (Fix/Poethe/Yos 2001, 152)

Der Ansatz der pragmatischen Stilistik bleibt jedoch nicht beim Text stehen. Er berücksichtigt die gesamten kommunikativen Umstände, unter denen ein Text entstanden ist, denn „Stil gibt immer etwas zu verstehen über die Bedingungen und Ziele der jeweiligen Kommunikation" (Fix/Poethe/Yos 2001, 86).

> Stilherstellen ist ein bedeutsames Gestalten von Kommuniziertem vor dem Hintergrund von Konventionen und Aspekten der gesamten Umstände der Kommunikation. Dadurch soll das Kommunikationsziel möglichst gut erreicht werden. Deshalb ist es wichtig, in einer ganzheitlich verstandenen Stilistik auch diese Hintergründe und Umstände so weit als möglich mit zu beschreiben. (Sandig 2006, 2)

Die pragmatische Stilistik ist somit ein holistischer Ansatz, durch den „zumindest sprachwissenschaftlich der Stilbegriff bis an seine äußersten Komplexitätsgrenzen ausgeschöpft wird" (Sanders 2000, 20).[8] Die Stilanalyse kann in mehrerer Hinsicht Hinweise auf die kommunikativen Umstände liefern (Fix/Poethe/Yos 2001, 86):

1. Der Stil eines Textes drückt aus, welche sozialen Beziehungen der Sender zum Empfänger herstellen will: symmetrische oder asymmetrische, private oder offizielle Beziehungen, Ausdruck der Vertrautheit oder Distanz usw.
2. Der Stil eines Textes teilt immer – gewollt oder ungewollt – etwas über das Selbstbild des Senders, sein Rollenverständnis und das Image, das er herstellen und wahren möchte, mit.
3. Der Stil lenkt den Rezeptionsprozess, indem er Anweisungen gibt, wie ein Text gelesen werden soll, so z. B. durch Hinweise auf die Textsorte und die Intentionen des Textes. Institutionelle Texte mit anweisendem Charakter, Fachtexte mit informierendem Charakter „geben" sich auch durch ihren Stil „zu erkennen".
4. Der Stil drückt auch aus, welches Verhältnis der Sender zur Sprache, auch zu ihren sozialen Möglichkeiten hat, dass er „weiß, was er tut", wenn er bestimmte sprachliche Mittel verwendet. Auch dies vollzieht sich unabhängig davon, ob der Sender das weiß oder nicht.

Die ganzheitliche Betrachtungsweise der pragmatischen Stilistik entspricht der Komplexität der Textrezeption, denn „ein Text ist ein Gesamtkunstwerk, und nur als solches nimmt ihn der Leser wahr" (Linden 1998, 7). Auch die pragmatische Stilanalyse sollte also alle potenziell relevanten Aspekte der Kommunikation berücksichti-

---

[8] Sanders (2000, 20) betrachtet in seinen Ausführungen die Stilistik als Vorläuferin der Textlinguistik. Somit gerät die interaktionale Stilistik, die sich auf gesprochene Sprache konzentriert und Gesprächsstile untersucht (vgl. Kap. 8), nicht in den Fokus. Auch sie ist holistisch ausgerichtet und sprachwissenschaftlich basiert.

gen. Das Ziel der Stilistik ist dabei nach Sandig – im Gegensatz zu Sanders (2000, 25) – deskriptiver Art:

> Textbezogene Stilphänomene sollen so einfach, so umfassend, aber auch dem jeweiligen Tun der Beteiligten so angemessen[9] wie möglich beschrieben werden. Wenn hier gewertet wird, so geschieht dies nicht aufgrund normativer „präskriptiver" Vorstellungen, sondern aufgrund der Beschreibungen: Stile können im Kontext ihre Funktionen besser oder schlechter erfüllen. (Sandig 2006, 4)

Da Stil stets vor dem Hintergrund der diversen Funktionen eines jeweiligen Textes beschrieben werden muss, ist es notwendig, Textfunktion(en) als Faktor des Stils zu berücksichtigen. Für eine erste, grobe Annäherung an die Funktionen eignet sich das Modell von Brinker (2014), das fünf textuelle Grundfunktionen ansetzt, die sich an den Sprechaktklassen nach Searle orientieren:

- Informationsfunktion: „Der Emittent gibt dem Rezipienten zu verstehen, dass er ihm ein Wissen vermitteln, ihn über etwas informieren will." (Brinker 2014, 106)
- Appellfunktion: „Der Emittent gibt dem Rezipienten zu verstehen, dass er ihn dazu bewegen will, eine bestimmte Einstellung einer Sache gegenüber einzunehmen (Meinungsbeeinflussung) und/oder eine bestimmte Handlung zu vollziehen (Verhaltensbeeinflussung)." (Brinker 2014, 109)
- Obligationsfunktion: „Der Emittent gibt dem Rezipienten zu verstehen, dass er sich ihm gegenüber dazu verpflichtet, eine bestimmte Handlung zu vollziehen." (Brinker 2014, 117)
- Kontaktfunktion: „Der Emittent gibt dem Rezipienten zu verstehen, dass es ihm um die personale Beziehung zum Rezipienten geht (insbesondere um die Herstellung und Erhaltung des persönlichen Kontakts)." (Brinker 2014, 118)
- Deklarationsfunktion: „Der Emittent gibt dem Rezipienten zu verstehen, dass der Text eine neue Realität schafft, dass die (erfolgreiche) Äußerung des Textes die Einführung eines bestimmten Faktums bedeutet." (Brinker 2014, 120)

Die Berücksichtigung der Textfunktionen in der Stilanalyse hilft uns, die Faktoren der Stilwahl genauer zu bestimmen, da stilistische Mittel stets vor dem Hintergrund einer konkreten Stilabsicht und somit bestimmter zu erfüllender Funktionen gewählt werden. Die Tabelle 1 fasst die Charakteristika der pragmatischen Stilistik zusammen.

---

9 Zur Angemessenheit als einer mehrdimensionalen Bewertungskategorie vgl. Kap. 11.

Tab. 1: Pragmatische Stilanalyse

Kriterium	Pragmatische Stilistik
Bezugsgröße	ganze (zumeist geschriebene) Texte
Theoretische Grundlage	linguistische Pragmatik
Stilauffassung	Stil als Handeln, zum Stil gehören *Stilabsicht*, *Stilwahl* und *Stilwirkung*, die gesamten kommunikativen Umstände sollten berücksichtigt werden – holistischer Ansatz
Ziele	Ermittlung von Sekundärinformationen pragmatischer Art (u.a. über die Beziehung zwischen Produzenten und Rezipienten, Selbstdarstellung etc.), deskriptiver Anspruch
Methode	W-Fragen: Wer – sagt was – mit welcher Art von Text – zum wem – zu welchem Zweck – mit welcher Wirkung – wie?

Die zusammenfassende Darstellung der theoretisch-methodischen Prämissen der pragmatischen Stilistik legt nahe, dass sich dieser Ansatz für die Untersuchung der Vertrauensförderung durch Sprache sehr gut eignet. Im Vordergrund stehen bei der Vertrauensförderung die sozialen Beziehungen zwischen den Akteuren. Ihre unterstellten Wirkungsabsichten können für den Spezialfall der Vertrauensförderung weiter spezifiziert werden: Den Akteuren geht es darum, das Vertrauen ihrer Kommunikationspartner zu fördern, indem sie sich als vertrauenswürdig darstellen. Das Image der Vertrauenswürdigkeit begünstigt das Erreichen des primären Ziels der Kommunikation (z.B. dass der Partner eine Handlung ausführt, auf etwas verzichtet etc.). Entsprechend dieser Stilabsicht wählen die Akteure die sprachlichen Mittel. Bei der Stilwahl orientieren sie sich an ihrer eigenen Einschätzung (die auf Erfahrungen mit dem Gegenüber und mit ähnlichen Situationen basiert), was in dem jeweiligen Kontext als vertrauenswürdig wirken würde. Eine wichtige Rolle spielt dabei beispielsweise die Annahme, dass höfliche Äußerungen die Vertrauenswürdigkeit in den meisten Fällen eher stärken als unhöfliche.[10] Ob die intendierte Stilwirkung erreicht wird und dem Kommunikator das Image der Vertrauenswürdigkeit attestiert wird, hängt wesentlich von der Wahrnehmung des Interaktionspartners ab. Sprachliche und nichtsprachliche Mittel der Vertrauensförderung werden aus dieser Perspektive als Aspekte des Stils verstanden.[11]

---

[10] Zur Höflichkeit und ihrer Abhängigkeit von kulturellen Einflüssen vgl. Erndl 1998, Liedtke 2004, Brown/Levinson 1987 oder Meibauer (2001, 114–115). Vgl. dazu auch Kap. 7.

[11] Die Konzeptualisierung der Vertrauensförderung als Aspekt des Stils ist auch aus Sicht der Gesprächsanalyse produktiv. Vgl. dazu Kap. 8.

Als Zwischenfazit können wir an dieser Stelle festhalten: Potenziell vertrauensfördernde Mittel sind Aspekte des Stils eines Textes bzw. einer Äußerung. Sie werden mit der Stilabsicht eingesetzt, das Image der Vertrauenswürdigkeit zu konstruieren. Mit anderen Worten: Die eingesetzten Mittel sollten als Interpretationsgrundlage zu dem Schluss führen, dass der Kommunikator vertrauenswürdig ist. Was sind aber konkret vertrauensfördernde Mittel? Wie erkennt man, welche Mittel der Vertrauensförderung dienen sollen (bzw. also solche eingesetzt wurden)? Die pragmatische Stilistik hilft uns hier nicht weiter. Sie stellt zwar ein analytisches Instrumentarium bereit, die konkreten Kategorien, die für die Analyse leitend sind, müssen aber mit Blick auf die jeweils aktuelle Fragestellung definiert werden. Wie stellen wir also fest, welche potenziell vertrauensfördernden Mittel ein Produzent verwendet? An dieser Stelle kommt die Operationalisierung von Vertrauen ins Spiel. Im Zuge der Operationalisierung (vgl. Kap. 4) haben wir unser Verständnis von Vertrauen definiert. Wir haben gesagt, dass es vier Faktoren gibt, deren kommunikative Vermittlung Vertrauen potenziell fördern kann. Diese vier Faktoren sind:
– *Kompetenz* auf dem relevanten Gebiet,
– *Konsistenz* in den verbal, para- und nonverbal vermittelten Zeichen und Konsistenz der Selbstdarstellung im Laufe der Zeit,
– *Interesse* am Partner, seinen Problemen und den gemeinsamen Themen,
– *Koordiniertes Handeln* – Fähigkeit und Bereitschaft dazu, eigenes Handeln mit dem des Partners zu koordinieren.

Weiterhin haben wir angenommen, dass diese Faktoren innerhalb der drei Kommunikationsdimensionen Selbstdarstellung, Beziehungsgestaltung und Themen vermittelt werden. Damit haben wir bereits spezifiziert, wonach wir bei der Analyse suchen. Dennoch sind diese Kategorien noch immer zu grob, um uns als ein feines Analyseraster dienen zu können. Wir müssen noch einen Schritt weiter gehen und uns fragen, wonach wir suchen, wenn wir beispielsweise Mittel herausarbeiten wollen, die zur Signalisierung von Kompetenz dienen.

Überlegen Sie, wonach Sie in einem Text suchen könnten, den Sie auf Mittel zur Vertrauensförderung hin untersuchen. Benennen Sie möglichst konkrete Kategorien und nennen – wenn möglich – auch eigene Beispiele für
– Mittel zur Signalisierung von Kompetenz,
– Mittel zur Signalisierung von Konsistenz,
– Mittel zur Signalisierung von Interesse,
– Mittel zur Signalisierung von koordiniertem Handeln.

Zur Beantwortung dieser Fragen kann das Analyseraster herangezogen werden, das ich an anderer Stelle (Schäfer 2013, 98–102) erarbeitet, begründet und anschließend exemplarisch angewandt habe. Das Raster ist auf zwei Ebenen – der makro- und der mikrostilistischen Ebene[12] – angelegt. Die Kategorien werden im Folgenden dargestellt und zur besseren Anschaulichkeit in der Fußnote auf den Werbebrief des „Shaker Verlags" aus dem Kapitel 4 bezogen. Auf der makrostilistischen Ebene sind die ersten drei Analysekategorien angesiedelt:

- Textdesign: Das Textdesign erschließt dem Rezipienten den Textinhalt und trägt zur Rezeptionssteuerung bei. Mit Roth/Spitzmüller (2007, 10) wird es hier als eine Schnittstelle „zwischen Produzent, Rezipient und Produkt [verstanden], mit deren Hilfe erst das jeweilige Handlungsziel erreicht werden kann".[13]
- Textsorte: Die Textsorte wird vom Textproduzenten als die im Hinblick auf das kommunikative Ziel optimale Form gewählt. Sie lässt daher Rückschlüsse auf das anvisierte kommunikative Ziel zu.[14]
- Themen: Die Auswahl und Darstellung der behandelten Themen stellt den inhaltlichen Kern der Kommunikation dar und dient u.a. zur Selbstdarstellung des Produzenten (vgl. dazu Kap. 4).

Diese drei Kategorien nehmen den gesamten Text, seine sprachliche und nichtsprachliche Gestaltung und seine Funktionen in den Blick. Die ausdrückliche Beachtung der nicht rein sprachlichen Mittel des Textdesigns (wie Bilder, Farben, Typografie, Textanordnung etc.) trägt der Auffassung von Vertrauensförderung als einem allgemein semiotischen und keinem rein sprachlichen Prozess Rechnung. Auf der Ebene der Mikrostilistik können die folgenden Kategorien angesetzt werden:

- Aktanten: Die Aktankten oder semantischen Rollen (z.B. Agens und Patiens) drücken den Grad und die Art der Aktivität der behandelten Akteure aus. Sie können auf die gedankliche Konzeptualisierung der Akteure hinweisen.[15]
- Attribute: Attribute sind rein syntaktisch gesehen prinzipiell nicht notwendig. Ihre Verwendung kann als Hinweis auf die Relevanz der durch sie hervorgehobenen Eigenschaften verstanden werden.[16]

---

12 Zu dieser Unterscheidung vgl. Malá 2009.
13 Im Werbebrief des Shaker Verlags fällt beispielsweise die graphische Absetzung und dadurch Hervorhebung des zentralen Teils *Ihre Vorteile* auf, der bei der Rezeption sofort ins Auge springt und die Aufmerksamkeit direkt auf den Kern der Argumentation lenkt.
14 So kann man von der Textsorte „Werbebrief" auf den appellativen Charakter des Textes schließen, auch wenn der Appell aufgrund der prinzipiell symmetrischen Beziehung nicht nachdrücklich formuliert wird.
15 So fällt beispielsweise in dem Werbebrief des Shaker Verlags auf, dass der Text durchgängig im Aktiv formuliert ist, es gibt keine passivischen Konstruktionen. Der Verlag stellt sich selbst als einen aktiv handelnden Partner dar, der seine gleichfalls aktiven Kunden unterstützt. Diese Konzeptualisierung wird zusätzlich durch die Analyse der Verben und Schlüsselwörter deutlich (vgl. unten).
16 Der Shaker-Brief enthält eine Reihe positiver Attribute wie (zu den) *führenden* Fachverlagen Deutschlands, *fachgerechte* Beratung, *optimale* Rahmenbedingungen, *attraktive* Konditionen etc.

- Autoritätstopos: Die Inszenierung der eigenen Autorität und Etabliertheit auf einem bestimmten Gebiet geht Hand in Hand mit der Inszenierung des Expertenstatus.
- Leerstellen: Unterrepräsentiertheit oder Nichtthematisierung von bestimmten Themen können auf argumentative Strategien und/oder kognitive Konzepte hinweisen. Darüber hinaus können (unerwartete) Leerstellen bei der Rezeption auffallen und als Zeichen interpretiert werden.[17]
- Metaphern: Kognitive Metaphern sind „Werkzeuge der Denkens" (Drewer 2003). Sie beeinflussen – oft unreflektiert – die gedankliche Kategorisierung und können argumentativ genutzt werden. Das gilt sowohl für bereits verblasste Metaphern, die man also solche nicht mehr wahrnimmt, als auch für kreative Metaphern.[18]
- Referenz auf die RezipientInnen: Direkte und indirekte Bezugnahmen auf die RezipientInnen dienen der Beziehungsgestaltung und können die Vertrauensförderung begünstigen, indem sie Nähe herstellen und Orientierung bieten.[19]
- Schlüsselwörter: Schlüsselwörter setzen inhaltliche Akzente, heben wichtige Konzepte hervor und vermitteln Werte. Sie werden häufig argumentativ verwendet.[20]
- Selbstreferenz auf den Produzenten: Selbstreferenz ist ein wichtiges Mittel der Selbstdarstellung. Die Art und Weise, wie der Textproduzent auf sich selbst referiert, deutet auf sein Selbstverständnis hin und konstruiert seine Identität.[21]
- Sprachliche Korrektheit: Sprachliche Korrektheit beeinflusst die Wahrnehmung der Kommunikation und bis zu einem gewissen Maße die Wahrnehmung der Kompetenz des Kommunikators. Gehäufte sprachliche Fehler fallen i.d.R. negativ auf. „Ein Kommunikator, der nicht in der Lage ist, fehlerfrei zu kommunizieren, ist, vorsichtig ausgedrückt, unaufmerksam. Wahrscheinlicher aber ist, dass man ihn für unfähig hält." (Reinmuth 2009, 137)[22]

---

17 Im diskutierten Werbebrief werden ausschließlich positive Aspekte der Zusammenarbeit hervorgehoben, sodass potenzielle Probleme, negative Informationen, Hinweise auf Unsicherheit etc. als eine thematische Leerstelle gedeutet werden können. Diese Art Leerstelle ist für die Werbung allgemein sehr typisch und daher in einem Werbetext erwartbar (zur Werbung vgl. Kap. 6).
18 Der Werbebrief enthält die bereits weitgehend verblasste Metapher des Rahmens in *Rahmenbedingungen*. Ein Rahmen grenzt einen Gegenstand (z.B. ein Bild) ab, verdeutlicht seine Konturen, kann sie auch ästhetisch gestalten etc.
19 Im Werbebrief wird auf die Rezipientin durch das Flexionsparadigma von *Sie* und durch die Anrede *Sehr geehrte Frau Dr. [Nachname]* Bezug genommen.
20 Als Schlüsselwörter fungieren im Werbebrief die Begriffe *Publikation, Betreuung* oder *Beratung*.
21 Im Werbebrief wird zur Selbstreferenz der Name des Verlags und das Pronomen *wir* genutzt.
22 Der Werbebrief ist fehlerfrei geschrieben, was der Erwartung an einen wissenschaftlichen Verlag, der *professionelles Fachlektorat* anbietet, entspricht. Das Vorkommen von Tipp- oder Rechtschreibfehlern würde in diesem Kontext negativ auffallen und möglicherweise als Hinweis auf Inkonsistenz empfunden werden.

- Sprechhandlungen: Sprechhandlungen sind Handlungsmittel zum Erreichen eines bestimmten kommunikativen Ziels. Durch sie konstruieren die Akteure die jeweilige kommunikative Situation und die Beziehung zueinander.[23]
- Stilistische Auffälligkeiten: Stilistische Markierungen, Stilbrüche und andere auffälligen Stilmittel können inhaltliche Akzente setzen, die Aufmerksamkeit lenken, die Einstellung des Textproduzenten ausdrücken etc. und dadurch die Einstellung des Rezipienten beeinflussen.[24]
- Vagheitsindikatoren: Vage, mehrdeutige oder unverständlich formulierte Texte können die Zuschreibung von Vertrauenswürdigkeit beeinträchtigen (vgl. Glaubwürdigkeitsindikatoren bei Reinmuth 2006). Andererseits können vage Begriffe eine starke Wirkung entfalten und argumentativ genutzt werden.[25]
- Verben und Funktionsverbgefüge: Verben deuten darauf hin, welche Aktivitäten mit welchen Akteuren verbunden sind und welche Rollen ihnen zugeschrieben werden.[26]
- Zahlentopos: Die Nennung konkreter Zahlen kann die Argumentation innerhalb einer komplexen Äußerung stützen. Bestimmte Zahlen sind darüber hinaus mit kollektiver Symbolik besetzt und können vom Textproduzenten argumentativ eingesetzt werden.[27]
- Zeittopos: Der Bezug auf die Zeitdimension (z.B. durch konkrete Zeitangaben oder durch Bezüge auf die Vergangenheit/Zukunft etc.) kann Hinweise auf die Konzeptualisierung von Zeit, auf die Auffassung von Ursachen und Folgen und/oder auf das Verständnis von Prozesshaftigkeit geben.[28]

---

23 Der Werbebrief enthält neben ausführlichen FESTSTELLUNGEN, der ANREDE und VERABSCHIEDUNG auch direktive Sprechhandlungen *Publizieren Sie beim Shaker Verlag* und *Überzeugen Sie sich [...] und lassen Sie sich ein individuelles Angebot erstellen*. Diese AUFFORDERUNGEN bringen den appellativen Charakter der Textsorte Werbebrief zum Ausdruck.
24 Der Text ist stilistisch stimmig. Was auffällt, ist der Übergang von vollständig ausformulierten Sätzen zu stichpunktartigen Aufzählungen und zurück zu Sätzen. Dieser Übergang dient der Hervorhebung und einem schnelleren Erfassen der Vorteile.
25 Im Text fallen keine inhaltsleeren Begriffe auf. Etwas vage ist das Adjektiv *verschiedene*, mit dem der Textproduzent andeutet, dass es mehrere Publikationsmöglichkeiten und wissenschaftliche Themen gibt, ohne diese jedoch zu spezifizieren. Das kann u.U. von den RezipientInnen als unseriös oder beliebig gewertet werden und die Zuschreibung von Vertrauenswürdigkeit hemmen.
26 Die Aktivitäten des Verlags werden im Text u.a. mit den Verben *bieten, vertreiben* und *bewerben* zum Ausdruck gebracht, die allesamt aktives Handeln bezeichnen. Die Kunden sollen *publizieren, vertrauen, sich überzeugen* und *sich ein Angebot erstellen lassen*.
27 Der Verweis auf die *rund 25.000 Titel*, die der Verlag in seinem Programm hat, ist ein typisches Beispiel für den Zahlentopos, der in diesem Kontext als Hinweis auf Kompetenz zu lesen ist.
28 Die Zeitangabe *seit fast 30 Jahren* dient ebenso wie der Zahlentopos der Signalisierung der eigenen Kompetenz, da langjährige Erfahrungen gemeinhin als Garant für Kompetenz und Qualität gelten.

Dieses Analyseraster ist weder allgemeingültig noch endgültig fest. Es handelt sich vielmehr um ein flexibles Konstrukt, das für eine jeweils konkrete Untersuchung modifiziert werden kann bzw. sollte, um die Beantwortung einer konkreten Fragestellung zu ermöglichen. Der zu untersuchende Text bzw. das zu untersuchende Textkorpus wird mithilfe der jeweils relevanten Kategorien analysiert. Bei einer größeren Textmenge empfiehlt es sich, mit einem computergestützten Analyseprogramm zu arbeiten, das die Codierung der ermittelten Stellen ermöglicht und die Auswertung und deren Visualisierung erleichtert. Das Verfahren bei einer pragmatischen Stilanalyse und die Verknüpfung der konkreten Analysekategorien mit den übergeordneten vertrauensfördernden Faktoren soll im Folgenden anhand von zwei Texten verdeutlicht werden.

Der erste Text ist im Zusammenhang mit dem ADAC-Skandal entstanden. Es handelt sich um eine Presseerklärung des ADAC-Präsidenten Peter Meyer, die kurz nach der Bekanntgabe der Manipulationen beim „Gelben Engel" (am 22.1.2014 um 11:00 Uhr) veröffentlicht wurde. Die Folgen des ADAC-Skandals wurden im öffentlichen Diskurs nicht selten als Krise des Vertrauens dargestellt, worauf exemplarisch die folgende Stimme aus der Presse hindeutet: „Kaum eine Institution genoss bisher so viel Vertrauen bei den Deutschen wie der ADAC – nach der jüngsten Betrugsaffäre dürfte sich das dramatisch ändern."[29] Die öffentliche Diskussion der Missstände beim ADAC bewegte den Verein dazu, noch im Jahre 2014 eine „Reform für Vertrauen" zu starten, mit der das angekratzte Vertrauen der Öffentlichkeit wieder aufgebaut werden sollte. Diese Reformbemühungen sind somit als expliziter Versuch einer langfristigen Vertrauensförderung zu verstehen. Auch die hier zu untersuchende Presseerklärung kann unter diesen Umständen als eine Maßnahme der Vertrauensförderung verstanden werden.[30]

Lesen Sie die Presseerklärung des ADAC-Präsidenten.
- Welche Absicht, welches kommunikative Ziel kann dem Textproduzenten unterstellt werden?
- Welche sprachlichen Mittel zur Vertrauensförderung fallen Ihnen beim ersten Lesen auf?
- Führen Sie eine pragmatische Stilanalyse dieser Erklärung durch. Setzen Sie an den W-Fragen an und orientieren sich an den vorgestellten Analysekategorien (Schlüsselwörter, Metaphern etc.).
- Inwiefern und wie signalisiert der ADAC-Präsident die vier Faktoren *Interesse, koordiniertes Handeln, Kompetenz* und *Konsistenz*?
- Ordnen Sie die zentralen Aussagen aus dem Text den drei Kommunikationsdimensionen *Selbstdarstellung, Beziehungsgestaltung* und *Themen* zu.
- Halten Sie fest, wie der Text auf Sie wirkt. Vergleichen Sie diese tatsächliche (individuelle) Wirkung mit der von Ihnen beschriebenen Wirkungsabsicht.

---

29 Vgl. http://www.spiegel.de/politik/deutschland/adac-nach-betrugsfall-in-der-vertrauenskrise-a-944339.html (Stand: 26.07.2016).
30 Zu Pressemitteilungen und ihrer Stellung an der Schnittstelle zwischen Wirtschaft und Journalismus vgl. Christoph 2009.

Diese Meldung kann unter http://www.presseportal.de/pm/7849/2645674/aktueller-erklae-rung-von-adac-praesident-peter-meyer abgerufen werden.

[LOGO des ADAC]

Aktuelle Erklärung von ADAC Präsident Peter Meyer
22.01.2014 – 11:00 Uhr, ADAC

München (ots) – Mit großer Sorge nehme ich als Präsident die aktuelle öffentliche Kritik am ADAC wahr und bedaure dies zutiefst, zumal der ADAC bislang als eine der vertrauenswürdigsten Organisationen Deutschlands galt. Wir nehmen diese Kritik sehr ernst – auch wenn diese manchmal sehr pauschal war. Unabhängig davon ist es jetzt für uns das oberste Gebot, das verlorene Vertrauen in den ADAC zurückzugewinnen. Unsere Mitarbeiterinnen und Mitarbeiter sind heute und in Zukunft rund um die Uhr und an 365 Tagen im Jahr für unsere knapp 19 Millionen Mitglieder im Einsatz.

Was ich als Präsident aus der Kritik der letzten Tage ableite ist ein Arbeitsauftrag, der ganz klar in Richtung mehr Transparenz, bessere Nachvollziehbarkeit von öffentlichen Aussagen und direktere Mitgliedereinbindung geht. Dass der ADAC vorrangig ein leistungsstarker Automobilclub sein muss, der für die Interessen seiner Mitglieder eintritt, gleichzeitig aber auch ein erfolgreiches, unabhängiges Wirtschaftsunternehmen, ist für uns unabdingbar – muss aber ebenfalls in Zukunft noch transparenter und nachvollziehbarer ausgestaltet werden.

Das ADAC Präsidium hat die ADAC Geschäftsführung mit der umfassenden Aufklärung aller Vorwürfe rund um manipulierte Auswertungen im Zusammenhang mit der Wahl der Lieblingsautos der Deutschen beauftragt. Personelle Konsequenzen wurden sofort gezogen. Wir lernen aus diesem bedauernswerten Vorfall. Ich werde dem höchsten Gremium des ADAC, der Hauptversammlung im Mai 2014 in Saarbrücken, Vorschläge unterbreiten, die dauerhaft für mehr Offenheit, höhere Transparenz und direktere Mitgliedereinbindung sorgen sollen.
Für diesen Prozess brauchen und nehmen wir uns die erforderliche Zeit, Gründlichkeit, Sorgfalt und sicherlich auch externen Rat, um auf die berechtigten Kritikpunkte der öffentlichen Diskussion angemessen zu reagieren.

Die Erklärung des ADAC Präsidenten steht in Kürze auch unter www.youtube.com/adac als Bewegtbild-Beitrag zur Verfügung.

Über den ADAC:
Mit mehr als 18 Millionen Mitgliedern ist der „Allgemeine Deutsche Automobil-Club" der zweitgrößte Automobilclub der Welt. Als führender Dienstleister trägt der ADAC wesentlich dazu bei, Hilfe, Schutz und Sicherheit in allen Teilbereichen des mobilen Lebens sicherzustellen. Dabei handelt der ADAC nach dem Leitsatz „Das Mitglied steht im Mittelpunkt!" und überzeugt in erster Linie durch Kompetenz und Servicebereitschaft seiner Mitarbeiter sowie die Qualität und Fairness seiner Produkte und Dienstleistungen.

Diese Presseinformation finden Sie online unter presse.adac.de. Folgen Sie uns auch unter twitter.com/adacpresse.

Pressekontakt: [...]

Gleich zu Beginn des Textes wird deutlich, dass sich der ADAC-Präsident des Vertrauensverlustes bewusst ist. Das *verlorene Vertrauen in den ADAC* soll zurückgewonnen werden, was für den ADAC – bis dahin *eine der vertrauenswürdigsten Organisationen Deutschlands* – von zentraler Bedeutung erscheint. Peter Meyer versucht in seiner Rolle als Präsident die Vertrauenswürdigkeit des ADAC zu signalisieren. Dass er in dieser Rolle und nicht als durchschnittliches ADAC-Mitglied oder als Privatperson agiert, betont er explizit durch die Selbstreferenz *ich als Präsident*.[31] Dadurch wird der Verein personalisiert und für die Mitglieder greifbarer. In den drei *ich*-Passagen wird Meyer als Person sichtbar, die sich Sorgen macht, den Vorfall bedauert und konkrete Konsequenzen daraus zieht. Das kann u.U. vertrauensfördernd wirken, da er so menschlich erscheint und eine Identifikationsmöglichkeit bietet. Diese Referenz auch deswegen wichtig, weil er damit zeigt, dass er der höchste Vertreter ist und somit eine Autoritätsperson. Das zeigt, dass der ADAC der Problematik den höchsten Stellenwert beimisst und daher den höchsten Vertreter für sich sprechen lässt. Dass Meyer für den gesamten ADAC spricht (Beziehung pars pro toto), wird an dem Gebrauch des *wir* und der Referenz durch *ADAC* deutlich.

Der Rezipientenkreis der Erklärung ist sehr weit. Der Text ist auf dem Presseportal des ADAC veröffentlicht worden und kann somit primär als ein Informationsangebot für Medien gelten. Darüber hinaus kann man erwarten, dass interessierte Kreise (Mitglieder, Geschäftspartner u.a.) erreicht werden sollen. Prinzipiell kann man aber den Rezipientenkreis kaum eingrenzen, denn der Text ist der breiten Öffentlichkeit zugänglich (u.a. über Twitter).

Der Präsident versucht auf verschiedene Weise, die Vertrauenswürdigkeit des ADAC zu signalisieren. Die dafür eingesetzten Mittel können inhaltlich wie folgt grob systematisiert werden:
– Schlüsselwörter und positiv konnotierte Substantive: *Vertrauen, Transparenz, Offenheit, Nachvollziehbarkeit, Gründlichkeit, Sorgfalt, Qualität, Fairness,*
– positive Attribute: *vertrauenswürdig, leistungsstark, erfolgreich, unabhängig,*
– Hinweise auf bisherige Vertrauenswürdigkeit: *bislang als eine der vertrauenswürdigsten Organisationen Deutschlands,*
– Hinweise auf Tradition und Kontinuität: *heute und in Zukunft,*
– Hinweise auf Erfahrungen und Kompetenzen: *rund um die Uhr und an 365 Tagen im Jahr im Einsatz, überzeugt in erster Linie durch Kompetenz und Servicebereitschaft seiner Mitarbeiter sowie die Qualität und Fairness seiner Produkte und Dienstleistungen,*

---

[31] Man kann zwar annehmen, dass Peter Meyer nicht direkt der Autor des Textes ist und dass die Erklärung von der Pressestelle formuliert wurde, auf der Textoberfläche erscheint jedoch Meyer als der agierende Akteur, was für die Stilwirkung letztlich entscheidend ist.

- Hinweise auf Größe und Autorität auf dem Gebiet: *führender Dienstleister, Mit mehr als 18 Millionen Mitgliedern ist der „Allgemeine Deutsche Automobil-Club" der zweitgrößte Automobilclub der Welt,*
- persönliche Betroffenheit: *Mit großer Sorge nehme ich als Präsident die aktuelle öffentliche Kritik am ADAC wahr und bedauere dies zutiefst,*
- Signalisieren von ernsthafter Auseinandersetzung mit der Kritik: *Wir nehmen diese Kritik sehr ernst, [...] um auf die berechtigten Kritikpunkte der öffentlichen Diskussion angemessen zu reagieren,*
- Hinweise auf aktives Handeln und Prioritätensetzung: *Das ADAC Präsidium hat die ADAC Geschäftsführung mit der umfassenden Aufklärung [...] beauftragt, Personelle Konsequenzen wurden sofort gezogen, das oberste Gebot, das verlorene Vertrauen in den ADAC zurückzugewinnen.*

Die inhaltliche Auswertung der sprachlichen Mittel muss in einem weiteren Schritt um formale und funktionale Aspekte erweitert werden. So fallen aus funktionaler Sicht beispielsweise die kommissiven Sprechhandlungen auf, durch die sich der Präsident/der ADAC auf zukünftiges Handeln festlegt:
- kommissive Sprechhandlungen: *Ich werde dem höchsten Gremium des ADAC [...] Vorschläge unterbreiten; Für diesen Prozess brauchen und nehmen wir uns die erforderliche Zeit, Gründlichkeit, Sorgfalt und sicherlich auch externen Rat.*

Bezüglich der formalen Merkmale sind beispielsweise die zweigliedrigen Äußerungen oder festen Wendungen beachtenswert:
- zweigliedrige Formen, die der Verstärkung der Aussage dienen: *heute und in Zukunft, Kompetenz und Servicebereitschaft, Qualität und Fairness seiner Produkte und Dienstleistungen, rund um die Uhr und an 365 Tagen im Jahr*
- feste Wendungen, floskelhafte Formulierungen:[32] *rund um die Uhr, mit großer Sorge, [...] bedauere ich zutiefst, umfassende Aufklärung, das oberste Gebot*

Der Text enthält – in unterschiedlichem Maße – Hinweise auf alle vier vertrauensfördernden Faktoren. **Kompetenz** wird u.a. dadurch signalisiert, dass die Größe und Tradition des Vereins, seine verschiedenen Dienstleistungen, seine Servicebereitschaft, die verschiedenen Gremien etc. angesprochen werden. Zu Kompetenzen kann man auch die Problemlösungskompetenz rechnen, auf die der Präsident hinweist, indem er schildert, welche Schritte bereits unternommen wurden. Die Signalisierung seiner Kompetenzen als Krisenmanager und der Kompetenzen des ADAC gehört der Dimension der Selbstdarstellung an. Zur Selbstdarstellung gehört auch die Tatsache, dass sich der Präsident in Persona zu den Manipulationen äußert und

---

32 Zur Problematisierung solcher Floskeln und deren Beitrag zur Vertrauensförderung vgl. die Ausführungen weiter unten in diesem Kapitel.

nicht einen Vertreter für sich sprechen lässt. Er präsentiert sich als fühlender Mensch, der Bedauern und Sorge empfindet und zum Ausdruck bringt.

Der Kern des Vertrauensproblems scheint die mangelnde **Konsistenz** des ADAC zu sein. Manipulationen einer Wahl, die nach außen als Publikumswahl dargestellt wird, ist gewiss ein Fall inkonsistenten – und intransparenten – Handelns. Explizit geht die Erklärung nicht auf Konsistenz ein, mehrfach betont wird jedoch Transparenz, die damit eng verbunden ist. Die sofortigen personellen Konsequenzen, der Auftrag zu umfassender Aufklärung und die Reformvorschläge sind als Schritte zu deuten, die aufgedeckte Widersprüche beheben und dadurch die verletzte Konsistenz wiederherstellen sollen.

Die mangelnde Konsistenz des ADAC bei der Wahl des Lieblingsautos stieß die öffentliche Diskussion darüber an, wessen **Interessen** der ADAC eigentlich vertritt. Der Leitsatz des ADAC lautet explizit *Das Mitglied steht im Mittelpunkt!*, was jedoch nach der Manipulation der Zahlen zugunsten einiger Autohersteller angezweifelt wurde. Vor diesem Hintergrund ist die kommunikative Signalisierung von ehrlichem Interesse an den Mitgliedern äußerst wichtig und ein Mittel zur Konsistenzherstellung. Es muss deutlich werden, *[d]ass der ADAC vorrangig ein leistungsstarker Automobilclub sein muss, der für die Interessen seiner Mitglieder eintritt.* Das Interesse an seinen Mitgliedern will der ADAC primär durch die *Qualität und Fairness seiner Produkte und Dienstleistungen* und die ununterbrochene Servicebereitschaft zeigen: *Unsere Mitarbeiterinnen und Mitarbeiter sind heute und in Zukunft rund um die Uhr und an 365 Tagen im Jahr für unsere knapp 19 Millionen Mitglieder im Einsatz.*

Der Einsatz *rund um die Uhr* soll das Interesse an den Mitgliedern beweisen, zeigt gleichzeitig die Bereitschaft des ADAC zum **koordinierten Handeln**. Darüber hinaus wird die Bereitschaft dadurch signalisiert, dass sich der Verein auf die öffentliche Kritik einlässt, sie ernst nimmt und entsprechende Handlungen unternimmt bzw. zukünftige Handlungen öffentlich ankündigt. Dadurch ist Überprüfbarkeit möglich. Auch das Schlüsselwort *Transparenz* kann als Hinweis auf Bereitschaft zum koordinierten Handeln gedeutet werden, denn wo Transparenz herrscht, gibt es auch die Möglichkeit, die internen Prozesse von außen zu beobachten und evtl. zu beeinflussen. Daher ist ein Arbeitsauftrag wichtig, *der ganz klar in Richtung mehr Transparenz, bessere Nachvollziehbarkeit von öffentlichen Aussagen und direktere*[33] *Mitgliedereinbindung geht.*

Die sprachlichen Mittel, die Interesse und Bereitschaft zum koordinierten Handeln signalisieren, sind der Dimension der Beziehungsgestaltung zuzuordnen. Die Dimension der behandelten Themen umfasst die Wahl und die Darstellung der

---

33 Die Verwendung der Steigerungsform *direktere* statt *direkte* macht implizit deutlich, dass es im Verständnis des ADAC zwischen einer direkten und indirekten Mitgliederbeteiligung einen Zwischenbereich gibt, der ausgeschöpft werden soll.

Sachverhalte. In diesem Fall ist entscheidend, dass sich der Präsident relativ schnell nach deren Aufdeckung zu den Manipulationen äußert. Eine konsequente Strategie des Ignorierens und Schweigens wäre der Vertrauensförderung vermutlich wenig zuträglich. Festzustellen ist auch, dass der Präsident personelle Konsequenzen erwähnt, da dieser Sachverhalt das Potenzial besitzt, die Kritik zu entschärfen.

Als Zwischenfazit kann man anhand der groben Analyse der Stilabsicht und der gewählten Mittel feststellen, dass alle potenziell vertrauensfördernden Faktoren kommuniziert werden. Ob die Erklärung den ADAC in den Augen der Mitglieder und der breiten Öffentlichkeit tatsächlich als vertrauenswürdig erscheinen lässt, kann ohne eine Rezipientenbefragung nicht mit Sicherheit beantwortet werden. Anhand einer kritischen Analyse lassen sich jedoch Hypothesen über die mögliche Wirkung bei verschiedenen Rezipientenkreisen formulieren. Dabei ist zu berücksichtigen, dass die Rezeption eines Textes beim einmaligen, oft flüchtigen Lesen qualitativ anders abläuft als die Rezeption eines Textes, den man aus linguistischer Sicht analysiert. Aspekte, die eine Analyse zu Tage fördert, müssen den durchschnittlichen RezipientInnen beim Lesen gar nicht auffallen.[34]

Als das wohl auffälligste persuasive Mittel des Textes können die zahlreichen positiv besetzten Substantive (z.B. *Transparenz, Qualität*) und Adjektive (z.B. *erfolgreich, leistungsstark*) gelten. Beim genauen Hinsehen handelt es sich um Schlüsselwörter, die auf allgemeingültige positive Eigenschaften verweisen und inhaltlich sehr vage bleiben. Die vermehrte Verwendung solcher Schlüsselwörter kann einerseits positiv wirken und den gewünschten Effekt erzielen, sie kann andererseits aber auch negativ auffallen und den Eindruck erwecken, dass mit leeren Phrasen versucht wird, die eigentlichen Probleme zu vertuschen. Der Einsatz vager positiver Begriffe als Stilmittel der Erklärung ist womöglich dadurch zu erklären, dass sich der Präsident in einer sehr frühen Phase des Skandals zu Wort meldet – in einer Zeit, in der noch nicht geklärt ist, was eigentlich passierte und wer dafür verantwortlich ist. Trotzdem steht der ADAC unter Handlungszwang und begegnet ihm dadurch, dass ein Text veröffentlicht wird, der wenig konkrete Informationen enthält, aber die Bereitschaft zur Aufklärung signalisiert.

Die Vagheit des Textes wird zusätzlich dadurch verstärkt, dass sich Meyer gar nicht zu dem eigentlichen Problem äußert. Er bezieht sich zwar auf die *öffentliche Kritik* und die *Kritik der letzten Tage*, wüsste man jedoch nicht aus anderen Quellen, worauf sich die Kritik bezieht, würde man es sich aus der Erklärung nicht erschlie-

---

[34] Die folgende Auswertung der Textwirkung basiert auf der Analyse des Textes in zwei Seminaren. An der Analyse und Diskussion der Stilwirkung beteiligten sich etwa 40 Studierende. Bei der Besprechung ist deutlich geworden, dass sich der Eindruck von dem Text nach der Analyse ändert, manchmal sogar ins Gegenteil umschlägt. Daher ist es methodisch sehr wichtig, die alltägliche Rezeption von der wissenschaftlich motivierten Herangehensweise zu unterscheiden und bei der Analyse der Textwirkung zu berücksichtigen.

ßen können. Hier kann eine thematische Lücke festgestellt werden, denn der Kern des Problems, um das sich alles dreht, wird nicht explizit. Das deutet darauf hin, dass die Erklärung primär an die Presse und interessierte Kreise gerichtet ist, bei denen man das relevante Wissen voraussetzen kann. Aus dieser Sicht ist auch erklärbar, dass im Text das Wort *Kritik* so häufig – nämlich vier Mal – vorkommt. Der Text ist vor allem als eine Reaktion auf diese Kritik zu verstehen. Die Bemerkungen, dass die Kritik *manchmal sehr pauschal war* und dass man sich Zeit nimmt, auf die *berechtigten* [also nicht auf die unberechtigten!] *Kritikpunkte der öffentlichen Diskussion angemessen zu reagieren*, sind als Verteidigung der eigenen Position zu verstehen. Die Information, dass personelle Konsequenzen sofort gezogen wurden, soll sicherlich als weiterer Indikator dienen und deutlich machen, dass der ADAC aktiv handelt. Beim genaueren Hinsehen bleibt aber auch dieses Argument recht vage. Es wird nicht klar, welche Konsequenzen gezogen wurden und wen sie betreffen. Üblicherweise versteht man darunter Entlassungen, Amtsentzug o.ä. In dem Fall kann man sich berechtigt fragen, wieso bereits Konsequenzen gezogen wurden und auf welcher Grundlage dies geschah, wenn die Aufklärung noch nicht abgeschlossen ist und der ADAC sich dafür *die erforderliche Zeit, Gründlichkeit, Sorgfalt* nehmen will. Diese vagen Aussagen scheinen nicht konsistent zu sein.

Ein weiteres Merkmal des Textes, das bei der Textrezeption womöglich auffällt, ist der letzte Absatz *Über den ADAC*. Dieser Textteil hat inhaltlich nichts mit dem Vorfall zu tun und ist auch stilistisch ganz anders gestaltet, sodass ein Stilbruch zwischen den zwei Texteilen festgestellt werden kann. Der stark werbende Charakter des Absatzes legt nahe, dass es sich vermutlich um einen vorgefertigten Textteil handelt, der für verschiedene Erzeugnisse der Öffentlichkeitsarbeit genutzt wird. An dieser Stelle scheint er aber beim genaueren Hinsehen deplatziert. Zum einen erhält er ausschließlich grundlegende Informationen, die bei dem anvisierten Publikum als bekannt vorausgesetzt werden müssen. Zum anderen hat er einen stark werbenden Charakter, der außerdem keinerlei Bezug zu der Kritik aufweist.[35] Gerade vor dem Hintergrund von Zahlenmanipulationen beim Publikumspreis zugunsten von bestimmten Autoherstellern werden der Leitsatz *Das Mitglied steht im Mittelpunkt!* und die Fairness der Dienstleistungen infrage gestellt und wirken etwas paradox. Der letzte Absatz, der zum Schluss das Positive hervorheben soll, bewirkt somit praktisch das Gegenteil, weil er Inkonsistenz im Handeln des ADAC aufdeckt. Darüber hinaus fällt bei genauerer Lektüre die Varianz der Zahlenangaben bei den

---

35 Christoph (2009, 164) weist darauf hin, dass Pressemitteilungen oft werbenden Charakter haben und sich wie Produktwerbung lesen, obwohl „stark wertende Tendenzen im Text oder ein unverblümter Appell die Chancen auf einen Abdruck in den Medien zumindest verringern". Als mögliche Gründe diskutiert sie zum einen „das Unverständnis von Führung und Management für Funktion und Ziele langfristig angelegter, vertrauensbildender Öffentlichkeitsarbeit" (Böckelmann 1991, 121; zitiert nach Christoph 2009, 164) und zum anderen Unzulänglichkeiten der Pressearbeit selbst.

Mitgliederzahlen auf. Der Präsident spricht von *knapp 19 Millionen*, im letzten Absatz sind es *mehr als 18 Millionen* Mitglieder. Beide Angaben sind sehr vage. Der Vergleich lässt allerdings die Vermutung zu, dass der Präsident die Mitgliederzahlen betont positiv darstellen will und sie durch die Vagheit der Formulierung höher erscheinen lässt. Vor dem Hintergrund eines Skandals, der durch Zahlenmanipulationen ausgelöst wurde, erscheint diese Vagheit – wenn sie auffällt – missglückt.

Ein weiterer entscheidender Faktor für die Wirkung des Textes ist die Interpretation der Äußerung *Mit großer Sorge nehme ich als Präsident die aktuelle öffentliche Kritik am ADAC wahr und bedauere dies zutiefst*. Die Diskussion dieses Textes mit Studierenden als Gewährspersonen zeigte, dass die Interpretation dieser Äußerungen unterschiedlich ausfallen kann. Die zentrale Frage dreht sich dabei um die Entscheidung, ob es sich hier um die Sprechhandlung ENTSCHULDIGUNG handelt oder nicht.[36] Einige waren geneigt, die Äußerung *[ich] bedauere dies zutiefst* als eine indirekte ENTSCHUDIGUNG zu akzeptieren, andere haben hingegen darauf hingewiesen, dass sich Meyer gar nicht für die Vorfälle entschuldigt und damit auch zeigt, dass er keine Schuld trägt. Das würde damit einhergehen, dass Meyer keine Verantwortung für die Vorfälle übernimmt. Der Übergang zwischen ENTSCHULDIGUNG und Ausdruck von BEDAUERN ist fließend und stark vom Kontext abhängig. In diesem Text ist die Äußerung m.E. nicht als ENTSCHULDIGUNG zu verstehen, sondern eher als ein strategisches Mittel, um gewisse Eingeständnisse zu machen, dabei aber relativ vage zu bleiben. Durch eine ENTSCHULDIGUNG würde Meyer nämlich eine Schuld auf sich und den ADAC nehmen, was womöglich aus strategischen Gründen nicht vorgesehen ist. Die mögliche Akzeptanz der Äußerung als ENTSCHULDIGUNG wird zusätzlich dadurch geschwächt, dass der anaphorische Verweis *dies* syntaktisch nicht eindeutig und somit wenig aussagekräftig ist. *Dies* kann man – primär und offenbar beabsichtigt – als Rückverweis auf die öffentliche Kritik und deren Inhalt lesen, durch das Fehlen der Flexionsendung (*dies* statt *diese*) kann es allerdings auch als Verweis auf sein Wahrnehmen gelesen werden. In dem Fall würde er bedauern, dass er die Kritik wahrnimmt, nicht jedoch, dass es diese überhaupt gibt. Man kann sich fragen, ob nicht gerade eine explizite, eindeutige ENTSCHULDIGUNG und Übernahme der Verantwortung die Vertrauensförderung begünstigen würde. Diejenigen RezipientInnen, die in der Erklärung eine ENTSCHULDIGUNG erwartet haben und enttäuscht wurden, werden vermutlich eher dazu neigen, die Vertrauenswürdigkeit des ADAC als gering einzuschätzen.

---

36 Kampf (2008, 2009) diskutiert den Status von öffentlichen Entschuldigungen und deren Wirkung. Die Äußerung „We are sorry" oder analog „Es tut uns Leid" kann zum einen als Bedauernsbekundung, zum anderen aber auch als Entschuldigung interpretiert werden, was im politischen Diskurs mit Konsequenzen verbunden ist (Kampf verdeutlicht das am Beispiel politischer Kommunikation in Israel).

Die Vagheit und Widersprüchlichkeit des Textes – wenn sie als solche von den RezipientInnen wahrgenommen werden! – und eventuell die enttäuschte Erwartung einer ENTSCHULDIGUNG können dazu beitragen, dass die Erklärung trotz der starken expliziten Signalisierung der Vertrauenswürdigkeit doch kein Vertrauen fördert.[37]

Wie man sehen kann, ermöglicht die pragmatische Stilanalyse die Herausarbeitung von verschiedenen sekundären Informationen, die über den Inhalt der Texte hinausgehen und die beim einmaligen Lesen nicht sofort auffallen. Anhand der herausgearbeiteten potenziell vertrauensfördernden Mittel können anschließend verschiedene Texte im Hinblick auf die angewandten Strategien der Vertrauensförderung verglichen werden.

Zur Verdeutlichung der Analyseergebnisse soll die ADAC-Erklärung mit einer Pressemeldung des VW-Konzerns vom 03.11.2015 verglichen werden, die in einer frühen Phase des VW-Skandals um manipulierte Abgaswerte auf dem Presseportal der Volkswagen Aktiengesellschaft veröffentlicht wurde.[38] Die Vergleichbarkeit der Texte ist durch mehrere kontextuelle Faktoren gegeben:
– Beide Texte wurden online auf dem Presseportal der jeweiligen Institution veröffentlicht und sind der Textsorte Pressemeldung/Presseerklärung zuzuordnen.
– Beide Texte sind in der Situation eines beginnenden öffentlichen Skandals entstanden und gehören zu den ersten offiziellen Pressemeldungen zu dem Thema.
– Die von dem Skandal betroffenen öffentlichen Akteure sind in beiden Fällen große Institutionen auf dem Gebiet der Automobilbranche (ein Verein und ein Industriekonzern).

Im Folgenden wird die Pressemeldung in voller Länge abgedruckt. Achten Sie beim Lesen auf die Gemeinsamkeiten und Unterschiede, die der Text im Vergleich zu der ADAC-Erklärung aufweist. Aus Platzgründen wird hier keine vollständige Analyse des Textes vorgenommen. Der Vergleich soll als Denkanstoß und eventuell als Übungsaufgabe dienen.

---

37 Es bietet sich an, die Reform für Vertrauen, die der ADAC 2014 gestartet hat und die auch 2015 weitergeht, zu beobachten und im Hinblick auf konkrete vertrauensfördernde Maßnahmen und ihre Wirkung zu analysieren.
38 Vgl. http://www.volkswagenag.com/content/vwcorp/info_center/de/news/2015/11/internen_untersuchungen.html (Stand: 24.04.2016).

Wolfsburg, 03.11.2015
Aufklärung wird vorangetrieben: Volkswagen stellt bei internen Untersuchungen Unregelmäßigkeiten bei CO2-Werten fest
- Matthias Müller: „Schonungslose und vollständige Aufklärung ist für uns ohne Alternative."
- Rund 800.000 Fahrzeuge des Konzerns könnten betroffen sein
- Die wirtschaftlichen Risiken werden in einer ersten Schätzung auf rund zwei Milliarden Euro beziffert

Die Aufklärung der Diesel-Thematik wird durch den Volkswagen Konzern weiter vorangetrieben: Bei internen Untersuchungen wurde nun festgestellt, dass es bei der Bestimmung des CO2-Wertes für die Typzulassung von Fahrzeugen zu Unregelmäßigkeiten gekommen ist. Nach derzeitigem Erkenntnisstand könnten davon rund 800.000 Fahrzeuge des Volkswagen Konzerns betroffen sein. Die wirtschaftlichen Risiken werden in einer ersten Schätzung auf rund zwei Milliarden Euro beziffert. Der Vorstand der Volkswagen AG wird unverzüglich mit den zuständigen Zulassungsbehörden über die Konsequenzen dieser Feststellungen in einen Dialog treten. Dies soll zu einer verlässlichen Bewertung der rechtlichen und in der Folge wirtschaftlichen Konsequenzen des bislang nicht vollständig aufgeklärten Sachverhalts führen.

Im Rahmen der gerade laufenden Überprüfungen aller Prozesse und Abläufe bei Dieselmotoren ist aufgefallen, dass bei der CO2-Zertifizierung einiger Fahrzeugmodelle zu niedrige CO2- und damit auch Verbrauchsangaben festgelegt wurden. Betroffen sind ganz überwiegend Fahrzeuge mit Dieselmotoren.

„Ich habe mich von Anfang an dafür eingesetzt, dass wir die Geschehnisse schonungslos und vollständig aufklären. Dabei machen wir vor nichts und niemandem Halt. Das ist ein schmerzhafter Prozess, aber er ist für uns ohne Alternative. Für uns zählt einzig und allein die Wahrheit. Das ist die Voraussetzung für die grundlegende Neuausrichtung, die Volkswagen braucht", sagte Matthias Müller, Vorsitzender des Vorstands der Volkswagen Aktiengesellschaft. Weiter sagte er: „Der Vorstand der Volkswagen AG bedauert zutiefst den festgestellten Sachverhalt und betont, dass der eingeschlagene Weg der Aufklärung und Transparenz konsequent weitergegangen wird."

Volkswagen setzt alles daran, nach Absprache mit den zuständigen Behörden schnellstmöglich eine Klärung der weiteren Vorgehensweise sowie eine korrekte Einstufung der CO2-Werte bei den betroffenen Fahrzeugen vorzunehmen.

Fest steht: Die Sicherheit der Fahrzeuge ist in keinem Fall betroffen. Eine verlässliche Bewertung des Umfangs der Unregelmäßigkeiten ist derzeit noch nicht möglich. Die wirtschaftlichen Risiken werden in einer ersten Schätzung auf rund zwei Milliarden Euro beziffert.

In diesem Zusammenhang sei auf das Zitat aus der Einleitung (S. 3) hingewiesen: „Die Lehre aus vielen Skandalen lautet: Oft ist nicht das skandalträchtige Ereignis selbst das größte Problem, sondern das anschließende Krisenmanagement." Eine wichtige Aufgabe des Krisenmanagements ist somit die Vertrauensarbeit. Der Umgang mit den sog. *bad news* ist ein wichtiger Teil der Öffentlichkeitsarbeit, wie Keller (2006, 44) deutlich macht:

> Vertrauensbildend [...] ist der redliche Umgang mit so genannten *bad news*. „Eine Unternehmung wirkt nicht glaubwürdig, wenn sie nur Positives verkündet, alles andere aber zu verheimlichen sucht. Die meisten Menschen gehen davon aus, dass jede Sache – also auch eine Unternehmung – eine positive und eine negative Seite hat." (Thommen 1993, 44) Über negative Ereignisse sollte man jedoch nicht erst dann berichten, wenn sie sich absolut nicht mehr verschweigen lassen. Vertrauensbildend sind sie nur dann, wenn der Bericht zwei Eindrücke vermittelt: erstens, dass die *bad news* aus freien Stücken berichtet werden, und zweitens, dass das Unternehmen sie konstruktiv nutzen kann, etwa eine Lehre daraus ziehen kann für die Zukunft.

Dabei geht es gewiss nicht nur um einzelne Texte, die produziert werden, sondern um die Gesamtheit aller Maßnahmen, die das Unternehmen ergreift. Und die Gesamtheit muss stimmig (konsistent) sein, sonst wird die Vertrauensförderung eher gebremst. Im Rahmen des Krisenmanagements nach dem Skandal hat VW zu einem wenig gebräuchlichen Mittel der Vertrauensförderung gegriffen, um mit viel Nachdruck und Medienwirksamkeit klar zu machen, dass ihm die Rolle von Vertrauen bewusst ist. Der Konzern hat in der Frankfurter Rundschau vom 5.-6.3.2016 eine großformatige Anzeige abdrucken lassen, die explizit der Wiedergewinnung von Vertrauen nach dem Skandal dienen soll. Der Text nimmt die gesamte Zeitungsseite ein und ist mittig im Blocksatz formatiert, was typographisch die Relevanz der Botschaft zum Ausdruck bringt. Der Text lautet wie folgt (aus Platzgründen wird hier der enge Blocksatz nicht eingehalten, Hervorhebungen i.O.):

> **Wir wissen, dass es um viel mehr geht als nur die Umrüstung von Motoren.**
>
> Es gibt nichts Wichtigeres für eine Marke als Vertrauen.
>
> Vertrauen kann man nicht durch Schnelligkeit wiederherstellen. Sondern durch Gründlichkeit, Ehrlichkeit, Verlässlichkeit. Durch all das, was Sie zu Recht von Volkswagen erwarten.
>
> Wir haben gründlich gearbeitet. Und können jetzt sagen, was wir gern eher gesagt hätten:
>
> **Wir haben bereits erfolgreich mit der Umrüstung der betroffenen Dieselmotoren, Baureihe EA 189, begonnen.**
>
> In enger Absprache mit den zuständigen Behörden haben wir zuverlässige und erprobte technische Lösungen entwickelt. Die EA 189-Dieselmotoren mit 1,2 und 2.0 Liter Hubraum bekommen ein Software-Update. Bei den 1,6-Liter-Motoren wird zusätzlich ein sogenannter Strömungsgleichrichter im Luftansaugtrakt eingesetzt – dafür ist kein Eingriff in den Motor notwendig. Die reine Arbeitszeit für diese Maßnahmen beträgt deutlich weniger als eine Stunde. Die Kosten für die Umrüstung übernehmen selbstverständlich wir.
>
> Die ersten Umrüstungen haben bereits begonnen – mit dem Resultat, dass keine Veränderungen der Leistungsdaten, der Geräuschemissionen, der Steuereinstufung oder der Verbrauchswerte bei der vorgeschriebenen NEFZ-Messung festzustellen waren. Dieses Ziel verfolgen wir bei allen weiteren Umrüstungen natürlich ebenfalls.

Wir bitten um Verständnis, dass sich nicht alle Fahrzeuge zur gleichen Zeit umrüsten lassen, sondern dass wir schrittweise vorgehen müssen. Natürlich sind die Fahrzeuge auch ohne die oben genannten Maßnahmen technisch sicher und fahrbereit.

Wir wissen, dass es mit der reinen Umrüstung der Motoren nicht getan ist. Wir wollen Ihr Vertrauen zurückgewinnen. Und daran arbeiten wir rund um die Uhr. Gründlich, ehrlich, zuverlässig.

[LOGO]
Volkswagen

Der Text erfüllt verschiedene Funktionen. Zum einen informiert er über den aktuellen Stand der Umrüstungen, die bereits *erfolgreich* begonnen haben, und über die weiteren geplanten Schritte. Zum anderen dient er der Kontaktpflege nach außen und appelliert an das Vertrauen der Kunden, denn *[e]s gibt nichts Wichtigeres für eine Marke als Vertrauen*. Die Kunden sollen auf die Zuverlässigkeit, Gründlichkeit und Ehrlichkeit des VW-Konzerns vertrauen und darauf, dass er *rund um die Uhr* an der Zurückgewinnung des Kundenvertrauens arbeitet. Inwiefern der Text durch den expliziten Appell die vertrauensfördernde Funktion erfüllt, bleibt jedem Rezipienten überlassen. Der Konzern nutzt – wie in der Pressemitteilung – zahlreiche (mehrfach verwendete) positive Schlüsselwörter (*Vertrauen, Gründlichkeit, Ehrlichkeit, Verlässlichkeit, gründlich, ehrlich, zuverlässig*) sowie feste Wendungen (*rund um die Uhr*) und nimmt die Position eines Bittstellers ein (*Wir bitten um Verständnis, dass sich nicht alle Fahrzeuge zur gleichen Zeit umrüsten lassen...*). Er betont die fachlichen Kompetenzen des Konzerns bei der Umrüstung und die enge Zusammenarbeit mit den Behörden, ohne den negativen Hintergrund zu erwähnen, warum eigentlich die massenhaften Umrüstungen notwendig sind. Dieses Wissen wird als bekannt vorausgesetzt.

Die kommunikative Strategie, die VW hier wählt, widerspricht dem von Keller geförderten (Zitat weiter oben) Umgang mit *bad news*, da die Umrüstungen ausschließlich positiv dargestellt und quasi als Erfolg verbucht werden. Andererseits muss berücksichtig werden, dass zum Zeitpunkt des Erscheinens dieser Anzeige die *bad news* – also die Informationen über die Manipulationen – bereits hinreichend bekannt waren. Die pragmatische Stilanalyse macht es möglich, vor dem Hintergrund eines konkreten Kommunikationsziels in einer konkreten Kommunikationssituation verschiedene Aspekte und Mittel der Vertrauensförderung in den Blick zu nehmen. Sie birgt auch das Potenzial, aufgrund theoretischer Beschäftigung mit dem Stil Vorschläge zur Optimierung öffentlicher Kommunikation zu formulieren. Damit bietet sie ein handhabbares Instrumentarium für das angewandte Forschungsfeld der linguistischen Vertrauensforschung im Bereich der Public Relations und der Werbung.

6 Vertrauen und Persuasion

Wir haben Vertrauen als eine soziale Einstellung definiert (vgl. Kap. 3), die als Effekt in der Interaktion entstehen kann (vgl. Kap. 5). Diese Auffassung bildet die Klammer zwischen der Vertrauensforschung und der Persuasionsforschung.

- Kennen Sie den Begriff der Persuasion? Wenn ja, aus welchen Kontexten?
- Wie würden Sie *Persuasion* in den Kontexten definieren?
- In welchen wissenschaftlichen Disziplinen würden Sie die Persuasionsforschung ansiedeln?
- In einem Zeitungstext steht die Einschätzung „Sprachlich ist der Außenminister auf dem Höhepunkt seiner persuasiven Kraft." (Süddeutsche Zeitung, 5.3.2004, S. 2) Wir könnte man diese Einschätzung paraphrasieren?

Die Persuasionsforschung ist eine interdisziplinäre Forschungsrichtung, die schwerpunktmäßig in der Sozialpsychologie und Medien- bzw. Kommunikationswissenschaft verankert ist, darüber hinaus aber auch in anderen Disziplinen wie der Politikwissenschaft oder Linguistik betrieben wird. Sie sucht Antworten auf folgende Fragen:

> Welche Konfigurationen von Elementen hemmen, unterdrücken, verhindern oder erleichtern, fördern, unterstützen etwaige persönliche Einstellungsvariantenänderungen? Welche Elemente veränderter Einstellungshaltung sind konkretes Resultat des interpersonalen, gesellschaftlichen und wie auch immer mehrfach vermittelten, vernetzten, maskierten, transformierten Kommunikationsprozesses? (Nickl 1998, 24)

Im Rahmen der sozialpsychologischen Persuasionsforschung, aus der das Konzept der Einstellung stammt (vgl. Kap. 3), wurden viele zentrale Themen der Vertrauensforschung behandelt. Dabei wurde in der Regel ein sehr weiter Persuasionsbegriff zugrunde gelegt, der im Kern einen breiten Bereich von Phänomenen umfasst, bei denen jemand eine andere Person ‚zu etwas bewegt': „Zur Persuasion gehört der Einsatz von Botschaften, um Überzeugungen, Einstellungen und das Verhalten anderer Menschen zu ändern." (Stroebe 2014, 232). Es handelt sich um einen deutlich weiter gefassten Begriff von Persuasion als er in der Alltagssprache und auch in der Linguistik üblich ist. In diesem Kapitel werden zentrale Themen der Persuasionsforschung referiert und ihre Bezüge zur Vertrauensthematik hergestellt. Einige Grundbegriffe der Persuasionsforschung stehen in einem gewissen Spannungsverhältnis zu den Grundannahmen einer pragmatischen Verständigungstheorie, wie wir sie in den früheren Kapiteln kennengelernt haben. Dazu gehört etwa das für die Persuasionsforschung zentrale Konzept der ‚Botschaft' (vgl. das Zitat von Stroebe weiter oben), das aus linguistischer Sicht problematisch ist, da die ihm zugrundeliegende Metaphorik nicht auf die soziale Kommunikation zutrifft (vgl. dazu die

Fußnote 9 auf S. 50). An einigen Stellen wird deshalb auf die Unterschiede in der Terminologie und der Konzeptualisierung hingewiesen.

Der Begriff *Persuasion* kommt von dem lateinischen *persuasio*, das ‚Überredung, Überzeugung' bedeutet. Im alltäglichen Sprachgebrauch versteht man unter *Überzeugen*: „(einen anderen) durch einleuchtende Gründe, Beweise dazu bringen, etwas als wahr, richtig, notwendig anzuerkennen" (www.duden.de) bzw. „jmdn. durch Argumente dahin bringen, dass er etw. als richtig, notwendig anerkennt (www.dwds.de)". Im Vordergrund steht somit die Übermittlung sachlicher, vernunftbezogener Informationen. *Überreden* bedeutet hingegen „durch [eindringliches Zu]reden dazu bringen, dass jemand etwas tut, was er ursprünglich nicht wollte" (www.duden.de). Überreden wird primär mit emotionalen, interessensbetonten Informationen in Zusammenhang gebracht. Diese Dichotomie führt dazu, dass sich die Persuasionsforschung bisher sehr stark auf die Untersuchung von Argumentation und logischer Beweisführung fokussierte. Ortak (2004, 55–59) weist darauf hin, dass die beiden Konzepte nicht immer scharf voneinander getrennt werden können und müssen.

In der Alltagssprache wird *Persuasion* häufig im Sinne von ‚Überreden' verwendet. Diese Verwendungsweise und die Kontexte, in denen Persuasion üblicherweise diskutiert wird, zeigt exemplarisch ein Auszug aus einer Buchbesprechung:

> **NZZ10/FEB.02235 Neue Zürcher Zeitung, 16.02.2010, S. 52; Die Kunst des Verführens**
> «Verkaufen, Flirten, Führen» - so unterschiedlich diese Aktivitäten auch sein mögen, es geht dabei um überraschend Ähnliches, eben um persuasive Kommunikation: Andere Menschen sollen zu einem erwünschten Handeln überredet werden – egal, ob der Autohändler einem «nur heute» beim Kauf des neuen Öko-Flitzers ein paar zusätzliche Prozente Rabatt gewährt, ob man spätabends an der Hotelbar einer schwarzhaarigen Schönheit eindringliche Blicke zuwirft oder ob morgens beim Abteilungsleiter-Meeting die Mitarbeiter auf einen Strategiewechsel einzuschwören sind.

Nach diesem Verständnis dient persuasive Kommunikation der Überredung. Bußmann (2008, 519) definiert das Adjektiv *persuasiv* ähnlich:

> Eigenschaft einer sprachlichen Handlung, durch die der Adressat gegen seinen tatsächlichen oder erwarteten Widerstand von einer Meinung überzeugt oder zu einer Handlung veranlasst werden soll. Gemäß der oft verdeckten appellativen Intention ist p. Sprechen sorgfältig geplant und durch möglichst effektvollen Einsatz sprachlicher Mittel gekennzeichnet, z.B. durch [r]hetorische Figuren, indirekte Sprechakte, Konnotationen oder versteckte Präsuppositionen.

Mit dieser Definition wird die Persuasion in dreifacher Hinsicht stark eingeschränkt: Erstens bezieht sie sich ausschließlich auf sprachliche Handlungen. In dieser Einführung wird Persuasion hingegen holistisch gesehen und auf alle Zeichentypen bezogen (Bilder, Typographie etc.), wie es z.B. auch Iakushevich/Arning (2012, 8) tun. Zweitens bildet der Widerstand des Kommunikationspartners und somit die Unfreiwilligkeit der Meinungs- oder Einstellungsänderung das Kernstück der Begriffsklärung. Bußmann rückt dadurch Aspekte in den Vordergrund, die mit dem Überreden zusammenhängen. Entgegen diesem Verständnis soll in den weiteren Ausführungen die Atmosphäre wahrgenommener Freiwilligkeit ein wesentliches Charakteristikum persuasiver Kommunikation sein. Und drittens ist Persuasion nach Bußmanns Definition eine strategische, „sorgfältig geplante" Handlung und somit ist Intentionalität das zentrale Bestimmungsmerkmal. Diese Sichtweise soll in diesem Kapitel (in Anlehnung an Ortak 2004) relativiert werden.

Aus sozialpsychologischer Sicht ist Persuasion eine von mehreren Strategien zur Einstellungs- und Verhaltensänderung (vgl. Stroebe 2014, 232). Eine andere Strategie ist z.B. der Einsatz von Anreizen und Sanktionen. Einstellungen entstehen und entfalten sich auf einem der verschiedenen Wege oder aber durch deren Kombination. Wenn wir das weite Verständnis von Persuasion vertreten und Vertrauen als eine Einstellung definieren, die u.a. durch Persuasion entstehen kann, liegt es nahe, den Prozess der Vertrauensförderung als eine mögliche Spielart persuasiver Prozesse zu verstehen (vgl. Matějková 2012, 76). Die Entstehung von Vertrauen bewegt sich auf einem Kontinuum zwischen keinem und hohem Einsatz persuasiver Strategien. Die Unterscheidung von *Vertrauensbildung* und *Vertrauensförderung* fängt diese Variation ein: Während die Vertrauensbildung als ein idealtypischer, natürlicher Prozess verstanden wird, der wenig bis gar nicht von bewusst eingesetzten persuasiven Strategien geprägt ist, basiert die Vertrauensförderung stärker auf persuasiven Strategien und diese werden von den Kommunizierenden je nach Situation auch bewusst verfolgt (z.B. in der Werbung). Aus dieser Sicht kann Vertrauen als ein persuasiver Effekt verstanden werden.

Persuasion ist wie Vertrauensförderung ein semiotischer Prozess. Laut Reinmuth (2006, 194) ist sie als eine kommunikative Strategie zu verstehen, die sich durch „ein komplexes Strategiemuster [definiert], mit dem Konvergenz in Wissens-, Handlungs- oder Einstellungsfragen hergestellt werden soll, bzw. mit dem die Einstellungen und Handlungen und das Wissen des Rezipienten modifiziert werden sollen." Die Modifikation von Einstellungen, Handlungen und/oder Wissen muss dabei auf Freiwilligkeit beruhen. Ein Persuasionsprozess ist dann gelungen, wenn „sich jemand diejenigen Absichten, Bedeutungen, Zwecke zu eigen gemacht hat, die bestimmten Mitteilungen in einer Atmosphäre wahrgenommener Wahlfreiheit zugeschrieben worden sind" (Nickl 1998, 27). Die freiwillige Basis der Beziehung ist wie bei der Vertrauensbildung der Grund dafür, dass der Kommunikator nicht immer sein Ziel erreichen muss, denn die tatsächlich erreichte Wirkung liegt beim Rezipienten, der alternative Handlungsmöglichkeiten hat. Eine Kommunikation, die persuasives Potenzial besitzt, muss daher nicht immer zur gelungenen Persuasion führen. Andererseits kann eine Einstellungs- oder Verhaltensänderung durch äußere Umstände erzwungen oder etwa durch Befehle, die zu erfüllen sind, herbeigeführt werden. In dem Fall handelt es sich um keine Persuasion, obwohl der Produzent sein kommunikatives Ziel erreicht, denn die Einstellungsänderung ist nicht in einer Atmosphäre empfundener Freiwilligkeit zustande gekommen.

Die Beziehung zwischen den Kommunizierenden und die Freiwilligkeit der Kommunikation sind wichtige, jedoch bei weitem nicht einzige Faktoren, die den Persuasionsprozess beeinflussen. Drinkmann/Groeben (1989) und Drinkmann (1990) haben eine Metaanalyse[1] zu einstellungsändernden Wirkungen von Texten durchgeführt. Es ging darum, „den Bereich der Textwirkungsforschung zu bilanzieren, der sich mit Einstellungsänderungen bei Rezipienten von Informationstexten befaßt" (Drinkmann 1990, 40). In dem Forschungsprojekt wurden 628 empirische Arbeiten zu dem Thema gesammelt, daraus wurde ein der Fragestellung entsprechendes Korpus ausgewählt und ausgewertet. Für die Auswertung der Arbeiten ist ein Kategoriensystem entwickelt worden, das 32 Variablen umfasst, die fünf Bereichen zugeordnet werden können (vgl. Drinkmann 1990, 44):[2]

- Merkmale des Senders: Geschlecht, Glaubwürdigkeit im engeren Sinne[3], Vertrauenswürdigkeit, Liebenswürdigkeit
- Merkmale des Rezipienten: Ausbildungsstand, Dogmatismus, Geschlecht, Ich-Beteiligung, selbstfokussierte Aufmerksamkeit, Voreinstellung
- Merkmale der Botschaft: Anzahl der Argumente, Argumentqualität, Einseitigkeit bzw. Zweiseitigkeit der Darstellung, Furchtevozierung, Intensität, Medium, Reihenfolge der Argumente, Richtung des Persuasionsversuchs, Struktur
- Merkmale der Situation: Ablenkung des Rezipienten, Freiwilligkeit der Teilnahme, Hinweis auf das Thema der Botschaft, Inokulation[4] des Rezipienten, sensorische Deprivation, Stress, Vorwarnung des Rezipienten, Zeitintervall bis zum Nachtest, Zeitpunkt der Information über den Kommunikator

---

[1] Metaanalyse wird von Drinkmann (1990, 11) wie folgt verstanden: „[E]ine an den Kriterien empirischer Forschung orientierte Methode zur quantitativen Integration der Ergebnisse empirischer Untersuchungen sowie zur Analyse der Variabilität dieser Ergebnisse."

[2] Auf die Erläuterung der Analysekategorien kann hier nicht im Einzelnen eingegangen werden. In der Sozialpsychologie wird mit Begriffen gearbeitet, die in der modernen Linguistik als problematisch gelten, z.B. *Sender* oder *Botschaft*. Diese Begriffe werden hier beibehalten, weil sie zu zentralen Konzepten der Persuasionsforschung gehören.

[3] In der Untersuchung wird *Glaubwürdigkeit im engeren Sinne* von der *Glaubwürdigkeit im weiteren Sinne* unterschieden. Letztere umfasst neben der Glaubwürdigkeit im engeren Sinne auch weitere vier Sender-Variablen: *Vertrauenswürdigkeit, Liebenswürdigkeit, Expertentum* und *Berufung auf Autoritäten*. Die letzten beiden Variablen sind allerdings nicht in die Metaanalyse eingegangen und werden daher nicht in der Liste angegeben.

[4] „Die Inokulations-Theorie geht davon aus, daß eine Einstellung resistenter gegen Beeinflussung ist, wenn sich die Person vorher mit Gegenargumenten auseinandersetzen mußte - entsprechend dem Konzept der Impfung mit Krankheitskeimen im somalischen Bereich." (Drinkmann/Groeben 1989, 122)

– Interaktionsvariablen: Ähnlichkeit von Sender und Rezipient, Diskrepanz zwischen Botschaft und Rezipientenmeinung, Bedrohung der Meinungsfreiheit, Bewertung der Einstellungsalternativen

Diese Variablenliste macht deutlich, wie komplex der Persuasionsprozess ist. Dabei muss man berücksichtigen, dass die ausgewerteten Studien experimental angelegt sind. D.h., dass die Untersuchungssituationen z.T. sehr künstlich sind und nicht einer natürlichen Interaktionssituation entsprechen. So werden beispielsweise die Beziehung zwischen den Kommunizierenden und die sozialen Rollen, in denen sie agieren, nicht berücksichtigt, während messbare Werte wie Stress oder sensorische Deprivation selbstständige Kategorien bilden. Das macht die Übernahme der Ergebnisse für linguistische Untersuchungen nur begrenzt möglich und sinnvoll.

Die Beziehung der Akteure zueinander, ihr Wissen übereinander, ihre bisherigen kommunikativen Erfahrungen miteinander usw. entscheiden maßgeblich darüber, ob und wie stark sich der eine von dem anderen beeinflussen lässt:

> Sofern die situativen externen Bedingungen der Persuasion dies zulassen, beruht das Image auf Erfahrungswerten, die Sp2 im vergangenen kommunikativen Umgang mit Sp1 entwickelt hat. Besteht hingegen keine gemeinsame Interaktionsgeschichte, sind Sp1 und Sp2 also einander unbekannt, verschärft sich die strategische Komponente noch dahingehend, daß die reflexive Ausgangslage – das Beobachten also, wie man von dem Dialogpartner beobachtet wird – potenziert wird. In solchen Fällen, in denen Sp2 mangels persönlicher Erfahrungswerte einem erhöhten Risiko ausgesetzt ist, spielen dann, „virtuelle" Faktoren, die insbesondere massenmediale Images prägen, eine wichtige kompensatorische Rolle. (Ortak 2004, 166)

Persuasion als ein kommunikatives Strategiemuster basiert nach Ortak (2004) auf einem allgemeingültigen „Dialogischen Prinzip", das sowohl für die schriftliche wie auch für die mündliche Kommunikation gilt. Der Dialog ist „der allein angemessene Bezugspunkt der Kommunikationsanalyse" (2004, 109), denn:

> Als Kommunikationseinheit lässt sich ein Text formal als tendenziell übereinstimmende Sinnattribution auffassen: Die Beteiligten müssen über ein Reservoir gemeinsames Wissens hinsichtlich des kommunikativen Textgehalts verfügen. Die Idee des gemeinsamen Wissens setzt Dialogizität zwingend voraus. (Ortak 2004, 107)

Die Dialogizität wird durch das Antizipieren der Interessen, des Wissensstandes und der sich daraus ergebenden Fragen der Zielgruppe realisiert (vgl. Ortak 2004, 117; Zitat in Kap. 5 auf S. 86). Die Leistung bei der Rezeption besteht darin „die Abfolge der Textäußerungen gewissermaßen als Antworten auf seine – eben durch den Verfasser antizipierten – Fragen nachzuvollziehen" (Ortak 2004, 114). Das Antizipieren ist also Hypothesenbildung über die Reaktionen der RezipientInnen. Nach Keller (1994, 202–203) ist die Hypothesenbildung ein integraler Teil der individuellen Sprachkompetenz:

> Die Individualkompetenz eines Menschen hat den Charakter einer Hypothese: Meine Kompetenz ist meine Hypothese darüber, wie ich meinen jeweiligen Gesprächspartner in der jeweiligen Situation dazu bringen kann, zu glauben, was ich ihn glauben machen möchte, zu tun, was ich ihn tun machen möchte, oder zu empfinden, was ich ihn empfinden machen möchte. [...] Aus dem Hypothesencharakter meiner Individualkompetenz folgt der Experimentcharakter meiner kommunikativen Unternehmungen. Immer, wenn ich mit einem Anderen in kommunikativen Kontakt trete, führe ich ein kleines soziales Experiment durch. (Keller 1994, 202–203)

Vor dem Hintergrund der Annahme eines allgemeinen Dialogischen Prinzips kritisiert Ortak die gängigen Ansätze, die ausschließlich den Prozess der Textproduktion fokussieren und Aspekte der Rezeption weitgehend ausklammern. Diese einseitige Sichtweise ist dem Verständnis des Strategiebegriffs geschuldet, das bewusste Intentionen bei der Textproduktion unterstellt. Die bewusste Intentionalität der Textproduktion erklärt jedoch laut Ortak nicht jede kommunikative Situation zutreffend. Die TextproduzentInnen müssen nicht immer die ihnen unterstellten Intentionen bewusst reflektieren, sie können bewusst andere Intentionen verfolgen. Ortak grenzt sich damit explizit von solchen Ansätzen ab, die eine bewusste Absicht für den Kern der persuasiven Strategie halten wie z.B. Nickl (1998, 29):

> In persuasiver Kommunikation liegen Situationen vor, in denen Menschen bewusst Mitteilungen (Informationen, Nachrichten, kommentierende Äußerungen) produzieren, die darauf abzielen, ein bestimmtes Rezipientenverhalten hervorzurufen oder bestimmte Attitüden/Einstellungshaltungen bei Adressaten oder einer Rezipientengruppe zu beeinflussen.

Ortaks weites Verständnis von Strategie korrespondiert mit dem bereits besprochenen Ansatz Sandigs (2006, 29, vgl. das Zitat in Kap. 5, S. 89), die bei einer Stilanalyse sowohl bewusste wie automatische und symptomatische Aspekte der Kommunikation für relevant hält (vgl. Sandig 2006, 29). Sie erweitert dadurch das Konzept stilistischen Handelns um weitgehend unbewusste Aspekte; ähnlich tut es Ortak für das Strategiemuster Persuasion.

Die grundlegenden Studien zur Persuasion wurden nach dem Zweiten Weltkrieg in den USA durchgeführt. Die Persuasionsforschung erhielt großen Antrieb durch die amerikanische Armee, die während des Krieges gezielt nach Strategien suchte, die sie der gegnerischen Propaganda entgegensetzen könnte und die die Moral der eigenen Truppen heben würden (vgl. Stroebe 2014, 232). Die Armee hatte dafür im Rahmen der Informations- und Ausbildungsabteilung ein Programm für Massenkommunikation gegründet, das von Carl Hovland geleitet wurde. Dieser hat nach dem Krieg an der Yale Universität eine Gruppe bedeutender Forscher um sich gesammelt und sich weiterhin intensiv der Erforschung von Persuasion gewidmet. Die Yale-Studien haben maßgeblich dazu beigetragen, dass die Persuasion zu einem der zentralen Gebiete der Sozialpsychologie wurde.

Die Prozesse der Einstellungsänderung werden in der Sozialpsychologie auf unterschiedliche Weise modelliert. Eine besondere Rolle nehmen zwei Modelle ein, die auf Zwei-Prozess-Theorien der Persuasion beruhen. Es handelt sich um das *Modell der Elaborationswahrscheinlichkeit* (ELM, *elaboration likelihood model*) und das *Heuristisch-systematische Modell* (HSM, *heuristic-systematic model*), die sich jedoch in ihren Annahmen deutlich überlappen. Beide Theorien postulieren zwei Arten der Informationsverarbeitung – eine systematische und eine nicht systematische: „Die Modi unterscheiden sich im Ausmaß, in dem sich Individuen gedanklich mit den inhaltlich relevanten Argumenten einer Botschaft auseinandersetzen und die in einer Botschaft enthaltenen Argumente kritisch bewerten." (Stroebe 2014, 238)[5] Das ELM nimmt an, dass eine Einstellungsänderung als Reaktion auf „persuasive Botschaften" entweder durch zentrale oder durch periphere Verarbeitung zustande kommt. Die zentrale Route der Verarbeitung ist mit einem hohen kognitiven Aufwand verbunden, die periphere mit einem niedrigen Aufwand. Beide Routen sind als entgegengesetzte Endpunkte auf dem Kontinuum der Elaborationswahrscheinlichkeit zu verstehen.

Ähnlich nimmt auch das HSM zwei Verarbeitungsmodi an, einen systematischen und einen heuristischen. Wenn man motiviert und fähig ist, sich mit der Botschaft auseinanderzusetzen, ist die systematische Verarbeitung wahrscheinlich. Sind Verarbeitungsmotivation und -fähigkeit gering ausgeprägt, ist es wahrscheinlicher, dass sich die Menschen auf einfache Hinweisreize verlassen und die periphere Route wählen (vgl. Stroebe 2014, 238). Um jemanden dazu zu bewegen, die Informationen auf der systematischen Route zu verarbeiten, muss man seine Motivation steigern und seine Fähigkeit dazu fördern. Als der markanteste motivationale Faktor erwies sich in den empirischen Forschungen persönliche Betroffenheit. Personen, die von dem Thema einer Botschaft direkt betroffen sind, sind viel stärker motiviert, die Botschaft systematisch zu verarbeiten als Personen, die sich nicht betroffen fühlen. Einstellungen, die auf dem Weg der systematischen Verarbeitung entstehen, sind dabei beständiger als solche, die auf peripheren Prozessen basieren. Sie sind dauerhafter über die Zeit hinweg, widerstandsfähiger gegenüber konträren Botschaften, sie üben mit größerer Wahrscheinlichkeit Einfluss auf die Informationsverarbeitung, und sie steuern mit höherer Wahrscheinlichkeit das Verhalten (vgl. Stroebe 2014, 247).

Die periphere Verarbeitung ist für Vertrauen insofern von Relevanz, als man annehmen kann, dass die Vertrauensbildung häufig auf kognitiv wenig aufwendigen Prozessen basiert. Im Gegensatz zu dem früher dominanten Ansatz des *Rational choice* (vgl. Kap. 2) geht die heutige Vertrauensforschung nicht mehr davon aus,

---

5 Aus linguistischer Sicht muss die Redeweise von Botschaften, die Argumente enthalten, problematisiert werden. Die Äußerungen des Produzenten bieten Interpretationsangebote, die Schlüsse muss jedoch der Rezipient selbst ziehen. Dieses Schlussverfahren (vgl. Implikaturtheorie von Grice 1993, Rolf 1994) kann nicht mithilfe der Botschaftsmetaphorik adäquat erfasst werden (vgl. S. 50, Fußnote 9).

dass Vertrauen eine ausschließlich rational begründete und bewusst durchdachte Entscheidung darstellt. Anhand des Stufenmodells der Vertrauensbildung (vgl. Kap. 3) kann man annehmen, dass rationale Überlegungen und systematische Verarbeitung vor allem auf der Stufe des Auftaktvertrauens relevant sind. Auf den anderen Vertrauensstufen – Grundvertrauen und ausgeprägtes Vertrauen – ist der kognitive Aufwand weniger ausgeprägt und periphere Informationsverarbeitung gewinnt an Bedeutung. Im Folgenden wird auf zwei periphere Prozesse eingegangen, die für die Vertrauensbildung eine besondere Rolle spielen: Heuristiken und Konditionierung.

Die heuristische Verarbeitung ist der am ausführlichsten untersuchte periphere Prozess. Heuristiken sind gelernte, einfache Regeln zur „Abschätzung der Gültigkeit einer Kommunikation, indem man statt auf die Bewertung von Argumenten auf Heuristiken vertraut" (Stroebe 2014, 240). Sie basieren auf bisherigen Erfahrungen, die verallgemeinert werden. Heuristiken sind z.B. „Statistiken lügen nicht", „Konsens impliziert Korrektheit", „Menschen stimmen mit Menschen überein, die sie mögen" oder „Auf Experten kann man sich verlassen". Die letztgenannte Heuristik wird beispielsweise von der Werbung genutzt: Es sind häufig (virtuelle) Experten, die die beworbenen Produkte in der Werbung empfehlen und anpreisen und dadurch das Vertrauen der (potenziellen) Kunden fördern sollen. Diese Heuristik spielt immer dann eine Rolle, wenn auf Autoritäten mit Expertenstatus (explizit oder implizit) verwiesen wird. So signalisieren Zertifikate, Zeugnisse, Gütesiegel, Auszeichnungen oder Schirmherrschaften, dass ein bestimmtes Produkt bzw. bestimmte Leistungen einer Person oder Institution von einem Expertengremium, einer Kontrollinstitution, einer wissenschaftlichen Kommission, einer relevanten Bezugsperson etc. beurteilt wurden und dass das Urteil positiv ausgefallen ist. Im Vertrauen auf dieses Expertenurteil kann man nun dieses Produkt unbesorgt kaufen, die Person einstellen, an dem Projekt teilnehmen usw. Bei der Angabe von Gütesiegeln und Zertifikaten überprüft man daher i.d.R. nicht deren Berechtigung, sondern man verlässt sich auf die Heuristik „Experten kann man vertrauen" und handelt dementsprechend. Genau das wird von den Textproduzenten bezweckt, wenn sie in ihren Texten Zertifikate und Gütesiegel angeben. Gleiches gilt für Formulierungen wie „wissenschaftlich nachgewiesen", die Expertenwissen unterstellen und auf dieselbe Heuristik abzielen. Strategien, die auf solche Heuristiken aufbauen, werden häufig zur Inszenierung und Hervorhebung der eigenen Kompetenz genutzt. Die vom Rezipienten angewandte Heuristik „Wenn jemand ein Zertifikat hat/wenn ein Produkt wissenschaftlich überprüft wurde, dann muss es tatsächlich gut sein" dient als Basis für die Schlussfolgerung auf die gegebene Kompetenz der Person oder des Produktherstellers.

Der zweite periphere Prozess neben Heuristiken, der für die Vertrauensbildung relevant ist, ist die evaluative Konditionierung. Dabei geht es um die Koppelung von affektiven Informationen mit Einstellungsgegenständen, die zu einer positiven oder negativen Einstellung führen kann. Die evaluative Konditionierung „[v]erändert die

Bewertung eines Stimulus, indem er wiederholt zusammen mit einem anderen, positiven oder negativen, Stimulus dargeboten wird" (vgl. Haddock/Maio 2014, 202). Die Einstellungsänderung durch Konditionierung beruht darauf, dass Einstellungen gelernte Dispositionen sind. Man lernt also den Zusammenhang eines neutralen Reizes mit einem anderen – positiven oder negativen – und überträgt die Bewertung auf den ursprünglich neutralen Reiz.[6] Der Effekt der Konditionierung kann beispielsweise bei der Entwicklung des öffentlichen Vertrauens beobachtet werden. In der Öffentlichkeitsarbeit werden Marken, Logos und Slogans eingesetzt, die als ständige Begleiter von bestimmten Produkten, Firmennamen u.a. fungieren. Dieses gemeinsame Vorkommen wird kognitiv gespeichert und die Einstellung zu dem Produkt/der Firma wird auf das Logo oder den Slogan übertragen. Die Wiedererkennungsfunktion des Logos hängt somit eng mit der Konditionierung zusammen.[7] Der Umgang mit Slogans und Auszeichnungen als Mechanismus der Vertrauensförderung soll anhand eines Beispiels veranschaulicht werden.

Abb. 7: Lidl Händler des Jahres 2011

Die Handelskette Lidl arbeitet seit Jahren mit dem Slogan *Lidl lohnt sich*. Man kann davon ausgehen, dass dieser Slogan, der durch die Alliteration auf /l/ einen besonderen Klang erhält, in der Öffentlichkeit gut bekannt ist und mit der Supermarktkette sofort assoziiert wird. Der Slogan referiert auf die Handelskette mit einer explizit positiven Bewertung. Lidl hat mehrere Jahre in Folge an dem Wettbewerb „Händler des Jahres"[8] teilgenommen und in verschiedenen Kategorien gesiegt. 2011 wurde zu diesem Anlass ein Text veröffentlich (vgl. Abb. 7). Darin teilt Lidl mit, dass die Handelskette aufgrund von Kundenbewertungen (*Sie haben entschieden!*) zum dritten Mal in Folge Händler des Jahres geworden ist, und bedankt sich für das Vertrauen

---

6 Zu Vertrauen als Lernprozess vgl. Rotter (1981, 23).
7 Dazu vgl. bereits Domizlaff 1939/2005, der als Begründer der Markentechnik gilt.
8 Vgl. http://www.haendlerdesjahres.de (Stand: 22.01.2016).

der Kunden (*Vielen Dank für Ihr Vertrauen!*). Die goldenen Plaketten, die für diesen Sieg stehen, sind im Vordergrund zu sehen. Es wird deutlich, dass die Auszeichnung „Händler des Jahres 2011" als ein Vertrauensvotum gedeutet wird.

Ende des Jahres 2011 wurde bekannt, dass die Zahl der abgegeben Kundenstimmen deutlich niedriger war als die veröffentlichten Zahlen suggerierten.[9] Dadurch wurde die Vertrauenswürdigkeit des gesamten Wettbewerbs infrage gestellt, was sich auch auf die erreichten Preise niederschlug. Einige ausgezeichnete Unternehmen gingen öffentlich auf Distanz zu dem Preis, haben aber dennoch weiterhin im Internet mit dem Preis geworben. Was an diesem Beispiel deutlich wird, ist der enge Zusammenhang zwischen der Vertrauenswürdigkeit der Institution, die für die Auszeichnungen zuständig ist, und dem Wert der Auszeichnung, der in Form von einem Zertifikat oder einer Plakette komprimiert wird. Solange keine Bedenken bekannt sind, verläuft die Rezeption i.d.R. auf Basis von Heuristiken, die besagen, dass ein Zertifikat/eine Auszeichnung Garant für gute Qualität ist. Sofern bekannt wird, dass Manipulationen des Wettbewerbs zu vermuten sind, wird wahrscheinlicher, dass die Verbraucher stärker darauf achten, wie die Auszeichnung genau zustande kam, und die kommunizierten Botschaften eher auf dem systemischen Weg verarbeiten. Eventuell kann wiederholte Erfahrung mit unfairen Wettbewerben sogar ins Misstrauen umschlagen, das sich dann in einer neuen Heuristik der Art „Zertifikate sagen noch nichts über Qualität aus" o.ä. verfestigen kann.

Lidl hat auch nach dem Jahr 2011 an dem Wettbewerb teilgenommen und weitere Preise gesammelt. Auf der Internetseite[10] ist Anfang des Jahres 2016 ein Text zu finden, der alle bisherigen Erfolge zusammenfasst – zu sehen sind neun Plaketten. Vertrauen wird nicht explizit genannt, die Danksagung wird aber in der Überschrift explizit ausgedrückt: *Dank Ihnen sind wir doppelter Gesamtsieger!* Der Text ist im Vergleich zu dem aus dem Jahr 2011 deutlich länger und elaborierter. Er geht ausführlich auf die Bedingungen des Wettbewerbs ein, nennt konkrete Zahlen und rückt die Verbraucherumfrage ins positive Licht:

> Über 166.000 Kunden stimmten bei der größten Verbraucherumfrage Deutschlands ab, die das Beratungsunternehmen Q&A research&consultancy vom 1. April bis 30. September durchgeführt hat. Insgesamt wurden mehr als 350 Handelsketten von den Verbrauchern in 29 Kategorien auf ihre Qualität geprüft. Zur Wahl standen Handelsketten, die mindestens sieben Filialen in Deutschland führen.[...]

---

[9] Laut NDR hat sich gezeigt, dass der Wettbewerb „eine gewaltige Verbrauchertäuschung [sei]: Die Auszeichnung ‚Händler des Jahres', mit der sich zahlreiche Unternehmen schmückten, ist nichts oder kaum etwas wert; jedenfalls so wenig, dass nun auch der Handelsverband Deutschland (HDE), die Organisation des Einzelhandels, bekannt gibt, er werde bei diesem Konsumentenpreis nicht mehr mitmachen." (http://www.ndr.de/fernsehen/sendungen/panorama_die_reporter/tengelmann159.html; Stand: 22.01.2016).

[10] Vgl. http://www.lidl.de/de/lidl-ist-haendler-des-jahres-2015/s7372497 (Stand: 22.01.2016).

Die ausführliche Darstellung des Wettbewerbs kann als ein vertrauensförderndes Mittel gedeutet werden. Wenn der Wettbewerb eine gute Reputation hat, erhalten die darin gewonnenen Preise einen positiven sozialen Wert, aus dem sich vertrauensförderndes Potenzial ergibt. Dieses Potenzial stellt eine Ressource dar, die für die eigene Vertrauensarbeit genutzt werden kann.

Ähnlich wie beim Einsatz von Logos und Slogans fungiert die Förderung öffentlichen Vertrauens durch evaluative Konditionierung beim Einsatz von prominenten Persönlichkeiten als sog. *Testimonials*. Mit *Testimonial* bezeichnet man in der Werbebranche das „Auftreten von bekannten Persönlichkeiten in den Medien zum Zweck der Werbung für ein Produkt. Die Personen geben vor, das Produkt zu benutzen und damit zufrieden zu sein" (http://wirtschaftslexikon.gabler.de; Stand: 27.01.2016). Die Werbegesichter erhöhen zum einen den Aufmerksamkeits- und Wiedererkennungswert der Werbung und ermöglichen zum anderen die Projektion der (im besten Fall positiven) Einstellung der Kunden zu der Testimonial-Persönlichkeit auf das beworbene Produkt. Aus diesem Grund werden solche Persönlichkeiten als Testimonials eingesetzt, die in der Öffentlichkeit grundsätzlich positiv bewertet werden. An dieser Stelle setzt die Funktion von Einstellungen zur sozialen Anpassung an (vgl. Kap. 3; Haddock/Maio 2014, 208): Man orientiert sich beim eigenen Verhalten an Menschen, die man mag bzw. schätzt etc. Entscheidend für den Imagetransfer von der Testimonial-Person auf die Firma ist darüber hinaus die „Übereinstimmung des Produktimages mit den gegebenen oder auch vermeintlichen Eigenschaften des Prominenten und die Glaubwürdigkeit der Werbebotschaft" (http://wirtschaftslexikon.gabler.de; Stand: 27.01.2016). Nach den regelmäßigen Berechnungen, die von der *absatzwirtschaft. Zeitschrift für Marketing* in Auftrag gegeben werden, gehören aktuell Helene Fischer und Jürgen Klopp zu den erfolgreichsten deutschen Werbegesichtern.[11]

Wie wichtig für den Imagetransfer die enge Assoziation der Testimonial-Person mit der werbenden Firma – und somit für die evaluative Konditionierung – ist, zeigt sich spätestens dann, wenn eine Konkurrenzfirma das Werbekonzept nachahmt. So hat beispielsweise der Konzern Nestlé, der die Marke *Nespresso* führt, eine israelische Konkurrenzfirma wegen Irreführung angeklagt, weil die Firma in ihren Werbesposts die Werbung von Nespresso nachahmte und dabei eine Testimonial-Person einsetzte, die George Clooney, dem Werbegesicht von *Nespresso*, sehr ähnlich sieht. Das kann sich negativ auf die Glaubwürdigkeit der Originalwerbung von Nespresso auswirken, weswegen Nestlé die Rücknahme des Konkurrenzspots forderte.[12]

---

[11] Vgl. http://www.absatzwirtschaft.de/testimonial-wahrnehmung-ruecktritt-befluegelt-juergen-klopp-helene-fischer-abgeschlagen-54135/ (Stand: 27.01.2016).
[12] Vgl. http://www.sueddeutsche.de/panorama/recht-nespresso-verklagt-konkurrenten-wegen-clooney-doppelgaenger-1.2836055 (Stand: 27.01.2016).

Der enge Zusammenhang zwischen Glaubwürdigkeit und Persuasion gilt seit den Yale-Studien als Konsens.[13] Persuasivität – verstanden als das persuasive Potenzial von Kommunikation – und Glaubwürdigkeit stehen in einer engen wechselseitigen Beziehung zueinander. Glaubwürdigkeit legitimiert die vom Sprecher erhobenen Ansprüche, wie an dem Lidl-Beispiel und der Werbung mit Clooney gut zu sehen ist. Wenn man dem Kommunikator nicht glaubt, wird man ihm auch nicht vertrauen:

> Wie unschwer zu erkennen ist, ist gerade im Strategiemuster Persuasion die Sp1-Legitimation im Grundsatz eine Frage der Glaubwürdigkeit. Sp2 wird sich allein dann überreden oder überzeugen lassen, wenn er den Ausführungen von Sp1 zustimmt; er wird aber allein dann zustimmen können, wenn er prinzipiell die Berechtigung von Sp1 anerkennt, das Ziel zu verfolgen, bei Sp2 Konvergenz herzustellen. (Ortak 2004, 165)

Diese Erkenntnis ist vor allem für die Bereiche der Werbung und Öffentlichkeitsarbeit[14] von Bedeutung. Mit Arendt (1993, 13) kann man Public Relations definieren als das „planmäßige, zielgerichtete und kontinuierliche Bemühen, gegenseitiges Verständnis und Vertrauen zwischen einem Unternehmen oder einer Institution und seiner Öffentlichkeit aufzubauen und zu pflegen." Public Relations zielen auf „eine Haltung, eine Einstellung, sie sollen ein positives Meinungsklima schaffen und Vertrauen fördern" (Arendt 193, 15). Dabei zielt man sowohl auf die kognitive als auch auf die affektive Seite der Einstellungen, um das Verhalten möglichst positiv zu beeinflussen. Man kann somit sagen, dass die Vertrauensförderung die zentrale Aufgabe der Öffentlichkeitsarbeit darstellt: „Für die Unternehmensführung ist die Sicherung des notwendigen Vertrauens zu der relevanten gesellschaftlichen Umwelt und der interessierten Öffentlichkeit zu einer Existenzfrage geworden." (Arendt 1993, 18–19) In der PR-Branche wird Vertrauen als eine zentrale Ressource im Konkurrenzkampf verstanden. Der besondere Stellenwert der Public Relations ergibt sich nach Bentele/Seidenglanz (2008, 356–357) aus der Tatsache,

> dass sie im Zentrum vielfältiger institutionalisierter Vertrauensbeziehungen steht. [...] So ist es auch zu erklären, dass Vertrauen zu einer der am häufigsten gebrauchten Begrifflichkeiten innerhalb der fachspezifischen Literatur zählt, insbesondere wenn es darum geht, die Beziehungen einer Organisation zu ihrer Umwelt qualitativ zu klassifizieren.

Aus dieser Perspektive stellt die Öffentlichkeitsarbeit einen wichtigen Praxisbereich für die Vertrauensforschung dar, der für linguistische Untersuchungen von Mechanismen der Vertrauensbildung eine Fülle interessanten Materials bietet. Nimmt man

---

13 Der Konsens über die Rolle von Glaubwürdigkeit zeigt sich auch in der oben genannten Studie von Drinkmann/Groeben (1989) und Drinkmann (1990). Von den 32 Variablen ist die *Glaubwürdigkeit im engeren Sinne* diejenige, die mit Abstand am häufigsten experimentell untersucht wurde – in 51 Experimenten, während an zweiter Stelle die *Ich-Beteiligung* mit 31 Experimenten steht.
14 Ich nutze im Folgenden *Public Relations* und *Öffentlichkeitsarbeit* synonym.

an, dass die grundlegende Funktion der Öffentlichkeitsarbeit in der langfristigen Vertrauensförderung besteht, können prinzipiell alle Erzeugnisse der Öffentlichkeitsarbeit (Informationsbroschüren, Flyer, Internetauftritt, Videos u.a.) von Unternehmen und anderen öffentlichen Akteuren wie Universitäten, Schulen, Stiftungen, Vereinen, Verbänden, politischen Parteien, Krankenhäusern etc. im Hinblick auf die Realisierung dieser Funktion untersucht werden.

Auch für die Werbung ist das Vertrauen der potenziellen Kunden von zentraler Bedeutung. Auf Vertrauen in die beworbenen Produkte wird häufig explizit Bezug genommen und das unabhängig von der Art oder dem Preis des Produktes – sei es ein Bankkonto, Babynahrung, ein Wäscheständer oder etwas anderes. Dabei kann man aus Sicht der Vertrauenstheorie annehmen, dass die Notwendigkeit von Vertrauen mit dem Grad des empfundenen Risikos steigt. Das heißt, dass Produkte, die mit der Gesundheit oder mit Finanzen zusammenhängen, stärker auf das Vertrauen der Kunden angewiesen sind als Produkte des täglichen Bedarfs, bei deren Anwendung kaum ein ernsthaftes Risiko vorhanden ist. Die Werbesprache stellt einen Bereich dar, der in der sprachwissenschaftlichen Forschung als Untersuchungsgegenstand bereits etabliert ist (vgl. Janich 2010 und 2014). Auch für die linguistische Vertrauensforschung bietet sie viele Möglichkeiten zur Untersuchung der verwendeten expliziten und impliziten Mechanismen der Vertrauensbildung. Die vertrauensrelevanten Aspekte können das Spektrum der Analysekategorien sinnvoll erweitern und in die Untersuchung der Werbung integriert werden.

Laut Merten (1999) können die Bereiche Werbung und PR durch die Zuordnung der dominanten Funktion unterschieden werden. Die Funktion Überreden ordnet er der Werbung zu, Überzeugen gilt hingegen als „Grundfunktion von Public Relations" Merten (1999, 261). Aus linguistischer Perspektive ist diese Unterscheidung zu grob und es wäre zu fragen, inwiefern Mertens strikte Trennung durch die ermittelten Mechanismen der Vertrauensbildung gestützt werden kann. Es ist anzunehmen, dass auch Werbung (zumindest teilweise) auf das Überzeugen und die Vertrauensförderung abzielt.

Die Relevanz von Vertrauen für die Public Relations und für Werbung hängt damit zusammen, dass Vertrauen als die Handlungsbasis für eine langfristige Bindung an Institutionen oder Marken fungiert. Vertrauen wird aus wirtschaftswissenschaftlicher Sicht und auch in der Praxis als Voraussetzung für Kaufhandlungen, Mitgliedschaften, freiwillige Zusammenarbeit mit Institutionen etc. verstanden bzw. umgekehrt: Von Kaufhandlungen oder Mitgliedschaften wird auf vorhandenes Vertrauen geschlossen. Ein durchdachtes Vertrauensmanagement dient somit der Kunden- bzw. Mitgliederbindung.[15] Dieser Zusammenhang wird bei negativen Ereignissen wie Skandalen deutlich, nach denen häufig eine – wie auch immer konkret

---

15 Zum Markenvertrauen, Kundenbindung und Vertrauensmanagement vgl. Plötner 1995, Beysüngü 2006 oder Bauer/Neumann/Schüle 2006, Gründinger 2001.

aussehende – Vertrauenskrise zum Thema wird. Als Beispiel kann die ADAC-Krise von 2014 angeführt werden. Innerhalb der ersten vier Monate nach der Enthüllung der Zahlenmanipulationen haben rund 290.000 Menschen ihre Mitgliedschaft gekündigt[16], was als ein Hinweis auf verletztes Vertrauen gedeutet wurde. Vertrauen als eine implizite Basis für die Mitgliedschaft und Kündigung der Mitgliedschaft als Reaktion auf einen Vertrauensbruch werden auch in einem Leserbrief aus der Mitgliederzeitschrift ADAC motorwelt (2014, Nr. 02, 16) deutlich:

> Nach jahrelanger Mitgliedschaft kann ich mich nur fremdschämen über so ein schäbiges Verhalten. Mit der Manipulation haben Sie das Vertrauen aller Mitglieder extrem missbraucht. Ich bin höchst enttäuscht und wäge reiflich ab, ob ich kündigen werde. Rainer Herschel, Arnsberg.

Deutlich wird der Zusammenhang Vertrauen und Kundenbindung auch dann, wenn sich Unternehmen für das Vertrauen der Kunden bedanken. Dies geschieht u.a. nach erfolgten Vertragsabschlüssen, Kaufhandlungen, bei besonderen Anlässen wie Auszeichnungen oder zum Jahreswechsel. Die explizit ausformulierte Sprechhandlung DANK ist ein wichtiges Mittel der Beziehungspflege (nicht nur zwischen Unternehmen und ihren Kunden, sondern allgemein). Durch den DANK signalisiert der Vertrauensnehmer, dass er sich des ihm geschenkten Vertrauens bewusst ist und dass er es wertschätzt. Die Vertrauensgabe wird dadurch sozial belohnt, was einen wichtigen Faktor der Vertrauensbildung darstellt. Das folgende Beispiel verdeutlicht dies. Die Sparkasse Vorpommern veröffentlichte im Dezember 2015 folgenden Text.

> **Wir sagen Danke.**
> Wir danken Ihnen für eine erfolgreiche Zusammenarbeit im Jahr 2015.
> Ihr Vertrauen wissen wir sehr zu schätzen. Auch im Jahr 2016 werden wir uns tatkräftig für Sie einsetzen, um Ihre finanziellen Wünsche zu erfüllen.
> Wir wünschen Ihnen ein gesundes, glückliches und erfolgreiches neues Jahr.
> [Logo] Sparkasse Vorpommern

Der Text nimmt die ganze Rückseite eines Magazins ein, ist weiß auf rotem Hintergrund geschrieben (Farben der Sparkasse), auf dem sich ein Feuerwerk abzeichnet. Die explizite Danksagung, die typographisch hervorgehoben ist, bezieht sich auf die *erfolgreiche Zusammenarbeit im Jahr 2015*. Der unmittelbare Übergang von *Zusammenarbeit* zu *Vertrauen* am Anfang des nächsten Absatzes deutet daraufhin, dass Vertrauen implizit als Basis für die erfolgreiche Zusammenarbeit verstanden wird. Weiterhin wird deutlich, dass entgegengebrachtes Vertrauen eine gewisse Bindung und Verpflichtung entstehen lässt und als Mandat für das zukünftige Handeln gedeutet wird. So folgt nach dem DANK ein kommissiver Sprechakt, ein VERSPRECHEN, dass das bisherige Handeln im Sinne der Kunden fortgesetzt wird.

---

[16] Vgl.http://www.spiegel.de/auto/aktuell/adac-skandal-kuendigungswelle-haelt-an-a-968026.html (Stand: 20.01.2016).

Im Folgenden sollen die diskutierten Aspekte der Persuasion im Zusammenhang mit den Mechanismen der Vertrauensförderung exemplarisch durch die Stilanalyse eines Textes verdeutlicht werden. Bei dem Text handelt es sich um eine Einladung zu einer Buchpräsentation, die per E-Mail verschickt wurde.

Betreff: Einladung zur Buchpräsentation: Wertekiste. Transkulturelles Lernen mit Werten.

Sehr geehrte Damen und Herren,
liebe Interessierte,

wir möchten Sie hiermit herzlich zur **Buchpräsentation der** „Wertekiste" am 27. Februar 2008 um 19 Uhr in das Brücke/Most-Zentrum in Dresden einladen.

Gemeinsam mit weiteren Partnern haben wir diese auf deutsch und tschechisch erscheinende Handreichung für die interkulturelle Arbeit im vergangenen halben Jahr erstellt. Werte können eine spannende Sache sein. Probieren Sie einmal einen Wertecocktail: mischen Sie die Würde des Menschen mit einer Prise Freiheit und Ehre. Geben Sie noch etwas Wahrheit dazu und garnieren das Ganze mit der Gesundheit, die auch Unversehrtheit des Lebens genannt werden kann. Mischen Sie das Ganze mit der Vielfalt der Kulturen und servieren Sie es auf dem Tablett der Menschenrechte. Sie werden staunen, wie unterschiedlich die Geschmäcker sind und wie viele Meinungen es dazu geben wird – aber das ist schließlich unsere Meinungsfreiheit...

Werte sind, insbesondere in der Pädagogik, ein spannendes Experimentierfeld, denn sie bestimmen den Umgang der Menschen miteinander. Mit dem Zusammenwachsen Europas wird es zunehmend wichtig, die Grundlagen erfolgreicher Begegnungen von Menschen aus verschiedenen Kulturen, also mit unterschiedlichem Wertehintergrund, zu reflektieren und aktiv zu gestalten. In ihrem Buch setzen sich die Autoren Karl-Heinz Bittl und Dana Moree mit dem Erlernen von und der Arbeit mit Werten in der Kinder- und Jugendarbeit vor einem transkulturellen Hintergrund auseinander. Sie beschäftigen sich dabei mit den Fragen, was unter Werten zu verstehen ist, wie sie entstehen und gelernt werden können und präsentieren zahlreiche praktische Übungen zur Wertevermittlung.

Herausgeber des Buches:
EUROPA-DIREKT e.V., Fränkisches Bildungswerk für Friedensarbeit, Europäisches Institut Conflict-Culture-Cooperation, Brücke/Most-Stiftung, Institut PONTES Prag

Das Buch wurde gefördert aus Mitteln der Sächsischen Staatskanzlei im Rahmen des Landesprogramms „Weltoffenes Sachsen für Demokratie und Toleranz".
Weitere Förderer sind: Aktion Mensch, Deutsch-Tschechischer Zukunftsfonds, Kinder- und Jugendplan des Bundes, Gutmann-Stiftung

Ablauf – Beginn: 19.00 Uhr
Eröffnung: Ina Gamp, Brücke/Most-Stiftung, Michael Schill, Europa direkt e.V.

Transkulturelles Lernen mit Werten. Interaktive Präsentation des Buches durch den Autor Karl-Heinz Bittl, anschließend Diskussion.
Bei einem Getränk besteht danach Gelegenheit zum weiteren Gespräch.

Über Ihre Teilnahme freuen wir uns!
Aus organisatorischen Gründen bitten wir um Ihre Rückmeldung.

Mit freundlichen Grüßen

Jana Čechová[17]
Brücke/Most-Stiftung [Kontaktangaben: Adresse, Telefon, E-Mail][18]

Analysieren Sie die Einladung. Gehen Sie dabei auf die folgenden Fragen ein:
- Wie kann die kommunikative Situation beschrieben werden?
- Was ist das kommunikative Ziel der Textproduzentin (vgl. Stilabsicht)?
- Welche persuasiven Mittel setzt sie ein, um dieses Ziel zu erreichen (vgl. Stilwahl)?
- Besitzt der Text das Potenzial der Vertrauensförderung? Begründen Sie Ihre Antwort mithilfe des Modells der potenziell vertrauensfördernden Faktoren *Kompetenz, Konsistenz, Interesse* und *koordiniertes Handeln*, die innerhalb der kommunikativen Dimensionen *Selbstdarstellung, Beziehungsgestaltung* und *Themen* kommuniziert werden (vgl. Kap. 4).
- Wie wirkt der Text auf Sie (vgl. Stilwirkung)?

Die E-Mail wurde von einer Mitarbeiterin der privaten „Brücke/Most-Stiftung" (BMS) mit Sitz in Dresden unterschrieben und stellt ein Produkt der Öffentlichkeitsarbeit der Stiftung dar. Die Stiftung ist auf dem Gebiet der deutsch-tschechischen und allgemein interkulturellen Zusammenarbeit tätig, was auch das Thema der beworbenen Veranstaltung deutlich macht.[19] Der Nachname der Person, die den Text für die Stiftung zeichnet, trägt die Endung -ová, mit der die tschechischen weiblichen Nachnamen von den männlichen Formen abgeleitet werden. Wenn man dieses Morphem bemerkt und die tschechischen Namensformen kennt, kann man schlussfolgern, dass die Frau selbst Tschechin ist oder mit einem Tschechen verheiratet ist. In jedem Fall hat sie einen persönlichen Bezug zu dem Nachbarland. Sie agiert aber nicht als Privatperson, sondern in ihrer Rolle als Vertreterin der Stiftung. Ihre institutionelle Rolle wird auch durch den konsequenten Gebrauch des Pronomens *wir* sichtbar, das zur Referenz auf die Stiftung genutzt wird (*Über Ihre Teilnahme freuen wir uns!*)

Die Einladung wurde in Form eines Rundschreibens per E-Mail verschickt. Genutzt wurde dafür vermutlich ein Verteiler, in dem relevante Adressen enthalten sind. Somit kann man bis zu einem gewissen Grad annehmen, dass der Rezipientenkreis bereits früher mit der Stiftung Kontakt hatte und dass grundsätzliches Wissen über die BMS als bekannt vorausgesetzt werden können. Gleichzeitig ist nicht

---

17 Der Name wurde geändert, wobei die tschechische Endung -ová beibehalten wurde.
18 Zur Analyse dieses Textbeispiels im Hinblick auf die Mechanismen der Vertrauensförderung vgl. Schäfer (2013, 279–294). Zur Analyse persuasiver Strategien eignen sich weiterhin der Werbebrief des Shaker Verlags (vgl. Kap. 4) und die Presseerklärungen des ADAC und des VW (vgl. Kap. 5).
19 Vgl. die Webpräsenz der Stiftung unter http://www.bmst.eu/ (Stand: 24.04.2016).

ausgeschlossen, dass die Rundmail auch an AdressatInnen verschickt wurde, die bisher keinen Kontakt mit der Stiftung hatten. Der Text ist somit mehrfachadressiert. Die Anrede des Adressatenkreises ist dementsprechend zweigeteilt. Der erste Teil *Sehr geehrte Damen und Herren* ist sehr förmlich, signalisiert höfliche Distanz und korreliert mit der formalen Verabschiedungsphrase *Mit freundlichen Grüßen*. Der zweite Teil *liebe Interessierte* ist weniger formal, signalisiert Nähe und unterstellt ein gemeinsames Interesse.

Die Beziehung zwischen der BMS als einer nichtstaatlichen Institution und ihrer Zielgruppe basiert auf Freiwilligkeit. Die Stiftung besitzt keinen Status, der ihr ermöglichen würde, den Rezipientenkreis direkt zu etwas aufzufordern oder zu verpflichten. Die Stiftung kann somit nur Angebote unterbreiten und zu Veranstaltungen einladen. Im Hinblick auf die Wissensverteilung auf dem Gebiet der deutsch-tschechischen Beziehungen ist die Beziehung asymmetrisch. Die Stiftung besitzt einen Expertenstatus, aus dem heraus sie agiert und Veranstaltungen organisiert. Die Wissensbestände sind unterschiedlich verteilt. Interessierte Personen, die öfter zu den Veranstaltungen der Stiftung kommen, sind auf einen anderen Informationsstand als Personen, die die Stiftung nicht kennen. Projektpartner verfügen zusätzlich über bestimmtes Insiderwissen, dass Besucher von Veranstaltungen nicht haben, deutsches Publikum aktiviert womöglich andere Wissensbestände als tschechisches etc.

Im Folgenden sollen die konkreten sprachlichen Mittel aufgezeigt werden, die in dem Text verwendet werden. Methodisch orientieren wir uns dabei an dem dargestellten Analysemodell (vgl. Kap 4 und 5). Der Stiftung – und insbesondere der unterzeichneten Person – kann die Absicht unterstellt werden, durch den Text vertrauensfördernd zu wirken und die RezipientInnen zur Teilnahme zu motivieren. Der Text ist der Textsorte Einladung zuzuordnen. Er wird in der Betreffzeile als *Einladung* bezeichnet, die für die Textsorte konstitutive Sprechhandlung EINLADUNG wird am Anfang explizit realisiert (*wir möchten Sie hiermit herzlich zur Buchpräsentation [...] einladen*). Der Text enthält alle konstitutiven Merkmale von Einladungen: Angaben zum Termin sowie Ort und zum Thema der Veranstaltung. Es gibt keine unerwartete thematische Leerstelle, im Gegenteil enthält die Einladung viele fakultative Informationen zum Thema der Veranstaltung.

Der E-Mail können drei Funktionen zugeschrieben werden. Als primär erscheint die appellative Funktion, die dem primären kommunikativen Ziel entspricht: Die Zielgruppe der Stiftung soll an einer Veranstaltung teilnehmen, wodurch persönlicher Kontakt mit der Stiftung zustande kommt. Darin wird die Kontaktfunktion des Textes deutlich: Die Stiftung zeigt, dass sie erreichbar, offen und am direkten Kontakt mit der Öffentlichkeit interessiert ist. Räumlich dominant ist in der Einladung allerdings die Vertextung der Informationsfunktion. Die Stiftung informiert über den Kontext, aus dem heraus die Veranstaltung entstanden ist, sie macht ihre Ziele und Motivationen transparent und begründet die gesellschaftliche Relevanz des

Themas. Dies ist vor allem für die RezipientInnen wichtig, die die Stiftung noch nicht kennen, aber auch diejenigen, die die Stiftung bereits kennen, erfahren so über das aktuelle Angebot. Die Informationsfunktion kann zusätzlich den Appell stützen, da die Relevanz des Themas den Appell rechtfertigt. Die ausführlichen fakultativen Angaben können aus dieser Sicht als eine persuasive Strategie verstanden werden. Sie dienen neben reiner Vermittlung von Informationen über die Stiftungsangebote auch dazu, die Überzeugungskraft des Textes und dadurch die Motivation der RezipientInnen zu steigern, denn der Appell ist für sie nicht verbindlich.

Angesichts der freiwilligen Beziehung der Öffentlichkeit zu der Brücke/Most-Stiftung muss die Stiftung auf Strategien der Motivationssteigerung setzen, damit sie die Menschen dazu bringt, die Buchpräsentation zu besuchen. Eine erhöhte Motivation führt dann wahrscheinlicher zur systemischen Informationsverarbeitung und zu einer Festigung oder Änderung von Einstellungen – in diesem Fall von Vertrauen in die BMS. Als zentralen motivationalen Faktor haben wir die persönliche Betroffenheit festgestellt. Aus dieser Perspektive kann man nun erwarten, dass der Text so gestaltet wird, dass sich die RezipientInnen angesprochen fühlen und einen unmittelbaren Zusammenhang mit ihrem Leben sehen. Diese kommunikative Strategie führt am wahrscheinlichsten zum Erreichen des kommunikativen Ziels – einer gut besuchten Veranstaltung. Die Relevanz des Themas wird im Text explizit benannt: *Werte bestimmen den Umgang der Menschen miteinander* und *[m]it dem Zusammenwachsen Europas wird es zunehmend wichtig, die Grundlagen erfolgreicher Begegnungen von Menschen aus verschiedenen Kulturen, also mit unterschiedlichem Wertehintergrund, zu reflektieren und aktiv zu gestalten.* Es wird indirekt dazu aufgerufen, sich aktiv und reflektierend mit dem Thema zu beschäftigen. Die BMS tut es und kann dadurch als Vorbild dienen. Das Thema wird als ein *spannendes Experimentierfeld* dargestellt, das konkrete, wichtige Praxisbezüge – *insbesondere in der Pädagogik* – hat. Die geforderte Experimentierfreudigkeit wird durch die ausführlich ausformulierte Cocktail-Metapher verdeutlicht. Durch diese kreative Metapher wird die Vielfalt von Werten in einer demokratischen Gesellschaft als etwas Positives dargestellt. Auch die metaphorische Benennung der Veranstaltung *Wertekiste* macht implizit deutlich, dass Werte als Werkzeuge der Demokratie verstanden werden können. Beide Metaphern dienen der Veranschaulichung und Belebung des Textes und sind damit der persuasiven Wirkung zuträglich, da verständliche, lebendige Texte wahrscheinlicher ein persuasives Potenzial entwickeln.

Die **Kompetenz** der Stiftung wird durch verschiedene Mittel signalisiert. Man erfährt zunächst, dass die Stiftung mehrere Partnerinstitutionen hat, mit denen sie an dem Buch zusammengearbeitet hat. Das Projekt wurde von mehreren Förderern unterstützt, die auf dem interkulturellen bzw. konkret deutsch-tschechischen Gebiet etabliert sind und somit Expertenstatus besitzen. Außerdem wurde die Herausgabe des Buches im Rahmen des Programms *Weltoffenes Sachsen für Demokratie und Toleranz* gefördert. Wir sehen hier – im Sinne des Autoritätstopos – drei verschiedene Arten der externen Anerkennung: durch Kooperation mit Experten, durch Förderung und durch die Aufnahme in ein Programm. Die persuasive Leistung dieser Informationen basiert auf folgender Schlussfolgerung: Die Experten aus diesen Organisationen halten das Projekt für förderungswürdig, es muss also gut und relevant sein und es lohnt sich somit, zu der Präsentation zu gehen. Weiterhin ist zu bemerken, dass die gemeinsame Erstellung des Buches das *vergangene halbe Jahr* in Anspruch genommen hat, es handelt sich somit um eine zeitaufwändige Arbeit, die geleistet wurde. Dieser Hinweis kann der Analysekategorie Zeittopos zugeordnet werden. Angesichts der Relevanz des Beitrags hat sich allerdings – so wird unterstellt – dieser Arbeitsaufwand gelohnt. Der Autoritäts- und Zeittopos befördern in dieser Hinsicht die Schlussfolgerung, dass es sich um ein wichtiges Buch zu einem relevanten Thema handelt, denn mehrere Institutionen haben viel Geld und Zeit in das Buchprojekt investiert. Diese Kompetenz signalisierenden Mittel können der kommunikativen Dimension der Selbstdarstellung der Stiftung zugeordnet werden.

Die potenziell vertrauensfördernden Faktoren **Interesse** und **koordiniertes Handeln** werden innerhalb der Dimension der Beziehungsgestaltung kommuniziert. Durch die Einladung zu der Veranstaltung signalisiert die Stiftung das Interesse an einem direkten Kontakt und Austausch mit den AdressatInnen. Dabei wird von gemeinsamen Interessen ausgegangen (*liebe Interessierte* in der Anrede), was durch die Aufnahme in den Adressverteiler begründet werden kann. Die Einladung enthält ausführliche Informationen über den Inhalt der Veranstaltung. Das soll zum einen eine motivierende Wirkung haben, bietet den LeserInnen zum anderen ebenso eine bessere Orientierung. Dergestalt ist es möglich, sich im Vorfeld auf das Thema einzustimmen und eine konkrete Erwartung zu entwickeln. Die zentralen Informationen, die für Einladungen konstitutiv sind, nämlich Titel der Veranstaltung, Ort, Datum und Uhrzeit und Hinweise auf den Ablauf sind graphisch hervorgehoben, was die Rezeption erleichtert. Der appellative Charakter des Textes wird durch die Formulierung *Über Ihre Teilnahme freuen wir uns!* indirekt gestärkt und durch die Bitte um eine Rückmeldung wird von den AdressatInnen explizit koordiniertes Handeln gefordert. Dieser Appell wird allerdings dadurch abgeschwächt, dass er plausibel begründet (*aus organisatorischen Gründen*) und als höfliche BITTE formuliert wird. Dass die Stiftung ihrerseits zum koordinierten Handeln bereit ist, wird indirekt dadurch signalisiert, dass vollständige Kontaktangaben der Ansprechpartnerin angeführt werden, sodass Nachfragen und Rückmeldungen möglich sind. Vollständige Kontaktangaben empfinden wir in Texten der Öffentlichkeitsarbeit i.d.R. als eine Selbstverständlichkeit, die wir nicht unbedingt mit der Bereitschaft zum koordinierten Handeln verbinden. Diese unhinterfragte Selbstverständlichkeit wird dann deutlich, wenn die Kontaktangaben fehlen und uns dies als eine Lücke negativ auffällt.

Die dritte kommunikative Dimension der Themenauswahl und -darstellung ist mit den anderen Dimensionen eng verknüpft, denn es sind die als relevant erachteten Themen, die das Selbstverständnis der Stiftung nach außen signalisieren. Aus der Einladung geht hervor, dass die Stiftung demokratische Prinzipien der Pluralität und Toleranz vertritt und dass sie sich für diese Werte aktiv einsetzt. Das tut sie, indem sie ein Buchprojekt zu dem Thema in die Wege leitet, zur Reflexion im Alltag auffordert, konkrete Praxisbereiche – hier die Pädagogik – benennt und zum Dialog einlädt. Auf der Grundlage dieser Themen wird die Beziehung zu der Öffentlichkeit gestaltet. Die Transparenz der Werte, welche die Stiftung vertritt, macht es der Öffentlichkeit möglich, sich mit den Zielen und Methoden der Stiftungsarbeit zu identifizieren. Die Festlegung der Stiftung auf demokratische Werte spiegelt auch bestimmte Moralvorstellungen wider und kann (im Falle geteilter Moralvorstellungen) ein Gefühl der Verbundenheit entstehen lassen. Die Zuschreibung von moralischer Integrität ist ein wichtiger Aspekt, der sich auf die Vertrauensbildung auswirkt (Schweer/Thies 2003, 52), was ebenso für die Verbundenheit durch geteilte Werte gilt (vgl. Lahno 2002, 209). Obwohl demokratische Werte den inhaltlichen Kern des Textes ausmachen, kommt der Begriff *Demokratie* im gesamten Text nicht vor. Das Konzept wird durch eine Reihe von anderen Begriffen repräsentiert, die zu dem Frame *Demokratie* gehören und die sich vor allem auf die konkreten Werte beziehen, z.B. *Würde, Freiheit* und *Menschenrechte*. Die Transparenz der grundlegenden Werte macht es prinzipiell möglich, das Handeln der Stiftung auf **Konsistenz** zu überprüfen. Der Text gibt Aufschluss darüber, dass die Stiftung im Sinne demokratischer Werte aktiv ist, indem sie ein relevantes Projekt unterstützt und einen Raum für Begegnung und Austausch schafft. In diesem Punkt kann Konsistenz zwischen proklamierten Werten und dem sichtbaren Handeln festgestellt werden.

Die Analyse der Einladung zeigt, dass sie Hinweise auf alle potenziell vertrauensfördernden Faktoren enthält. Entsprechend der vorliegenden Operationalisierung von Vertrauen kann somit festgehalten werden, dass der Text das Potenzial zur Vertrauensförderung – und somit persuasives Potenzial – besitzt. Ob dieses persuasive Potenzial tatsächlich eingelöst wird und Vertrauen als ein persuasiver Effekt entsteht, kann die Analyse nicht eindeutig beantworten. Eines scheint aber sicher zu sein: Die Wirkung des Textes wird von den Wertevorstellungen der RezipientInnen abhängen, da diese als normative Erwartungen einen maßgeblichen Maßstab für die Vertrauenswürdigkeit darstellen. Wer die Grundannahmen der Einladung, dass Demokratie verteidigt werden muss und dass Multikulturalität dazu gehört, nicht teilt, wird vermutlich zu keinem positiven Fazit kommen und sehr wahrscheinlich auch nicht zu der Veranstaltung hingehen. Auch geteilte Wertevorstellungen sind zwar kein Garant für erfolgreiche Vertrauensbildung. Sie scheinen jedoch eine notwendige Bedingung für Vertrauen zu sein und die kommunikative Inszenierung von geteilten Werten ist eine wichtige persuasive Strategie.

7 Vertrauen und Kultur

Aus den bisherigen Ausführungen ist erkennbar, dass die Vertrauensbildung von verschiedenen Faktoren abhängt. Dazu gehören u.a. persönliche Eigenschaften der Interagierenden wie ihre Vertrauensbereitschaft und Risikotoleranz, ihre Wahrnehmung des Gegenübers und dessen Kommunikation, ihre Erwartungen, bisherigen Erfahrungen mit dem Gegenüber oder mit ähnlich gelagerten Situationen und vieles mehr. Diese Faktoren sind ihrerseits wiederum geprägt von größeren, sozialen und kulturellen Kontexten. In diesem Kapitel stehen die kulturelle Prägung von Vertrauen und seine Rolle für interkulturelle Kommunikation im Vordergrund.[1]

- Fassen Sie in fünf Thesen die wichtigsten Merkmale von Vertrauen, die Sie bisher gelernt haben, zusammen. Überlegen Sie, ob bzw. wie diese Aspekte mit Kultur zusammenhängen.
- Sammeln Sie Ihre Assoziationen zu „Kultur".
- Denken Sie an eine interkulturelle Situation, die Sie selbst erlebt haben. Beschreiben Sie, worin aus Ihrer Sicht die verschiedenen Kulturen zum Ausdruck kamen. Welche Rolle spielte Vertrauen in der Situation?

Mit der Erweiterung des Blickfeldes um die kulturellen Einflüsse auf die Vertrauensbildung vervielfacht sich die Komplexität unseres Untersuchungsgegenstandes. Beide Konzepte – sowohl Vertrauen als auch Kultur – werden interdisziplinär untersucht und stellen vielschichtige Phänomene dar, die aus unterschiedlichen Perspektiven, mit unterschiedlichen Fragestellungen und Methoden erforscht werden.[2] Entsprechend werden sie auch sehr unterschiedlich definiert. Um zwei derart komplexe Phänomene sinnvoll in Beziehung zueinander setzen zu können, ist es notwendig, konkrete Teilaspekte zu benennen, die für die Betrachtung relevant sind. Dadurch wird der Untersuchungsgegenstand trotz Komplexität klar konturiert und die Verbindung der beiden Phänomene kann einen Erkenntnisgewinn erzielen. Im Folgenden werden die für unsere Betrachtung zentralen Aspekte von Vertrauen und Kultur herausgearbeitet und aufeinander bezogen.

---

1 Ich danke Michaela Kováčová für ihre Anmerkungen zu diesem Kapitel.
2 Im Januar 2015 wurde die „Kulturwissenschaftliche Gesellschaft" gegründet. Die Gründung spiegelt die wichtige Rolle der interdisziplinären Diskussion wider und die angedachten thematischen Sektionen deuten die Breite des Spektrums verschiedener Gegenstände und Zugänge an: Wissen/Wissenskulturen, KulturNatur, Historische Anthropologie, Material und Kultur, Kulturwissenschaftliche Ästhetik, Raum, Medienkulturen, Kulturtheorie und Kulturphilosophie, Sprache und kommunikative Praktiken und Transkulturelle Lebenswelten (vgl. https://studiesofculture.wordpress.com/, Stand: 22.07.2015). Darüber hinaus hat sich im Laufe des Jahres 2015 das Forschungsnetzwerk „Kulturlinguistik" (KULI) konstituiert, das aus linguistischer Perspektive die Beziehung zwischen Sprachgebrauch und Kultur fokussiert (vgl. http://www.kulturlinguistik.org/).

Die entscheidenden Merkmale von Vertrauen wurden in den vorherigen Kapiteln bereits ausführlich dargestellt und diskutiert. An dieser Stelle sollen sie zur Erinnerung thesenartig zusammengetragen werden, um dem weiteren Gedankengang zugrunde zu liegen.

> Vertrauen ...
> - ist ein grundlegender Mechanismus sozialen Lebens auf allen Ebenen.
> - bezieht sich auf Privatpersonen und öffentliche Akteure, auf Einzelakteure und Systeme.
> - ist stets in die Zukunft gerichtet.
> - ist stets mit **Un- bzw. Halbwissen** und mit Risiko verbunden.
> - erfüllt verschiedene Funktionen, u.a. reduziert es die soziale Komplexität, überbrückt Wissenslücken und eröffnet neue Handlungsoptionen.
> - ist eine soziale Einstellung. Es ist nicht per se vorhanden, sondern entsteht in und durch (verbale und nonverbale) Kommunikation, ist somit in **semiotische Prozesse** eingebettet.
> - enthält eine kognitive, affektive und behaviorale Komponente.
> - wird i.d.R. nur bzw. erst dann thematisiert, wenn es problematisch ist.
> - basiert auf der Zuschreibung von Vertrauenswürdigkeit, die ein Teil des Image ist. Die Zuschreibung ist von der Wahrnehmung und Interpretation der Kommunikation abhängig. Sie erfolgt auf der Grundlage **normativer Erwartungen**.

Die hervorgehobenen Aspekte *Un- bzw. Halbwissen*, *semiotische Prozesse* und *normative Erwartungen* bilden die Brücke zum Phänomen der Kultur. Vertrauen ist stets mit unvollständigem Wissen über die anderen und ihr zukünftiges Handeln verbunden. Daraus ergibt sich ein Risiko, denn trotz unvollständigen Wissens muss man hier und jetzt handeln. Vertrauen hilft uns, dieses Risiko zu überbrücken. Im Kontext interkultureller Kommunikation bezieht sich das Un- bzw. Halbwissen auf den sozialen Code der anderen Kultur, d.h. auf die dort geltenden Konventionen, soziale Rollen, auf ein möglicherweise unterschiedliches Zeitverständnis etc. Wissensasymmetrien sind für die interkulturelle Kommunikation typisch (vgl. Günthner/Luckmann 2002). Die typischen Risiken, mit denen man in einer interkulturellen Beziehung konfrontiert wird, sind z.B. missverstanden zu werden, unhöflich oder inkompetent zu wirken, sich zu blamieren oder zu stark aufzufallen und sein Ziel zu verfehlen. Das Handeln wird von dem Gegenüber jeweils aus der Perspektive seiner Kultur wahrgenommen und als zeichenhaft gedeutet. Der jeweilige kulturelle Hintergrund dient dabei der Orientierung, er bestimmt, was in welcher Situation erwartbar und damit vertraut und „normal" ist. Die Kultur bestimmt, welche Zeichen man wahrnimmt und wie sie interpretiert werden. Kulturelle Nähe impliziert somit Vertrautheit und ermöglicht Vorhersagbarkeit des Verhaltens. Kultur generiert normative Erwartungen, an denen die wahrgenommenen Zeichen gemessen werden. Diese normativen Erwartungen entscheiden darüber, ob und inwiefern jemand als vertrauenswürdig empfunden wird.³

Da Kultur ein überaus komplexes Phänomen darstellt, überrascht es nicht, dass der interdisziplinären Diskussion (vgl. dazu Nünning/Nünning 2008, 1–9) verschiedene Kulturkonzepte zugrunde liegen. Nach Lüsebrink (2008, 10) kann man in der kulturwissenschaftlichen Theoriebildung folgende drei grundlegende Kulturbegriffe unterscheiden:

1. den intellektuell-ästhetischen Kulturbegriff: „Ihm liegt die Vorstellung eines Kanons ästhetischer, aber auch moralisch-ethischer Werte zugrunde, die durch die Werke großer Schriftsteller, Künstler und Komponisten verkörpert werden." (Lüsebrink 2008, 10);
2. den materiellen Kulturbegriff, „der sich von der ursprünglichen Bedeutung von Kultur als »Agricultura« (Landwirtschaft) ableitet [...]" (Lüsebrink 2008, 10);
3. den anthropologischen Kulturbegriff: „Hier wird unter Kultur die Gesamtheit der kollektiven Denk-, Wahrnehmungs- und Handlungsmuster einer Gesellschaft verstanden." (Lüsebrink 2008, 10)⁴

Für unsere Betrachtung des Zusammenhangs von *Sprache*, *Vertrauen* und *Kultur* ist der dritte Kulturbegriff zentral. Die Kulturanthropologie kann insgesamt als die „wichtigste Referenzwissenschaft im gegebenen Zusammenhang [zwischen Linguistik und Kulturanalyse – P.S.]" (vgl. Günthner/Linke 2006, 2) angesehen werden. Kultur ist nach diesem Verständnis stets mehrdimensional und dynamisch.⁵

Kultur darf nach diesem Verständnis nicht mit nationaler Kultur gleichgesetzt werden. Die Nation als Bezugsgröße für Kultur stellt zwar das bisher am häufigsten verwendete Konzept dar, für die postmodernen Gesellschaften, die durch Globalisierung geprägt sind, sind jedoch auch andere Bezugsgrößen von Bedeutung geworden. Nach Lüsebrink (2008, 12–13) kann Kultur neben der Nation auf territorial-geographische Bezugsgrößen (z.B. Regionalkultur, Lokalkultur), auf soziale bzw. soziokulturelle Bezugsgrößen (z.B. Kultur des Bürgertums, der Nomaden) und auf religiöse Bezugsgrößen (z.B. Christentum, Islam, Buddhismus) bezogen werden. Mithilfe dieser Dimensionen lassen sich auch Varianten innerhalb einer Kultur (ty-

---

3 Dieser komplexe Zusammenhang wird durch den weiter unten in diesem Kapitel analysierten offenen Brief deutlich. Es handelt sich um einen Text, der im Zusammenhang mit der Ankunft vieler Flüchtlinge in der Stadt Hardheim entstanden ist. Die Analyse zeigt, dass das Verhalten der Flüchtlinge durch die Einheimischen als fremd, unvertraut und störend empfunden wird und dass von ihnen Verhaltensmuster gefordert werden, die für die einheimische Bevölkerung vertraut sind und als erwartbar gelten.
4 Zu verschiedenen Kulturbegriffen und Kulturtheorien vgl. auch die Übersichten in Barmeyer 2011a, Ort 2008 sowie Hansen (2011, 223–287). Zu Grundlagen der Interkulturellen Kommunikation und Kulturwissenschaft vgl. Barmeyer/Genkova/Scheffer 2011.
5 Zu Konzeptualisierungen von Kulturdimensionen vgl. Barmeyer 2011b.

pischerweise einer Nationalkultur) erfassen: „beispielsweise die bayerische Kultur innerhalb der deutschen Kultur, die jüdische Kultur in den Vereinigten Staaten oder die protestantische Minderheitenkultur innerhalb der französischen Nationalkultur des 19. und 20. Jahrhunderts" (Lüsebrink 2008, 13). Als weitere Determinanten für Variation in nationalkulturellen Kontexten kommen Geschlechtsunterschiede und Generationsunterschiede hinzu.

Zu den prominenten Vertretern der anthropologischen Richtung gehört Geert Hofstede, der Kultur als „the collective programming of the mind that distinguishes the members of one group or category of people from another" (Hofstede 2001, 9) definiert.[6] Eine etwas ausführlichere, aber grundsätzlich sehr ähnliche Definition hat Kluckhohn bereits in den 1950er Jahren vorgeschlagen. Sie gilt als „well-known, anthropological consensus definition" (Hofstede 2001, 9):

> Culture consists in patterned ways of thinking, feeling and reacting, acquired and transmitted mainly by symbols, constituting the distinctive achievements of human groups, including their embodiments in artifacts; the essential core of culture consists of traditional (i.e. historically derived and selected) ideas and especially their attached values. (Kluckhohn 1951, 86; zitiert nach Hofstede 2001, 9)

Kultur ist also die regelhafte Art des Denkens, Fühlens und Handelns – und somit auch kommunikativen Handelns.

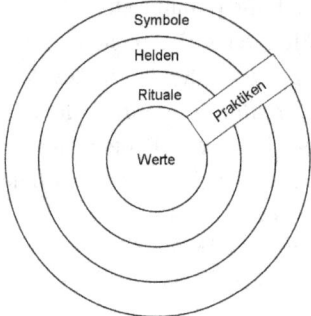

Abb. 8: Kulturanthropologisches Zwiebelmodell nach Hofstede

---

6 Aus linguistischer bzw. allgemein konstruktivistischer Sicht (dazu weiter unten) ist diese Definition kritikwürdig, denn die zentrale Metapher des Programmierens trifft auf die Beziehung zwischen Individuen und Kulturen nicht gänzlich zu. Individuen stehen in einem dialektischen Verhältnis zur Kultur. Sie werden zwar durch die Kultur beeinflusst (im Sinne von Hofstede „programmiert"), sie sind aber aktive Akteure, die Kultur schaffen (konstruieren) und insofern auch verändern können (vgl. Kováčová 2015, 26–28).

Die Kulturanthropologie arbeitet in Anlehnung an Hofstede oft mit einem Kulturmodell (sog. Zwiebelmodell), das vier Tiefenebenen von Kultur unterscheidet: *Werte, Rituale, Helden* und *Symbole* (vgl. Abb. 8, zur Darstellung des Modells vgl. Hofstede 2001, 9–11 oder Lüsebrink 2008, 11–12). Die Unterscheidung dieser Ebenen ermöglicht eine differenzierte Erfassung von kulturellen Unterschieden.

Nach diesem Modell bilden Werte den Kern der Kultur. An sich sind sie nicht sichtbar, durch Verhalten werden sie aber rekonstruierbar: „Values are invisible until they become evident in behavior" (Hofstede 2001, 10). Werte sind vorstellbar als „feelings with arrows to them: Each has a plus and a minus pole" (Hofstede 2001, 6), wie z.B. das Verständnis von gut vs. böse, sauber vs. schmutzig, sicher vs. gefährlich, normal vs. anormal, moralisch vs. unmoralisch etc. Aus soziokultureller und soziologischer Sicht ist ein Wert

> eine grundlegende, zentrale, allgemeine Zielvorstellung und Orientierungslinie für menschliches Handeln und soziales Zusammenleben innerhalb einer Subkultur, Kultur oder sogar im Rahmen der Menschheit. [...] Werte wirken als Standards selektiver Orientierung für die Richtung, Ziele, Intensität und für die Auswahl der Mittel des Handelns von Angehörigen einer bestimmten Kultur und Gesellschaft. [...] Werte sind maßgeblich an der Determination bzw. Bestimmung der Herausbildung und Gestaltung von sozialen Institutionen und Objektivationen (Produktionsverfahren, Gebäude, Siedlungen, [...] Konsumgüter, Kunstwerke u.ä.m.) beteiligt, die wiederum stabilisierend ggf. auch verändernd auf Werte zurückwirken. (Hillmann 2007, 962–964)

Aus dieser Sicht kann Hofstedes Zwiebelmodell um einen beidseitigen Pfeil erweitert werden, der Werte einerseits und Rituale, Helden und Symbole andererseits wechselseitig miteinander verbindet. Um den Werte-Kern herum gibt es drei weitere „Schichten", die aus sichtbaren Elementen bestehen. Hofstede (2001, 10) definiert sie wie folgt:

> *Symbols* are words, gestures, pictures, and objects that carry often complex meanings recognized as such only by those who share the culture. The words in a language or jargon belong to this category, as do dress, hairstyle, Coca-Cola, flags, and status symbols. [...]

> *Heroes* are persons, alive or dead, real or imaginary, who posses characteristics that are highly prized in a culture a thus serve as models for behavior. Even fantasy or cartoon figures such as Batman, or, as a contrast, Charlie Brown in the United States, Asterix in France, or Ollie B. Bommel (Mr. Bumble) in the Netherlands, can serve as cultural heroes. [...]

> *Rituals* are collective activities that are technically unnecessary to the achievement of desired ends, but that within a culture are considered socially essential, keeping the individual bound within the norms of the collectivity. Rituals are therefore carried out for their own sake.

Diese beobachtbaren Schichten der Kultur sind über Praktiken mit den Werten verbunden, d.h. über Praktiken werden Werte sichtbar, da sie sich in Symbolen, Helden oder Ritualen manifestieren. Vor allem der innere Kernbereich der Werte ist aber für die heutige kulturwissenschaftliche Forschung von Interesse. Nach dem heutigen Kulturverständnis besteht Kultur „hauptsächlich aus Regeln, nicht aus ihren Realisationen" (Kováčová 2010, 32).

Die kulturanthropologischen Definitionen von Kultur bieten oft nur implizit eine Anschlussmöglichkeit für Untersuchungen der kulturanalytischen Linguistik denn viele von ihnen thematisieren die Rolle von Sprache gar nicht (vgl. Günthner/Linke 2006, 6; zum Ansatz der kulturanalytischen Linguistik vgl. Schröter 2004). Das Modell von Hofstede bietet hingegen explizit die Möglichkeit, sprachliche Zeichen auf der Ebene der Symbole zu verankern und somit sprachliche Kommunikation in das Modell zu integrieren. Günthner/Linke (2006) stellen drei weitere anthropologische Kulturansätze heraus, die Sprache zwar nicht thematisieren, die dennoch von prägnanter Relevanz für eine kulturanalytische Linguistik sind. Es handelt sich um die Konzepte *Kultur als Vergesellschaftung* von Tylor (1871), *Kultur als Form und Wissen* von Goodenough (1964) und *Kultur als Text* von Geertz (1991). An dieser Stelle kann nicht im Einzelnen auf die Ansätze eingegangen werden, entscheidend ist jedoch, dass diese drei Konzepte Möglichkeiten bieten, Forschungsperspektiven zum Zusammenhang von Sprache und Kultur zu entwickeln (vgl. dazu Günthner/Linke 2006, 6–10).

Den gemeinsamen Nenner von kulturanthropologischen und linguistischen Ansätzen bildet die „These von der *wirklichkeitstragenden* und *wirklichkeitsgenerierenden* Kraft von Sprache" (Günthner/Linke 2006, 3, Hervorhebung i.O.). Kultur wird zum großen Teil durch kommunikative Praktiken (re-)konstruiert. Gleichzeitig spiegelt sie sich in der Sprache wider, die Sprache ist eine „wichtige kulturelle Manifestation" (Thomas/Helfrich 1993, 156). Soziale Praktiken fungieren als „,Link' oder ,Scharnier' zwischen Individuellem und Gesellschaftlich-Kollektivem, Einzelnem und Kulturellem" (Schröter 2016, 383). Kultur ist in dieser Perspektive ein kommunikatives Konstrukt (vgl. Kotthoff 2002, 9) und die Untersuchung von Kultur und der Rolle von Sprache eng mit dem Paradigma des Konstruktivismus verbunden. Kommunikation und Kultur sind wechselseitig geprägt: „Der *Kommunikationsgeprägtheit von Kultur* steht die *Kulturgeprägtheit von Kommunikation* gegenüber." (Linke 2008, 28, Hervorhebung i.O.) Mit den Worten des amerikanischen Anthropologen Edward T. Hall: „Culture is communication" (1990, 3–4, vgl. auch 1969). Aufgrund der Analyse der Sprache als zentrales Kommunikationsmittel können somit interpretative Rückschlüsse auf die zugrundeliegende Kultur gezogen werden, „[d]ie Ergebnisse der sprachlichen Analyse werden im kulturellen Kontext, aus diesem heraus und auf diesen hin, gedeutet" (Schröter 2014, 36). Nach Linke (2014) ist der Ort der Kultur die Alltagssprache. Der komplexe Zusammenhang von Sprache und Kultur, wie er in der neueren Linguistik schrittweise etabliert wird, bringen Günthner/Linke (2006, 19) treffend auf den Punkt:

> Sprache existiert nur in ihrer Verwendung und diese ist stets kulturell gerahmt; zugleich werden kulturelle Fakten, kulturelle Gewohnheiten, Konzeptualisierungen und Werte durch Sprache und in der Sprache konstruiert und sedimentiert – ja archiviert. Sprache und Kultur sind folglich auch nicht als zwei von einander getrennte, homogene Entitäten zu betrachten: Kultur ist kein der Sprache bzw. dem Interaktionsprozess aufgepfropftes „Anderes", sondern genuines Moment jeder menschlichen Interaktion, ja jeder sprachlichen Äußerung. Zum anderen ist Sprache in diesem Sinn sowohl eine Domäne als auch gleichzeitig ein wesentliches Medium der „Produktion", der Hervorbringung von Kultur.

Nach diesem Verständnis umfasst Kultur „einerseits die unseren Handlungen und Interpretationen zugrunde liegenden Wissensbestände und Ideologien, zum anderen werden sie im Prozess des interaktiven Ausdrucks, der Darstellungsform und situierten Interpretation erzeugt" (Günthner/Linke 2006, 18). Kultur erscheint somit als ein dynamischer Prozess der Bedeutungsaushandlung. Ein Paradebeispiel der konstruktivistischen Untersuchung von Kultur ist der Ansatz des *Doing Culture*, der Kultur „als Prozess, als Relation, als Verb" (Hörning/Reuter 2004, 1) oder anders gesagt als Praxis versteht. Ihm liegt eine

> theoretische, wir nennen sie „praxistheoretische" Prämisse zugrunde: Ganz gleich, ob der Umgang mit dem Computer im Betrieb oder dem Auto im Alltag, die Rezeption von Fernsehsendungen oder wissenschaftlichen Texten, der Prozess der Identifikation oder Repräsentation von Personen, oder auch nur die Art und Weise, wie üblicherweise Fahrstuhl gefahren, Geschlecht praktiziert oder Wissen gewusst wird – es handelt sich um das Praktizieren von Kultur. Und: Die gesellschaftliche Wirklichkeit ist keine „objektive Tatsache", sondern eine „interaktive Sache des Tuns". (Hörning/Reuter 2004, 10)

Praxistheoretische Ansätze definieren Praktiken „als die kleinste Einheit von Kultur. Sie sind der erste Ort, an dem ein ‚Ich' sichtbar, ein ‚Selbst' konstituiert wird." (Ankele 2012, 15) Aus dieser Sicht sind es „die Aktionen im Sinne eingelebter Umgangsweisen und regelmäßiger Praktiken der Gesellschaftsmitglieder, die zu *dem* zentralen Bezugspunkt von Kulturanalysen avancieren" (Hörning/Reuter 2004, 10).

Für den Zusammenhang von Sprache und Kultur sind – wie ersichtlich wurde – kulturanthropologische und soziologische Ansätze zentral. Wenn wir unseren Blick ausweiten und die linguistische Betrachtung der Vertrauensbildung in den Fokus stellen, sind darüber hinaus auch psychologische Modellierungen gewinnbringend. Innerhalb der Interkulturellen bzw. Kulturvergleichenden Psychologie (vgl. Thomas 1993) hat sich die Kulturdefinition von Thomas (2003, 112) etabliert:

> Kultur ist ein universelles, für eine Gesellschaft, Organisation und Gruppe aber sehr typisches Orientierungssystem. Dieses Orientierungssystem wird aus spezifischen Symbolen gebildet, in der jeweiligen Gesellschaft usw. tradiert. Es beeinflußt das Wahrnehmen, Denken, Werten und Handeln aller ihrer Mitglieder und definiert somit deren Zugehörigkeit zur Gesellschaft.

Geht man von diesem Kulturverständnis aus, stellt Kultur einen psychologischen Kompass dar, den wir ständig bei uns tragen und der uns Orientierung im Alltag ermöglicht.[7] Den Kern von Kultur bilden nach Thomas (2003) sog. *Kulturstandards*. Sie dienen als Orientierungshilfen und definieren für die Mitglieder der Kultur Normalität:[8]

> Unter Kulturstandards werden alle Arten des Wahrnehmens, Denkens, Wertens und Handelns verstanden, die von der Mehrzahl der Mitglieder einer bestimmten Kultur für sich persönlich und andere als normal, selbstverständlich, typisch und verbindlich angesehen werden. Eigenes und fremdes Verhalten wird auf der Grundlage dieser Kulturstandards beurteilt und reguliert. (Thomas 2003, 112)

Kulturstandards sind nicht einfach zu identifizieren, „weil sie das Wahrnehmen, Beurteilen (Attribuierungen) und Verhalten gleichsam automatisch steuern. Nach erfolgreicher, kulturspezifischer Sozialisation sind diese Kulturstandards weitgehend internalisiert und bedürfen keiner Explikation mehr, um wirksam zu werden." (Thomas 1991, 66) Die Idee, dass es in einer Kultur gewisse Standards (im nicht-normativen Sinn) gibt, die das Normale und Erwartbare definieren, korrespondiert mit der Auffassung von Kultur als „kollektives Gleichverhalten" (Hansen 2011, 29), das durch Standardisierungen zustande kommt und aus ihnen besteht (vgl. Hansen 2011, 31). Nach dem Modell von Thomas gibt es nicht *den* einen Kulturstandard für eine Kultur, sondern eine ganze Reihe von verschiedenen Standards, die „hierarchisch strukturiert und miteinander verbunden [sind]. Sie können auf verschiedenen Abstraktionsebenen definiert werden von allgemeinen Werten bis hin zu sehr spezifischen verbindlichen Verhaltensvorschriften." (Thomas 2003, 112) Thomas unterscheidet drei grundlegende Ausprägungen von Kulturstandards: domänen- bzw. bereichsspezifische Kulturstandards, zentrale Kulturstandards und kontextuel-

---

[7] Nach dieser Metapher würde die Anzeige des Nordens, die zuverlässig und stabil ist, die kulturell geprägte Regel darstellen. Ausgehend von dieser Richtung kann man die Abweichung der anderen Richtungen wahrnehmen und einschätzen.

[8] Das Konzept der Kulturstandards ist nicht unumstritten. Es wurde vor allem für seine stark generalisierende, stereotypisierende Wirkung kritisiert. Der vorliegenden Betrachtung von Kultur und Vertrauen liegt ein nicht-normatives Verständnis von Kulturstandards zugrunde. Sie sollen hier nicht normativ als „Soll-Vorgaben" verstanden werden, an denen „die Deutschen", „die Russen" usw. gemessen werden, sondern ausschließlich als Orientierungshilfen bei der Wahrnehmung, als Prototypikalitätseffekte und als ein analytisches Instrument zur Erfassung der unterschiedlichen Orientierungssysteme. Ich schließe mich in diesem Punkt der Einschätzung von Schroll-Machl/ Nový (2003, 18) an: „daß Verallgemeinerungen für ‚die Tschechen' und ‚die Deutschen' Aussagen über vorherrschende Tendenzen in einer nationalen Gruppe sind, aber keine Aussagen über die Einstellungen und Verhaltensweisen einzelner Angehöriger einer nationalen Gruppe. Die wirkliche Person begegnet nicht ‚dem Deutschen' oder ‚dem Tschechen', sondern einem ganz konkreten Individuum. [...] Es gibt eben kein Individuum, das in seinem Denken, Fühlen und Handeln jederzeit exakt den Kulturstandards seiner Kultur entspricht." Zu Möglichkeiten und Grenzen des Konzeptes vgl. auch Kammhuber/Schroll-Machl 2003. Zur kritischen Würdigung von Kulturdimensionen und Kulturstandards vgl. auch Barmeyer 2011b.

le Kulturstandards (vgl. Thomas 2004, 152–154). Aus den bisherigen Ausführungen wird ersichtlich, dass es verschiedene Dimensionen von Kultur gibt, die analytisch voneinander unterschieden werden und als Analysekategorien dienen können.[9]

Die psychologische Definition von Kultur als ein Orientierungssystem ist für die Betrachtung der Rolle von Vertrauen besonders wichtig. Die Beschaffenheit des Orientierungssystems entscheidet nämlich darüber, *was* wir *wie* wahrnehmen und wie wir handeln. Kultur definiert die sozialen (also auch die kommunikativen) Normen und die Vorstellungen von Normalität und generiert dadurch normative Erwartungen. Das gilt auch für die Einschätzung der Vertrauenswürdigkeit. Wir haben bereits gesehen (vgl. Kap. 3), dass Vertrauenswürdigkeit eines Akteurs daran gemessen wird, inwiefern er unseren normativen Vorstellungen entspricht: „Jeder Mensch besitzt [...] eine Vorstellung über den ‚Prototyp' des ‚vertrauenswürdigen' bzw. ‚vertrauensunwürdigen' Interaktionspartners, wobei diese Vorstellungen je nach konkretem Lebensbereich variieren können." (Schweer 2008, 20–21, vgl. Kap. 3)[10] Die situationale Variabilität der Erwartungen, die Schweer feststellt, kann und sollte durch die kulturelle Variabilität ergänzt werden. Aus der Prototypentheorie ist bekannt, dass Prototypen u.a. kulturell geprägt sind.[11] Somit kann konstatiert werden, dass auch prototypische Vorstellungen von vertrauenswürdigen Partnern, die unsere Erwartungen prägen, von der jeweiligen Kultur beeinflusst sind. Die Auffassung von Kulturstandards als den für ein Kollektiv prototypischen Orientierungsmustern, die als „normal, selbstverständlich, typisch und verbindlich" gelten (vgl. die Kulturdefinition von Thomas 2003, 112 weiter oben) macht es somit möglich, den Einfluss von Kultur auf die Vertrauensbildung zu untersuchen.

Alle genannten Ansätze zur Kulturbeschreibung sind grundsätzlich semiotisch orientiert (zur Kultursemiotik vgl. Posner 2008, zu semiotischen Kulturbegriffen vgl. Hansen 2011, 265–277). In der Kulturwissenschaft erfolgte in den 1970er und 1980er Jahren eine semiotische Wende (semiotic turn): „Der altehrwürdige Begriff [*Kultur* – P.S.] wurde um eine semiotische sowie konstruktivistische Komponente aufgestockt und der modernen Geisteswissenschaft angepasst." (Hansen 2011, 265) Seit dieser Wende wird *Kultur* als ein „System von Zeichensystemen" (Eco 1977, 185) aufgefasst. Als Zeichen kann dabei alles fungieren, „unabhängig davon, ob es sich hier um Wörter, Gegenstände, Ideen, Werte, Gefühle, Gesten oder Verhaltensweisen handelt" (Eco 1977, 186). Aus dieser Sicht kann in der Kultur

---

[9] Eine Übersicht über verschiedene Ansätze zur Unterscheidung von Kulturdimensionen findet man in Layes 2005.
[10] Zur Anwendung des Konstruktes der Vertrauensprototypen im Kontext deutsch-arabischer Beziehungen vgl. Jammal/Leistikow 2011.
[11] Ein Prototyp wird (in der sog. Standardversion der Prototypentheorie) dadurch ermittelt, dass er von Befragten am häufigsten als bestes Exemplar einer Kategorie genannt wird (vgl. Kleiber 1998, 31–32), wobei das beste Exemplar von den alltäglichen Erfahrungen abhängig ist, die großenteils kulturell geprägt sind.

> jede Größe zu einem semiotischen Phänomen werden. Die Gesetze der Kommunikation sind die Gesetze der Kultur. Die Kultur kann vollständig unter semiotischem Gesichtspunkt untersucht werden. Die Semiotik ist eine Disziplin, die sich mit der ganzen Kultur beschäftigen kann und muß. (Eco 2002, 32)

Zeichen werden im Laufe der Interaktion ständig produziert und rezipiert sowie wahrgenommen und interpretiert und unterliegen damit einem Prozess prinzipiell „unbegrenzter Semiose" (Eco 1977, 173).

> Kultur vermittelt Bedeutungen. Durch die Kultur bekommen Gegenstände und Ereignisse der Umwelt für das Individuum, für Gruppen, Organisationen, Nationen usw. eine Ordnung, einen Sinn, eine Funktion, einen Bedeutungsgehalt und werden erst so greifbar. (Schroll-Machl/Nový 2003, 13–14)

Dem Mechanismus, durch den Kulturen Bedeutungen vermitteln, können wir uns mithilfe der Zeichentheorie von Keller (1995) nähern. Wie wir bereits gesehen haben (vgl. Kap. 3), wird jedes Verhalten dadurch zum Zeichen, dass es wahrnehmbar und interpretierbar ist. Aus der Psychologie ist bekannt, „dass unsere Wahrnehmung kein exaktes Abbild einer objektiven Wirklichkeit ist, sondern entscheidend durch unsere Vorannahmen und implizite Theorien geprägt wird" (Schweer 2008, 21). Diese sind dabei von unserer Kultur geprägt. Interpretierbarkeit ist wiederum nur dann gewährleistet, wenn den Akteuren der kulturelle Code verständlich ist. Ist er nicht verständlich, ist das, was man wahrnimmt, nicht interpretierbar und hat somit keine Bedeutung. Anders gesagt: Das Verhalten wird in solchen Fällen nicht als Zeichen gedeutet. Kulturen vermitteln also Bedeutungen zum einen dadurch, dass sie unsere Vorannahmen bestimmen und dadurch unsere Wahrnehmung beeinflussen, und zum anderen dadurch, dass sie uns Interpretationsvorlagen liefern und damit Orientierung schaffen.

Durch den semiotischen Charakter von Kultur wird deutlich, dass kulturelle Orientierungen nie statisch, sondern stets in Bewegung sind: „Es ist vor allem das Handeln der Akteure, das Kultur bewegt." (Hörning/Reuter 2004, 1) Kulturen unterliegen somit ständigem Wandel, der durch äußere und innere Einflüsse bedingt ist. Zu jeder Zeit existieren verschiedene Kulturen nebeneinander, denn sie „entstehen als sinnvolle Antwort auf aktive Verarbeitung lokaler und grundsätzlicher Anforderungen an die Organisation des Lebens" (Schroll-Machl/Nový 2003, 13–14). Kulturen sind somit „das Resultat dieser schöpferischen Leistungen der Menschen" (Schroll-Machl/Nový 2003, 14). Sie bieten den Menschen Handlungsmöglichkeiten, setzen ihnen aber auch Handlungsgrenzen. Sprache gehört zu diesen schöpferischen Leistungen der Menschen und ist somit von elementarer Bedeutung für die Entstehung, Etablierung und den Wandel von Kulturen. Die für unsere Betrachtung zentralen Aspekte von Kultur können wie folgt zusammengefasst werden:

Kultur...
- ist durch Symbole vermittelt und somit ein semiotisches Konstrukt.
- wird sprachlich (re-)konstruiert und spiegelt sich in der Sprache wider.
- vermittelt Bedeutungen, indem sie Bedeutungszuschreibung ermöglicht und beeinflusst.
- beeinflusst das Wahrnehmen, Denken und Handeln.
- ist aus anthropologischer Perspektive die mentale „Programmierung" des Menschen.
- ist aus psychologischer Perspektive ein universelles, für eine Gesellschaft/eine Gruppe typisches, Orientierungssystem, das Normalität definiert und Erwartungshaltungen generiert.
- ist dynamisch und nicht homogen.
- bezieht sich nicht nur auf Nationen, sondern auf unterschiedlich große und unterschiedlich definierte Kollektive.

Nach dem anthropologischen Kulturverständnis wird Kultur erst durch Praktiken sichtbar. Diese sind auf verschiedenen Ebenen angesiedelt, da alle semiotischen Codes verwendet werden. Müller-Jacquier (1999) entwickelt ein Analysemodell, das aus zehn Komponenten besteht und ermöglicht, die Voraussetzungen und den Verlauf interkultureller Kommunikationssituationen analytisch in den Blick zu nehmen. Das Analyseraster besteht aus folgenden Kategorien:[12]

1. Soziale Bedeutung/Lexikon
2. Sprechhandlungen/Sprechhandlungssequenzen
3. Gesprächsorganisation/Konventionen des Diskursablaufs
4. Themen
5. Direktheit/Indirektheit
6. Register
7. Paraverbale Faktoren
8. Nonverbale Faktoren
9. Kulturspezifische Werte/Einstellungen
10. Kulturspezifische Handlungen (einschl. der Rituale) und Handlungssequenzen

Die Übersicht macht deutlich, dass interkulturelle Kommunikation anhand von Kategorien untersucht werden kann, die verschiedenen Zeichensystemen zugeordnet werden können und die auf verschiedenen Ebenen des Sprachsystems ansetzen. Eine zentrale Rolle spielt dabei die Pragmatik (Sprechhandlungen, Gesprächsorganisation, In-/Direktheit, Wahl der Themen), analytisch erfasst wird darüber hinaus die Semantik (Bedeutungen) und Stilistik (Register, Gestaltung der Themen). Durch die verschiedenen sprachlichen und nicht-sprachlichen Praktiken werden also in der Interaktion Kulturen sichtbar und greifbar. Interkulturelle Interaktion wird hier in Anlehnung an Kováčová (2010, 48) verstanden als

---

[12] Der Text von Müller-Jacquier 1999 ist nicht leicht zu beschaffen. Eine ausführliche Darstellung des Analysemodells findet sich in Lüsebrink (2008, 47–59).

eine soziale Interaktion zweier kulturell fremder Akteure. Da sich diese nach divergenten Orientierungssystemen richten, können sie das Verhalten ihres Gegenübers nur schwer antizipieren. Diese doppelte Kontingenz (Luhmann) verursacht Stressreaktionen. Deren Überwindung durch Aneignung von Wissen über das Fremde und durch den Erwerb von Kompetenzen wie Ambiguitätstoleranz, kulturelle Empathie, Toleranz, Flexibilität und Geduld ermöglicht den Akteuren eine Weiterentwicklung ihrer Persönlichkeit, die in langfristigen Interaktionen oft mit einem Wandel der kulturellen Identität verbunden ist.

Kováčová macht hier – vor dem Hintergrund der von ihr anvisierten Entwicklung und Evaluation von interkulturellen Trainings – auf einige wichtige Strategien aufmerksam, die eine erfolgreiche Bewältigung interkultureller Kommunikation möglich machen: Aneignung von Wissen und Entwicklung von interkulturellen (Handlungs-)Kompetenzen. Es gibt sehr viele verschiedene Ansätze, interkulturelle Handlungskompetenz zu definieren und Trainings zu ihrer Förderung zu entwerfen (vgl. Hatzer/Layes 2005, Kováčová 2010, 48–67). Ein häufiges Vorgehen in der Erforschung interkultureller Kompetenzen besteht in der Ermittlung und Definition von Schlüsselfähigkeiten, die man aufweisen sollte, um in interkulturellen Situationen erfolgreich agieren zu können. Bei der Auswahl der Kriterien, die für die Definition von Teilkompetenzen entscheidend sind, werden i.d.R. vor allem zwei genannt:

> *Effizienz* und *Angemessenheit* [...]. *Angemessenheit* bedeutet das Vorhandensein solcher Verhaltensweisen, die im gegebenen (kulturellen) Kontext erwartet werden und der Situation entsprechen.[13] [...] *Effizienz* bezieht sich auf die Erreichung der festgelegten Ziele, durch Kontrolle und Steuerung der Umwelt. [...] Um von kompetenter interkultureller Interaktion sprechen zu können, müssen beide Voraussetzungen erfüllt werden. (Kováčová 2010, 55, Hervorh. i.O.)

Betrachtet man diese beiden Kriterien zusammen, kommt man zum Konzept der funktionalen Angemessenheit, das im Kapitel zur Sprachkritik (Kap. 11) ausführlich diskutiert wird. Der Aspekt der Effizienz erscheint bei funktionaler Angemessenheit in Form von Handlungsoptimierung mit Blick auf das Erreichen des Handlungsziels. Angemessenes Handeln ist somit kein Selbstzweck, sondern immer ein Mittel zum Zweck und die jeweils angemessenen Mittel sind kulturell bedingt:

> Was in einer Kultur als angemessen gilt, kann in einem anderen Kulturkreis völlig unangemessen wirken. Das macht deutlich, dass Angemessenheit keine objektiv gegebene Eigenschaft einer Person und ihres sprachlichen oder nichtsprachlichen Handelns ist. Es handelt sich vielmehr um eine Rezipientenkategorie, um eine kontextsensible, individuelle Zuschreibung auf Basis kollektiver Muster wie sprachlicher Konventionen oder kultureller Normen. (Schäfer 2014, 241–242)

---

13 Die große Bedeutung von Angemessenheit für die interkulturelle Handlungskompetenz hebt auch Thomas 2011 hervor, wenn er den Titel „Interkulturelle Handlungskompetenz. Versiert, angemessen und erfolgreich im internationalen Geschäft" wählt.

Mit Schwegler (2011, 139, Hervorhebung i.O.) gesagt: „Die Zeichen und Symbole, die eingesetzt werden, um Vertrauen aufzubauen und um Vertrauenswürdigkeit sowohl zu signalisieren als auch zu entschlüsseln, unterliegen einer unbekannten *Grammatik* sozialen Handelns." Mit anderen Worten: Will man in interkulturellen Situationen als ein vertrauenswürdiger Partner erscheinen und erfolgreich agieren, sollte man bemüht sein, jeweils angemessen zu handeln. Die Einschätzung des Handelns im Hinblick auf kulturell bedingte Angemessenheit gehört somit zur interkulturellen Kompetenz dazu. Das wird auch durch die folgende Definition deutlich:

> Interkulturelle Kompetenz ist die Fähigkeit, in interkulturellen Situationen effektiv und angemessen zu agieren; sie wird durch bestimmte Einstellungen, emotionale Aspekte, (inter-)kulturelles Wissen, spezielle Fähigkeiten und Fertigkeiten sowie allgemeine Reflexionskompetenz befördert.[14]

Um angemessen handeln zu können, muss man sich an den in der anderen Kultur gültigen Normen und Erwartungen orientieren, d.h. an dem kulturell spezifischen Prototyp eines vertrauenswürdigen Partners (vgl. Schweer 1997), an den Kulturstandards (vgl. Thomas 2011) bzw. an der fremden Grammatik sozialen Handelns (vgl. Schwegler 2011). Die Orientierung an den fremden Maßstäben ist u.a. deswegen wichtig, weil man Abweichungen von dem Erwartbaren sofort wahrnimmt, was den ersten Eindruck von einem bisher unbekannten Kommunikationspartner negativ beeinflussen kann. Der erste Eindruck ist dabei entscheidend für die weitere Entwicklung einer Beziehung (vgl. Schweer 2008, 21–22). Eine Orientierung an fremden Erwartungen ist aber selbstverständlich nur dann möglich, wenn man das Wissen über diese Erwartungen hat oder wenn man sie aufgrund bestimmter Informationen antizipieren kann. Das Aneignen von entsprechendem Wissen gehört somit zum zentralen Inhalt interkultureller Trainings (Kinast 2005, 183).[15] Das Ziel solcher Trainings besteht generell darin,

---

[14] Es handelt sich um die vorläufige Definition der Bertelsmann Stiftung und der Fondazione Cariplo, die 2008 in einer Handreichung „Interkulturelle Kompetenz – Die Schlüsselkompetenz im 21. Jahrhundert?" veröffentlicht wurde (http://www.bertelsmann-stiftung.de/fileadmin/files/BSt/Presse/imported/downloads/xcms_bst_dms_30236_30237_2.pdf; Stand: 12.02.2016). Die Definition basiert auf der Arbeit von Deardorff 2006.

[15] Zum Inhalt interkultureller Trainings führt Kinast (2005, 183–184) aus: „Je nach Trainingsinhalt werden kulturspezifische Trainings von kulturallgemeinen Trainings unterschieden (Gudykunst u. Hammer 1983). Kulturspezifische Trainings bereiten – wie ihr Name schon sagt – auf eine ganz spezifische Kultur (z. B. USA, China) vor. Trainingsinhalt sind hier die zentralen Kulturstandards der spezifischen Kultur. Kulturallgemeine Trainings schaffen ein Bewusstsein für kulturbedingte Unterschiede im Denken und Handeln von Personen aus unterschiedlichen Kulturen. Trainingsinhalt sind hier überwiegend Themen, die in jeder Kultur eine Rolle spielen, sich jedoch in jeder Kultur anders darstellen. Typische Beispiele hierfür sind Themen wie Job, Zeit und Raum, Sprache, Geschlechterrollen, Bedeutung der Gruppe im Unterschied zum Individuum."

> interkulturelle Handlungskompetenz aufzubauen und zu fördern und dadurch den interkulturellen Handlungserfolg wahrscheinlicher zu machen. Je nach Trainingsziel sollen mittels interkultureller Trainings die affektiven, die kognitiven oder behavioralen Komponenten der interkulturellen Handlungskompetenz entwickelt und gefördert werden. [...] Man unterscheidet deshalb *affektive, kognitive* und *behaviorale interkulturelle Trainings*. (Kinast 2005, 183, Hervorhebungen i.O.)[16]

Die Unterscheidung und Berücksichtigung aller drei Dimensionen ist für unsere Betrachtung insofern wichtig, als Vertrauen ebenfalls eine kognitive, eine affektive und eine behaviorale Komponente aufweist. Die Förderung der Fähigkeit, sich als eine vertrauenswürdige Person darzustellen, fügt sich somit nahtlos in das Konzept interkultureller Trainings ein. Diese Fähigkeit entspricht dem „Vertrauensmanagement" nach Thomas (2011, 131), das er als einen Teil der interkulturellen Handlungskompetenz aufgefasst.

> Wenn auch als gesichert gelten kann, dass Vertrauen ein universell verbreitetes Merkmal sozialer Gemeinschaften ist und damit Vertrauensmanagement eine universelle Herausforderung darstellt, so ist auch nicht zu bestreiten, dass Vertrauensaufbau, Vertrauensverstärkung und die Art und Weise des Vertrauensmanagements kulturell determiniert sind. Allein schon die Verhaltensmerkmale bzw. die Kombination verschiedener Verhaltensmerkmale, die einen Menschen für andere als vertrauenswürdig erscheinen lassen oder nicht, sind selbst bei Mitgliedern geografisch benachbarter Nationen/Kulturen oft sehr unterschiedlich.

Wie bereits ausgeführt, ist die empfundene Vertrauenswürdigkeit eines Interaktionspartners eine Zuschreibung des Rezipienten, der bei der Wahrnehmung und Interpretationen der Kommunikation (i.d.R. unbewusst) von seinen eigenen, kulturell geprägten Erwartungen ausgeht. Je ähnlicher die kulturellen Hintergründe der Interaktionspartner sind, desto höher ist die Wahrscheinlichkeit, dass die Erwartungen der Interaktionspartner übereinstimmen, und desto wahrscheinlicher ist es auch, dass die Interaktion als eine vertrauensvolle Situation empfunden wird. Umgekehrt gilt auch: Je unterschiedlicher die kulturellen Hintergründe und somit Erwartungen, desto weniger wahrscheinlich ist es, dass Vertrauen von sich aus entsteht. Kulturelle Nähe bzw. Distanz stellt daher einen wichtigen Parameter bei der Bildung von Vertrauen, denn sie bestimmt die Ausgangssituation, von der aus sich eine Beziehung entwickelt:

> Vertrauen erweckt und schafft derjenige, der dem eigenen/kulturspezifischen Orientierungssystem (Kulturstandards, Werte, Normen, Verhaltensregeln) entsprechend handelt. Er erzeugt kein erwartungswidriges Verhalten, präsentiert das Übliche, zeigt normales Verhalten und wird mit Wohlwollen und sozialer Zuwendung belohnt.

---

[16] Kováčová (2010, 57–65) plädiert für ein integratives Modell der interkulturellen Kompetenz, das alle drei Dimensionen berücksichtigt, und entsprechend auch für integrative Trainings.

> Fremde erzeugen erwartungswidriges Verhalten, bedürfen der besonderen Aufmerksamkeit, Rücksichtnahme und der Achtung und sind generell unberechenbar in ihren Verhaltensweisen. Fremden misstraut man eher als Einheimischen. Fremde müssen sich das Vertrauen erst „verdienen" und „erarbeiten", indem sie sich den vorherrschenden Normen und Regeln unterwerfen, sie anwenden und internalisieren. (Thomas 2011, 133)[17]

Thomas setzt kulturelle Nähe bzw. Distanz als zentrale Faktoren der Vertrauensbildung an. Seine Beobachtungen treffen sicherlich in vielen Fällen zu, sind allerdings um weitere Faktoren zu ergänzen, denn nicht immer führt kulturelle Distanz zur Behinderung der Vertrauensbildung bzw. zu Misstrauen und kulturelle Nähe automatisch zu Vertrauen. Wenn man weiß, dass ein Gegenüber aus einem fremden Kulturkreis stammt, ist man eher geneigt, in seinen Interpretationen toleranter und wohlwollender zu sein. Eine Verhaltensweise, die bei einem Vertreter des deutschen Kulturkreises als unangemessen gedeutet würde (z.B. Schmatzen am Esstisch) wird bei einer Person aus einem weit entfernten Kulturkreis zwar als fremd empfunden, aber toleriert, da man die Herkunft des Gegenübers als Verstehenshintergrund heranzieht. Bei fremden Personen erwartet man eine gewisse Andersartigkeit, sodass Abweichungen von eigenen Mustern in die Erwartungen integriert werden (können). Kulturelle Nähe/Distanz kann somit nicht als ausschließliches Kriterium für Aussagen über die Vertrauensbildung dienen. Zu berücksichtigen ist auch die Machtverteilung unter den Akteuren. In asymmetrischen Situationen gilt prinzipiell, was Thomas feststellt. So muss sich beispielsweise ein ausländischer Student auf die Regeln der fremden Universität einlassen, eine Mitarbeiterin eines internationalen Konzerns muss die Gewohnheiten der Leitung der Tochtergesellschaft in einem fremden Land beachten etc. Die Machtverteilung in einer hierarchischen Situation entscheidet über die Richtung der kulturellen Anpassung. In einer völlig symmetrischen Situation, in der alle Akteure vergleichbare Machtposition haben (beispielsweise unter Erasmus-Studierenden oder unter internationalen MitarbeiterInnen eines Konzerns) kann jedoch eine Art „Interkultur" entstehen, die sich als Mischung der einzelnen Kulturen ergibt und die den Umgang miteinander regelt (vgl. Kováčová 2015, 158–161).

Die unterschiedlichen Bewertungen des wahrnehmbaren Verhaltens hängen mit einem spezifischen Attribuierungsprozess zusammen, „in dem negative Verhaltensweisen von Mitgliedern der eigenen Gruppe mit externen Faktoren erklärt (externale Attribuierung), negative Handlungen von Fremdgruppenmitgliedern jedoch der jeweiligen Person selbst zugeschrieben werden (internale Attribuierung)" (Tjaya/Ehret 2008, 129). Bereits die Kenntnis und Reflexion dieser empirisch gesicherten psychologischen Tendenz sensibilisiert für den Umgang mit kulturellen

---

[17] Ähnlich auch Tjaya/Ehret (2008, 129). Das Zitat von Thomas kann gut anhand der unten durchgeführten exemplarischen Analyse eines offenen Briefes im Zusammenhang mit der Migrationswelle verdeutlicht werden und trifft einen wichtigen (und problematischen) Aspekt der Situation.

Unterschieden. Bei größerer kultureller Distanz muss man bedachtsam mit den wahrgenommenen Unterschieden umgehen und gezielt vertrauensfördernde Mittel einsetzen. Was in der anderen Kultur als angemessenes Mittel zur Vertrauensförderung gelten kann, wird u.a. in interkulturellen Trainings vermittelt.

Wie bereits ausgeführt, wird Kultur als ein Konstrukt verstanden, das i.d.R. nicht bewusst wahrgenommen und erst durch Praktiken beobachtbar wird. Am deutlichsten tritt Kultur in der interkulturellen Interaktion hervor, wo den Akteuren die Unterschiede bewusst werden.

> Erst der Kulturkontakt und die hier interkulturelle Begegnungssituation, sofern sie konflikthaft verläuft, zu Mißverständnissen, unerwarteten Partnerreaktionen, „komischen" Situationen und Brüchen im interpersonalen Kommunikations- und Handlungsfluß führt, bietet eine Chance zur Aufdeckung solcher Kulturstandards. Dies bedarf allerdings guter Kenntnisse über ihre Beschaffenheit und Wirksamkeit sowie eine Sensibilisierung für kritische Situationen. In der Regel werden Kommunikations- und Interaktionsstörungen internal (personenspezifisch) attribuiert, d.h. dem Partner persönlich angelastet, da die kulturellen Kontextbedingungen nicht wahrgenommen werden. (Thomas 1991, 66)[18]

Ähnliches gilt auch für Vertrauen. Es ist eine latente Ressource, die nicht direkt beobachtbar ist und i.d.R. nicht explizit reflektiert wird. In diesem Sinne kann man sowohl Kultur als auch Vertrauen zu dem Hintergrund alltäglicher Situationen zählen. Garfinkel hat durch seine ethnomethodologischen Krisenexperimente genau solche Hintergrundannahmen des Alltags offengelegt, nämlich die „socially standardized and standardizing, ‚seen but unnoticed', expected, background features of everyday scenes" (Garfinkel 1967, 36). Solche „unsichtbaren", weil selbstverständlichen und latenten Aspekte wie Einstellungen, Werte, Normen, Erwartungen etc. werden erst durch konkretes Verhalten sichtbar. Dabei macht man Rückschlüsse stets vor dem Hintergrund eigener Erwartungen. Somit macht man implizit einen Abgleich des wahrgenommenen fremden Verhaltens mit dem aus eigener Sicht Erwartbaren (vgl. Schweers differentielle Vertrauenstheorie, Kap. 3). Das Abgleichen ist ein Mechanismus, den wir mehr oder weniger bewusst in jeder Interaktion anwenden. Bewusst, explizit begründet und erkenntnisleitend angewendet stellt der Vergleich auch eine wichtige wissenschaftliche Methode dar.[19] Während bei der kontrastiven Analyse von Kultur, Normen, Stilen und anderen Vergleichsobjekten sowohl Gemeinsamkeiten als auch Unterschiede in den Blick genommen werden, fallen in der alltäglichen Interaktion vor allem die Unterschiede auf, da sie als Abweichungen von dem Erwartbaren gewisse „Stolpersteine" darstellen. Ganz im Sin-

---

18 Thomas (1991, 66–68) entwirft ein methodisches Vorgehen (Untersuchungsprogramm), das es möglich macht, durch die Analyse kritischer Situationen auf Kulturstandards zu schließen.
19 Vgl. Fix 2007 zum Vergleich als Methode des stilistischen Textanalyse oder Czachur 2011 zu kontrastiver Linguistik.

ne des Goethe zugeschriebenen Zitats „Stolpern fördert" können Stolpersteine und „Störfälle"[20] für die weitere Entwicklung förderlich sein und durch Reflexion der eigenen Annahmen zur Inspirationsquelle werden (vgl. Matussek 2011). Solche Situationen ermöglichen eine Reflexion gegenseitiger Erwartungen. Erwartungen werden somit durch Enttäuschung sichtbar. Janich (2004, 51) spricht in diesem Zusammenhang von *Scheitern*:

> In jedem Fall erkennt man im Scheitern (das sich ja nur in der Interaktion mit anderen und den auch nicht-sprachlichen Reaktionen zeigt), dass der Andere bestimmte Erwartungen darüber hat, in welcher Form man „richtig", „angemessen" handelt, d.h. wie man z.B. welche sprachlichen Mittel gebrauchen sollte [...]. Wir lernen demnach im eigenen Handeln, solche Erwartungen des Anderen selbst wieder zu erwarten und uns danach zu richten, und unterstellen dem Anderen die Kompetenz und Bereitschaft, dass auch er unsere Erwartungen erwartet und sich danach richtet.

Die Interaktion ist durch gegenseitige Erwartungen und Erwartungserwartungen[21] geprägt, die besonders in interkultureller Kommunikation durch erwartungswidriges Verhalten sichtbar werden. Diese theoretische Überlegung hat Folgen für das methodische Vorgehen bei der Untersuchung von Vertrauen und Kultur: Man kann sie am besten dort beobachten und erforschen, wo sie nicht als latente Ressource im Hintergrund vorkommen, sondern wo sie durch Abweichungen von dem Erwartbaren bewusst werden.[22] Interkulturelle Kommunikation stellt einen solchen Kontext dar, da sie oft durch solche Abweichungen geprägt ist. Sie ist

> besonders im Anfangsstadium mit einem hohen Maß an Intransparenz, Verunsicherung, Orientierungsverlust, subjektivem Kontrollverlust etc. belastet, weil gehäuft erwartungswidrige Verhaltensreaktionen beim Partner und im sozialen Umfeld generell beobachtet und selbst erfahren werden. (Thomas 2011, 134)

Die wahrgenommenen Unsicherheiten werden durch Vertrauen überbrückt. Man vertraut darauf, dass der Kommunikationspartner keine bösen Absichten hat und dass er kooperativ handelt – z.B. dass er sich die Mühe gibt, Handlungen, die von den erwarteten Mustern abweichen, zu verstehen und als sinnvoll zu interpretieren. Die erarbeiteten Beziehungen zwischen Vertrauen und Kultur können wir wie folgt zusammenfassen:

---

20 Die „Zeitschrift für Kulturwissenschaften" trägt der Relevanz der Störfälle damit Rechnung, dass sie dem Thema eine ganze Ausgabe (2/2011) widmet.
21 Vgl. die Normdefinition von Janich 2004. Sprachnormen definiert sie als „auf sprachliche Kommunikation bezogene Erwartungserwartungen". Diese sind „eine Teilmenge sozialer Normen bzw. Konventionen, die unser Handeln steuern und die wir im Handeln stets neu (re)produzieren" (Janich 2004, 51). Vgl. dazu Kap. 11.
22 Diese theoretisch-methodische Annahme liegt auch dem Konzept der Kritiklinguistik von Arendt/Kiesendahl (2014, 102) zugrunde (vgl. Kap. 11).

> **Vertrauen und Kultur:**
> – Die Vertrauensbildung basiert auf der Zuschreibung des Images der Vertrauenswürdigkeit.
> – Die Zuschreibung von Vertrauenswürdigkeit ist eng mit der Einschätzung von Angemessenheit verbunden. Ein Verhalten (und dazu gehört u.a. sprachliches Handeln), das als angemessen empfunden wird, wird wahrscheinlicher als vertrauenswürdig eingeschätzt.
> – Als angemessen gilt i.d.R. das, was erwartbar ist und der Normalität entspricht. Die Angemessenheit des Verhaltens wird somit an den normativen Erwartungen gemessen.
> – Normative Erwartungen sind stark kulturell geprägt. Die Kultur als Orientierungssystem bestimmt, was als normal gilt und was in welcher Situation erwartbar ist.
> – Vertrauen und Kultur sind hoch komplexe Phänomene, die im Regelfall latent bleiben. Sie werden erst dann bewusst wahrgenommen, wenn die Akteure in der Interaktion mit erwartungswidrigem Verhalten konfrontiert werden. Solche Momente sind besonders dazu geeignet, bewusste Reflexion anzustoßen und die an sich latenten Mechanismen zu beobachten.
> – Da interkulturelle Begegnungen (besonders im Anfangsstadium) in einem höheren Maße als Begegnungen innerhalb einer Kultur durch Unsicherheiten und Irritationen geprägt sein können, müssen sich die Akteure gegenseitig mehr Vertrauen entgegenbringen, um eine erfolgreiche, kooperative Beziehung aufrechtzuerhalten und das gemeinsame Ziel zu erreichen. Sie sollten darüber hinaus Toleranz gegenüber dem Unbekannten, Ungewöhnlichen, Mehrdeutigen etc. mitbringen.
> – Kulturelle Nähe bzw. Distanz ist ein wesentlicher (allerdings nicht der einzige) Faktor der Vertrauensbildung. Kulturelle Nähe wirkt sich i.d.R. positiv auf die Vertrauensbildung aus. Im Fall von großer kultureller Distanz sind interkulturelle Handlungskompetenzen besonders wichtig.
> – Vertrauensmanagement ist ein Teil der interkulturellen Handlungskompetenz.

Wir haben festgestellt, dass die Vertrauensbildung stets (mehr oder weniger stark und mehr oder weniger reflektiert) von der Kultur der interagierenden Akteure geprägt ist. Für die Analyse der Vertrauensförderung durch Sprache haben wir in Kapitel 3 eine Operationalisierung entwickelt. Das Analysemodell nimmt vier Faktoren an, die Vertrauen fördern können: *Kompetenz, Konsistenz, Interesse* und *koordiniertes Handeln*. Die zentrale Annahme der Operationalisierung besteht darin, dass die kommunikative Vermittlung dieser Faktoren Vertrauen fördern kann – und zwar in einer jeweils angemessenen Kombination. Was eine angemessene Kombination ist, ist dabei u.a. kulturell geprägt. Es gibt Kulturen, für die die Darstellung der Kompetenzen zentral ist, während andere Kulturen beispielsweise stärker für die Signalisierung von persönlichem Interesse sensibilisiert sind.[23] Dies hängt u.a. auch mit der

---

23 Dies entspricht in etwa der Unterscheidung der Kulturstandards Personenbezug vs. Sachbezug. Schroll-Machl/Nový (2003, 28) stellen die deutschen und tschechischen Kulturstandards kontrastiv gegenüber und konstatieren in Bezug auf den tschechischen Kulturstandard *Personenbezug* Folgendes: „Der Kulturstandard ‚Personenbezug' beschreibt die Tatsache, daß Tschechen in der Interaktion und Kommunikation dem Beziehungsaspekt den Vorrang vor dem Sachaspekt einräumen. […] Dazu muß sich jeder Kooperationspartner auch als Person zu erkennen geben. Man will und braucht „menschliche" Anknüpfungspunkte. […] Leistung als einziges oder hauptsächliches Beurteilungskriterium zu benutzen, wirkt sehr hart." Der deutsche Kulturstandard *Sachbezug* äußert sich hingegen wie folgt: „Experten haben in Deutschland ein hohes Ansehen, denn sie verstehen von

kulturell bedingten Wahrnehmung von Höflichkeit zusammen.[24] Das Analysemodell kann uns helfen, die Vertrauensförderung auch im interkulturellen Kontext zu untersuchen, da es vier zentrale Aspekte herausstellt, die – so die Annahme – jeweils kulturspezifisch zum Ausdruck kommen und erwartet werden.

Als zentrales Moment der kulturellen Gebundenheit von Vertrauen haben wir normative Erwartungen herausgestellt. Diese richten sich auf verschiedene Aspekte des Handelns und der Kommunikation. Wie ausführlich dargestellt, werden kulturelle Einflüsse vor allem in Situationen einer erlebten Fremdheit und Abweichung vom Erwartbaren reflektiert und Vertrauen wird in Situationen empfundener Vertrauensbrüche und fraglicher Vertrauenswürdigkeit zur bewussten Größe, wobei häufig auch Ängste eine Rolle spielen. Eine Situation empfundener Fremdheit erlebt Europa aktuell im Zusammenhang mit der Flüchtlingswelle von 2015/2016. Die zahlreichen und vielschichtigen Probleme, mit denen sich Deutschland und Europa konfrontiert sehen, sollen hier im Hinblick auf die Vertrauensproblematik betrachtet werden. Diese stellt einen nicht zu vernachlässigenden Aspekt der Flüchtlingsdebatte dar, da sich viele Argumente in der Diskussion über die Ankunft und Integration von und den Umgang mit den Flüchtlingen um Vertrauen drehen.

Der im Folgenden zu untersuchende Text ist in diesem Kontext im Oktober 2015 entstanden. Es handelt sich um einen offenen Brief des Bürgermeisters der kleinen Gemeinde Hardheim (Baden-Württemberg), die bei 4600 Einwohnern etwa tausend Flüchtlinge aufgenommen hat. Dieser Umstand stellt die Einwohner der Gemeinde vor erhebliche Herausforderungen, nicht zuletzt deswegen, weil unterschiedliche Kulturen aufeinander treffen. Einige Einwohner von Hardheim haben sich bei der Gemeindeverwaltung über die Umstände wiederholt beschwert.[25] In dieser Situation hat der Bürgermeister Volker Rohm einen offenen Brief geschrieben, der als Reaktion auf die Beschwerden zu verstehen ist. Aufgrund dieser Vorgeschichte ist davon auszugehen, dass die Vertrauensbasis zwischen den geflüchteten Menschen, die in

---

einer Sache etwas. [...] Vertrauen wird (im Beruf) dadurch aufgebaut, daß man mit jemandem sachlich gut zusammenarbeiten kann. Eine solche Person erweist sich als vertrauenswürdig."
24 Erndl (1998, 36–37) stellt fest, dass Höflichkeit auf zwei Ebenen erfasst und untersucht werden kann: „Konventionelle, normenorientierte und sprachliche weitgehend standardisierte Höflichkeit auf der einen Seite. [...] Individuelle, situationsabhängige und sprachlich eher der Kreativität des einzelnen überlassene Höflichkeit auf der anderen Seite." Die erste Ebene der Konventionen ist stärker kulturell geprägt, m.E. liegen aber auch der individuellen Kreativität grundsätzliche kulturelle Vorstellungen zugrunde. Zur Höflichkeit und Interkulturalität vgl. Brown/Lewinson 1987 sowie Liedtke 2004.
25 Mir ist nicht bekannt, ob es sich in der Gemeinde um einen einheitlichen Protest der Einwohner handelt oder nur um vereinzelte Stimmen, die durch den Bürgermeister und anschließend durch die Medien aufgegriffen wurden. Wenn in der Analyse von „den Einheimischen", „den Einwohnern der Gemeinde" oder „der einheimischen Bevölkerung" die Rede ist, ist diese Referenz nur mit Vorsicht als Referenz auf alle einheimischen Menschen zu lesen.

Hardheim aufgenommen wurden, und der einheimischen Bevölkerung geschwächt bzw. im schlimmsten Fall gar nicht vorhanden ist. Dabei können wir aber nur die Perspektive der Einheimischen nachvollziehen, über das Vertrauen der neu angekommenen Menschen lässt sich anhand des Briefes nichts aussagen. Der offene Brief sorgte für eine lebhafte öffentliche Diskussion und viel Kritik. Aufgrund dessen wurde die ursprüngliche Version vom 6. Oktober 2015, die im Folgenden analysiert wird, bald nach der Veröffentlichung des Briefes wieder vom Netz genommen[26] und durch eine geänderte, etwas abgeschwächte Version ersetzt.

Achten Sie bei der Lektüre des offenen Briefes auf die folgenden Aspekte:
– Wer sind die Akteure, die mittels dieses Briefes im öffentlichen Raum kommunizieren? In welchen Rollen agieren sie?
– Was sind die Intentionen des Textproduzenten? Welche Funktion(en) soll der Text erfüllen?
– Welche Kultur wird im Text kommunikativ konstruiert und wie geschieht dies?
– Vertrauen wird im Text nicht explizit erwähnt. Spielt es dennoch eine Rolle in der Kommunikationssituation?
– Fällt Ihnen bei der Lektüre des Textes noch etwas Weiteres auf?

Liebe fremde Frau, lieber fremder Mann!

Willkommen in Deutschland, willkommen in Hardheim.
Viele von Ihnen haben Schreckliches durchgemacht.
Krieg, Lebensgefahr, eine gefährliche Flucht durch die halbe Welt.

Das ist nun vorbei. Sie sind jetzt in Deutschland.

Deutschland ist ein friedliches Land.
Nun liegt es an Ihnen, dass sie nicht fremd bleiben in unserem Land, sondern ein Zusammenleben zwischen Flüchtlingen und Einwohnern erleichtert wird.

Eine Bitte zu Beginn: Lernen sie so schnell wie möglich die deutsche Sprache, damit wir uns verständigen können und auch sie ihre Bedürfnisse zum Ausdruck bringen können.

In Deutschland leben die Menschen mit vielen Freiheiten nebeneinander und miteinander:
Es gilt Religionsfreiheit für alle.

Frauen dürfen ein selbstbestimmtes Leben führen und haben dieselben Rechte wie die Männer. Man behandelt Frauen mit Respekt.

In Deutschland respektiert man das Eigentum der anderen.

---

26 Die Quelle war http://www.bild.de/news/inland/buergermeister/erstellt-benimm-regeln-fuer-fluechtlinge-42931190.bild.html (Stand: 08.10.2015). Mehr dazu gibt es u.a. unter http://www.spiegel.de/politik/deutschland/hardheim-buergermeister-verfasst-benimmregeln-fuer-fluechtlinge-a-1056614.html (Stand: 12.10.2015).

Man betritt kein Privatgrundstück, keine Gärten, Scheunen und andere Gebäude und erntet auch kein Obst und Gemüse, das einem nicht gehört.

Deutschland ist ein sauberes Land und das soll es auch bleiben!
Den Müll oder Abfall entsorgt man in dafür vorgesehenen Mülltonnen oder Abfalleimer. Wenn man unterwegs ist, nimmt man seinen Müll mit zum nächsten Mülleimer und wirft ihn nicht einfach weg.

In Deutschland bezahlt man erst die Ware im Supermarkt, bevor man sie öffnet.

In Deutschland wird Wasser zum Kochen, Waschen, Putzen verwendet.
Auch wird es hier für die Toilettenspülungen benutzt.
Es gibt bei uns öffentliche Toiletten, die für jeden zugänglich sind.
Wenn man solche Toiletten benutzt, ist es hier zu Lande üblich, diese sauber zu hinterlassen.

In Deutschland gilt ab 22.00 Uhr die Nachtruhe. Nach 22.00 Uhr verhält man sich dementsprechend ruhig, um seine Mitmenschen nicht zu stören.

Auch für Fahrradfahrer gibt es bei uns Regeln, um selbst sicher zu fahren, aber auch keine anderen zu gefährden. (Nicht auf Gehwegen fahren, nicht zu dritt ein Rad benutzen, kaputte Bremsen reparieren und nicht mit den Füßen bremsen).

Fußgänger benutzen bei uns die Fußwege oder gehen, wenn keiner vorhanden, hintereinander am Straßenrand, nicht auf der Straße und schon gar nicht nebeneinander.

Unsere Notdurft verrichten wir ausschließlich auf Toiletten, nicht in Gärten und Parks, auch nicht an Hecken und hinter Büschen.

Junge Mädchen fühlen sich durch Ansprache und Erbitte von Handy-Nr. und Facebook-Kontakt belästigt und wollen auch niemanden heiraten.

Auch wenn die Situation für sie und auch für uns sehr beengt und nicht einfach ist, möchten wir sie daran erinnern, dass wir sie hier bedingungslos aufgenommen haben.

Wir bitten sie deshalb diese Aufnahme wert zu schätzen und diese Regeln zu beachten, dann wird ein gemeinsames Miteinander für alle möglich sein.

Der Produzent des Textes ist bekannterweise der Bürgermeister von Hardheim. Er agiert in seiner Rolle als höchster Vertreter der Gemeinde, wird als Person jedoch auf der Textoberfläche nicht sichtbar. Er spricht konsequent von einem *wir* oder von *Deutschland*. Er spricht nicht für sich als Privatperson, sondern für die ganze Gemeindeleitung bzw. die ganze Gemeinde oder gar – wie suggeriert wird – für ganz Deutschland. Der Brief wendet sich explizit an die geflüchteten Menschen – die *fremde Frau* und den *fremden Mann*. Es wird jedoch bald deutlich, dass man davon ausgeht, dass sie keine ausreichenden Deutschkenntnisse haben und somit den

Brief wahrscheinlich selbst nicht verstehen können.[27] Man kann darauf schließen, dass die eigentliche, primäre Zielgruppe die einheimische Bevölkerung ist, obwohl sie in dem Text nicht explizit angesprochen wird. Referiert wird auf sie durch das *wir*. Der Text ist somit mehrfachadressiert, auch wenn dies auf der Oberfläche nicht explizit wird. Da der Brief auf der Internetseite des Rathauses veröffentlicht wurde, erweitert sich der mögliche Rezipientenkreis auch um Medien und die interessierte Öffentlichkeit.

Hinsichtlich der verschiedenen Rezipientenkreise erfüllt der Text auch unterschiedliche Funktionen und das Vertrauen spielt jeweils verschiedene Rollen. In Bezug auf die expliziten AdressatInnen des Briefes erfüllt der Text primär zwei Funktionen: Information und Appell. Die neu angekommenen Menschen, die aus anderen Kulturkreisen stammen, werden über die deutsche Kultur aufgeklärt. Die Verschriftlichung der Informationsfunktion nimmt den größten Teil des Textes ein und umfasst die gesamten Regeln, die aufgestellt werden. Aufgrund der Darstellung der Regeln liest sich der Brief wie ein „Flüchtlings-Knigge"[28], ein aufklärerischer Duktus wird deutlich. Durch den Text wird „die deutsche Kultur" als eine einheitliche, homogene Kultur konstruiert. Die konstruktivistische Idee des *Doing Culture* kann an diesem Beispiel gut nachvollzogen werden. Die tatsächliche Pluralität der gelebten Kulturen in Deutschland und die Abweichungen von diesen Normen durch Personen, die dem deutschen Kulturkreis angehören, werden im Text völlig außer Acht gelassen. Stattdessen wird mittels Sprache eine (idealisierte) homogene Kultur produziert und dadurch konstruiert.[29] In einem Atemzug werden religiöse Themen neben dem Gebrauch der Toilette und den Verkehrsregeln in knappen normativen Formulierungen abgehandelt. Die Aussagen beanspruchen eine allgemeingültige Geltung, die durch die folgenden sprachlichen Mittel zum Ausdruck kommt:

– Formulierung ausschließlich in Aussagesätzen, die gegebenen Wahrheitsgehalt suggerieren,

---

27 Der Brief wurde später in „vereinfachter Form" in die verschiedenen Muttersprachen der Flüchtlinge übersetzt (vgl. http://www.tagesspiegel.de/weltspiegel/hardheim-im-odenwald-stadt-stellt-knigge-fuer-fluechtlinge-ins-netz/12423938.html; Stand: 09.02.2016).

28 Vgl. http://www.sueddeutsche.de/politik/integration-fluechtlings-knigge-loest-kritik-aus-1.2684446 (Stand: 12.10.2015). Der Tagesspiegel bezeichnet den Brief als „[e]ine Art Kulturanleitung, wie sie sich in vielen Reiseführern findet. Ein ‚Do or do not', ein Knigge für Flüchtlinge." (http://www.tagesspiegel.de/weltspiegel/hardheim-im-odenwald-stadt-stellt-knigge-fuer-fluechtlinge-ins-netz/12423938.html; Stand: 04.02.2016).

29 Durch den Text zeigen sich die „Praxiszusammenhänge, in die das Kulturelle unweigerlich verwickelt ist, in denen es zum Ausdruck kommt, seine Verfestigungen und seinen Wandel erfährt. Die praktischen Verhältnisse des sozialen Lebens lassen Kultur erst zu ihrer Wirkung gelangen. Damit treten Fragen nach der praktischen Hereinnahme, des konkreten Vollzugs und der Reproduktion von Kultur, aber auch Fragen nach ihrer ungleichen Verteilung und Handhabung in den Vordergrund. *Kultur als Praxis* verbindet das Kulturelle mit dem Sozialen." (Hörning/Reuter 2004, 10)

- Verwendung der pauschalisierenden adverbialen Bestimmung *in Deutschland*,
- Formulierungen mit dem verallgemeinerndem Indefinitpronomen *man* (*In Deutschland respektiert man das Eigentum der anderen*),
- Passivkonstruktionen (*In Deutschland wird Wasser zum Kochen, Waschen, Putzen verwendet. Auch wird es hier für die Toilettenspülungen benutzt*),
- Verb *gelten* (*In Deutschland gilt ab 22.00 Uhr die Nachtruhe*),
- Verzicht auf differenzierte Betrachtung von verschiedenen Kontexten (z.B. *Junge Mädchen fühlen sich durch Ansprache und Erbitte von Handy-Nr. und Facebook-Kontakt belästigt [...]*. – Es geht implizit darum, von Fremden auf der Straße angesprochen und um Kontakt gebeten zu werden. Nach einem gelungenen Rendezvous ist dieselbe Frage vielleicht erwünscht.)

Wenn man annimmt, dass es i.d.R. Normverletzungen sind, die zu expliziten Thematisierungen von Normen führen, kann man schlussfolgern, dass die aufgestellten Regeln entweder auf tatsächlich beobachtetem Verhalten der Flüchtlinge basieren, das als Normverletzung empfunden wurde und/oder von klischeehaften Vorstellungen über zu erwartende Normbrüche ausgehen.[30] Der Text verweist auf die herrschenden Sorgen, Ängste, realen Probleme und auch Vorurteile der einheimischen Bevölkerung, für die der Bürgermeister spricht. Der Text kommuniziert nach außen, dass „die Flüchtlinge" als eine homogene Gruppe die in den Regeln fixierten „deutschen" kulturellen Normen bisher (evtl. wiederholt) nicht beachtet haben und/oder dass man die Nichtbeachtung von ihnen erwartet. Diese Pauschalisierung in beide Richtungen – „die Flüchtlinge", die „die deutschen Regeln" nicht beachten – und der aufklärerische Impetus machen die eigentliche Brisanz des Textes aus und führten zur heftigen Kritik. Die Pauschalisierung ergibt sich aus einer gedanklichen Kategorisierung der beiden Gruppen nach einem starren Schema: wir (die Deutschen, die Einheimischen) vs. die Fremden (zu sozialen Kategorisierungsprozessen als Basis für die Vertrauensbildung vgl. Schweer/Petermann/Egger 2013).

Die Aufstellung der Regeln mit der impliziten Unterstellung, dass sie von den Flüchtlingen nicht beachtet würden, stützt den Appell, der zwar räumlich nicht dominant ist, funktional aber primär erscheint. Explizit wird er lediglich in zwei BITTEN zu Beginn und am Ende des Textes. Obwohl diese Sprechhandlungen explizit als Bitten formuliert sind, kann der gesamte Text durch seinen Aufbau als for-

---

30 Laut Aussage des Bürgermeisters hätten sich die von ihm formulierten Regeln aus den Erzählungen der Einwohner ergeben. „Wenn unsere Werte aufgeweicht werden, muss ich dem als Bürgermeister entgegen wirken. Die mündlichen Absprachen mit den Übersetzern in unserer Erstaufnahme haben nicht mehr ausgereicht. Deshalb habe ich mir die Mühe gemacht, einen solchen Katalog zusammenzuschreiben." (http://www.tagesspiegel.de/weltspiegel/hardheim-im-odenwald-stadt-stellt-knigge-fuer-fluechtlinge-ins-netz/12423938.html; Stand: 09.02.2016). Der Bürgermeister stellt sich hier explizit in die Rolle des Beschützers gemeinsamer Werte. Ein „Aufweichen" der Werte versteht er als deren Bedrohung.

dernd empfunden werden. Die Flüchtlinge werden gebeten, diese Regeln zu beachten, *dann wird ein gemeinsames Miteinander für alle möglich sein*. Das Einhalten der dargestellten Regeln kann bei einer strengen Lesart als Bedingung für das Zusammenleben interpretiert werden, obwohl die Flüchtlinge daran erinnert werden, dass sie bedingungslos aufgenommen wurden. Bei einer wohlwollenden Interpretation handelt es sich um keine Bedingung, dennoch ist das Einhalten der Regeln eine wichtige Grundlage für das Zusammenleben. Neben Information und Appell kommt am Anfang des Briefes auch die Kontaktfunktion zum Ausdruck, wenn die Ankommenden begrüßt werden: *Willkommen in Deutschland, willkommen in Hardheim*. Der Willkommensgruß, der den geflüchteten Menschen eine offene, freundliche Aufnahme signalisieren soll, ist konstitutiv für die Haltung, die mit dem Begriff der „Willkommenskultur" beschrieben wird.[31]

Obwohl der Vertrauensbegriff im Text nicht explizit auftaucht, kann man die Bedingungen für ein Miteinander gleichzeitig als Bedingungen für das Vertrauen in die Fremden deuten, denn gemeinsames Miteinander basiert immer auf gegenseitigem Vertrauen. Aus dieser Perspektive gesehen, verdeutlicht der Text die Voraussetzungen für die Vertrauensbildung. Das macht erneut erkennbar, dass Vertrauen in diesem Fall beschädigt oder gar nicht gegeben ist. Aus dieser Sicht kann man den Willkommensgruß als problematisch sehen oder aber als einen Versuch, sich über die geschwächte Vertrauensbasis hinwegzusetzen und trotzdem einen (zumindest auf der Oberfläche) freundlichen Ton einzustimmen. Vor dem Hintergrund des anfangs freundlichen Tons kann allerdings die lange Aufzählung der zu beachtenden Regeln und der damit verbundene Appell als ein Bruch wirken. Der Hauptteil des Textes ist eher durch mangelndes Vertrauen geprägt, was nicht zur Idee der Willkommenskultur passt.

Auch in Bezug auf die einheimische Bevölkerung spielt die Vertrauensförderung eine Rolle, aber auf einer anderen Ebene. Der Brief soll primär signalisieren, dass der Bürgermeister aktiv handelt, die gemeinsamen Werte der Gemeinde (bzw. der ganzen deutschen Gesellschaft, wie suggeriert wird) vertritt und dass er

---

31 Das Wort *Willkommenskultur* wurde in Österreich zum Wort des Jahres 2015 gewählt. Zur Kritik an dem Begriff vgl. den Text von Alexander Kissler, der mit Verweis auf Adelungs Wörterbuch auf Aspekte aufmerksam macht, die anhand der Analyse deutlich wurden: „Willkommen, daran erinnert das Grammatisch-kritische Wörterbuch von Adelung, willkommen meint ‚bei der Ankunft angenehm', ‚angenehm in Ansehung der Ankunft'. Nur stationär lässt sich der Ausdruck sinnvoll verwenden, nur im Moment. ‚Willkommen!' ist Ausdruck eines Auftakts und unmöglich ins Rasterbett einer Kultur zu zwingen. [...] Willkommensgesten ist ihr punktueller Charakter eingeschrieben. Kurz ist die Begrüßung, lang oder länger der Aufenthalt im gemeinsamen Haus. Dort drinnen entscheidet sich, ob Zusammenleben gelingt und ob man ehrliche Leute hereingebeten hat, mit denen ehrlich umzugehen man entschlossen ist." (http://www.cicero.de/berliner-republik/fluechtlinge-deutsche-willkommenskultur-widerspruch-in-sich/59803; Stand: 11.02.2016)

somit ein vertrauenswürdiger Repräsentant seiner Stadt ist.[32] Im Hinblick auf die breite Öffentlichkeit erfüllt der Brief möglicherweise die Funktion zu zeigen, wie man in Hardheim mit der Herausforderung umgeht. Womöglich sollte damit eine gewisse Vorbildfunktion erreicht werden.

Nachdem die verschiedenen Funktionen des Textes bestimmt worden sind, können die drei Dimensionen der Kommunikation näher untersucht werden. Am stärksten ausgeprägt erscheint die Selbstdarstellung. Die Darstellung eigener Normen zum Zweck der Übernahme dieser Normen durch die Flüchtlinge stellt den zentralen Textteil dar. Die Selbstdarstellung ist durch die Sprechhandlung MITTEILEN dominiert, was mit der Informationsfunktion einhergeht. Für die Beziehungsgestaltung zu den expliziten AdressatInnen des Textes ist charakteristisch, dass sie größtenteils als asymmetrisch konstruiert wird: Es werden Regeln formuliert, an denen sich die AdressatInnen zu halten haben, ansonsten sei ein Miteinander nicht möglich.[33] An dieser Stelle fällt die hergestellte Asymmetrie am stärksten auf, denn ein *gemeinsames Miteinander* von zwei Gruppen ist auf die aktive Mitarbeit beider Seiten angewiesen. In dem offenen Brief werden jedoch ausschließlich die zu erbringenden Leistungen der Flüchtlinge genannt und gefordert. Der Beitrag der einheimischen Bevölkerung zum Zusammenleben wird kaum sichtbar.[34] Beim genauen Hinsehen kann man im Text lediglich zwei Hinweise finden. Der erste Hinweis ist die Erinnerung an die bedingungslose Aufnahme, der durch die Auflistung der zu beachtenden Regeln und die Aufforderung zum möglichst schnellen Lernen der deutschen Sprache konterkariert wird. Die bedingungslose Aufnahme wird als die wesentliche Leistung der aufnehmenden Gesellschaft konstruiert.

Die dritte kommunikative Dimension betrifft die als relevant gesetzten Themen. In dem offenen Brief geht es zunächst um die schlimmen Erfahrungen, die viele Flüchtlinge erleiden mussten: *Viele von Ihnen haben Schreckliches durchgemacht. Krieg, Lebensgefahr, eine gefährliche Flucht durch die halbe Welt.* Danach folgt die beruhigende Feststellung, dass das alles dank der Aufnahme in Deutschland vorbei ist. Das zentrale Thema sind die kulturellen Normen, die in Deutschland gelten und von allen eingehalten werden müssen. Die behandelten Themen und eventuelle thematische Leerstellen fließen sowohl in die Selbstdarstellung als auch in die Beziehungsgestaltung ein. In Hinblick auf die Beziehungsgestaltung fällt – wie darge-

---

32 Vgl. das Zitat des Bürgermeisters in der Fußnote 30 mit der expliziten Aussage: „Wenn unsere Werte aufgeweicht werden, muss ich dem als Bürgermeister entgegen wirken."
33 Die Situation entspricht somit den Beobachtungen von Thomas (2011, 134, vgl. Zitat auf S. 145)
34 An dieser Stelle müsste allerdings der gesamte Diskurs untersucht werden, um Aussagen darüber tätigen zu können, ob und inwiefern die Gemeinde auch Bereitschaft zum koordinierten Handeln signalisiert. Es kann durchaus sein, dass durch andere Kanäle – mündlich oder schriftlich – dargestellt wird, welchen Beitrag die Gemeinde zur Aufnahme der Flüchtlinge und dem gemeinsamen Miteinander leistet. Aus dem offenen Brief wird dies aber nicht deutlich.

stellt – eine thematische Lücke auf, die als Offenheit für andere Kulturen, und Bereitschaft zum Austausch zusammengefasst werden könnte.

Wir haben gesehen, dass der Text im Hinblick auf Vertrauen zwei verschiedene Funktionen erfüllt. Zum einen wird bezüglich der Flüchtlinge die Grundlage für die Vertrauensbildung beschrieben. Der Text gibt Informationen und Bitten im Hinblick auf ein praktikables Zusammenleben und das ist – so unsere Annahme – nur dann möglich, wenn grundsätzliches Vertrauen gegeben ist. Zum anderen geht es mit Blick auf die einheimische Bevölkerung um die Signalisierung der Vertrauenswürdigkeit des Bürgermeisters bzw. der ganzen Stadtführung. Der offene Brief ist in dieser Hinsicht eine Maßnahme der Vertrauensförderung. Wenden wir das Modell der potenziell vertrauensfördernden Faktoren auf diese kommunikativen Ebenen an, ergibt sich folgendes Bild:

Die Flüchtlinge werden gebeten, die deutsche Sprache zu lernen und somit ihre kommunikative Kompetenz zu stärken. Sie müssen auch soziale und kulturelle Kompetenzen aufweisen, indem sie sich an den deutschen Normen orientieren. Die Einhaltung der Normen der aufnehmenden Gesellschaft gilt im Allgemeinen als ein Zeichen des Respekts und Interesses an der Gesellschaft.[35] Außerdem kann sie als eine Voraussetzung für koordiniertes Handeln angesehen werden. Hinweise auf Konsistenz sind ebenso zu finden, denn die aufgestellten Regeln beanspruchen eine allgemeine Gültigkeit und sollen auch konsequent eingehalten werden, was zum konsistenten – und daher vorhersagbaren, vertrauten und „normalen" – Handeln führt. Die Flüchtlinge sollen die Aufnahme wertschätzen und sich nach den Regeln richten, um ihre Dankbarkeit zum Ausdruck zu bringen. In dieser Hinsicht sollen sie konsistent in ihrer Rolle als dankbare, hilfsbedürftige Neuankömmlinge bleiben. Diese Interpretation ist etwas spekulativ, aber m.E. möglich. Die Botschaft für die Flüchtlinge lautet also: Erlangen bzw. erhöhen Sie sprachliche, soziale und kulturelle Kompetenzen, zeigen Sie Wertschätzung für die Aufnahme, Interesse an der deutschen Gesellschaft und Bereitschaft zum koordinierten Handeln, indem Sie die deutschen Normen akzeptieren und beachten. Dann wird ein Zusammenleben für alle möglich sein. Im Prinzip werden hier Kompetenzen gefordert und Informationen an die Hand gegeben, die in interkulturellen Trainings und in Integrationskursen vermittelt werden.[36]

---

[35] Wie wichtig das Signalisieren des Interesses an der aufnehmenden Gesellschaft ist, zeigt sich beispielsweise in Tschechien. Dort gibt es Stimmen, die mahnen, dass die aufgenommenen Flüchtlinge gar nicht an Tschechien interessiert sind und sich dort nicht integrieren (lassen) wollen, da sie ohnehin nur „auf Durchreise" sind und eigentlich nach Deutschland wollen. Mit diesem Argument wird die Aufnahme der Flüchtlinge abgelehnt.
[36] Zum Thema Integration und Integrationskurse vgl. den Artikel von Wertheimer unter http://www.sueddeutsche.de/politik/aussenansicht-von-brecht-lernen-1.3034802 (Stand 10.09. 2016).

Vor dem Hintergrund inszeniert sich der Bürgermeister als ein (für die einheimische Bevölkerung) vertrauenswürdiger Vertreter der Gemeinde. Er will seine Kompetenz als aktiv handelnder Stadtvertreter zeigen, der weiß, wie er nach außen kommunizieren soll, welche Kanäle er bedienen kann etc. Er zeigt auch, dass er die Sorgen der einheimischen Menschen kennt und ernst nimmt, sich für ihre Probleme interessiert und daraus konkrete Schlüsse zieht. Er koordiniert somit sein Handeln mit den Einheimischen, die er vertritt. Er stellt die gemeinsamen Werte dar und beschreibt aus diesem Standpunkt heraus die Grundlage für das Zusammenleben mit den Flüchtlingen. In dieser Hinsicht handelt er konsistent, da er die Werte nicht nur vertritt, sondern sie in seiner Rolle als Bürgermeister öffentlich verteidigt. Dass diese Botschaft bei den Einheimischen angekommen ist, zeigt sich dadurch, dass der Bürgermeister trotz öffentlicher Kritik an seinem Text festhielt, da er neben der Kritik auch „immensen Zuspruch" erfahren habe. Deswegen gab er bekannt, dass er weiterhin die „Linie der Aufklärung" verfolgen will.[37] Die Einschätzung der Strategie als „Linie der Aufklärung" legt nahe, dass der Bürgermeister versucht, fehlendes interkulturelles Training durch Vermittlung von relevanten Informationen zumindest teilweise auszugleichen und dadurch die Situation zu deeskalieren.

Die Analyse des Textes kann nur in einem eingeschränkten Maß die Perspektive der Flüchtlinge in den Blick nehmen, sie sollte aber dennoch soweit wie möglich berücksichtigt werden, um den Text und seine Wirkung in seinem gesamten Kontext einzuschätzen. Die Situation, in der die eigentlichen AdressatInnen des Textes ihn rezipieren, wird ziemlich unterschiedlich gewesen sein. Der Text wurde in vereinfachter Form in verschiedene Sprachen übersetzt und ihnen von den Übersetzerinnen und Übersetzern in uns unbekannter Form nahegebracht. Wie der Text dann letztlich wirkt, hängt von vielen kulturellen aber auch individuellen Faktoren ab. Gewiss ist, dass den ÜbersetzerInnen und HelferInnen im Prozess der Vertrauensbildung eine entscheidende Rolle zukommt. Die Situation erfordert von ihnen spezifische sprachliche und soziale Kompetenzen und diplomatisches Geschick, um den Text in einer adäquaten Form an die AdressatInnen des Textes zu bringen. Es ist vorstellbar, dass der Brief sehr verschiedene Reaktionen ausgelöst haben kann, angefangen von dankbar angenommenen Hinweisen auf bisher unbekannte Normen bis hin zu empörten Reaktionen und verletztem Stolz, wenn man darüber aufgeklärt wird, wie und wo man seine Notdurft verrichten soll.

Die Analyse zeigt, dass der Brief kaum Bemühungen spüren lässt, das Vertrauen der Flüchtlinge zu fördern. Dennoch hätte er durchaus auch diese Funktion (zumindest ansatzweise) erfüllen können, wenn er stilistisch anders gestaltet worden wäre. Hier wurde eine Chance vertan, die Darstellung der eigenen Kultur und potenziell bisheriger gemeinsamer Erfolge mit einer stärkeren Vertrauensarbeit zu

---

37 Vgl. http://www.tagesspiegel.de/weltspiegel/hardheim-im-odenwald-stadt-stellt-knigge-fuer-fluechtlinge-ins-netz/12423938.html (Stand: 10.02.2016).

verbinden.³⁸ Das ist wohl darauf zurückzuführen, dass der Brief primär als Reaktion auf die Klagen der Einheimischen verfasst wurde und nicht als eine vertrauensfördernde Maßnahme mit Blick auf die Flüchtlinge gedacht war. Eine „Linie der Aufklärung" sollte aber m.E. auch gleichzeitig eine „Linie der Vertrauensbildung" sein, denn ohne gegenseitiges Vertrauen ist Aufklärung nur eine Belehrung.³⁹

---

i Aufgaben zur Wiederholung:
- Fassen Sie die Thesen zum Zusammenhang von Vertrauen und Kultur mit eigenen Worten zusammen und beziehen Sie diese Konstrukte aufeinander. Heben Sie dabei die für die Verbindung zentralen Aspekte hervor.
- Erläutern Sie, inwiefern Kultur semiotisch basiert ist.
- Machen Sie deutlich, inwiefern das Vertrauensmanagement einen Teil der Handlungskompetenz darstellt.
- Erläutern Sie, wie man normative Erwartungen sichtbar machen kann. Denken Sie sich ein Beispiel aus, an dem Sie es verdeutlichen.
- Diskutieren Sie kritisch die Beziehung zwischen Kultur und Nation.
- Nehmen Sie den offenen Brief des Hardheimer Bürgermeisters und formulieren Sie ihn so um, dass er die Funktion der Vertrauensförderung in Bezug auf die Flüchtlinge erfüllen kann. Mit anderen Worten: Formulieren Sie den Text so um, dass er aus Ihrer Sicht das Potenzial besitzt, das Vertrauen der AdressatInnen zu fördern.
- Als Reaktion auf die Vorfälle in der Silversternacht von 2015 in Köln und die darauf folgende negative Stimmung, die sich gegen geflüchtete Männer richtete, wurde von syrischen Männern, die in Köthen angekommen sind, ein offener Brief veröffentlicht. Lesen Sie den Brief⁴⁰ und analysieren ihn im Hinblick auf Aspekte des „Vertrauensmanagements". Vergleichen Sie diesen Brief mit dem offenen Brief des Hardheimer Bürgermeisters.

---

38 Es gibt durchaus Stimmen, die auf die Rolle von Vertrauen öffentlich hinweisen, so z.B. die Kolumne von Jaafar Abdul Karim unter http://www.zeit.de/gesellschaft/2015-10/integration-deutschland-vorschlag/seite-2 (Stand: 02.03.2016).
39 Durch die Bezeichnung der eigenen Tätigkeit als *Aufklärung* wird ein Deutungsrahmen eröffnet, der das Handeln des Bürgermeisters in einen Bildungskontext stellt. Wenn dem so ist und der offene Brief als ein Instrument der Bildung verstanden werden soll, muss auch ein Blick in den pädagogischen Diskurs erlaubt sein. Hier heißt es „Vertrauen kann seit Beginn der Moderne als Grundvoraussetzung von pädagogischem Handeln verstanden werden, auch wenn es nicht explizit bezeichnet ist." (Bartmann/Pfaff/Welter 2012, 776).
40 Zu finden unter http://www.willkommen-in-koethen.de/ein-offener-brief-von-fluechtlingen/12527619_664414147034860_624395038_n/ (Stand: 24.04.2016).

8 Vertrauen und Gespräch

Die bisherigen Ausführungen und Analysen widmeten sich vorrangig geschriebener Kommunikation, nun richten wir den Fokus auf mündliche Kommunikation.[1] Ein Großteil unserer täglichen Kommunikation findet als Gespräch statt. Dies gilt sowohl für unser Privatleben als auch für unseren Alltag in Schule, Ausbildung, Studium und Beruf. Insbesondere wenn wir mit uns bisher unbekannten Personen in Kontakt treten und ein erstes Face-to-face-Gespräch führen, ist die gegenseitig wahrgenommene Vertrauenswürdigkeit – oder die vielleicht unbewusst wahrgenommene Basis für das Auftaktvertrauen – maßgeblich für den Fortgang der Interaktion sowie der Beziehung.

- Sammeln Sie stichpunktartig sprachliche Charakteristika, die Ihrer Meinung nach für ein informelles Gespräch prototypisch sind.
- Stellen Sie sich vor, Sie sitzen im Zug und Ihr Sitznachbar spricht Sie an. Erläutern Sie, welche non-, para- und verbalen Eigenschaften Ihres Gesprächspartners seine Vertrauenswürdigkeit fördern.
- Stellen Sie sich vor, sie führen ein Gespräch und möchten selbst möglichst *nicht* als vertrauenswürdig erscheinen. Welche kommunikativen Aktivitäten führen Sie dafür aus? Berücksichtigen Sie verschiedene kommunikative Aspekte (z. B. Wortwahl, Eingehen auf den Gesprächspartner, Lautstärke, Verallgemeinerungen etc.).

So alltäglich und profan uns der Gegenstand „Gespräch" erscheinen mag, so gilt es diesen näher zu erfassen, bevor wir uns seiner Analyse widmen können. Brinker/Sager (2010, 11) definieren Gespräch als „eine begrenzte Folge von Äußerungen, die dialogisch ausgerichtet ist und eine thematische Orientierung aufweist." Deppermann (2008, 8–9) fasst die zentralen Merkmale eines Gesprächs zusammen:
- „Konstitutivität: Gesprächsereignisse werden von den Gesprächsteilnehmern aktiv hergestellt.
- Prozessualität: Gespräche sind zeitliche Gebilde, die durch die Abfolge von Aktivitäten entstehen.
- Interaktivität: Gespräche bestehen aus wechselseitig aufeinander bezogenen Beiträgen von Gesprächsteilnehmern
- Methodizität: Gesprächsteilnehmer benutzen typische, kulturell (mehr oder weniger) verbreitete, d.h. für andere erkennbare und verständliche Methoden, mit denen sie Beiträge konstruieren und interpretieren sowie ihren Austausch miteinander organisieren.

---

[1] Eine gute Übersicht über die Unterschiede und Gemeinsamkeiten von geschriebener und gesprochener Sprache gibt Dürscheid 2006. Zur Unterscheidung von Mündlichkeit und Schriftlichkeit und deren Rolle für die Sprachkritik vgl. Kap. 11.

– Pragmatizität: Teilnehmer verfolgen in Gesprächen gemeinsame und individuelle Zwecke, und sie bearbeiten Probleme und Aufgaben, die unter anderem bei der Organisation des Gesprächs selbst entstehen."

Für die Vertrauensbildung im Gespräch lassen sich diese Merkmale spezifizieren:
– Konstitutivität: Vertrauenswürdigkeit und das gegenseitige Vertrauen sind Effekte, die aktiv durch Gesprächsereignisse „hergestellt" werden (vgl. dazu in Kapitel 3, dass Vertrauen nicht per se gegeben ist).
– Prozessualität: Die (temporäre) Endlichkeit von Vertrauen wurde bereits mehrfach erwähnt. In Gesprächen lassen sich Aktivitäten herausfiltern, mit denen Sprecher die Vertrauensbildung (potenziell) fördern. Jeder Gesprächsbeitrag hat dabei das Potenzial das Vertrauen zu stärken, aber birgt gleichzeitig das Risiko es zu zerstören.
– Interaktivität: Vertrauen wird in wechselseitig aufeinander bezogenen Gesprächsbeiträgen konstituiert; Vertrauen entsteht also in der Interaktion zwischen Vertrauensgeber und Vertrauensnehmer (vgl. dazu die Abb. 4 in Kap. 4).
– Methodizität: In einer spezifischen Interaktionsgemeinschaft bestehen spezifische Methoden, die Vertrauen signalisieren (sollen). In unterschiedlichen Interaktionsgemeinschaften können unterschiedliche Methoden üblich oder im Gebrauch sein. Die vertrauensanzeigenden Methoden sind also nicht universell (vgl. dazu Kap. 7).
– Pragmatizität: Das Herstellen und die Stärkung von Vertrauen kann der Interaktionszweck aller Gesprächsteilnehmenden sein, aber womöglich verfolgen dies auch nur einzelne Sprecher. Bei der Analyse eines Gespräches sind daher die Perspektiven aller Sprecher zu bedenken.

Das zwischenmenschliche Gespräch ist Forschungsgegenstand der linguistischen Gesprächsanalyse (vgl. Brinker/Sager 2010; Deppermann 2008; Henne/Rehbock 1995). Die linguistische Gesprächsanalyse steht in der Tradition verschiedener Forschungsstränge. Geprägt ist sie unter anderem von der amerikanischen Konversationsanalyse (vgl. zu dieser Sacks 1992 a und b), von ethnographischen Feldstudien (vgl. u.a. Garfinkel 1967) sowie den mikrosoziologischen Studien Erving Goffmans. Die Konversationsanalyse richtet den Fokus auf formale und strukturelle Aspekte von Gesprächen. So haben Harvey Sacks und seine Kollegen grundlegend die Struktur von Gesprächsphasen und -sequenzen oder Formen des Sprecherwechsels untersucht (vgl. Sacks/Schegloff/Jefferson 1974).

> All diese Ansätze gehen davon aus, dass soziale Wirklichkeit in alltäglichen Interaktionen (u.a. im sprachlichen Handeln) konstruiert wird, und fragen folglich danach, wie, d.h. mit welchen

sprachlichen(und non-verbalen) Mitteln, wir im alltäglichen Handeln Sinn erzeugen. (Günthner/Linke 2006, 16)²

Bevor wir uns näher mit dem Vertrauensaufbau im Gespräch auseinandersetzen, wenden wir uns den gesprächsanalytischen Grundkategorien und mikrosoziologischen Ansätzen zu.

Ein *Gesprächsbeitrag* (*turn*) ist das, was ein Sprecher verbalisiert, bis er unterbrochen wird oder schlicht aufhört zu sprechen. Gespräche bestehen aus Phasen (z.B. Eröffnungs-, Kern- und Beendigungsphase) und diese wiederum aus Sequenzen. Die Analyse von Gesprächen hat gezeigt, dass es typische Paarsequenzen (adjacency pairs) gibt, beispielsweise „Gruß – Gegengruß" oder „Einladung – Annahme". Die Strukturen von alltäglichen Gesprächssequenzen gehören zu kulturellen Schemata und Skripten. Bei Telefongesprächen beispielsweise erwartet derjenige, der angerufen wird, i.d.R., dass der Anrufer sein Anliegen verbalisiert. Diese (impliziten) Erwartungen und konventionellen Schemata sind unter dem Begriff der „bedingten Erwartbarkeit" (conditional relevance) bekannt (vgl. Brinker/Sager 2010, 78-81; Henne/Rehbock 1995, 20; Sacks/Schegloff/Jefferson 1974, 716).

Für ein Gespräch ist es konstitutiv, dass die Sprecherrolle mindestens einmal wechselt. Sprecherwechsel werden nach ihrer Form und ihrem Verlauf klassifiziert. Hinsichtlich der Form kann Sprecherwechsel nach Fremdwahl (z. B. durch eine Frage) vom Sprecherwechsel nach Selbstwahl unterschieden werden. In Bezug auf den Verlauf kann der Sprecherwechsel glatt, mit Unterbrechung oder nach einer Pause erfolgen (vgl. Brinker/Sager 2010, 61–62).

Als ein wesentliches Merkmal von Gesprächen erkannten die amerikanischen Konversationsforscher um Harvey Sacks die Adressatenorientierung (*recipient design*). *Recipient design* bedeutet:

> a multitude of respects in which the talk by a party in a conversation is constructed or designed in ways which display an orientation and sensitivity to the particular other(s) who are the co-participants. In our work, we have found recipient design to operate with regard to word selection, topic selection, admissibility and ordering of sequences, options and obligations for starting and terminating conversations, etc. [...] Recipient design is a major basis for that variability of actual conversations glossed by the notion 'contextsensitive'. (Sacks/Schegloff/Jefferson 1974, 727)

Eine Adressatenorientierung impliziert, dass der Sprecher Vorannahmen über seinen Gesprächspartner macht (zur Antizipation vgl. Kap. 6): Welche Themen können

---

2 Mit dieser Ausrichtung bereiteten diese Ansätze den Weg für eine Sprachbetrachtung, „die sprachliche Verfahren als eng verwoben mit den kulturspezifischen Aktivitäten betrachtet. [...] ‚Sprache im Kontext' impliziert stets ‚Sprache im kulturellen Kontext', zugleich wird Kontext – und damit auch Kultur – durch sprachliches Handeln mit produziert." (Günthner/Linke 2006, 16). Zum Zusammenhang von Sprache, Vertrauen und Kultur vgl. Kap. 7.

angesprochen werden, welches Register erscheint angemessen (zur Angemessenheit vgl. Kap. 11)? Eine bewusste Adressatenorientierung, so die Annahme, kann den Vertrauensaufbau im Gespräch fördern. Ein Gesprächsteilnehmer, der sich bei seiner Wort- und Themenwahl oder der Art und Weise, wie er das Gespräch gestaltet, an seinen Interaktionspartnern orientiert, scheint einen „feinen Sinn", ein Gespür für die Situation zu haben, was dem Vertrauensaufbau zugutekommen dürfte.

Ihr Interesse für alltägliche Handlungen und deren Musterhaftigkeiten entnimmt die Gesprächsanalyse der ethnographischen Forschung. John Gumperz (vgl. 1982), ein wichtiger Vertreter der ethnographischen Feldforschung, untersuchte, mit welchen Kontextualisierungshinweisen Sprecherinnen und Sprecher eine bestimmte Gesprächsmodalität (Freundlichkeit, Arroganz, Wertschätzung etc.) herstellen. Kontextualisierungshinweise sind non-, para- und verbale Mittel (vgl. Auer 1986). So können eine hohe Lautstärke, ein schnelles Sprechtempo, eine abweisende Körperhaltung und eine entsprechende Lexik signalisieren, dass der Sprecher wütend ist. Prosodische Merkmale nehmen für die Kontextualisierung einen wichtigen Stellenwert ein, dies lässt sich am Einsatz von Ironie erkennen (zu Ironie vgl. Hartung 1998). In Rückschau auf das vorherige Kapitel ist die kulturelle Gebundenheit von Kontextualisierungshinweisen zu beachten, die Gumperz in seiner Heathrow-Studie (1982, 173) belegt hat. Ausgangspunkt der Studie waren Beschwerden von Fluggästen am Londoner Flughafen. Die Gäste eines Restaurants monierten, dass das Personal bei der Essensausgabe in unfreundlichem Ton sprechen würde. Gumperz nahm die Interaktionen bei der Essensausgabe auf und analysierte diese. Das pakistanisch-stämmige Personal äußerte am Ende der Essensausgabe „gravy" (Sauce) mit fallender Intonation, was für die hauptsächlich westeuropäischen Kunden wie eine bloße Feststellung klang und damit als redundant bis unhöflich interpretiert wurde. Für pakistanische Ohren zeigt fallende Intonation jedoch eine Frage an – das Personal verstand seine Äußerung somit als Nachfrage, ob die Kunden Sauce zum Essen haben wollten. Die Intonation, so Gumperz, ist ein wichtiger Kontextualisierungshinweis, der die Gesprächsatmosphäre modelliert (hier zum Beispiel freundliche Nachfrage oder genervte Feststellung). Gumperz' Studien verdeutlichen die Relevanz des kulturellen Hintergrundes bei der Interpretation von Kontextualisierungshinweisen.

Der Soziologe Erving Goffman hat sich mit dem Verhalten von Individuen in sozialen Kontexten beschäftigt. Ein wichtiger Gegenstand seiner Studien sind Techniken der Selbstpräsentation und der Imagearbeit. Goffmans Konzepte der Mikrosoziologie spielen auch in gesprächsanalytischen Studien oft eine zentrale Rolle. Um seine Beobachtungen zu theoretisieren, nutzt Goffman Begrifflichkeiten und Bilder aus der Theaterwelt. In Kap. 3 sind wir bereits auf einen der zentralen Begriffe von Goffman eingegangen, das *face*. Das *face* kann als der positive soziale Wert definiert werden, den man für sich durch eine Verhaltensstrategie erwirbt, von der die anderen annehmen, man verfolge sie in einer bestimmten Interaktion. Image ist ein in Termini sozial anerkannter Eigenschaften umschriebenes Selbstbild [...]. (Goffman 1978, 10)

Für zwischenmenschliche Interaktionen hält Goffman (1959, 15) den Begriff der Performanz (*performance*) bereit: „A ‚performance' may be defined as all the activity of a given participant on a given occasion which serves to influence in any way of the other participants." Die Performanz kann auf einer Vorderbühne (*front*) oder Hinterbühne (*back*) stattfinden, wobei die Vorderbühne solche Interaktionen umfasst, die sich routiniert vor Beobachtern ereignen (vgl. Goffman 1959, 22). Zur Vorderbühne gehören das *setting* (Gegenstände, die die „Bühne" konstituieren, beispielsweise Möbel) sowie persönliche Eigenschaften der Beteiligten. Hier unterscheidet Goffman zwischen *appearance* und *manner*. Zur *appearance* zählen Merkmale, die über den sozialen Status oder über den Lebensabschnitt des Sprechers informieren (Kleidung, Schmuck etc.), während *manner* sich auf die individuelle Interaktionsweise bezieht. So kann ein Sprecher stark aggressiv interagieren oder aber sehr unterwürfig – um nur zwei mögliche *manners* zu erwähnen (vgl. Goffman 1959, 24).

Schließlich ist für die Analyse von Vertrauen im Gespräch das Prinzip des *Impression Management* produktiv. Dieses umfasst den strategischen Einsatz der Selbstpräsentation sowie die Realitätsinszenierung in einem spezifischen Kontext. Es geht beim *Impression Management* um die Frage, welches Selbstbild ein Sprecher von sich selbst hat und mit welchen (Gesprächs-)Strategien er dieses auch bei seinen Gesprächspartnern aufzubauen versucht. *Impression Management* bewegt sich auf einem Kontinuum zwischen hundertprozentiger Überzeugung der eigenen Authentizität und Zynismus (vgl. Goffman 1959, 17–19). Im Feld der Vertrauensförderung tangiert das Konzept des *Impression Management* die Dimension der Selbstdarstellung (vgl. Kap. 4).

Stellen Sie sich vor, Sie haben sich in Ihrem Fachbereich als studentische Hilfskraft beworben und sind nun zum Vorstellungsgespräch eingeladen. Im Gespräch möchten Sie einen möglichst seriösen und vertrauenswürdigen Eindruck hinterlassen.
- Welche Formen von Sprecherwechseln erwarten Sie in diesem Gespräch? Welchen Verlauf von Sprecherwechseln sollten Sie vermeiden, um keinen unseriösen Eindruck zu vermitteln?
- Welche Paarsequenzen erwarten Sie in der Eröffnungsphase? Diskutieren Sie diese im Hinblick auf ihr Potenzial der Vertrauensförderung.
- Welche Kontextualisierungshinweise können Sie realisieren, um eine seriöse Atmosphäre zu fördern?
- Beschreiben Sie, mit welchen Merkmalen der *appearance* und der *manner* Sie sich selbst als vertrauenswürdig präsentieren.

Nachdem wir uns mit dem Gespräch als Forschungsgegenstand, gesprächsanalytischen Kategorien und Konzepten beschäftigt haben, richten wir den Fokus nun vertieft auf den Vertrauensaufbau im Gespräch. Ein geeignetes Analyseinstrumentarium bietet uns dafür der Ansatz der Interaktionalen Stilanalyse.

VERTRAUEN SCHAFFEN

IST DER WICHTIGSTE GESPRÄCHSEINSTIEG

Der Schlüssel zum Vertrauen ist zumeist ein Lächeln, ein verständnisvolles Wort, aber immer hoher Einsatz, der überzeugt. Doch ist es für unsere Mitglieder und Interessenten manchmal nicht einfach, wenn sich junge und unbekannte Gesichter mit ihren wichtigen Anliegen beschäftigen. Der Altersunterschied kann gelegentlich als Barriere wirken. Oftmals wird den jungen Mitarbeitern aus Unsicherheit Kompetenz abgesprochen. Für uns ist das ein Grund, Ihnen unsere jungen Kollegen im Vermietungsservice noch einmal näher vorzustellen. Die langzeitigen Betriebsangehörigen, Frau Fleischer, Frau Jarmer und Frau Schneidewind, sind den Lesern gut bekannt und vertraut. Wir haben den jüngeren Mitarbeitern eine Frage gestellt, die sie ehrlich beantwortet haben: „Was tun Sie, dass Wohnungsinteressenten oder Mitglieder Vertrauen zu Ihnen finden?"

TORSTEN SCHÖPA | 29 JAHRE
VERMIETUNGSSERVICE

Mir ist es besonders wichtig, dass die Gespräche auf Augenhöhe stattfinden. Der Interessent oder das Mitglied soll sich wertgeschätzt fühlen, ganz gleich ob jung oder alt, ob mit großem oder kleinem Einkommen.
Das Interesse für die Genossenschaft ist wichtig. Wenn die Atmosphäre aufgeschlossen ist, entsteht automatisch ein Vertrauensverhältnis. Das wird verstärkt, wenn der Wohnungssuchende fachlich gut beraten wird. Manche Vorstellungen können nicht oder nicht gleich umgesetzt werden, aber auch eine Alternative verlangt gemeinsame Entscheidungen.

Vertrauen dient in vielen Gesprächen[3] als Basis des zwischenmenschlichen Austauschs. Ausnahmen bilden mitunter Streitgespräche oder Debatten von Kontrahenten (denken Sie an Gerichtsprozesse oder politische Diskussionen). Das Gros privater und beruflicher face-to-face-Interaktionen beruht jedoch auf einem Mindestmaß an Vertrauen. „Vertrauen schaffen ist der wichtigste Gesprächseinstieg", stellen beispielsweise Mitarbeitende in der Kundenbetreuung einer Greifswalder Wohnungsbaugenossenschaft fest (vgl. den Textauszug oben, entnommen aus WGG 2012, 28–29).[4] Die Berater reflektieren weiterhin, wie sie in Gesprächen mit (potenziellen) Mietern den Vertrauensaufbau fördern. Aus Sicht der Praktiker sind dafür neben sachlichen Kompetenzen vor allem auch Empathie und eine „positive Gesprächsentwicklung" wichtig.

---

[3] Zur Klassifizierung von Gesprächstypen bietet das kommunikativ-pragmatische Kategorieninventar von Henne/Rehbock (1995, 32–38) ein produktives Raster.
[4] Mitgliederzeitschrift der Wohnungsbaugenossenschaft Greifswald, „Wo wir wohnen", 9/2012, vgl. http://www.wgg-hgw.de/media/content/pdf/september_2012.pdf (Stand: 29.04.2016).

Woran lassen sich die genannten Merkmale festmachen? Gibt es kommunikative Merkmale, die den Vertrauensaufbau fördern oder ihn analytisch beschreibbar machen? Die Forschung hat sich bisher vorrangig der Vertrauensbildung in Beratungsgesprächen zugewendet (vgl. Haubl 2012, Nothdurft 1994). Für Nothdurft (vgl. 1994, 184) bilden Kompetenz und Vertrauen zentrale Grundpfeiler von Beratungsgesprächen: Das ‚Feststellen von Kompetenz' ist „mithin ein konstitutives interaktives Erfordernis, dem in Beratungsgesprächen Rechnung getragen werden muß" (Nothdurft 1994, 185). Jedoch ist das Feststellen der Kompetenz des Beraters seitens des Klienten nicht immer ungehindert möglich, daher versteht Nothdurft (1994, 199) „Vertrauen in Kompetenz" als funktionales Äquivalent zum „Feststellen von Kompetenz":

> ‚Vertrauen des Klienten in die Kompetenz des Beraters' bedeutet die Bereitschaft des Klienten, Wissen, Sichtweisen und Kenntnisse des Beraters fraglos zu übernehmen und die Geltung dessen, was der Berater tut, anzuerkennen.

Haubl (2012) nimmt eine psychologische Perspektive ein und widmet sich praxisnahen Überlegungen für Beratungs- und Coachingkontexte. Grundsätzlich stellt Haubl (2012, 41) mit Koller (1992) fest: „Vertrauenswürdigkeit ist Kultur übergreifend eine der am höchsten geschätzten menschlichen Eigenschaften". Aus den bisherigen Ausführungen wissen wir bereits, dass Vertrauenswürdigkeit keine an sich gegebene menschliche Eigenschaft darstellt, sondern das Ergebnis eines Zuschreibungsprozesses ist, der auf Kommunikation basiert (vgl. u.a. Kap. 3). Für Beratungsgespräche differenziert Haubl (2012, 29) zwischen *Rollenvertrauen* und *persönlichem Vertrauen*. Ersteres bezieht sich auf das Vertrauen des Klienten in die institutionelle Rolle des Beraters, dieses Vertrauen basiert beispielsweise auf der Ausbildung des Beraters und möglichen Zertifikaten über seine Kompetenzen (vgl. dazu die Rolle von Heuristiken zur Einschätzung von Kompetenz in Kap. 6, S. 116). Persönliches Vertrauen entsteht, wenn sich Berater und Klient bereits kennen und der Ratsuchende das Handeln seines Beraters bis zu einem gewissen Grad antizipieren kann. Erfüllen sich diese Erwartungen, dann wächst das Vertrauen des Klienten in den Berater. Haubl erkennt also die Dringlichkeit für Vertrauen in (Beratungs-)Gesprächen, jedoch bleibt die Frage offen, wie der Aufbau von Vertrauen im Gespräch kommunikativ ausgehandelt wird.

Liegt der Fokus auf non-, para- und verbalen Aktivitäten im Hinblick auf die Vertrauensbildung im Gespräch, bietet die Interaktionale Linguistik und darunter speziell die Interaktionale Stilistik ein produktives Analyseinstrumentarium. Barth-Weingarten (vgl. 2008, 79–80) verortet die Interaktionale Linguistik in der Forschungstradition der Konversationsanalyse sowie Ethnographie des Sprechens, die wir zu Beginn des Kapitels kennengelernt haben.[5] Sprache wird in der Interaktionalen Linguistik als ein soziales Phänomen verstanden, welches für die Sprecher mit einem spezifischen Zweck verbunden ist. Der Schwerpunkt liegt auf der Frage, mit welchen sprachlichen Handlungen wir unseren Alltag organisieren (vgl. Barth-Weingarten 2008, 81). Die Interaktionale Linguistik interessiert sich vor allem für das „Wie" von kommunikativen Handlungen. Dabei bestehen zwei wesentliche Forschungsstrategien, die sich in der Blickrichtung unterscheiden. Gefragt werden kann aus der jeweiligen Perspektive:

> 1) which linguistic resources are used to constitute particular conversational sequences and to carry out interactional activities, and
> 2) which interactional actions and conversational sequences are accomplished by particular linguistic resources. (Barth-Weingarten 2008, 81)

Die Blickrichtung kann sowohl von der Interaktionshandlung (in unserem Fall: Vertrauensbildung) als auch von den linguistischen Elementen aus erfolgen. Die erste Richtung ist stärker deduktiv ausgerichtet, während die zweite Perspektive induktiv vorgeht. Dabei schließen sich beide Perspektiven nicht aus, sondern ergänzen einander. Die Analyse eines Gesprächs (bzw. die Analyse eines Transkripts) erfolgt Schritt für Schritt entlang der turns (sequential analysis) und analytische Schlussfolgerungen werden mit den Anschlusshandlungen der jeweils folgenden turns verifiziert (next-turn proof procedure, vgl. Barth-Weingarten 2008, 87). Die Analyse hat einen breiten Fokus, da alle erdenklichen linguistischen Elemente für interaktionale Aktivitäten als relevant berücksichtigt werden. Um zu untersuchen, mit welchen Mitteln Gesprächsteilnehmende eine Vertrauensbasis schaffen, sind beispielsweise prosodische, syntaktische, lexiko-semantische und pragmatische Ressourcen mögliche Anhaltspunkte der Analyse.

Weiterhin berücksichtigen interaktional-linguistische Studien stets den Kontext, denn „the relationship between linguistic forms and their sequential interactional context is reflexive" (Barth-Weingarten 2008, 84). In einem Kontext, der bereits vor Beginn eines konkreten Gesprächs (präinteraktional) von den Beteiligten als vertrauensvoll eingeschätzt wird, sind somit andere linguistische Formen zu erwarten, als in einem Kontext, dem diese Eigenschaft fehlt. Die Interaktionale Linguistik erkennt folglich, dass non-, para- und verbale Elemente den Kontext modellieren. Dieses Verständnis teilt sie mit der ethnographischen Forschung. Die Wechselseitigkeit von Sprache und Kontext lassen sich mit Gedanken- und Rollenspielen nachvollziehen.

---

5 Gute Übersichten zur Interaktionalen Soziolinguistik und ihrer Forschungstradition finden sich bei Barth-Weingarten 2008, Hinnenkamp 1989 und Selting/Couper-Kuhlen 2000.

Gedanken- und Rollenspiel zur Wechselseitigkeit von Sprache und Kontext:
Gedankenspiel: Denken Sie an ein Gespräch zwischen zwei Freunden sowie an ein Gespräch zwischen einem Bankangestellten und einen Kunden. Welche sprachlichen Formen erwarten Sie jeweils hinsichtlich der Markierung von Vertrauen?

Rollenspiel: Stellen Sie mit einem Partner ein universitäres Sprechstundengespräch nach. Wählen Sie aus, wer die Rolle des Dozenten/der Dozentin einnimmt und wer den Studenten/die Studentin spielt. Überlegen Sie sich vorab und jeweils individuell, mit welchen non-, para- und verbalen Ressourcen Sie eine vertrauensvolle Gesprächsatmosphäre schaffen möchten. Der/die Studierende überlegt zudem, mit welchem Anliegen er/sie die Sprechstunde des Dozenten/der Dozentin aufsucht. Beginnen Sie sodann Ihr Gespräch und führen Sie es zwei Minuten. Achten Sie insbesondere darauf, wie Sie auf die Beiträge Ihres Gegenübers eingehen und wie jeder neue turn auf den vorherigen bezogen ist. Diskutieren Sie anschließend Ihre Beobachtungen. Berücksichtigen Sie auch folgende Fragen:
– Haben Sie die kontextsensible Interaktionsweise Ihres Gesprächspartners bemerkt?
– Welche Sequenzen der Vertrauensbildung haben Sie festgestellt?

Stil als zentrale Kategorie für den Aufbau von Vertrauen wurde bereits in Kapitel 5 festgestellt. Im Hinblick auf Gespräche wird somit der Gesprächsstil für die Vertrauensbildung relevant. Schwitalla (2008, 1055, Hervorhebung i.O.) schlägt vor,

> unter *Gesprächsstil* die Art und Weise zu verstehen, in der Individuen oder Gruppen Gespräche insgesamt und die damit notwendig verbundenen Aufgaben (die Gesprächsorganisation, die Beteiligtenrollen, die Themenauswahl und -abgrenzung, sprachliche Handlungen, die Modalität, die Beziehungsgestaltung) in einer ähnlichen Weise realisieren und wie dies auch Gesprächsteilnehmer oder Beobachter interpretieren können.

Kuhnhenn (vgl. 2014, 326) konnte im Zusammenhang mit einer Rezeptionsstudie feststellen, dass für die Glaubwürdigkeitskonstitution bei der Rezeption politischer Akteure ein kohärenter und konsistenter Gesprächsstil ausschlaggebend dafür ist, ob sie von Rezipienten als glaubwürdig eingeschätzt werden. Da Glaubwürdigkeit eine Bedingung von Vertrauen darstellt (vgl. Kap. 4), dürfte der Stellenwert des Gesprächsstils für die Vertrauensbildung ähnlich relevant sein.

Der holistische Gesprächsstil eines Sprechers kann mit den Prinzipien der Interaktionalen Stilanalyse erfasst und detailliert beschrieben werden. Die Interaktionale Stilanalyse arbeitet mit den Grundprämissen der Interaktionalen Linguistik, betont jedoch stilistische Aspekte (vgl. zur Methode Selting 2008; Kuhnhenn 2014, 113). Mit diesem Instrumentarium können wir ein Gespräch also dahingehend untersuchen, welche sprachlichen Elemente den Gesprächsstil eines Gesprächsteilnehmers konstituieren und wie dieser Gesprächsstil seine Vertrauenswürdigkeit fördert.

Die forschungspraktischen Schritte einer Interaktionalen Stilanalyse legt Selting (2008, 1044) dar:

(1) Data collection and first intuitive selection of sequences amenable to stylistic analysis.
(2) Structural analysis: deconstruction of holistic styles into their smallest stylistically relevant cues, then analysis of rules of co-occurrence and alternation of cues.
(3) Functional analysis: reconstruction of style as a contextualization cue for the suggestion of interpretive frames and analysis of their functions to trace the organization of conversation with respect to, for instance, the definition of the situation, making actions and their parts interpretable, self-presentation, negotiation of participant relationships.
(4) Validation/warranting of the analysis: proof of the interactional relevance of style for the participants in the interaction; that is: demonstration of the recipient's orientation to and treatment of style choices and/or alter(n)ations in their subsequent talk; with major focus on:
(4a) the analysis of the co-occurrence of prosodic, syntactic and other implicit cues with verbally explicit lexical cues;
(4b) analysis of expected and restricted styles in relation to actions;
(4c) comparison of the style of an action with the previously used style in the interaction;
(4d) reconstruction of the function, of the suggested interpretation, and of the interactional organization of the style and/or alter(n)ation used in its sequential context;
(4e) analysis of recipients' reactions/responses and interpretations in subsequent turns;
(4f) analysis of responses to deviant cases in which style is not used as expected by the recipients.

Ausgehend von diesen theoretischen und methodischen Grundlagen zur Analyse von Interaktionen wenden wir uns nun empirischen Beobachtungen zu.

Im Folgenden werden wir das Transkript eines privaten Gesprächs zwischen zwei Freundinnen[6] dahingehend analysieren, mit welchen kommunikativen Aktivitäten sie potenziell ihr gegenseitiges Vertrauen fördern. Ein solches Alltagsgespräch wurde deshalb für die Analyse ausgewählt, weil dieser Gesprächstyp universell existiert und für Menschen unterschiedlicher Lebenswelten zur Alltagspraxis gehört. Im Sinne ethnographischer sowie konversationsanalytischer Forschung berücksichtigen wir dafür authentisches Datenmaterial (kein geskriptetes Gespräch). Die beiden Sprecherinnen wussten zwar, dass ihr Gespräch aufgenommen wird, aber die Gesprächsthemen waren nicht vorgegeben. Zudem sind die Sprecherinnen befreundet, sodass diese private Unterhaltung nicht inszeniert ist. Ein Beobachterparadoxon oder sozial erwünschtes Handeln auf Seiten der Sprecherinnen ist dennoch nicht ausgeschlossen (vgl. Brinker/Sager 2010, 31).

Das Gespräch wurde nach den Gesprächsanalytischen Transkriptionskonventionen 2 (GAT 2) transkribiert (vgl. Selting et al. 2009), wobei nonverbale Merkmale nicht berücksichtigt wurden. Grundsätzlich orientieren sich die GAT-2-Transkriptionskonventionen an der schriftsprachlichen Orthographie, gleichwohl besteht eine Reihe von Besonderheiten in der Notation. So werden beispielsweise Verschleifungen und regionalsprachliche Merkmale transkribiert (vgl. z.B. „so_n" in Z. 067). Außerdem wird das gesprochene Wort nach den GAT-2-Konventionen in Klein-

---

6 Jan Oliver Giese, Marc Grüneberg, Julian Mill, Gero von Roedern und Melanie Teichmann gilt herzlicher Dank für die Bereitstellung des Transkripts.

schreibung verschriftlicht. Majuskeln markieren Akzentuierungen (siehe „PEINlich", Z. 040, die Akzentuierung liegt auf „PEIN"). Dehnungen werden mit einem Doppelpunkt markiert und Tonhöhensprünge mit einem Pfeil (vgl. Z. 086). In Zeile 083 des folgenden Transkripts ist zudem ein tiefes Tonhöhenregister notiert (<<t>...>). Pausen werden mit einer runden Klammer dargestellt, z. B. Mikropause (.) oder kurze Pause (-). Ein- und Ausatmen werden ebenfalls transkribiert (°h bzw. h°). Sprachbegleitende para- und außersprachliche Handlungen werden in spitzen Klammern angezeigt, wobei die zweite schließende Klammer die Reichweite markiert, so beispielsweise auch bei „Smile voice" in Zeile 72: <<:-)> ...>. Lautstärke und Tempo werden ebenso mit spitzen Klammern dargestellt, in Zeile 62 steht <<f> ...> für lautes Sprechen (forte). Simultansequenzen werden mit eckigen Klammern dargestellt: [...], in Zeilen 43 und 44.

Das Transkript eines Gesprächs stellt zwangsläufig eine Reduktion der tatsächlichen Interaktion dar. So können beispielsweise nicht alle paraverbalen Charakteristika wiedergegeben werden. Zudem prägt die „Brille" der Transkribierenden die Aufzeichnung; Nothdurft (2006) diskutiert dies ausführlich unter dem Begriff „Gesprächsphantome". Trotz dieser Einschränkungen ist das transkribierte Wort eine Möglichkeit, um die flüchtige gesprochene Sprache materiell fassbar und der Analyse im Rahmen von schriftlichen Darstellungen zugänglich zu machen.

Die Sprecherinnen des nachstehenden Gesprächs (F1 und F2) sind Freundinnen, Studentinnen und beide sind 20 Jahre alt. Die vorliegende Sequenz stellt eine Teilphase der Kernphase dar. Das Gespräch zwischen den Freundinnen ist in vollem Gange. Sprecherin F1 berichtet von einem Bewerbungsgespräch, welches sie via Internettelefonie mit einem Unternehmen in Dänemark geführt hat. Während des Bewerbungsgesprächs saß sie selbst mit ihren Mitbewohnern (Frauke und Chris), die im Gespräch erwähnt werden, in einer Küche.

Achten Sie bei der Lektüre des Transkripts auf die folgenden Aspekte:
- Welche kommunikativen Handlungen und Gesprächscharakteristika zeigen die freundschaftliche Beziehung der Sprecherinnen an?
- Was für einen Eindruck haben Sie von den beiden Sprecherinnen (F1 und F2)? Charakterisieren Sie knapp deren jeweiliges Auftreten und Agieren im Gespräch.
- Welche kommunikativen Handlungen fallen Ihnen besonders auf? Schätzen Sie diese als eher vertrauensfördernd oder vertrauensmindernd ein?

Transkript 1: Privates Gespräch unter Freunden

```
036    F1:    frauke auf dem sessel (.) chris auf diesem hocker davo:r
037           (-)
038    F2:    hm
039    F1:    und haben wirklich nichts gesa:gt (-)
040           und (.) hehe (.) mir war das so (.) PEINlich weil
```

```
041            zwischenzeitlich ist äh mein tablet umgekippt
042     F2:    hehe
043     F1:    weil ich sone megageile Konstruktion gbaut °h [hab]
044     F2:                                                [ ha] hehe
045     F1:    pass auf ich wollte nich das die mich imma so von UNten
046            se:hn (.)
047     F2:    hm
048     F1:    weil man da ja irgendwie immer echt SCHEIße aussieht (.)
049     F2:    hm=hm
050     F1:    und dann hab ich mir gedacht oke: wir kriegst des hin
051            und dann hab ich des tablet halt (-) so: senkrecht (--)
052            und ich denk nur senkrecht (-) und wollte das aber auch
053            nich die ganze Zeit so haltn weil ich mir nebenbei (noch n
054            paar) NotIzen machen wollte (---) und dann hab ich das
055            AUF DEN TOA:Ster <<lachend>gestell'> haha
056     F2:    <<lachend>gei_eil>
057     F1:    °h ich hatte den to:ster in einer ritze war das teil so halb
058            <<lachend> eingeklemmt>
059     F2:    = <<f> hihi ich stell mir grad vor wie (        ) brennt
                hehe
060            (.) und sie so oh was ist jetzt passiert> (-)hehe
061     F1:    °h hihihi
062     F2:    <<f> und oh entschuldigung sie sind gerade im <<lachend>
063            toa:ster>>
064     F1:    hahahaha (.)°h ne_e das wars nich (-) es ist irgendwann hat
065            diese konstruktion nich mehr so geHALtn und das ding ist
066            so nach hinten umgekippt (-) das proble:m wa:r frauke und
067            chris hatten für den abend so_n bißchen alkohol gekauft
068     F2:    ja
069     F1:    und der stand dahinter (---)
070     F2:    hehehe
071     F1:    ne es is nicht <<f>UMgekippt> (.) das problem war das BIL:D
072     F1:    zeigte einen [Moment lang] einfach <<f>[nur <<:-)>son]>
073     F2:                 [ja]                     [haha]
074     F1:    sammelsusammelsurium an äm (-) FLAschen?
075            und ich stell die <<acc>schnell wieder hin so>
076            OH! entschuldigung
077            die so mh:?
078            na haben_se n bisschen durst?
079            (--)
080            <<:-)>joa::><<f>haha>
```

```
081    F2:                  [unverständlich, ca. 0,5 Sek]
082    F1:         [das]1 ist von meinem äh(-) <<witzig, unangenehm>
083                <<t>mitbewoh:nern>> haha
084    F2:         [geil]
085    F1:         <<h°>ja> (-)
086                naja und sie hat sich ↑-TROTZdem positiv gemeldet
087                war ganz nett hahaha
088    F2:         cool
089    F1:         ja (---)
```

Welche kommunikativen Aktivitäten zur Aushandlung von Vertrauen lassen sich in dieser Sequenz aufspüren? Um diese Frage zu beantworten, analysieren wir das kommunikative Handeln sowie die sprachlichen Merkmale, die jeweils den Gesprächsstil der beiden Sprecherinnen konstituieren. Die kommunikativen Handlungen und die Gesprächsstile werden dabei im Hinblick auf die Funktion „Vertrauensaufbau" untersucht. Für die Analyse orientieren wir uns an der Interaktionalen Stilanalyse nach Selting. Dabei werden wir zunächst einen intuitiven Gesamteindruck der Gesprächsatmosphäre verschriftlichen (Schritt 1 bei Selting 2008, 1044). Dieser Gesamteindruck wird sodann auf die kleinsten stilistischen Einheiten der Gesprächsstile zurückgeführt. Dergestalt soll analysiert werden, welche sprachlichen Merkmale den jeweiligen Gesprächsstil formen. Dabei nehmen kookkurrierende sprachliche Merkmale – d.h. Merkmale, die gemeinsam auftreten – eine besondere Stelle ein. Ein Fall der Kookkurrenz wäre beispielsweise ein Ausdruck der Verwunderung bei steigender Intonation (den Analyseschritt der „Dekonstruktion"[7] stellt Selting 2008, 1044 dar). In einem nächsten Schritt werden wir den Stil hinsichtlich der Funktion der Vertrauensförderung diskutieren (Schritt 3 bei Selting 2008, 1044). Schließlich erfolgt die Validierung, wobei wir uns auf die Reaktion und somit den jeweils folgenden *turn* der Gesprächspartnerin beschränken (Schritt 4e bei Selting 2008, 1044).

Grundlegend sei vorab festgehalten, dass Gesprächsanalysen bis zu einem gewissen Grad subjektive Interpretationen sind. Die Berücksichtigung gesprächsanalytischer Kategorien und die Transparenz sowie Begründung der Interpretation (welches kommunikative Merkmal wird wie interpretiert?) sollen die Analyse intersubjektiv nachvollziehbar machen.

Der erste Analyseschritt – **intuitive Analyse** – zeigt, dass zwischen den beiden Frauen eine ungezwungene Gesprächsatmosphäre herrscht. Sie lachen viel und gemeinsam und sie thematisieren auch eher unangenehme Angelegenheiten. Bei-

---

[7] *Dekonstruktion* wird hier mit Selting (2008, 1044) als die Zerlegung des Gesprächsstils in seine einzelnen Bestandteile verstanden. Die *Rekonstruktion* gehört bei Selting zur Validierung und meint dann die Rückbindung der zuvor ermittelten Funktion des Gesprächsstils im sequenziellen Kontext.

des sind Merkmale, die auf eine bereits gegebene Vertrauensbasis hindeuten und vor allem in der Phase des ausgeprägten Vertrauens zu erwarten sind. Der private Charakter des Gesprächs unter Freundinnen zeigt sich somit anhand von kommunikativen Merkmalen.

Im zweiten Schritt erfolgt nun die **Dekonstruktion der Gesprächsstile.** F1 hat in dieser Sequenz mit Abstand die meiste Redezeit und bestimmt zudem inhaltlich das Gespräch, da sie eine Erfahrung aus ihrem Leben – ein Bewerbungsgespräch – wiedergibt. Deshalb analysieren wir zunächst den Gesprächsstil von F1.

Das Gespräch befindet sich zu Beginn der vorliegenden Sequenz in der Kernphase. F1 kündigt in Zeilen 040 und 045 an, dass sie eine pikante oder emotional aufgeladene Erfahrung berichten wird, die sie in hohem Maße persönlich betrifft. Die Emotionalität und persönliche Betroffenheit macht die Sprecherin mit der Bewertung „PEINlich" (Z. 040) explizit; die Stärke ihrer peinlichen Betroffenheit maximiert sie mit dem Fokusakzent. In Zeilen 040–041 gibt F1 eine Vorausschau auf das Malheur, das ihr passierte: „weil zwischenzeitlich ist äh mein tablet umgekippt". Die Gesprächspartnerin, F2, kann erahnen, dass die folgende Erzählung einerseits ein peinliches Moment, aber auch humorvolle Komponenten beinhaltet. Ihre Aufmerksamkeit und womöglich auch Vorfreude auf die gesamte Erzählung zeigt F2 mit Lachen an („hehe" in Z. 042). F1 schließt nahtlos an das Lachen ihrer Freundin an und erläutert, dass sie für das Bewerbungsgespräch „sone megageile Konstruktion gebaut" hat (Z. 043). Mit einem Imperativ sichert sich F1 weiterhin das Rederecht und die Aufmerksamkeit von F2 („pass auf" in Z. 045). Die „Konstruktion" – oder das Arrangement – ihres Tablets auf dem Toaster begründet F1 damit, dass ihre Gesichtsaufnahme per Videoschaltung nicht von unten sein sollte, „weil man da ja irgendwie imma echt SCHEIße aussieht" (Z. 048). Die Offenheit, mit der sie über die Bewertung ihrer eigenen Person spricht und die vulgäre Lexik kookkurrieren in diesem Beitrag. Die Pauschalisierung („immer"), der Einsatz von Modalpartikeln („irgendwie"; „echt") sowie der Fokusakzent auf ihrer negativen Bewertung („SCHEIße") verstärken die Emotionalität und persönliche Relevanz des aktuellen Themas. F2 honoriert die Ouvertüre zur eigentlichen und sogleich folgenden Erzählung mit einem „hm=hm", was sowohl Zustimmung als auch bloße Aufmerksamkeitsbekundung darstellen kann.

Die anschließende Erzählung von F1 zeigt Elemente des Vertextungsmusters der Narration: Zeilen 050–058 können wir als Klimax identifizieren. Nachdem die Sprecherin zuvor begründete, dass sie nicht von unten aufgenommen werden wollte, erzählt sie nun im polysyndetischen Stil, was sie in der damaligen Situation gedacht hat. Die Aneinanderreihung von gleichen Konstruktionen konstituieren hier den Aufbau der Narration und die linear-chronologische Reihenfolge der Wiedergabe von Teilereignissen: „und dann hab ich [...] und dann hab ich [...] und ich denk nur [...] und wollte [...]" (Z. 050–053). Die Zuspitzung dieser Klimax stellt den Grund für das später geschilderte Problem dar, nämlich dass F1 das Tablet „AUF DEN

TOA:Ster" (Z. 055) stellte. Paraverbale Merkmale, nämlich der Fokusakzent und die Dehnung auf „Toaster" signalisieren, dass diese Information wichtig ist. Ihre humorvolle Interpretation verdeutlicht die Sprecherin mit einem Lachen. F2 honoriert die bisherige Erzählung mit „geil" und erwidert die humorvolle Kontextualisierung (Z. 056). F1 erläutert zunächst lachend die genaue Position des Tablets, nämlich halb eingeklemmt in einer Ritze. In Z. 059–063 ergreift F2 ohne Pause das Rederecht und verbalisiert ihr Kopfkino, ihre Vorausahnung, dass das Tablet in den Toaster gerutscht sei. Den humorvollen Kontext verstärken beide Sprecherinnen mit explizitem Lachen. In Z. 064 ergreift F1 nach einer Mikropause wieder das Rederecht und korrigiert F2 dahingehend, dass deren Vermutung nicht zutreffe: „ne_e das warsnich". Solch eine Fremdkorrektur ist im Vergleich zu anderen Reparaturmechanismen (fremd- oder selbstinitiierte Selbstkorrektur) weniger präferiert (vgl. Levinson 2000, 371). Die explizite Fremdkorrektur ohne entschuldigende Begleitung (beispielsweise mit einer freundlichen Entschuldigung, dass eine Korrektur erfolgt), aber in Kombination mit lautem Lachen verdeutlichen abermals das freundschaftliche Verhältnis der Sprecherinnen.

In Z. 064–074 löst F1 schließlich die Klimax vollends auf und erzählt, dass das Tablet umkippte und dabei für einen Moment ein „Sammelsurium an Flaschen" (Z. 074) zeigte. „Flaschen" stellt eine anaphorische Wiederaufnahme von „Alkohol" (Z. 067) dar und damit den Kern des peinlichen Moments – die potenziellen Arbeitgeber von F1 sahen für einen Moment nicht die Bewerberin, sondern Alkoholflaschen. F1 gibt anschließend in Form von indirekter Rede den damaligen Gesprächsbeitrag des dänischen Arbeitgebers wieder, wobei die humorvolle Kontextsetzung durch smile Voice (:-), Z. 080), Lachen und einer ironischen Bemerkung („haben sie ein bisschen durst?", Z. 078) angezeigt wird. In der Evaluation löst F1 die problembehaftete Schilderung auf, indem sie klarstellt, dass sich die Dänin „↑TROTZdem positiv gemeldet" hat (Z. 086–087). Der Fokusakzent sowie der Tonhöhensprung auf dem Konjunktionaladverb fungieren als Kontextualisierungshinweise, dass der negativ-peinliche Fauxpas (Alkoholbild beim Bewerbungsgespräch) die erfolgreiche Bewerbung nicht verhinderte. Zum Ende der Gesprächssequenz beschränken sich die Redebeiträge von F2 auf Hörersignale der Aufmerksamkeit („ja" in Z. 068 und 073), positiven Evaluation und Bestätigung der humorvollen Kontextgestaltung (Z. 070, 073, 084, 088).

Der Gesprächsstil von F1 kann insgesamt als locker und umgangssprachlich beschrieben werden. Dies zeigt sich zusammenfassend an der Wiedergabe von Emotionen und Meinungen („peinlich", „echt Scheiße") sowie dem umgangssprachlichen bis derben Register. Eine Reihe von Modalpartikeln, Exklamationen („OH!", Z. 076) sowie das durchgehend laute Lachen sind weitere Elemente des Gesprächsstils von F1, der in diesem Kontext weiterhin als emotional involviert und persönlich betroffen gefasst werden kann. Ihre zahlreichen und detaillierten Redebeiträge, ihr Imperativ an F2 zur Aufmerksamkeitsförderung (Z. 045) und ihre Fremdkorrektur sowie grundlegend die Themenwahl eines persönlichen Malheurs zeigen ihre hohe Beteiligungsrolle an und bestärken damit den Gesprächsstil, der sich durch ein hohes Involvement und Emotionalität auszeichnet.

Von F2 sind in diesem Beitrag hauptsächlich Hörersignale zu beobachten. Diese zeigen allesamt Aufmerksamkeit an und/oder bestätigen jeweils die humorvolle Kontextsetzung von F1. Zudem greift F2 positive Evaluationen von F1 auf, zum Teil wörtlich. So ist die Hörerrückmeldung „geil" (Z. 056) eine Teilwiederholung und inhaltliche Bestätigung von „megageile Konstruktion" (F1 in Z. 043). In Z. 084 („geil") und abschließend in Z. 088 evaluiert F2 die ganze Geschichte und deren erfolgreichen Ausgang als „cool". Die Wortwahl von F2 ist ebenfalls umgangssprachlich und ähnelt der von F1. Zusammenfassend lässt sich der Gesprächsstil von F2 als aufmerksam und sprecherorientiert klassifizieren, da sie der zentralen Akteurin des Geschehens, F1, Raum für eine Narration lässt und die Erzählung mit zahlreichen Hörerrückmeldungen aktiv am Laufen hält.

Nachdem wir die Gesprächsstile der beiden Sprecherinnen beschrieben haben, können wir das Gespräch im Hinblick auf Aspekte des **Aufbaus bzw. der Pflege von Vertrauen** interpretieren. An dieser Stelle wollen wir zwei Ebenen differenzieren: Zum einen die Ebene der Beziehung zwischen den beiden Sprecherinnen, zum anderen die Ebene der formellen Beziehung zwischen F1 und ihren potenziellen Arbeitgebern in Dänemark. Als erstes beschränken wir uns auf den Vertrauensaufbau bzw. die Pflege von Vertrauen zwischen F1 und F2.

Vorab gehen wir davon aus, dass zwischen den beiden Frauen bereits ein gewisses Vertrauensverhältnis besteht, da sie miteinander befreundet sind. Die Beziehung dürfte sich somit bereits auf der Stufe des ausgeprägten Vertrauens befinden (vgl. Kap. 3, Abb. 2). In dem vorliegenden Gespräch wird das persönliche Vertrauen anhand verschiedener Merkmale offenbar. Zunächst zählt hierzu die Themenwahl von F1. Die Studentin erzählt ein für sie wichtiges und gleichsam peinliches Erlebnis, an dessen Peinlichkeit sie zudem aktiv beteiligt war. Dass sie offen ihre Emotionen und ihren Fauxpas wiedergibt, kann als Zeichen für ihr Vertrauen zu F2 interpretiert werden. F2 honoriert dieses Vertrauen signalisierende Zeichen, indem sie sich als aktive Zuhörerin zeigt und sich den humorvollen Kontextsetzungen sowie Evaluationen von F1 anschließt. Die explizite Korrektur, die F1 an der Vermutung von F2 vornimmt, nimmt F2 kommentarlos hin. Die markierte Form der Fremdkorrektur scheint der freundschaftlichen Beziehung keinen Abbruch zu leisten. F2 zeigt im gesamten Gesprächsverlauf Interesse an ihrer Gesprächspartnerin und deren Problemschilderung.

Beide Interaktionspartnerinnen modellieren aktiv einen humorvollen und salopp-lockeren Kontext. Konstitutiv hierfür sind das beidseitige Lachen, die kongruenten positiven Evaluationen sowie die aktiven Beteiligungen an der Narration, was mit gemeinsamen Elementen der beiden Gesprächsstile einhergeht, wie zuvor beschrieben wurde. Die gemeinsame Schaffung und gegenseitige Bestätigung der lockeren Gesprächsatmosphäre kann als koordiniertes Handeln der beiden Sprecherinnen interpretiert werden. Wenngleich die Redebeiträge von F1 quantitativ wesentlich umfangreicher sind und sie als Protagonistin der Narration verstanden werden kann, zeigen die knappen Beiträge von F2 eine ähnliche Lexik wie die Beiträge von F1. Beide Sprecherinnen realisieren dergestalt ein konsistentes Recipient Design, was als Zeichen für das gegenseitige Interesse und Vertrauen verstanden werden kann.

Zusammenfassend zeichnen verschiedene kommunikative Merkmale der jeweiligen Gesprächsstile ein konsistentes Bild. Im Fall von F1 zählen hierzu die Themenwahl, eine umgangssprachliche Lexik, die Offenlegung von Emotionen sowie häufiges Lachen. Im Hinblick auf den Gesprächsstil von F2 sind ebenfalls die umgangssprachlich-saloppe Lexik, das frequente Lachen und die aktive Rolle als Hörerin konstitutiv. Schließlich zeichnen nicht nur die Gesprächsstile für sich jeweils stimmige Bilder, sondern auch das Zusammenspiel der beiden Stile verläuft kongruent: F1 gibt sich als Protagonistin ihrer Erzählung und gibt Einblicke in ihr Gefühlsleben. Im Hinblick auf die Selbstdarstellung kann man das erzählte Bewerbungsgespräch auf der Vorderbühne ansiedeln. Dies zeigt sich an dem erzählten Setting und der „appearance", die von F1 strategisch durchdacht waren. Sie wollte zum einen während der Internettelefonie nicht unvorteilhaft „von unten" im Bild erscheinen und zum anderen platzierte sie das Tablet so, dass die Alkoholflaschen nicht zu sehen waren. Im Gespräch mit ihrer Freundin gibt F1 explizit ihre Gedanken zum Impression Management und ebenso das peinliche Fettnäpfchen wieder. Bei dieser Offenheit kann verstärkt von einer Performanz auf der Hinterbühne ausgegangen werden: F1 thematisiert die „Inszenierung" auf der Vorderbühne für die dänischen Arbeitgeber und kommentiert sie für die Freundin in offener Weise.

Anders stellt sich der Vertrauensaufbau zwischen F1 und den Dänen dar. Man kann davon ausgehen, dass sich F1 und die Dänen persönlich nicht kennen und somit lediglich ein latentes Grundvertrauen besteht. Wie bereits erwähnt, versucht F1 im Bewerbungsgespräch ein positives Image von sich aufzubauen, vermutlich auch, um das Vertrauen der Dänen und potenziellen Arbeitgeber zu gewinnen. Als Strategien des Impression Management wurde die bewusste Inszenierung des Settings und der eigenen „appearance" herausgearbeitet, obwohl F1 nicht allzu viel Mühe in die Inszenierung des Settings investiert – statt die Alkoholflaschen wegzuräumen, platziert sie das Tablet so, dass die Flaschen nicht im Bild sind. Wegen der Instabilität der Konstruktion misslingt die Inszenierung und der Alkohol wird für die potenziellen Arbeitgeber sichtbar. In diesem Moment besteht die Gefahr der Stigmatisierung: Womöglich erscheint F1 nun weniger kompetent und/oder ihr bis dato seriöser Auftritt im Bewerbungsgespräch erscheint im Licht der Alkoholflaschen inkonsistent (ist sie eine seriöse Bewerberin oder ein „Partytier"?). Die Befürchtung, dass das Bild der Alkoholflaschen in der privaten Umgebung negativ interpretiert werden könnte, zeigt sich an verschiedenen kommunikativen Handlungen von F1. Zunächst zählt hierzu die Bewertung „PEINlich" (Z.040), die F1 ihrer Narration vorausschickt. Auch ihr Tonfall, der eine Mischung zwischen peinlicher Betroffenheit und humorvollem Unterton (Z. 082) darstellt, sowie die abschließende Evaluation, dass sich die Dänen „↑TROTZdem" (Z. 086) positiv zurückgemeldet haben, lassen sich dahingehend interpretieren, dass wegen des verrutschten Tablets die Gefahr einer Stigmatisierung (als unseriös, „Partytier" o.ä.) bestand. In der Erzählung scheinen gleichwohl die dänischen Arbeitgeber die Studentin aufgrund des Vorfalls nicht negativ zu bewerten. Stattdessen scheinen sie den Unfall als wenig relevant einzuschätzen und für den Vertrauensaufbau scheint er keine Bedrohung darzustellen (vgl. die Wiedergabe der Reaktion der Dänen in Z. 078). Die strategische Planung und Inszenierung des Bewerbungsgesprächs seitens F1 können als Beispiele für Impression Management und für Recipient Design interpretiert werden. F1 versucht möglichst achtbar und vorteilhaft (kompetent?) zu erscheinen und auch nach dem Malheur mit dem Tablet versucht sie ihre Seriosität aufrecht zu erhalten, indem sie den Alkohol ihren Mitbewohnern zuschreibt (Z. 082–083). Der Aufbau des seriösen Images, welcher sich am Gegenüber „potenzieller Arbeitgeber" orientiert, legt den strategischen Vertrauensaufbau auf der Vorderbühne „Bewerbungsgespräch" offen.

Der letzte Schritt der Analyse besteht in der **Validierung** der Ergebnisse aus den vorherigen Analysestufen. Unter der gesprächsanalytischen Grundkategorie „Interaktivität" mit Fokus auf Vertrauensaufbau wurde eingangs festgestellt, dass für Vertrauen beide Seiten – Vertrauensgeber und Vertrauensnehmer – unabdingbar sind. Ob die bisherigen Analysen zum Vertrauensmanagement zwischen F1 und F2 plausibel erscheinen, soll abschließend mit einem Resümee der sequenziellen Kongruenz der Sprecherbeiträge komprimiert beantwortet werden. Weiter oben wurden die aktive Beteiligungsrolle von F2 an der Narration von F1 festgestellt, beide bauen folglich die Erzählung auf: F1 als Initiatorin und F2 als Respondierende. Das Beispiel der (wenngleich nicht zutreffenden) Vermutung von F2, welches Malheur während des Bewerbungsgesprächs passiert sein könnte, und der unmittelbaren Fremdkorrektur durch F1 steht stellvertretend für die aktive Beteiligung beider Sprecherinnen und der sequenziellen Interaktivität (hier die Paarsequenz: Vermutung – Fremdkorrektur, Z. 059–066). Ohne ihre jeweilige Interaktionspartnerin können F1 und F2 ihre Rollen im Gespräch nicht ausüben. Zudem bestätigen beide Sprecherinnen die Evaluationen der jeweils anderen. Insgesamt finden sich verschiedene kommunikative Merkmale und Handlungen, die als Manifestierung des bereits gegebenen persönlichen Vertrauens interpretiert werden können.

Eine weitere Form der Validierung ist die Analyse kookurrierender kommunikativer Mittel eines Gesprächsstils (vgl. Schritt 4a in Selting 2008, 1044). In ihren Beiträgen gibt F1 Einblicke in ihre Gedankengänge und individuellen Empfindungen (Zn. 040, 045, 050); die Akzentuierungen können dahingehend interpretiert werden, dass ihr die persönlichen Einschätzungen sehr wichtig sind („PEINlich", Z. 045

und „SCHEIße", Z. 048). Verbale und paraverbale Merkmale treten an diesen Stellen gemeinsam auf und verstärken gegenseitig ihre Intensität. Abschließend sei festgestellt, dass möglicherweise auch kommunikative Handlungen vorliegen, die eher vertrauensmindernd wirken. Beispielsweise könnte F2 die explizite Fremdkorrektur in Zeile 064 auch als Affront oder unfreundliche „Zurechtweisung" verstehen. Der sequenzielle Verlauf legt diese Interpretation jedoch nicht nahe. Die Reaktionen von F2 validieren die Analyse dahingehend, dass in und mit diesem Gespräch Vertrauen zwischen den Gesprächsteilnehmerinnen gestärkt wird (zur Analyse des sequenziellen Verlaufs als Mittel der Validierung vgl. Schritt 4e in Selting 2008, 1044).

Aufgaben zur Wiederholung:
- Fassen Sie die Merkmale von Gesprächen mit eigenen Worten zusammen und erläutern Sie diese vor dem Hintergrund der Konstitution von Vertrauen.
- Erläutern Sie, inwiefern für die Vertrauensbildung im Gespräch die Goffmanschen Konzepte *Image* und *Impression Management* relevant sind. Stellen Sie dar, wie diese Konzepte mit den Kommunikationsdimensionen der Vertrauensförderung (*Selbstdarstellung, Beziehungsgestaltung, Themen*) verknüpft sind.
- Stellen Sie sich vor, dass Sie zu einem Blind-date gehen. Welche non-, para- und verbalen Ressourcen setzen Sie ein, um bei Ihrem Gesprächspartner einen u.a. auch vertrauenswürdigen Eindruck zu erwecken?
- Diskutieren Sie an diesem Beispiel die Prämisse der Interaktionalen Linguistik, dass Analysen von Gesprächen sequenzweise geschehen.
- Diskutieren Sie kritisch die Subjektivität von interaktionalen Handlungen.
- Diskutieren und begründen Sie, was die linguistische Gesprächsanalyse von alltäglichen Interpretationen interpersonaler Kommunikation unterscheidet.

Als Fazit können wir Folgendes festhalten: In Face-to-face-Interaktionen nehmen die Gesprächsstile der Gesprächspartner eine zentrale Rolle für den Aufbau von Vertrauen ein. Der Gesprächsstil besteht aus para-, non- und verbalen Elementen. Ergeben diese Merkmale aus Sicht der Interaktionspartner ein konsistentes Gesamtbild, ist im besten Fall eine erste Basis für die Konstitution von Vertrauen gegeben. Dabei ist die Angemessenheit der kommunikativen Mittel in dem jeweiligen Kontext zu berücksichtigen. Dies umfasst die Frage, in welcher Beziehung die Sprecher zueinander stehen und um was für einen Gesprächstyp es sich handelt. Stil – sowohl in schriftlicher als auch mündlicher Kommunikation – ist stets eine holistische Gestalt, da Stil das Zusammenspiel von kommunikativen Merkmalen auf verschiedenen linguistischen Ebenen umfasst.

Stil lässt sich sowohl bei geschriebener als auch gesprochener Kommunikation untersuchen. In beiden Fällen muss ein grundsätzlich pragmatischer Ansatz gewählt werden, um den Stil der jeweiligen Bezugsgröße genau zu erfassen. Für die Analyse geschriebener Texte bietet die pragmatische Stilistik ein geeignetes Analyseinstrumentarium (vgl. Kap. 5). Bei der Analyse von Gesprächen müssen Kategorien berücksichtigt werden, die das dynamische Wesen von Gesprächen einfangen können. Als geeignetes Analyseverfahren hat sich die interaktionale Stilistik etabliert. Die pragmatische Stilistik und die interaktionale Stilistik fassen Stil als Handeln auf und gehen bei der Analyse holistisch vor. Beide Ansätze sind in diesem Sinne grundsätzlich pragmatisch, was eine wesentliche Gemeinsamkeit darstellt. Sie zielen darauf ab, Sekundärinformationen pragmatischer Art herauszuarbeiten, Form-Funktions-Beziehungen zu ermitteln, Muster und Abweichungen zu erfassen und der Komplexität der untersuchten Kommunikation in der Analyse möglichst gerecht zu werden, indem alle potenziell zeichenhaften Aspekte beachtet werden. Durch die unterschiedliche Bezugsgröße, die jeweils untersucht wird, ergeben sich Unterschiede zwischen den Ansätzen. Die folgende Tabelle 2 fasst die Unterschiede in vereinfachter Form zusammen.

Tab. 2: Pragmatische und Interaktionale Stilanalyse – ein Vergleich

Kriterium	Pragmatische Stilistik	Interaktionale Stilistik
Bezugsgröße	ganzer (zumeist geschriebener) Text	Gespräch, Interaktion
Analysematerial	zu untersuchender Text	Transkript des Gesprächs
Theoretische Basis	linguistische Pragmatik, Sprechakttheorie	Konversationsanalyse, Ethnomethodologie, Interaktionale Linguistik
Analyseschritte	W-Fragen: Wer – sagt was – mit welcher Art von Text – zum wem – zu welchem Zweck – mit welcher Wirkung – wie?	Intuitive Analyse, Strukturanalyse, Funktionsanalyse, Validierung

9 Vertrauen und Diskurs

Wir haben bereits hinreichend Beispiele für unsere grundlegende Annahme, dass Vertrauen in der Interaktion entsteht, diskutiert. An konkreten sozialen Interaktionen sind immer konkrete soziale Akteure beteiligt. Diese können als Einzelakteure agieren oder aber in ihrer Rolle als VertreterInnen von gesellschaftlichen Institutionen. Vor dem analytischen Hintergrund der pragmatischen Stilistik haben wir deswegen stets die sozialen Rollen und kommunikativen Absichten der Akteure berücksichtigt. Auch aus Sicht der Gesprächsanalyse muss möglichst genau erfasst werden, in welchen Rollen die Gesprächspartner agieren, welche Beziehungen zwischen ihnen kommunikativ konstruiert werden, welche kommunikativen Ziele sie verfolgen etc. Im Mittelpunkt unserer Betrachtungen standen somit die vertrauensbildenden Mechanismen in der Kommunikation von konkreten sozialen Akteuren, die als solche in der schriftlichen wie mündlichen Kommunikation agieren und sichtbar werden. Diese akteurszentrierte Perspektive werden wir nun teilweise verlassen. Wir begeben uns auf die Ebene des Diskurses und verschieben mit dem Blick auf Diskurse unseren Fokus auf kollektive, öffentliche Phänomene.[1] Bei einer ersten Annäherung an den Diskursbegriff wollen wir darunter kollektiv diskutierte Themenkomplexe verstehen. Unsere Ausgangsüberlegung ist, dass Vertrauen auch diskursiv – d.h. in der Interaktion auf kollektiver Ebene – entstehen kann.

Denken Sie an einen massenmedialen Diskurs, der in den letzten Jahren öffentlich präsent war.
- Welche Themen wurden problematisiert?
- Gab es für den Diskurs einen konkreten Auslöser? Wenn ja, welchen?
- Welche Akteure (Personen, Personengruppen, Institutionen o.ä.) waren an dem Diskurs beteiligt?
- Durch welche Medien im weitesten Sinne haben Sie den Diskurs rezipiert (z.B. durch Printmedien, Online-Medien, Fernsehen, Radio, soziale Netzwerke, Ausstellungen, universitäre Lehre, persönliche Gespräche etc.)?
- Haben Sie sich an dem öffentlichen Diskurs aktiv beteiligt? Wenn ja, wie?
- Fällt Ihnen ein Diskurs ein, in dem das Thema Vertrauen relevant war? Wenn ja, um welchen Diskurs handelt es sich? War Vertrauen das primäre Thema der Diskussion oder wurde es erst im Zusammenhang mit anderen Themen zum Gegenstand der Thematisierung? Im Zusammenhang mit welchen Themen wurde Vertrauen problematisiert?

Mit der linguistischen Untersuchung von Diskursen beschäftigt sich die *Diskurslinguistik*. Sie ist als ein Zweig der *Diskursanalyse* zu verstehen. Dieser Begriff hat sich für eine „disziplinenübergreifende Art des Forschens [etabliert], die in verschiedenen klassischen Disziplinen gepflegt wird, darunter Geschichte, Geografie, Erzie-

---

[1] Zu Ausprägungen des öffentlichen Vertrauens aus kommunikationswissenschaftlicher Sicht vor dem Hintergrund der Öffentlichkeitsarbeit vgl. Bentele (1994b, 144, vgl. das Zitat in Kap. 2, S. 29).

hungswissenschaft, Soziologie oder Gender Studies" (Bendel Larcher 2015, 34).[2] Die *Diskurslinguistik* ist also eine *linguistische Diskursanalyse*. Der Diskursbegriff wurde in der sprachwissenschaftlichen Forschung der letzten Jahrzehnte unterschiedlich verwendet und stark theoretisch-methodisch reflektiert.[3] Grundsätzlich muss man zwischen dem Diskursbegriff der Gesprächsanalyse und dem Diskursbegriff in der Tradition des französischen Philosophen Michel Foucault unterscheiden. Während die Gesprächsanalyse den Begriff auf das Gespräch und seine Organisation bezieht, hebt die Diskurslinguistik nach Foucault, wie sie sich in der germanistischen Sprachwissenschaft bereits etabliert hat (vgl. Warnke 2007), mit dem Diskursbegriff auf die Ebene des kollektiven Wissens ab.[4] Für unsere Betrachtung ist der zweite Diskursbegriff relevant. Die Entwicklung der Linguistik entlang der Entwicklung ihrer Gegenstände kann man als einen Weg der Kontextualisierung beschreiben (vgl. Warnke 2008, 35–36). Die Linguistik hat schrittweise erkannt, dass die jeweils untersuchten Einheiten immer in größere Einheiten eingebettet sind. So sind Phoneme in Morpheme eingebettet, diese wiederum in Wörter, diese in Sätze und Sätze in Texte. Das war die Erkenntnis, die die Textlinguistik entstehen ließ. Gegen Ende des 20. Jahrhunderts hat sich langsam die Einsicht durchgesetzt, dass auch Texte ihrerseits in einen größeren Kontext eingebettet sein können. Dieser Kontext wird als *Diskurs* bezeichnet. In Anlehnung an Warnke (2008, 37) wollen wir hier unter *Diskurs*

> einen textübergreifenden Verweiszusammenhang von thematisch gebundenen Aussagen verstehen. Die Diskurslinguistik befasst sich mit diesem Gegenstand einerseits unter dem Gesichtspunkt der textübergreifenden Zeichenorganisation und andererseits mit Blick auf das im Diskurs manifeste gesellschaftliche Wissen.

---

2 Zu den linguistischen Zweigen der Diskursanalyse gehören neben der Diskurslinguistik auch die Kritische Diskursanalyse und die Soziale Semiotik (vgl. Bendel Larcher 2015). Auf die Unterschiede zwischen ihnen kann an dieser Stelle nicht eingegangen werden. Unser Fokus liegt auf der Diskurslinguistik.
3 An dieser Stelle kann keine Einführung in die Diskurslinguistik geleistet werden, im Fokus bleiben im Folgenden nur die Aspekte, die für unsere Betrachtung von Vertrauen von Bedeutung sind. Als ein- und weiterführende Texte zur Diskurslinguistik sind u.a. zu nennen Niehr 2014a, Warnke/Spitzmüller 2008, Spitzmüller/Warnke 2011, Warnke 2008 oder Busse/Teubert 2013 oder Stötzel/Wengeler 1995. Bendel Larcher 2015 gibt eine Einführung in die Diskursanalyse, deren Zweig die Diskurslinguistik ist.
4 In ihrer Einführung behandelt Bendel Larcher 2015 die Gesprächsanalyse als eine Dimension der Diskurs*analyse* auf der Ebene des Einzeltextes. Auf der Ebene des Einzeltestes siedelt sie darüber hinaus die Textanalyse und die Bildanalyse an. Somit umfasst die Diskurs*analyse* nach ihrem Verständnis die Untersuchung geschriebener wie gesprochener Daten sowie anderer semiotischer Codes. Die Diskurs*linguistik* konzentriert sich primär auf geschriebene Aussagen in (massenmedialen) Diskursen und überlässt die Untersuchung gesprochener Sprache der Gesprächsanalyse.

Diese beiden Gesichtspunkte unterscheiden sich jeweils in dem Schwerpunkt der Analyse und entsprechend auch in der methodischen Herangehensweise. Mit Warnke/Spitzmüller (2008, 14–15) kann man sie wie folgt charakterisieren:

> Der Diskurs als transtextuelle Struktur ist realisiert durch Intertextualität und thematisch-funktionale Kohärenz. Unter einem Diskurs versteht man daher *sprachbezogen* eine Gebrauchsformation, also eine Art Verwendung von Sprache. Insbesondere mit Methoden der Korpuslinguistik können für die allein sprachlichen Phänomene der Diskursrepräsentation ebenso rekurrente Muster erfasst wie Reformulierungen als intertextuellen Musterbildung beschrieben werden. (Warnke/Spitzmüller 2008, 14–15, Hervorhebung P.S.)

> Unter einem Diskurs versteht man *wissensbezogen* eine Repräsentation von Topoi oder Schemata, also eine epistemische Funktion von Sprache. In diesem Verständnis ist Diskurslinguistik in erster Linie Teil einer Semantik, die verstehensrelevantes Wissen rekonstruiert, das jenseits intendierter Bedeutungen operiert. Zu den methodischen Ansätzen gehören dabei Präsuppositionsanalyse, kulturhistorische Semantik, Frameanalyse und weiteres. (Warnke/Spitzmüller 2008, 15, Hervorhebung P.S.)

Die Unterscheidung basiert auf einer Grundannahme der Diskurslinguistik, die sie von der historischen Semantik geerbt hat. Es geht um die Annahme, dass man *Wörter*, also die tatsächlich realisierten sprachlichen Einheiten, von *Begriffen* bzw. *Konzepten* unterscheiden muss. Wenn zwei Personen ein und dasselbe Wort verwenden, muss es noch nicht heißen, dass sie damit dasselbe Konzept verbinden. Und umgekehrt kann ein Konzept unterschiedlich versprachlicht werden. Die Ebenen der Wörter und der Begriffe bzw. Konzepte sind eng miteinander verbunden, müssen jedoch analytisch getrennt werden. Die Diskurslinguistik will nicht nur die sprachliche Ebene beschreiben (denn das können andere linguistische Disziplinen auch leisten), sondern:

> Ausgehend von dem Gedanken, dass es in Wörtern ausgedrückte Begriffe sind, und damit sprachliche Einheiten, die das gesellschaftliche Denken in allen Wissensbereichen prägen, soll dem gesellschaftlichen Wirken von Begriffen und damit ihrer Wirklichkeit konstruierenden und Wirklichkeit verändernden Kraft nachgespürt werden. (Busse 2009, 126)

Es geht also um die Wirkung von Diskursen. Nach Foucault (2003, 31) ist der Diskurs auf einer eigenen Ebene des Wirkens angesiedelt, es ist ein „Kontaktglied zwischen dem Denken und dem Sprechen". Somit beeinflusst er beides, ohne zu der einen oder anderen Seite hin aufgelöst werden zu können (vgl. Busse 2009, 127).

> Bedeutung und Wissen, die komplexe Organisation unserer Gedanken, all das, was wir wissen, was wir sagen und hören, wird als diskursiver Effekt, als Ergebnis von anonymen Formationen des Wissens verstanden. [...] Die Diskurslinguistik nach Foucault grenzt sich daher von semantischen Analysen ab, die Texte als alleinige Rahmenkonstruktionen für die Bedeutungsbildung annehmen. Abgelehnt werden auch Konzepte, die sprachliche Bedeutung als Resultat von individuellen Intentionen beschreiben. (Warnke 2008, 39)

Diese abstrakten theoretischen Überlegungen sollen nun an einem Beispiel verdeutlicht werden. Im Jahre 1916 gab es an der westamerikanischen Küste von New Jersey bemerkenswerte, tragische Vorfälle.[5] Während einer großen Hitzewelle badeten im Atlantik tausende Menschen. In den Tagen vom 1. bis zum 12. Juli wurden vier Personen im Wasser unter zunächst nicht näher geklärten Umständen getötet und weitere verletzt. Die Bisswunden an den Körpern der Getöteten deuteten darauf hin, dass die Badegäste von Raubtieren angegriffen wurden. Unter Verdacht standen in den Tagen nach dem ersten Vorfall – während Menschen weiterhin badeten – verschiedene Arten von Fischen (z.B. Thunfisch). Laut einer TV-Dokumentation zu diesen Vorfällen[6] gab es aber auch so skurrile Ideen wie z.B., dass es sich um aggressive Schildkröten gehandelt hätte oder dass für die Angriffe ein deutsches U-Boot verantwortlich gewesen sein soll. Dass es sich um einen Hai handelte, wurde erst nach dem Obduktionsbericht erkannt.

Sie fragen sich möglicherweise, wieso es so lange dauerte, bis die Menschen (die Behörden, Medien und Öffentlichkeit) auf die Idee kamen, dass die Badegäste von einem Hai angegriffen worden sind. Sie haben vermutlich sofort an einen Hai gedacht, während man damals mehrere Tage für diese Erkenntnis benötigte. In der Dokumentation wurde dies damit erklärt, dass ein Hai damals nicht als Killer galt. Diese unscheinbare Formulierung verrät einiges über die damalige Denkweise. Wenn jemand oder etwas als etwas *gilt*, heißt es, dass viele Menschen in einer bestimmten Gesellschaft (wenn nicht die meisten oder gar alle) ein bestimmtes Wissen über ein Lebewesen oder den Gegenstand haben. Dieses Wissen gehört zum kollektiven Wissensvorrat, zum Diskurs, und bedingt sprachliche Äußerungen zu diesem Thema. Zu der damaligen Zeit ist man davon ausgegangen, dass Haie für Menschen keine Gefahr darstellen. Vor 1916 gab es an der Atlantikküste keine Angriffe auf Menschen, die meisten Menschen hatten auch keine konkrete Vorstellung von dieser Tierart. Das Wort *Hai* stand wohl für die meisten Menschen für irgendeinen Fisch, den man nie zu Gesicht bekommt. Das hat sich durch die Vorfälle von 1916 radikal geändert. Die emotionale Berichterstattung brachte eine stärkere Sensibilisierung für das Thema mit sich. Spätestens mit dem Horrorfilm „Der Weiße Hai" von Steven Spielberg, der 1975 zum Kassenschlager wurde und seitdem zu den Klassikern der Filmbranche gehört, wurde der Hai im allgemeinen Bewusstsein der Weltöffentlichkeit zu einer „Killermaschine". Die Bedeutung des Wortes *Hai* wurde, wenn man der oben skizzierten Konzeption folgt, durch das häufige Vorkommen in diesem spezifischen diskursiven Umfeld angereichert um Bedeutungskomponenten

---

[5] Zu den Vorfällen vgl. u.a. http://www.spiegel.de/einestages/hai-angriffe-vor-new-jersey-1916-a-947740.html (Stand: 24.04.2016).
[6] Der Trailer zu dieser Dokumentation ist zu finden unter http://www.n24.de/n24/Mediathek/Dokumentationen/d/2644808/der-weisse-hai.html (Stand: 24.04.2016). Das ganze Video ist leider aktuell nicht verfügbar.

wie „Killer", „Menschenfresser", „Gefahr", „Jäger" etc. Das kollektive Wissen der Gesellschaft über den Hai hat sich somit innerhalb der letzten hundert Jahre stark gewandelt. Die entscheidende Rolle in diesem Wandlungsprozess spielen dabei die Massenmedien Presse, Rundfunk, Fernsehen, Kino und heute auch das Internet. Das sind zumeist die Quellen, aus denen unser Wissen stammt, wie Luhmann (2009, 9) – etwas überpointiert – feststellt: „Alles, was wir über unsere Gesellschaft, ja über die Welt, in der wir leben, wissen, wissen wir durch die Massenmedien." Obwohl die meisten von uns nie einen lebendigen Hai persönlich gesehen haben, haben wir alle eine ziemlich genaue Vorstellung von diesem Tier, von seinem Aussehen, von seinen scharfen Zähnen, von der Kontur der Rückenflosse, die sich abzeichnet, wenn sich der Hai nähert, oder davon, dass der Weiße Hai nicht die einzige Haiart ist.

Würde man die Entwicklung des Diskurses über den Hai genauer untersuchen, würde man mit ziemlicher Sicherheit mindestens zwei Brüche finden: einen um 1916, nachdem die tragischen Vorfälle bekannt wurden, und dann Mitte der 1970er Jahre, nachdem Spielbergs Film zum Kassenschlager wurde. Das sind *historische Ereignisse*, die aus den zeitgenössischen Quellen bekannt sind und die sich im Diskurs widerspiegeln. Sie wurden zu *diskursiven Ereignissen*. Diese analytische Unterscheidung ist nicht unproblematisch, aus methodischen Gründen ist sie jedoch sinnvoll, da nicht jedes historische Ereignis zu einem diskursiven Ereignis wird.[7] Es ist wahrscheinlich, dass es in der Zwischenzeit noch viele andere Vorfälle gab, nicht alle wurden aber medial aufgegriffen und öffentlich diskutiert. Das Wissen über sie wurde somit nicht zum Teil des kollektiven Wissens unserer Gesellschaft. Wie man an dem Beispiel sieht, ist die Diskurslinguistik prinzipiell konstruktivistisch orientiert: Die Wirklichkeit einer Gesellschaft ist nicht vom sprachlichen Handeln im Diskurs unabhängig und „objektiv", sondern sie wird diskursiv konstruiert und weiter tradiert. Mit anderen Worten: Das, was wir als „Fakten" wahrnehmen, wird diskursiv hergestellt (vgl. Felder 2013).

Den Diskurs kann man mit Jäger (2001, 132) als „Fluß von Wissen bzw. sozialen Wissensvorräten durch die Zeit" beschreiben und dieser Fluss ist unaufhaltsam. Auch der Diskurs um den Hai entwickelt sich weiter. Die Wissenskomponente, dass Haie „Killer" sind, scheint sich so soweit durchgesetzt und im Diskurs verfestigt zu haben, dass es heutzutage viele wissenschaftliche Forschungsprojekte und Dokumentationen gibt, die den Hai in seinem natürlichen Umfeld beobachten und nachweisen wollen, dass sein schlechter Ruf nicht gerechtfertigt ist und dass das Verhal-

---

[7] Die Problematik ergibt sich aus dem Umstand, dass wir die historischen Ereignisse in den meisten Fällen aus den Medien kennen, sodass wir sie gleich als diskursive Ereignisse wahrnehmen. In dieser Hinsicht sind nur solche Ereignisse „historisch", die man persönlich erlebt und nicht erst vermittelt durch Medien erfahren hat.

ten der Menschen zum Teil selbst der Auslöser für die Verhaltensänderungen der Haie ist. Auch diese Wissensbestände fließen in den Diskurs ein.

Diskurslinguistische Untersuchungen eignen sich für öffentliche Themen aus verschiedenen Bereichen (z.B. Stötzel/Wengeler 1995 mit 18 verschiedenen Studien, Jung 1994 zum Diskurs über die Atomenergie, Jung/Niehr/Böke 2000 zum Migrationsdiskurs, Spieß 2011 zur Bioethikdebatte u.a.). Häufig untersucht werden (im weitesten Sinne) politische Themen. Aus dem Grund ist die Diskurslinguistik zu einer wesentlichen Methode der Politolinguistik geworden (vgl. Niehr 2013, 2014b). Um Diskurse linguistisch untersuchen zu können, müssen sie der Analyse erst zugänglich gemacht werden. Aus forschungspraktischen Gründen hat sich in der empirischen Forschung daher die Definition von Busse/Teubert (1994/2013)[8] durchgesetzt, die Diskurse als virtuelle Textkorpora verstehen,

> deren Zusammensetzung durch im weitesten Sinne inhaltliche (bzw. semantische) Kriterien bestimmt wird. Zu einem Diskurs gehören alle Texte, die
> - sich mit einem als Forschungsgegenstand gewählten Gegenstand, Thema, Wissenskomplex oder Konzept befassen, untereinander semantische Beziehungen aufweisen und/oder in einem gemeinsamen Aussage-, Kommunikations-, Funktions- oder Zweckzusammenhang stehen,
> - den als Forschungsprogramm vorgegebenen Eingrenzungen in Hinblick auf Zeitraum/ Zeitschnitte, Areal, Gesellschaftsausschnitt, Kommunikationsbereich, Texttypik und andere Parameter genügen,
> - und durch explizite oder implizite (text- oder kontextsemantisch erschließbare) Verweisungen aufeinander Bezug nehmen bzw. einen intertextuellen Zusammenhang bilden.
>
> Konkrete (d. h. einer diskurssemantischen Untersuchung zugrundeliegende) Textkorpora sind Teilmengen der jeweiligen Diskurse. (Busse/Teubert 2013, 16–17)

Das zu untersuchende Textkorpus ist dabei

> nicht von vornherein festgeschrieben, vielmehr wird von dem Gedanken eines „offenen Korpus" ausgegangen, das während der Analyse um benachbarte und relevante Texte erweitert werden kann, Kriterium für die Korpuszusammenstellung ist dabei nicht so sehr (wie in der Begriffsgeschichte) das durchgängige Vorkommen eines einzelnen Bezugwortes, sondern die thematische, gedanklich Beziehung, die zwischen den möglichen Texten des Korpus (des Diskurses) in Bezug auf einen Untersuchungsaspekt besteht. (Busse 2009, 128)

---

[8] Der Aufsatz von 1994 wurde in Busse/Teubert 2013 neu abgedruckt.

Nehmen wir an, dass wir den deutschen Hai-Diskurs und seinen Wandel untersuchen möchten. Wir stellen für diese Untersuchung ein Korpus zusammen, das aus Zeitungsartikeln aus der Zeit von 1950 bis 1980 besteht. Die Wahl des Zeitraums orientiert sich an unserer Annahme, dass der Film „Der Weiße Hai" von Steven Spielberg im Jahre 1975 eine markante Zäsur im öffentlichen Diskurs darstellt.
– In welcher Beziehung steht nach dem Diskursverständnis von Busse/Teubert (2013, 16–17) das Untersuchungskorpus zum untersuchten Diskurs?
– Nehmen Sie kritisch Stellung zu dieser Auffassung.
– Entwickeln und begründen Sie ein anderes Verständnis der Beziehung von Korpus und Diskurs.

Das von Busse/Teubert postulierte Verständnis von Korpus als Teilmenge des Diskurses ist umstritten, da es dem Korpus den gleichen analytischen Status zuweist wie dem Diskurs. Nach diesem Verständnis entspricht ein Korpus einem Teildiskurs. Viele plädieren hingegen dafür, das Korpus als ein methodisches Hilfsmittel zu verstehen, das uns ermöglicht, einen Diskurs zu untersuchen: „Textkorpora dienen dazu, Teilmengen von Diskursen für die linguistische Analyse verfügbar zu machen. Sie sind jedoch weder mit dem Gesamtdiskurs noch mit dem zu untersuchenden Teildiskurs identisch." (Niehr 2014a, 33) Nach dieser Sichtweise ist ein Korpus ein „Artefakt, das vom Forscher arbiträr nach bestimmten Fragestellungen, Vorlieben, forschungspraktischen Strategien und Zufälligkeiten zusammengestellt wird" (Busch 2007, 150). Dieses zweite Verständnis wird unsere weiteren Ausführungen bestimmen. Bei der diskurslinguistischen Arbeit greift man also auf Textkorpora zurück, die einen Diskurs oder Diskursausschnitt repräsentieren und auf die relevanten Fragen hin untersucht werden. Das Untersuchungskorpus muss man – je nach Fragestellung – entweder selbst zusammenstellen oder man kann auf bereits vorhandene digitale Korpora zurückgreifen (vgl. dazu weiter unten). Das anhand von bestimmten Kriterien (z.B. dominante Themen, zeitliche und regionale Eingrenzung, bestimmte Medien und/oder Textsorten u.a.) erstellte Korpus sichtet man zunächst und analysiert es anschließend systematisch auf verschiedenen Ebenen (Lexik, Pragmatik, Semantik, Syntax u.a.) anhand von vordefinierten Kategorien, die bestimmte Vorannahmen widerspiegeln. Dabei sollte man stets für neue Kategorien offen bleiben, die sich aus dem Datenmaterial ergeben, u.U. muss man vordefinierte Kategorien aufgeben, wenn sie sich nicht als sinnvoll erweisen. So könnte man den Diskurs über den Hai z.B. anhand eines Korpus untersuchen, das Artikel aus den amerikanischen und/oder deutschen Leitmedien zum Thema „Hai" enthält. Da es insgesamt sicherlich zu viel für eine Analyse wäre, müsste man zumindest die Wahl der Medien, den Zeitraum und die Textsorten (redaktionelle Texte und/oder Kommentare) eingrenzen.

Obwohl in den letzten Jahren vor allem massenmediale Diskurse linguistisch untersucht wurden, sind sie nicht die einzig mögliche Materialbasis für diskurslinguistische Untersuchungen. Der Diskurs entspinnt sich auch außerhalb von Massenmedien. So können z.B. Schulbücher dahingehend untersucht werden, welche

Wissensbestände darin wie kanonisiert und tradiert werden (vgl. Kiesendahl/Ott 2015, Dreesen 2015b, Dreesen/Judkowiak 2011), denn es ist offensichtlich, dass „(schulisches) Wissen sprachlich vermittelt wird" (Kiesendahl/ Ott 2015, 7).[9] Auch bei der „schulbuch- und bildungsmedienbezogenen Linguistik" (Kiesendahl/Ott 2015, 8) ist natürlich die methodische Frage wesentlich, wie ein Korpus definiert wird, wobei man hier anderen Problemen begegnet als bei der Untersuchung von Printmedien (vgl. Pfalzgraf 2015). Auch beispielsweise Wikipedia-Artikel und die Diskussionen dazu, Museumsführer, Ausstellungskataloge oder aber Spracheinstellungen können im Hinblick auf diskursiv hergestelltes Wissen untersucht werden. Arendt (2010a, 2010b) untersucht Spracheinstellungen zum Niederdeutschen und zeigt, „[w]ie Metasprachdiskurse Wirklichkeiten konstruieren" (Arendt 2010b). Dreesen (2015a) erforscht Ausprägungen des nicht-expliziten Widerstands auf den Straßen der DDR als diskursive Praktiken. Er hat die Diskursgrenzen aufgezeigt und damit deutlich gemacht, dass die Diskurslinguistik auch den Diskurs außerhalb der Massenmedien mit Erkenntnisgewinn untersuchen kann.

Das Untersuchungskorpus muss man – je nach Fragestellung – entweder selbst zusammenstellen oder man kann auf bereits vorhandene digitale Korpora zurückgreifen. Große Textsammlungen findet man beispielsweise im DWDS-Korpus (www.dwds.de), auf dessen Grundlage das Digitale Wörterbuch der Deutschen Sprache des 20. Jahrhunderts entsteht. Dort kann man neben dem Substantiv *Vertrauen* und dem Verb *vertrauen* u.a. die folgenden substantivischen und adjektivischen Komposita finden: *Vertrauensarzt, Vertrauensbasis, Vertrauensbeweis, Vertrauensbruch, Vertrauensfrage, Vertrauenskrise, Vertrauensmissbrauch, Vertrauensperson, Vertrauensposten, Vertrauenssache, Vertrauensstelle, Vertrauensverhältnis, vertrauensselig, vertrauensvoll, vertrauenswürdig* u.a. Allein die Zahl der belegten Begriffe deutet darauf hin, dass das Vertrauenskonzept im öffentlichen Diskurs gut etabliert ist, da es sehr ausdifferenziert vorkommt. Das Teilkorpus DIE ZEIT belegt 31.300 Fundstellen (Stand: 05.03.2016) zu *Vertrauen* in verschiedenen Kontexten. Für die Untersuchung medialer Diskurse sind weiterhin die Korpora des „Instituts für Deutsche Sprache" (IDS) in Mannheim wesentlich. Nach einer kostenlosen Registrierung kann man in verschiedenen Archiven und Korpora recherchieren. Genutzt wird dafür das Rechercheinstrument „Cosmas II", das den NutzerInnen den Zugriff auf über 100 Teilkorpora ermöglicht (zur Veranschaulichung der Arbeit mit Korpora vgl. Niehr 2014a, Kap. 3.3).

---

9 Kiesendahl/Ott weisen nachdrücklich auf das Desiderat (diskurs-)linguistischer Untersuchungen von Schulbüchern hin. Sie sind zwar seit Langem ein „traditioneller Untersuchungsgegenstand, vor allem in der Pädagogik und den Sozialwissenschaften" (Kiesendahl/Ott 2015, 7), linguistische Studien gibt es dennoch kaum.

Registrieren Sie sich auf https://cosmas2.ids-mannheim.de/cosmas2-web für die Nutzung der IDS-
Korpora. Nachdem Sie sich in der Suchmaske grob orientiert haben, führen Sie die folgende Recherche durch:
- Wählen Sie „W – Archiv der geschriebenen Sprache", Korpus „w-öffentlich".
- Geben Sie den Suchbegriff „vertrau" ein und starten Sie die Suche.
- Sehen Sie sich die Übersicht der Ergebnisse an. Wie viele Treffer in wie vielen Texten hat die Suche erzielt? Aus welchem Zeitraum stammen die Texte? In welchem Teilkorpus gibt es die meisten Treffer?
- Sehen Sie sich die Treffer aus dem PBT-Korpus „Plenarprotokolle des Parlaments Deutscher Bundestag" an. Welche Aspekte von Vertrauen und in welchen Kontexten werden dort relevant gesetzt?

Die Suche nach *vertrau* ergibt 495 Treffer in 453 Texten, die von 1795 bis 2014 entstanden sind. Die Treffer sind in 179 verschiedenen Korpora lokalisiert (Stand: 05.03.2016). Die mit Abstand meisten Treffer sind im Wikipedia-Korpus und hier vor allem in den Diskussionen zu den Artikeln zu finden. Wenn man sich die Belegstellen als Volltext ansieht, stellt man fest, dass es sich häufig um Passagen handelt, in denen die Vertrauenswürdigkeit von bestimmten Akteuren, Quellen und Informationen ausgehandelt wird. Vertrauen wird also dann relevant, wenn Wissen diskursiv hergestellt wird und in Form eines Wikipedia-Artikels quasi kanonisiert werden soll. Das wäre bei der ersten Annäherung ein Befund, dem man weiter nachgehen könnte. In dem PBT-Korpus finden sich deutlich weniger Treffer, insgesamt sechs. Für unseren Zusammenhang scheinen vor allem zwei von Bedeutung:

> PBT/W16.00088 Protokoll der Sitzung des Parlaments Deutscher Bundestag am 22.03.2007. 88. Sitzung der 16. Wahlperiode 2005-2009. Plenarprotokoll, Berlin, 2007
> Mit anderen Worten: Im lauten Vielklang der globalisierten Welt finden wir Europäer nur Gehör, wenn wir mit einer Stimme sprechen. Wir können unsere Interessen nur dann wirksam vertreten, wenn wir gemeinsam handeln. Ich glaube, genau das erwarten auch die Bürgerinnen und Bürger von einer verantwortlichen Politik in Europa. Mir scheint, ein Teil der europäischen **Vertrau**enskrise liegt darin begründet, dass die Menschen in den zurückliegenden zwei, drei Jahren das Gefühl hatten, Europa sei eher Teil des Problems als Teil der Lösung.

> PBT/W17.00179 Protokoll der Sitzung des Parlaments Deutscher Bundestag am 11.05.2012. 179. Sitzung der 17. Wahlperiode 2009-. Plenarprotokoll, Berlin, 2012
> Wir haben es mit einer Staatsschuldenkrise zu tun. Die Schuldenstände einzelner Euro-Staaten sind zu hoch. Die Finanzmärkte haben infrage gestellt, ob diese Schuldenberge jemals wieder abgetragen werden können. Aus der Staatsschuldenkrise ist somit eine **Vertrau**enskrise geworden. Um Vertrauen zurückzugewinnen, müssen wir überzeugend darlegen, dass der Euro-Raum künftig ein Ort dauerhafter finanzieller Stabilität sein wird. Dazu haben wir die richtigen Weichen gestellt. Der Stabilitäts- und Wachstumspakt bekommt neue Autorität.

In beiden Fällen betreffen die Belege die (*europäische*) *Vertrauenskrise*, einmal im Jahre 2007, einmal fünf Jahre später. Im ersten Beleg steht die Einheit Europas im Vordergrund, im zweiten geht es um den Kontext der Finanzkrise. Durch eine systematische Recherche in den verschiedenen Archiven könnte man verschiedenen Fragestellungen in Hinblick auf Vertrauen und seine Rolle im Diskurs nachgehen.

Für die eigentliche Analyse eines vorher definierten (Teil-)Diskurses haben Warnke/Spitzmüller (2008) eine „praktische Operationalisierung [entwickelt], die den methodologischen Vorannahmen der Diskurslinguistik entspricht" (Warnke/Spitzmüller 2008, 23). Die von ihnen entwickelte Diskurslinguistische Mehr-Ebenen-Analyse (DIMEAN) stellt ein „verfahrenspraktisches Modell [dar], mit dem linguistische Diskursanalysen durchgeführt werden können" (Warnke/Spitzmüller 2008, 23).[10] Das Modell enthält drei Analyseebenen, die aufeinander bezogen werden.[11] Es handelt sich um die

1. intratextuelle Ebene: Im ersten Schritt der Analyse werden auf dieser Ebene wort-, propositions- und textorientierte Teilanalysen durchgeführt. Je nach Fragestellungen können u.a. Schlüsselwörter, Stigmawörter, Namen, Sprechakte, Präsuppositionen, Metaphern, lexikalische Felder, Textsorten, aber auch Typographie, Layout und Text-Bild-Beziehungen untersucht werden.
2. Akteursebene: Im zweiten Schritt der Analyse werden die im Diskurs sichtbaren Akteure betrachtet. Dabei berücksichtigt man die Interaktionsrollen der Handelnden (z.B. Autor, antizipierter Adressat), die Machtverhältnisse im Diskurs (also z.B. besonders prominente Akteure, die eine starke Stimme haben und ihre Sichtweise im Diskurs durchsetzen) und die Medialität, zu der auch Kommunikationsbereiche und Kommunikationsformen gezählt werden.
3. transtextuelle Ebene: Auf der höchsten Analyseebene werden Analyseschritte unternommen, die die diskurslinguistische Untersuchung maßgeblich von textlinguistischen Ansätzen unterscheiden. Ermittelt werden z.B. Aspekte der Intertextualität, diskurssemantische Grundfiguren, Argumentationstopoi, Sozialsymbolik, Frames u.a.

Als zentrale Analysekategorien haben sich vor allem die Lexik (prominent sind die Schlüsselbegriffe und Stigmawörter), Metaphern, Argumentationsmuster und argumentative Topoi durchgesetzt (vgl. Niehr 2014a, Kap. 4).

Wie aus dem Modell ersichtlich wird, führt eine diskurslinguistische Untersuchung verschiedene Perspektiven und Fragen zusammen, die in der sprachwissenschaftlichen Forschung im Einzelnen bereits gut etabliert sind:

---

10 Zur Kritik des Modells, das die Autoren in Spitzmüller/Warnke 2011 weiter ausgeführt haben, vgl. Fritz (2016, 29–38).
11 Zur ausführlichen Darstellung des Modells und tabellarischen Zusammenstellung der Analysekategorien vgl. Warnke/Spitzmüller 2008 oder Warnke 2008.

> Linguistische Diskurssemantik in diesem Sinne [...] verbindet bewährte sprachwissenschaftliche Einzelmethoden mit einer neuen und spezifischen Zielsetzung, die (vor allem verbunden mit einer neuen Art der Quellenauswahl) andersartige und weiterführende Ergebnisse erbringen kann als die älteren Fragerichtungen. (Busse 2009, 128)

Ähnlich geht auch Gardt (2012) davon aus, dass die etablierten Methoden der Textanalyse die Grundlage für die Diskursanalyse darstellen.

Wie stark ein Konzept im Diskurs verankert ist, lässt sich am besten durch eine Kombination von quantitativen und qualitativen Verfahren feststellen.[12] Bei der Analyse großer digitaler Korpora erweist sich die computergestützte quantitative Auswertung als ein hilfreiches Instrument, das auf bestimmte Aspekte, Tendenzen, Lücken etc. aufmerksam machen kann, die dann qualitativ analysiert werden können. Aus quantitativer Sicht ist die Vorkommensfrequenz bestimmter Konzepte ein wesentliches Indiz für die Stärke eines Konzeptes. Dabei sind sowohl relative wie absolute Angaben von Bedeutung. Für diese Angaben ist das Verhältnis von *Types* und *Tokens* maßgebend. *Types* kann man in diesem Kontext als sprachliche Kategorien bzw. als Suchbegriffe verstehen (z.B. *vertrauen* oder *Vertrauen*). Tokens sind die Vertreter der Kategorie, d.h. konkrete Realisierungen eines Types im konkreten Kontext (z.B. im Zitat weiter unten: *Das Vertrauen in Schule ist dahin*). So kann es im Diskurs Konzepte geben, die zwar absolut gesehen sehr häufig vorkommen, aber immer nur vertreten durch ein und dasselbe Wort. Ein Konzept ist dann nur durch einen Type repräsentiert, der aber sehr häufig realisiert wird. Umgekehrt gibt es Konzepte, die durch verschiedene Types repräsentiert werden, einige von ihnen werden aber im Untersuchungskorpus vielleicht nur einmal realisiert. Wichtig ist also nicht nur das Verhältnis zwischen Types und Tokens, sondern auch die absolute Zahl der Tokens.

Die Ausdifferenzierung eines Konzeptes im Diskurs lässt sich außerdem daran ablesen, wie viele Wortbildungsprodukte es ausgehend von dem zentralen Begriff gibt (hier vor allem Zusammensetzungen mit *Vertrauen*, vgl. www.dwds.de). Stötzel/Wengeler (1995, 12) zählen Wortbildungsprodukte zu sprachlichen Erscheinungen, „die Indikatorfunktion für geschichtliche Bedeutsamkeit" haben. Sie erfassen zum einen „die auffällige Häufigkeit von sog. Gelegenheitskomposita mit gleichem Grund- oder Bestimmungswort" und zum anderen die „Häufigkeit von bestimmten Grund- oder Bestimmungswörtern" (Stötzel/Wengeler 1995, 12). Eine wichtige Rolle spielt auch, wie breit das Spektrum der Kontexte, in denen das Konzept vorkommt, gefächert ist und wie viele und welche anderen Begriffe aus dem semantischen Feld oder den benachbarten Feldern vorkommen.

---

[12] Zum Nutzen empirisch-quantitativer, korpusgestützter Verfahren für die Diskurslinguistik vgl. Bubenhofer/Scharloth 2013.

Das oben dargestellte DIMEAN-Modell bietet einen methodologischen Rahmen für diskurslinguistische Untersuchungen mit verschiedenen Fragestellungen an. Je nach der Fragestellung rücken auf den drei Ebenen unterschiedliche Aspekte in den Mittelpunkt der Betrachtung. Dabei muss man stets reflektieren, wie man *Diskurs* konkret versteht (Hervorhebung i.O.):

> Verbunden mit der Verschiedenheit von sprach- und wissensbezogener Diskursanalyse ist die Frage nach dem Determinationsverhältnis von Sprache und Diskurs als Gebrauchs- bzw. Wissensformation. So kann das *Sprechen über etwas* als Diskurs verstanden werden oder aber die epistemische Richtkraft dieses Sprechens. Mithin hängt an der Entscheidung für einen sprach- oder wissensbezogenen Diskursbegriff die methodische Entscheidung für die Untersuchung des Diskurses als Textverbund gegenüber der Untersuchung des Diskurses als sprachdeterminierendem Formationssystem, das heißt als nicht-sprachliche Größe ‚hinter' der Sprache. Bei der konkreten Sprachanalyse ist zu entscheiden, ob Aussagen mit dem Status korpusbasierter Daten der Diskurs selbst sein sollen oder ob man in den sprachlichen Daten lediglich Spuren eines abstrakten epistemologischen Phänomens vermuten mag. (Warnke/Spitzmüller 2008, 15)

Neben der theoretischen Reflexion der Herangehensweise müssen Forschende weiterhin beachten, dass auch sie selbst in diverse Diskurse eingebunden sind und dass sie möglicherweise aus dieser diskursiven Position heraus agieren. So sind beispielsweise „Schulbildungen" innerhalb einer wissenschaftlichen Disziplin als diskursive Strukturen zu verstehen: Wenn man sich als Vertreter einer bestimmten Schule innerhalb seines Faches versteht, sollte man beachten, dass auch die eigene Arbeits- und Denkweise durch diese diskursive Position beeinflusst werden kann, sodass möglicherweise bestimmte Schlüsse als naheliegender, präferierter oder nicht plausibel erscheinen.

Sehen Sie sich die Beispiele aus der Einleitung noch einmal an. Nehmen wir an, dass alle diese Äußerungen einem Diskurs entstammen, den wir bei erster Annäherung als *Vertrauensdiskurs* bezeichnen wollen.
- Was sind die Gemeinsamkeiten aller Äußerungen?
- Versuchen Sie anhand der Beispiele die von Warnke/Spitzmüller (2008, 14–15) unterschiedenen Perspektiven der Untersuchung – die sprachbezogene und die wissensbezogene – zu verdeutlichen.
- Nehmen wir an, dass Sie sich entscheiden, das Thema Vertrauen in dem öffentlichen Diskurs zu untersuchen. Was könnten die zentralen Fragen sein? Nach welchen Texten würden Sie suchen?

Die Unterscheidung der verschiedenen Perspektiven ist für unsere Beschäftigung mit dem Vertrauensdiskurs wichtig, da sie uns Möglichkeiten aufzeigt, wie der Vertrauensdiskurs aufgefasst werden kann. Entlang dieser Unterscheidung können wir grob zwei mögliche Definitionen des Vertrauensdiskurses vornehmen:
a) Aus sprachbezogener Sicht ist der Vertrauensdiskurs die Summe aller sprachlichen Äußerungen zum Thema Vertrauen. Dazu gehören sowohl explizite The-

matisierungen als auch Äußerungen, die Vertrauen und mit ihm verwandte Phänomene betreffen, ohne den Begriff zu verwenden.

b) Aus wissensbezogener Sicht ist der Vertrauensdiskurs die Summe aller Wissensbestände eines bestimmten Kollektivs in einer bestimmten Zeit, die das Thema Vertrauen im weitesten Sinne betreffen und den sprachlichen Äußerungen zu dem Thema zugrunde liegen.

Die in der Einleitung zitierten öffentlichen Äußerungen thematisieren Vertrauen explizit, da sie durch eine lexikalische Suchanfrage ermittelt wurden. Insofern gehören Sie zu dem öffentlichen Vertrauensdiskurs a), der sich durch wiederkehrenden, musterhaften Sprachgebrauch konstituiert. Zu dem zentralen Element des Diskurses gehört die Verwendung des Vertrauensbegriffes, die bei einer diskurslinguistischen Analyse eine wichtige (aber nicht die einzige) Analysekategorie darstellen würde.

Nimmt man die wissensbezogene Perspektive ein, wird nach dem verstehensrelevanten kollektiven Wissen der Zeit gefragt, das dem sprachlichen (und nichtsprachlichen) Handeln zugrunde liegt. Nehmen wir als Beispiel die Äußerung Nr. 6 aus der Einleitung (Bewertung einer Frauenarztpraxis):

> Vertrauen verloren
> Diese Praxis wird von Mutter und Tochter geführt. Fr. Dr. Richter (Mutter) war stets sehr freundlich und ich fühlte mich bei ihr gut aufgehoben. Irgendwann wurde ich zur Tochter "abgegeben" da Fr. Dr. Richter wohl ihre Arbeitszeit langsam runterschraubt. Bei der Tochter (Fr. Dr. Winter) habe ich nun leider nur gegenteilige Erfahrungen gemacht. Sie ist meist unfreundlich, **unpersönlich (obwohl auch meine Mutter schon immer dort Patientin ist und ich nun auch seit Jahren schon in diese Praxis gehe)** und überheblich. [...] Mein Vertrauen in diese Ärztin ist nun endgültig zerstört und ich werde mir leider eine andere Frauenarztpraxis suchen müssen. (Hervorhebungen P.S.)

Die von mir markierte Textstelle nimmt eine prominente Position in der Argumentation ein, warum das Vertrauen der Patientin *endgültig zerstört* ist. Der eingeklammerte Konzessivsatz, eingeleitet durch *obwohl*, macht zweierlei deutlich: Die Patientin erwartet eine persönliche, freundliche Behandlung, was sie dadurch begründet, dass sie und ihre Mutter schon seit Jahren Patientinnen der Mutter der jungen Ärztin sind. Die Länge der Zeit ist offenbar von zentraler Bedeutung. Ebenso kann eine Rolle spielen, dass auf beiden Seiten ein Mutter-Tochter-Verhältnis besteht. Es scheint, als würde eine „Vertrauensbeziehung" zwischen Ärztin und Patientin auf gewisse Weise von der Mutter auf die Tochter übertragen werden können. Außerdem wird deutlich, dass Freundlichkeit, persönliche Zuwendung und ein partnerschaftliches, nicht überhebliches Zugehen auf die Patientin, also Handeln auf gleicher Augenhöhe, als Bedingung für Vertrauen fungieren. Das sind exemplarische Wissensbestände, die ausgehend von der Äußerung rekonstruiert werden können.

Bei der Analyse eines Untersuchungskorpus könnte man fragen, was die Akteure im Diskurs über Vertrauen wissen, woher sie das wissen, wie sie Vertrauen verstehen und wahrnehmen, wie sich dieses Wissen historisch entwickelt[13], ob es in der Entwicklung nachweisbare Brüche gibt, man könnte das Wissen eines Kollektivs mit dem Wissen eines anderen vergleichen und die Gemeinsamkeiten und Unterschiede herausarbeiten etc. Es ist anzunehmen, dass sich aus dem Wissen über Vertrauen auch die Mechanismen der Vertrauensförderung ergeben. Wenn beispielsweise zu meinem Wissen dazu gehört, dass Vertrauen nicht auf Dauer geschenkt wird, sondern dass man es immer wieder pflegen muss, werde ich wahrscheinlich öfter kleine vertrauensfördernde Handlungen durchführen, als wenn ich überzeugt bin, dass einmal geschenktes Vertrauen alles überdauert. Auch unsere normativen Vorstellungen, wie vertrauenswürdige Partner aussehen und agieren sollen, werden in der Gesellschaft tradiert und sind ein Teil unseres Wissens. Wenn sich im gesellschaftlichen Diskurs bestimmte Vorstellungen über Vertrauen verfestigen, kann sich so etwas wie eine „Vertrauenskultur" entwickeln:

> Gesellschaftlich verbreitetes und sichtbares Vertrauen (oder Mißtrauen) wird zur normativen Erwartung und zum Bestandteil der Kultur. Ist erst eine derartige *Kultur des Vertrauens* bzw. *Mißtrauens* entstanden, muß Vertrauen bzw. Mißtrauen bei allen Handlungsvollzügen demonstriert werden, ob die Individuen davon überzeugt sind oder nicht. Abweichungen werden hingegen auf unterschiedliche Weise sanktioniert. Diese Mechanismen zur Herstellung von Konformität sorgen dafür, daß Vertrauen bzw. Mißtrauen von einem Individuum zum anderen übertragen wird. (Sztompka 1995, 259)

Sztompka bezieht seine Ausführungen auf nationale Kulturen der postkommunistischen Länder, seine Überlegungen kann man aber auch auf Kulturen von anders definierten Kollektiven übertragen, z.B. auf Fachkulturen, Kulturen bestimmter sozialer Gruppen (Subkulturen, Fankulturen), Unternehmen etc. Blank (2011) versteht beispielsweise Vertrauenskultur als Voraussetzung für die Zukunftsfähigkeit von Unternehmen. *Vertrauenskultur* definiert sie dabei wie folgt:

> Grundsätzlich lässt sich eine Vertrauenskultur als eine Kultur innerhalb eines Unternehmens beschreiben, die Entscheidungen, Handlungen und den Charakter der Kommunikation unter den Organisationsmitgliedern beeinflusst. Entsprechend spiegelt sich dies auch in den formalen organisationalen Abläufen wider. Dazu gehört die Art und Weise wie Ziele vereinbart werden, die Vereinbarung von Verträgen, oder wie Arbeitsanweisungen gegeben werden. Um eine Vertrauenskultur innerhalb einer Unternehmung zu entwickeln bzw. zu fördern, sind vor allem Zeit und Geduld unerlässlich. Die Glaubwürdigkeit dieser Kulturform lebt von Erfahrungsprozessen sowie der Eigenverantwortlichkeit der einzelnen Organisationsmitglieder, die durch ihr vertrauenswürdiges und glaubwürdiges Handeln kollektiv die Vertrauenskultur beein-

---

[13] Zur historischen Betrachtung des Vertrauensdiskurses vgl. Frevert 2003 und 2013, die das Vertrauensphänomen aus geschichtswissenschaftlicher Perspektive untersucht und dabei auch auf sprachliche Aspekte eingeht.

flussen. Während des Aufbaus bzw. der Erhaltung einer solchen spezifischen Unternehmenskultur ist die Weiterentwicklung aufgrund neuer Erfahrungen der Menschen innerhalb der Unternehmung ein fortwährender Prozess. Dabei ist die Pflege und entsprechende Anpassung formaler Bedingungen an vertrauensvolle Verhältnisse ebenso wichtig wie das glaubwürdige und vertrauensfördernde Verhalten der Organisationsmitglieder. (Blank 2011, 26)

Aus den Ausführungen wird deutlich, dass die Vertrauenskultur eines Unternehmens kollektiv von allen seinen MitarbeiterInnen getragen wird und dass sie diskursiv entsteht. Auch nach Frey (2011) und Ripperger (1998) stellt die Vertrauenskultur in Unternehmen einen Erfolgsfaktor dar. Wenn sich Vertrauen oder Misstrauen als eine Grundhaltung durchgesetzt haben, können sie durch verschiedene Mechanismen in die Strukturen gesellschaftlicher Systeme eingebaut werden (z.B. in Form von zusätzlichen Kontroll- und Schutzmechanismen bei steigendem Misstrauen und deren Abbau bei steigendem Vertrauen). Wenn es so weit kommt, kann man eine Art institutionalisiertes Misstrauen oder Vertrauen beobachten.[14]

Als eine produktive methodische Erweiterung der diskurslinguistischen Methode hat sich die kontrastive Diskursanalyse herausgestellt. Verglichen werden dabei vor allem mediale Diskurse aus unterschiedlichen Ländern, wobei stets im Einzelfall theoretisch reflektiert werden muss, inwiefern man einen einheitlichen, spezifischen nationalen Diskurs annehmen kann.[15] Das kontrastierende Vorgehen ermöglicht das Herausarbeiten von Gemeinsamkeiten und Unterschieden und die Sichtbarmachung von thematischen Lücken im Diskurs, wenn z.B. ein historisches Ereignis in einem Land stark reflektiert wird und zu einem wichtigen diskursiven Ereignis wird und im anderen Land weniger bis gar nicht.[16]

Im Rahmen der vorliegenden Einführung kann keine Diskursanalyse geleistet werden. Es werden stattdessen einige ausgewählte Aspekte aufgegriffen, die mögliche Fragerichtungen umreißen sollen. Aus den bisherigen Ausführungen dürfte deutlich geworden sein, dass die Massenmedien den Diskurs maßgeblich prägen. Sie dienen als wesentliche Quellen unseres Wissens. Deswegen überrascht es kaum, dass sich die diskurslinguistischen Studien bisher vor allem auf die Untersuchung

---

14 Vgl. Bormanns These zu Mechanismen der sog. Neuen Steuerung im Bildungswesen, „dass im Zuge der Bemühungen, die Leistungsfähigkeit des Bildungssystems in den Griff zu bekommen, neue Probleme in Bezug auf das generalisierte Vertrauen auftreten: Erstens verlagert sich das Vertrauen in Institutionen zu einem Vertrauen in Instrumente und zweitens besteht die Gefahr einer dysfunktionalen Institutionalisierung von Misstrauen." (Bormann 2012, 812).
15 Zu deutsch-polnischen kontrastiven Studien vgl. Czachur 2011, 2012; Dreesen/Judkowiak 2011.
16 In den deutsch-polnischen Beziehungen wäre ein solches Beispiel der Hirtenbrief der polnischen Bischöfe an ihre deutschen Amtsbrüder von 1965, der im polnischen Diskurs „als Einladung zur Versöhnung von essenzieller Bedeutung ist" (Dreesen/Judkowiak 2011, 22). Im deutschen Diskurs wird er kaum thematisiert und dieses Verdienst wird dem Kniefall Brandts von 1970 zugeschrieben.

des medialen Diskurses konzentriert haben:[17] „Diskurse stellen mediale Wissensformationen dar, weswegen Medien bzw. in diesem Zusammenhang mediale Diskurse die genuinen Untersuchungsgegenstände eines solchen Analysezugangs sind." (Dreesen/Kumięga/Spieß 2012, 9) Medien berichten nicht über die objektiv gegebene Wirklichkeit, sondern sie konstruieren Wirklichkeit. Dadurch wird auch die Frage nach dem Vertrauen in die Medien als Wissen konstruierende Akteure dringender (vgl. Dernbach 2005, zu „informationellem" Vertrauen vgl. Klumpp/Kubicek/Roßnagel/Schulz 2008).

Wie bereits im Forschungsstand (Kap. 2) dargestellt, können laut Kohring (2004, 170–171, auch schon Kohring 2001) vier Typen von Vertrauen in Journalismus unterschieden werden: Vertrauen in Themenselektivität, Vertrauen in Faktenselektivität, Vertrauen in die Richtigkeit von Beschreibungen und Vertrauen in explizite Bewertungen. Diese Typen von Vertrauen stehen in einer wechselseitigen Beziehung zueinander:

> Zumindest die ersten drei genannten Typen des Vertrauens in Journalismus sind immer *zugleich* relevant, d. h. notwendig. In ihrer Relevanz sind sie allerdings hierarchisch, d. h. Typ 3 ist zwar notwendig, aber nicht hinreichend für Vertrauen in Journalismus, wenn für Typ 1 keine Vertrauensbereitschaft vorhanden ist. Prinzipiell ist auch möglich, dass für Typ 1 Vertrautheit (also Nicht-Kontingenz) gilt, und sich ein Vertrauensproblem nur für die nachfolgenden Typen oder nur einen von ihnen ergibt. Die drei Typen stehen in Wechselwirkungen zueinander, d. h. es ist anzunehmen, dass Misstrauen in z. B. Typ 3 auch Auswirkungen auf die Vertrautheit bzw. Vertrauensbereitschaft bzgl. Typ 2 hat usw. (Kohring 2001, 87).

Mangelndes Vertrauen bzw. Misstrauen in die Medien ist in letzter Zeit explizit zum öffentlichen Diskussionsthema geworden. Vor allem AktivistInnen aus dem rechtspopulistischen Lager prangern die Presse öffentlich an und unterstellen ihr bewusste Manipulation von Informationen, was durch verschiedene Verschwörungstheorien begründet wird.[18] Auch die Wahl des Wortes *Lügenpresse* zum Unwort des Jahres 2014 (zur Begründung vgl. den Infokasten weiter unten) macht die Relevanz der öffentlichen Auseinandersetzung um dieses Thema sichtbar. Vor diesem Hintergrund fragen sich viele Menschen, wie es um das Vertrauen in die Medien tatsächlich steht.[19]

---

17 Vgl. Dreesen/Kumięga/Spieß 2012, Spieß 2011, Wengeler 2003a und 2013 oder Czachur 2011.
18 Vgl. u.a. http://www.faz.net/aktuell/politik/inland/der-zusammenhang-von-luegenpresse-und-verschwoerungstheorien-14056486.html (Stand: 03.03. 2016).
19 Auch die Vertrauensforschung reagiert seit einiger Zeit auf die gestiegene Relevanz dieses Themengebietes. Beispielsweise gibt es im Rahmen des DFG-Graduiertenkollegs „Vertrauen und Kommunikation in einer digitalisierten Welt" an der Universität in Münster derzeit elf Forschungsprojekte zu Vertrauen im Bereich der Medien. (vgl. https://www.wwu.de/GK-Vertrauen-Kommunikation/dissertationsprojekte/index.html; Stand: 03.03.2016). Vgl. dazu Blöbaum 2016.

> **Begründung der Wahl zum Unwort des Jahres 2014**
>
> „Unwort des Jahres 2014 ‚Lügenpresse'
> Das Wort „Lügenpresse" war bereits im Ersten Weltkrieg ein zentraler Kampfbegriff und diente auch den Nationalsozialisten zur pauschalen Diffamierung unabhängiger Medien. Gerade die Tatsache, dass diese sprachgeschichtliche Aufladung des Ausdrucks einem Großteil derjenigen, die ihn seit dem letzten Jahr als „besorgte Bürger" skandieren und auf Transparenten tragen, nicht bewusst sein dürfte, macht ihn zu einem besonders perfiden Mittel derjenigen, die ihn gezielt einsetzen. Dass Mediensprache eines kritischen Blicks bedarf und nicht alles, was in der Presse steht, auch wahr ist, steht außer Zweifel. Mit dem Ausdruck „Lügenpresse" aber werden Medien pauschal diffamiert, weil sich die große Mehrheit ihrer Vertreter bemüht, der gezielt geschürten Angst vor einer vermeintlichen „Islamisierung des Abendlandes" eine sachliche Darstellung gesellschaftspolitischer Themen und differenzierte Sichtweisen entgegenzusetzen. Eine solche pauschale Verurteilung verhindert fundierte Medienkritik und leistet somit einen Beitrag zur Gefährdung der für die Demokratie so wichtigen Pressefreiheit, deren akute Bedrohung durch Extremismus gerade in diesen Tagen unübersehbar geworden ist. (Der Ausdruck wurde in dieser Form 7-mal eingesendet.)"

Die Süddeutsche Zeitung zitierte am 11.02.2016 eine wissenschaftliche Studie, die zu dem Schluss kam, dass es trotz der heftigen Diskussionen in Deutschland keinen dramatischen Vertrauensverlust gibt.[20]

> Außerdem sei ein gewisser Grad an Misstrauen gegenüber Medien Ausdruck von Freiheit. Wissenschaftlich sei belegbar: „Je höher die Pressefreiheit, desto größer ist auch das Misstrauen. Das hat etwas mit der Vielfalt zu tun, die einem da präsentiert wird, mit der Offenheit einer Gesellschaft. In autokratischen Ländern, die tatsächlich eine Systempresse haben, ist das Vertrauen am größten."

Das steigende Bewusstsein der Gesellschaft für die Wichtigkeit von Vertrauen zeigt sich in den letzten Jahren u.a. darin, dass in dem medialen Diskurs über Vertrauen auch zunehmend Akteure eine Stimme erhalten, die sich mit dem Phänomen professionell beschäftigen. In ihrer Rolle als ExpertenInnen werden sie in Interviews um Einschätzungen zu verschiedenen Aspekten gebeten, schreiben Artikel, ihre Bücher werden rezensiert. So sind beispielsweise der Philosoph Martin Hartmann,[21] die Historikerin Ute Frevert,[22] der Psychologe Martin K. W. Schweer[23] oder die Wirt-

---

20 Vgl. http://www.sueddeutsche.de/medien/medienkritik-wie-gross-ist-der-vertrauensverlust-in-die-medien-wirklich-1.2858608 (Stand: 03.03.2016).
21 Ein Interview mit Hartmann ist zu finden unter http://www.zeit.de/2014/34/martin-hartmann-vertrauen-politik (Stand: 03.03.2016). Zur Besprechung seines Buches (2011) vgl. http://www.faz.net/aktuell/feuilleton/buecher/rezensionen/sachbuch/martin-hartmann-die-praxis-des-vertrauens-vertrauen-bedeutet-in-der-praxis-keine-zweifel-zu-haben-11513240.html (Stand: 03.03.2016).
22 Ein Interview mit Ute Frevert ist zu finden unter http://www.zeit.de/campus/2015/02/vertrauen-gefuehle-trend-sharing-economy (Stand: 03.03.2016). Im folgenden Artikel kommt sie als Expertin zu Wort: http://www.sueddeutsche.de/wissen/gemischte-gefuehle-vertrauen-riskante-erfindung-

schaftspsychologin Ulrike Schwegler[24] als professionelle Akteure im öffentlichen Vertrauensdiskurs sichtbar geworden. Gemessen an der Häufigkeit der Thematisierung von *Vertrauen* kommen jedoch VertrauensforscherInnen recht selten zu Wort. Das wird von dem „Trust Management Institut" kritisiert:[25]

> DAS THEMA VERTRAUEN IN DEN MEDIEN
> Es vergeht kaum ein Tag, an dem das Thema Vertrauen nicht in den Schlagzeilen erscheint, immer mit der Hiobsbotschaft einer allgemeinen Vertrauenskrise, des verloren gegangenen Vertrauens und der dramatischen Folgen des Vertrauensverlusts. Die Aufforderung, wieder zu einem Zustand des Vertrauens in Wirtschaft und Gesellschaft zurückzufinden, verhallt. Denn niemand scheint zu wissen, wie das unter den immer komplexeren Umfeldbedingungen gehen soll.
> Und das, obwohl die Vertrauensforschung jede Menge Theorien und Modelle dafür bereit hält!
> – Nur sind die nicht medienträchtig.

Auch diese Kritik ist ein Teil des öffentlichen Diskurses über Vertrauen. Das TMI agiert hier in seiner Rolle als professioneller Akteur. All diese Aspekte könnten bei der Diskursanalyse auf der Akteursebene eingefangen werden kann.

Die öffentliche Diskussion um das Vertrauen in die Medien als meinungsbildende Instanzen gehört zum übergeordneten Diskurs, den wir als „Vertrauensdiskurs" bezeichnet haben. Bei der Zusammenstellung des Untersuchungskorpus kann man zunächst über den Suchbegriff *vertrau* oder evtl. nur *trau* eine lexikalische Suche starten, die das Substantiv und das Verb in ihrem jeweiligen Flexionsparadigma erfasst. Bei der ersten Sichtung der Belege schließt man alles aus, was nicht zur Fragestellung passt. So wären beispielsweise bei der Suche anhand von *trau* Texte über Trauungen nur dann von Interesse, wenn man die Trauung als Vertrauensbeweis oder die Beziehung zwischen dem Hochzeitspaar und den Trauzeugen als eine Vertrauensbeziehung untersuchen möchte. Je nach Erkenntnisinteresse und Datenlage muss man entscheiden, welche und wie viele Texte (z.B. aus welchen Zeitschriften und Zeitungen) man in das Korpus aufnimmt, später kann man je nach Datenlage weitere relevante Texte hinzunehmen, den Untersuchungszeitraum eingrenzen oder erweitern, regionale Diskurse ein- oder ausschließen, einen anderen Teildiskurs zum Vergleich heranziehen etc.

---

der-moderne-1.1015100-2 (Stand: 03.03.2016), ihr Buch „Vertrauensfragen, eine Obsession der Moderne" (2013) wurde in der FAZ (am 09.11.2013) und der SZ (am 03.12.2013) rezensiert.

23 Zum Interview mit Martin K. W. Schweer vgl. http://www.focus.de/wissen/mensch/psychologie/interview-warum-wir-vertrauen-muessen_aid_377717.html (Stand: 03.03.2016).

24 Zum Interview „Welche Rolle spielt Vertrauen in der Krise?" für das Deutschland Radio Kultur vgl. http://www.dradio.de/aod/html/?station=3&year=2011&month=10&day=06&page=3& (Stand: 09.03.2016).

25 Vgl. http://www.trust-management-institut.de/warum-vertrauen/thema-vertrauen-in-den-medien (Stand: 10.03.2016).

Bei der Analyse muss man berücksichtigen, dass Diskurse und deren Teildiskurse mehrfach miteinander verschränkt sein können und dass sie Brüche aufweisen können. Es gilt immer im Einzelfall zu entscheiden, in welcher Beziehung die untersuchten (Teil-)Diskurse zueinander stehen. Wenn wir den Vertrauensdiskurs theoretisch als die Summe aller öffentlichen Aussagen annehmen, die sich auf das Thema Vertrauen beziehen, können wir die folgende Annahme formulieren: Der Vertrauensdiskurs wird vermutlich quer zu Diskursen verlaufen, die durch bestimmte historische Ereignisse ausgelöst wurden. So wurde Vertrauen z.B. im Zusammenhang mit dem Rücktritt von Christian Wulff, mit der Havarie der Costa Concordia in 2012, mit dem Absturz der Germanwings-Maschine in 2015, im Zusammenhang mit der NSA-Affäre, dem ADAC-Skandal oder aktuell im Zusammenhang mit der Debatte um Flüchtlinge[26] thematisiert. Man muss allerdings beachten, dass Fragen des Vertrauens häufig auch dann relevant sind, wenn Vertrauen nicht thematisiert wird und stattdessen verwandte Begriffe aus demselben semantischen Feld genutzt werden (z.B. *Glaubwürdigkeit*, *Verlässlichkeit* oder *Sympathie*).[27] In solchen Fällen hilft die lexikalische Suche nach *vertrau* wenig. Es müssen also in einem weiteren Analyseschritt auch verwandte Begriffe berücksichtigt werden.

In unterschiedlichen Kontexten werden jeweils unterschiedliche Arten und Aspekte von Vertrauen relevant (Vertrauen in öffentliche Personen, in Unternehmen, in Technik, in Politik etc.), die eng miteinander verflochten sind. So ist beispielsweise im Zusammenhang mit der Flüchtlingsdebatte Angela Merkel als prominente politische Persönlichkeit ein wichtiger Akteur nicht nur des Flüchtlingsdiskurses, sondern auch des Vertrauensdiskurses. Die sich verschärfende Situation kann man quasi daran ablesen, wie sich das öffentlich thematisierte Vertrauen in Angela Merkel entwickelt. Es gibt eine Reihe von Umfragen dazu, inwiefern die Bürgerinnen und Bürger Angela Merkel und speziell ihrer Flüchtlingspolitik vertrauen. Typischerweise wird das Vertrauen in sie als Person und in ihre Politik gleichgesetzt.

---

26 Der Begriff *Flüchtling* ist umstritten und wird in letzter Zeit diskursiv ausgehandelt. Während viele den Begriff als neutral verstehen und verwenden, wird er wegen des Suffixes *-ling* von anderen als negativ konnotiert empfunden. Als alternative Bezeichnung wird der Begriff (der/die) *Geflüchtete* diskutiert und verwendet. Auf diese Problematik kann an dieser Stelle nicht weiter eingegangen werden. Ich verwende im Folgenden den Begriff *Flüchtling* und entsprechende Komposita, da es sich um das Schlüsselwort des Diskurses handelt und es naheliegt, den Diskurs nach dem zentralen Begriff zu benennen. Diese Problematisierung denke ich bei der Verwendung des Begriffes jedoch ständig mit.
27 In den 18 Studien, die in Stötzel/Wengeler 1995 publiziert wurden, kommt *Vertrauen* nicht vor, obwohl einige der untersuchten Bereiche mit Fragen des Vertrauens verbunden sein können, z.B. Bildung (vgl. Kap. 10), die Terrorismus-Diskussion oder die Sexual- und Partnerschaftsethik.

Obwohl im Herbst 2015 bereits negative Umfragewerte veröffentlich wurden, hieß es im November 2015 in *Der Welt* noch:[28]

> Die Deutschen vertrauen ihrer Kanzlerin
> Die Zustimmung zu ihrer Flüchtlingspolitik ist gering: Trotzdem, die Mehrheit der Deutschen glaubt, nur Bundeskanzlerin Angela Merkel könne die anstehenden Aufgaben für das Land lösen.

Durch die Verwendung des Possessivpronomens *ihrer* (*ihrer Kanzlerin*) wird die Loyalität *der Deutschen* gegenüber der Kanzlerin betont. Später zeigte sich ein deutlich negativer Trend in den „Vertrauenswerten" von Angela Merkel und der Regierung. Das Edelmann Trust Barometer 2016 zeigt nach einer langen Zeit einen Vertrauensverlust an.[29]

> Frankfurt, 19. Januar 2015 – Themen wie die Flüchtlingskrise verpassen der deutschen Regierung einen deutlichen Dämpfer. Erstmals seit vier Jahren sinkt das Vertrauen in Angela Merkel und ihr Kabinett in der Einkommens- und Bildungselite. Das ist eines der zentralen Ergebnisse des Edelman Trust Barometers 2016 – mit mehr als 33.000 Befragten in 28 Ländern die größte repräsentative Erhebung zum Vertrauen in Regierungen, Nichtregierungsinstitutionen (NGO), Unternehmen und Medien.

Wie man sieht, wird von Edelmann die Befragtengruppe (*Einkommens- und Bildungselite*) spezifiziert und damit die Gruppe der Vertrauensgeber explizit genannt. Als Vertrauensnehmer werden relativ allgemein *Angela Merkel und ihr Kabinett* dargestellt. Dadurch werden einerseits die Aussagen hinsichtlich der Befragten relativiert, andererseits bleibt offen, in welcher Beziehung das Vertrauen in die Kanzlerin zum Vertrauen in ihr Kabinett steht. Ist Vertrauen in die Regierung und Vertrauen in die Kanzlerin gleichzusetzen? Ergibt sich das eine aus dem anderen? Ergibt sich daraus Vertrauen in die Kanzlerin automatisch Vertrauen in ihre Politik? Diese Fragen bleiben im Diskurs zumeist unbeantwortet. In den Medien werden Ergebnisse verschiedener Studien präsentiert und diskutiert, die sich zu Vertrauen in die Bundeskanzlerin äußern. Die haben in letzter Zeit vor allem einen negativen Trend signalisiert, so z.B. im folgenden Beitrag:[30]

> AfD zweistellig, Union im Sinkflug – diese Umfrage ist für Merkel zum Fürchten

---

[28] Vgl. http://www.welt.de/politik/deutschland/article149042990/Die-Deutschen-vertrauen-ihrer-Kanzlerin.html (Stand: 03.03.2016).
[29] Vgl. http://www.edelman.de/de/news-pressemitteilungen/edelman-trust-barometer-2016-regierung-merkel-erleidet-erstmals-seit-jahren-vertrauensverlust-qualitaetslabel-made-in-germany-si (Stand: 03.03.2016)
[30] Vgl. http://www.stern.de/politik/deutschland/afd-klettert-in-stern-umfrage-auf-zehn-prozent---vertrauen-in-merkel-und-union-sinkt-6655834.html (Stand: 27.07.2016).

Flüchtlinge, Köln, der Terror in Istanbul: Die Ereignisse der letzten Wochen hinterlassen ihre Spuren im Stern-RTL-Wahltrend. Das Vertrauen der Bürger in die Politik sinkt dramatisch, Angela Merkel wird angezählt – allein die AfD surft auf der Angst-Welle.

Die Trends werden auch differenziert nach Ost und West dargestellt, z.B. im folgenden Textbeispiel:[31]

> Weimar (dpa) – In Ostdeutschland sinkt laut einer Umfrage das Vertrauen in Bundeskanzlerin Angela Merkel (CDU). Auf die Frage, welchen Politikern sie derzeit am meisten vertrauen, nannten nach einem Bericht der „Thüringischen Landeszeitung" im aktuellen INSA-Meinungstrend 24 Prozent Merkel. Im August waren es noch 32 Prozent. Bei den Westdeutschen legte Merkel dagegen leicht zu, von 31 auf 33 Prozent. Das Erfurter INSA Institut befragte vom 18. bis 21. September in ganz Deutschland 2187 repräsentativ ausgesuchte Bundesbürger. Bundesweit sprachen 32 Prozent Merkel ihr Vertrauen aus und damit etwas mehr als vor einem Monat (31 Prozent).

Diese Unterscheidung unterstellt implizit eine unterschiedliche Grundlage für die Vertrauensbildung in beiden Teilen Deutschlands. Nach zahlreichen Statistiken, die einen Vertrauensverlust nachgewiesen haben, zeigten sich Anfang März 2016 abermals für die Kanzlerin positive Umfragewerte: „Merkel gewinnt Vertrauen zurück [...] Im jüngsten ARD-DeutschlandTrend legte die CDU-Vorsitzende in der Beliebtheitsskala um acht Prozentpunkte auf 54 Prozent zu."[32] Das letzte Beispiel zeigt, dass im lexikalischen Umfeld von *Vertrauen* auch andere Begriffe vorkommen, vor allem *Beliebtheit*. Weitere Begriffe aus dem lexikalischen Umfeld sind *Rückhalt*[33] und *Zustimmung*[34]. Diese Begriffe werden z.T. mit Vertrauen gleichgesetzt oder sind zumindest eng damit verbunden. Möglicherweise könnte man sie als Schlüsselbegriffe des Vertrauensdiskurses auffassen, was jedoch eine Analyse erst nachweisen müsste. Der „Vertrauenstrend" von Angela Merkel wird auch in anderen Ländern wahrgenommen und öffentlich diskutiert, so z.B. in Tschechien: „Důvěra v kancléřku Merkelovou klesá. Němci víc pochybují, zda uprchlíky zvládnou." („Das Vertrauen in die Bundeskanzlerin Merkel sinkt. Die Deutschen zweifeln, ob sie die Situation mit den Flüchtlingen schaffen.").

Bei der Analyse eines Diskurses muss genau betrachtet werden, welche Personen, Institutionen oder Menschengruppen im Diskurs präsent sind, wie stark ihre

---

[31] Vgl. http://www.zeit.de/news/2015-09/25/bundesregierung-vertrauen-der-ostdeutschen-in-merkel-schwindet-25101802 (Stand: 03.03.2016).
[32] Vgl. http://www.sueddeutsche.de/politik/merkel-gewinnt-in-fluechtlingskrise-vertrauen-zurueck-1.2886857 (Stand: 06.03.2016).
[33] Vgl. http://www.focus.de/politik/deutschland/wegen-fluechtlingspolitik-38-prozent-fuer-ruecktritt-merkel-verliert-an-rueckhalt-in-der-bevoelkerung_id_5091850.html (Stand: 06.03.2016).
[34] Vgl. http://www.sueddeutsche.de/politik/ard-deutschlandtrend-merkels-beliebtheit-stuerzt-auf-schlechtesten-wert-seit-1.2848541 (Stand: 06.03.2016). In diesem Artikel werden die Begriffe *Beliebtheit, Zustimmung* und *Zuspruch* verwendet.

Stimme und ihre Position im Diskurs ist, in welchen Kontexten sie zu Wort kommen, von wem und wann sie zitiert werden etc. Im Hinblick auf den aktuellen massenmedialen Vertrauensdiskurs kann bei einer ersten Annäherung beobachtet werden, dass Angela Merkel eine im Kontext der Flüchtlingsthematik prominente Akteursposition innehat, was sicherlich an der Verschränkung des Vertrauensdiskurses mit dem Flüchtlingsdiskurs zusammenhängt. Es werden aber auch andere Akteure sichtbar. In einer Kolumne in *ZEIT-Online* betont Jaafar Abdul Karim die Rolle von Vertrauen zwischen den Einheimischen und den Flüchtlingen, als wichtige Akteure treten auch die *bereits hier lebenden Migranten* auf:[35]

> Vertrauen verbindet. Ohne Vertrauen scheitert Integration, die Flüchtlinge werden sich zurückziehen, so wie manche Migranten vor ihnen, und parallele Gesellschaften und Ghettos gründen, in denen jeder nur seine Leute sucht. Dann verabschieden sich die Flüchtlinge innerlich von Deutschland. Wer könnte besser dabei helfen, dieses Vertrauen aufzubauen, als die bereits hier lebenden Migranten. Deshalb verdienen auch sie mehr Vertrauen! Sie kennen die Herkunftssprache und die Mentalität der Flüchtlinge und sind prädestinierte Brückenbauer.

Solche Stimmen im Diskurs sind wichtig, um eine schrittweise Etablierung einer Misstrauenskultur zu verhindern. Wir können sehen, dass der Vertrauensdiskurs – hier exemplarisch ein kleiner Ausschnitt davon – mit dem Flüchtlingsdiskurs mehrfach verschränkt ist. Eine ausführliche Untersuchung könnte klären, ob es sich hier um eine Verschränkung von zwei Diskursen handelt oder ob der Vertrauensdiskurs eher als ein Teildiskurs des übergeordneten Flüchtlingsdiskurses anzusehen ist.

Eine ähnliche Verschränkung kann man bei der Untersuchung des Diskurses zur NSA-Affäre beobachten, der sich nach den Enthüllungen der massenhaften Sammlung und Speicherung elektronischer Daten durch die NSA und des Abhörens führender europäischer PolitikerInnen entwickelt hat.[36] Auch hier war Angela Merkel eine zentrale Person, das Vertrauen, um das es im Diskurs ging, lag aber auf einer anderen Ebene. Es ging nicht um das Vertrauen der BürgerInnen in Merkel und ihre Politik (Mikroebene), sondern um das Vertrauen zwischen Deutschland und den USA und somit um Vertrauen auf einer institutionalisierten Ebene (Makroebene). Die Vertrauenswürdigkeit von und Vertrauen zwischen Staaten bringt in der internationalen Arena viele Vorteile mit sich, denn

> auf internationaler Ebene bedeutet Vertrauenswürdigkeit für eine Nation verbesserte internationale Beziehungen, da sie als glaubwürdig gilt. [...] Als vertrauenswürdig zu gelten kann zu gesteigertem wirtschaftlichem Erfolg führen oder bei der Verfolgung politischer Ziele hilfreich sein, da sich leichter Investoren und politische Kooperationspartner finden lassen. (Kleiner 2014, 26)

---

35 Vgl. http://www.zeit.de/gesellschaft/2015-10/integration-deutschland-vorschlag/seite-2 (Stand: 03.03.2016).
36 Zu einer ausführlicheren Analyse vgl. Schäfer 2014.

Der Vertrauensbegriff wurde von der deutschen Seite, die von Anfang an mit den Begriffen *Affäre, Skandal* und *Streit* operierte, in die Diskussion gebracht. Aus deutscher Sicht war durch die Vorfälle das deutsch-amerikanische Vertrauensverhältnis stark beschädigt,[37] denn „Ausspähen unter Freunden – das geht gar nicht".[38] Diese Äußerung Merkels kann als prototypisch für den deutschen medialen Diskurs gelten. Sie macht auch die Verbindung von Angemessenheit und Vertrauen deutlich, die in Kapitel 11 diskutiert wird: Ein Handeln, dass als unangemessen empfunden wird, kann die Zuschreibung von Vertrauenswürdigkeit gefährden und das bestehende Vertrauen infrage stellen. Die unterschiedliche Einschätzung der Spionage im Hinblick auf ihre Angemessenheit war tatsächlich der Drehpunkt der ganzen Affäre. Was im öffentlichen Diskurs Deutschlands als völlig unangemessen und schockierend eingeschätzt wurde, wurde im amerikanischen politischen Diskurs angesichts der weltweiten Terrorbedrohung für notwendig gehalten. Sie konnten deswegen die deutsche Reaktion lange nicht nachvollziehen und hielten sie für überzogen, ja möglicherweise sogar für undankbar, denn „We're not doing it for the fun of it. This is to gather valuable intelligence, which helps not just us but also helps the Europeans."[39] Die unterschiedlichen Wahrnehmungen der Situation wurden in der *New York Times* am 16.12.2013 auf den Punkt gebracht, wobei hier als Akteure die Behörden (*officials*) der beiden Seiten agieren:

> The dispute also reflects very different views of how far the state should go in conducting surveillance, both at home and abroad. [...] United States officials talk about conducting surveillance, whether of adversaries or allies, to protect American interests; German officials emphasize the importance of reaffirming the alliance. American officials are intent on gathering the data needed to quickly determine the whereabouts of terrorism suspects; the Germans start with privacy concerns.[40]

---

[37] Vgl. einen Spiegel-Artikel, der sich auf eine neue Umfrage des renommierten „Pew Research Center" in Washington beruft (http://www.spiegel.de/politik/ausland/spionageaffaere-umfrage-deutsche-verlieren-vertrauen-in-usa-a-980800.html; Stand: 26.07.2016).
[38] Vgl. http://www.spiegel.de/politik/deutschland/handy-spaehaffaere-um-merkel-regierung-ueberprueft-alle-nsa-erklaerungen-a-929843.html (Stand: 29.09.2014).
[39] Vgl. http://www.nbcnews.com/news/other/us-coping-furious-allies-nsa-spying-revelations-grow-f8C11478337 (Stand: 29.09.2014).
[40] Vgl. http://www.nytimes.com/2013/12/17/world/europe/us-germany-intelligence-partnership-falters-over-spying.html?pagewanted=all (Stand: 29.09.2014). Kaum etwas macht die unterschiedliche Einschätzung der Situation so deutlich wie der Vorschlag der Philosophischen Fakultät der Universität Rostock, Edward Snowden die Ehrendoktorwürde für seine Verdienste um Demokratie zu verleihen: „Die Dekane begründeten ihren Antrag moralisch mit der herausragenden Bedeutung, die der Zivilcourage und dem zivilen Ungehorsam von Herrn Snowdens Handeln zukommt." (Pressemitteilung der Universität vom 14.11.2013). Vgl. auch den Antrag auf Verleihung der Ehrendoktorwürde vom 09.11.2013; beide Text sind zu finden unter http://www.phf.uni-rostock.de/fakultaet/fakultaetsrat/ehren promotionsverfahren-edward-snowden zu finden; Stand: 13.09.2016).

Diese Gegenüberstellung erklärt die auseinanderdriftenden Bewertungen der Situation. Die sehr unterschiedlichen historischen Erfahrungen und kulturellen Erbschaften der beiden Nationen haben zu unterschiedlichen Werthaltungen und sozialen Normen geführt. Werthaltungen kann man mit Kleiner (2014, 74) definieren als „gesellschaftlich erarbeitete Überzeugungskonzepte zur bevorzugten Bearbeitung beziehungsweise Lösung bestimmter gesellschaftsrelevanter Aufgaben und Bedürfnisse in sowohl materieller und sozialer, als auch psychologischer Hinsicht".

Aus dieser Definition wird deutlich, dass die verschiedenförmigen Werthaltungen auf beiden Seiten logischerweise auch zu einer divergierenden Einschätzung von Angemessenheit und Vertrauenswürdigkeit geführt haben. Auch das Verhältnis zwischen den Nationen wird uneinheitlich konzeptualisiert. Aus deutscher Sicht handelt es sich um eine freundschaftliche Beziehung, während die USA die Beziehung als eine strategische Partnerschaft ansehen. Daraus ergeben sich auch andere Ansprüche und Vorstellungen von Angemessenheit. Das Konzept der Angemessenheit[41] wird dabei im Diskurs unterschiedlich versprachlicht. Verwendet werden u.a. die Begriffe *(un-)angemessen, (nicht) akzeptabel, (nicht) adäquat, gerechtfertigt, appropriate* oder *unacceptable*. Eine kontrastive Diskursanalyse, die Diskurse zu einem Thema in verschiedenen Ländern vergleicht, hat das Potenzial, auf bestimmte Aspekte aufmerksam zu machen, die den Diskursakteuren möglicherweise nicht bewusst sind, und zu einer Sichtbarmachung von Gemeinsamkeiten und Differenzen beizutragen.

Wir haben gesehen, dass Angela Merkel in verschiedenen Kontexten eine prominente Position im Vertrauensdiskurs innehat. Die folgenden Aussagen beziehen sich zwar wieder auf sie, heben aber einen anderen Aspekt des Phänomens hervor.

> Kanzlerin Angela Merkel spricht ihren Ministern gerne das Vertrauen aus, wenn diese in die Schusslinie geraten sind. Mal drückt die CDU-Vorsitzende ihr „vollstes", mal ihr „volles" Vertrauen aus. Obwohl auch der Duden die Wendung „vollstes Vertrauen" kennt, ist nicht ganz klar, ob es tatsächlich einen Superlativ von „voll" gibt.[42]

> Angela Merkel hat Vizekanzler Gabriel im Zusammenhang mit der Edathy-Affäre das „volle Vertrauen" ausgesprochen. Für Gabriel sollte dies ein Zeichen sein, dass die Lage ernst ist. Volles oder vollstes Vertrauen der Bundeskanzlerin hatten auch Verteidigungsminister Franz Josef Jung, sein Amtsnachfolger Karl-Theodor zu Guttenberg, Ex-Bundespräsident Christian Wulff und Bildungsministerin Annette Schavan. Sie alle mussten anschließend von ihren Ämtern zurücktreten.[43]

---

41 Zur Definition von *Angemessenheit* vgl. Kap. 11.
42 Vgl. http://www.rp-online.de/politik/deutschland/das-volle-und-das-vollste-vertrauen-der-kanzlerin-bid-1.3172910 (Stand: 3.3.2016).
43 Vgl. https://de.statista.com/infografik/1911/von-angela-merkels-ausgesprochenem-vertrauen-bis-zum-ruecktritt (Stand: 03.03.2016).

Diese Äußerungen zeigen, dass Vertrauen jemandem vor allem dann öffentlich ausgesprochen wird (hier von Angela Merkel, aber vermutlich allgemein), wenn dieser in eine problematische Situation geraten ist. Ein solches öffentliches Vertrauensvotum von einer relevanten Bezugsperson soll der Person den Rücken stärken und sie in den Augen der Öffentlichkeit und der Kritiker unterstützen. Offenbar wurde von einigen Akteuren eine gewisse Musterhaftigkeit erkannt, die darin besteht, dass Angela Merkel ihr „volles Vertrauen" erst dann ausspricht, wenn die Lage ernst ist und letztlich (zumindest in den dokumentierten Fällen) in einem Rücktritt der betroffenen Person mündet. Aufgrund dieses Musters wird das Vertrauensvotum als ein Zeichen dafür gedeutet, dass es um die Person schlecht steht. Durch ein weiteres Interpretationsverfahren kommt es dazu, dass das Vertrauensvotum sogar als Warnung „Vorsicht, die Lage ist sehr ernst!" verstanden werden kann. In der Konsequenz könnte man sich nun als eine Person des öffentlichen Lebens beinahe davor fürchten, dass einem die Bundeskanzlerin ihr Vertrauen ausspricht. Dieser Umdeutungsprozess basiert auf der alltäglichen Beobachtung, dass Vertrauen in der Regel eher latent bleibt und erst in Krisensituationen thematisiert wird (vgl. das Stufenmodell der Vertrauensbildung in Kap. 3). Dadurch wird die Thematisierung zum Zeichen und in dem Beispiel zu einem „schlechten Omen" (zur Zeichenhaftigkeit vgl. Kap. 3). Diese Perspektive ist jedoch im öffentlichen Diskurs nur marginal vertreten, was bei einer Analyse des Vertrauensdiskurses berücksichtigt und entsprechend gewichtet werden muss.

Im Hinblick auf die diskurslinguistische Untersuchung des Phänomens Vertrauen bleiben noch einige Fragen offen. In Kapitel 7 zu Vertrauen und Kultur haben wir einen Text analysiert, der Teil des aktuellen Flüchtlingsdiskurses ist. Wir haben gesagt, dass für seine adäquate Interpretation der Kontext berücksichtig werden muss, der offene Brief des Bürgermeisters muss also in seinem diskursiven Umfeld gesehen werden. Wir haben den Text mithilfe der pragmatischen Stilistik grob analysiert und im Hinblick auf Vertrauen interpretiert. Dabei haben wir gezeigt, dass Vertrauen eine wichtige Rolle spielt, obwohl der Begriff im Text nicht explizit verwendet wird. Wir könnten problemlos auch andere Textexemplare und Textsorten finden, deren Funktion und Wirkung mit Vertrauen verbunden sind, ohne dass Vertrauen explizit genannt wird. Man könnte beispielsweise an Wahlprogramme von Parteien denken, die auch ohne explizite Thematisierungen von Vertrauen auskommen, aber dennoch in einem Kontext stehen, der ihnen eindeutig eine vertrauensfördernde Funktion zuweist: Sie sollen die Grundlage für die Wahlentscheidung bilden, die als eine Art „Vertrauensvotum" interpretiert wird. Ähnlich haben wir in diesem Kapitel festgestellt, dass Vertrauen auch dort relevant sein kann, wo es nicht explizit thematisiert wird.

Diese Beobachtungen werfen eine Reihe wichtiger methodischer Fragen auf:
– Kann man solche Phänomene aus diskurslinguistischer Sicht untersuchen?

- Wie findet man solche Texte, wenn der Vertrauensbegriff nicht genannt wird und sie also nicht über eine lexikalische Suche ermittelt werden können?
- Verträgt sich eine solche Untersuchung mit der gängigen Definition von Diskurs, wenn er als ein Verweiszusammenhang von thematisch gebundenen Aussagen verstanden wird?
- Wenn Vertrauen nicht auf der Oberfläche thematisiert wird, kann man solche Texte als thematisch gebunden verstehen?
- Wenn sie nicht thematisch verknüpft sind, wie kann man die Gemeinsamkeit der Texte sonst erfassen? Sind sie funktional verwandt? Oder ist es letztlich nur unsere Interpretation, die die Texte verbindet?

Diese Fragen können an dieser Stelle nicht empirisch gesichert beantwortet werden, da die Vertrauensthematik in öffentlichen Diskursen bislang nicht untersucht wurde. In Matějková (2010) plädiere ich für einen funktionalen Diskursbegriff als Grundlage für die Untersuchung des Vertrauensdiskurses. Ähnlich geht auch Dreesen (2015a, 57) davon aus, dass es sich beim Diskurs „nicht zwingend um eine semantisch-thematische Kategorie handeln muss". Diese Auffassung ist notwendig, um Vertrauen auf einer kollektiven Ebene umfassend untersuchen zu können.

10 Vertrauen und Bildung

Wir haben bisher verschiedene Aspekte von Vertrauen beleuchtet und mehrere Methoden kennengelernt, mit deren Hilfe es untersucht werden kann (pragmatische Stilistik, Gesprächsanalyse, Diskurslinguistik). Dabei wurde die Relevanz der linguistischen Vertrauensforschung für die Anwendungsfelder Werbung, Öffentlichkeitsarbeit und Journalismus aufgezeigt. Im Mittelpunkt dieses Kapitels steht ein weiterer Praxisbereich, in dem das Phänomen Vertrauen eine wesentliche Rolle spielt und in dem die linguistische Beschäftigung mit diesem Phänomen eine Lücke schließen kann. Im Folgenden geht es um Vertrauen und Bildung. Dieser Bereich wurde aus folgenden Gründen für eine exemplarische Analyse gewählt:
– Es handelt sich um einen gesellschaftlich relevanten Bereich, mit dem jeder von uns Erfahrungen macht.
– Es herrscht Konsens darüber, dass Vertrauen eine maßgebliche Rolle für das Funktionieren des Systems und für den Bildungserfolg spielt.
– Das Bildungssystem wird seit Langem intensiv erforscht, sodass die Vertrauensforschung an zahlreiche Untersuchungen anknüpfen kann.
– Am Beispiel des Bildungssystems lässt sich gut zeigen, wie die diskutierten Aspekte bei der Betrachtung größerer Kontexte zusammenfließen und wie die verschiedenen Methoden zur Erforschung von Vertrauen miteinander kombiniert werden können.
– Die Beschäftigung mit der Rolle von Vertrauen für die Bildung stellt eine sinnvolle Erweiterung der Ausbildung angehender Lehrkräfte dar.

Mit dem Begriff *Bildung* wird

> in der Regel auf etwas hingewiesen, das die Begriffe Erziehung, Sozialisation und Unterricht nicht vollumfänglich beschreiben (können). Bildung bezeichnet in diesem Verständnis das Ziel eines gelingenden Lebens, wobei sich Bildung im Verlauf dieses gelingenden Lebens immer mehr vervollkommnet. Mit Bildung wird ein nicht-quantifizierbarer „Mehrwert" beschrieben, der zwar an der Schule oder an der Universität stattfinden und damit durchaus institutionell abgesichert sein kann, der aber ebenso als flüchtig, unsicher und undefinierbar erscheint. (Horlacher 2011, 8)

Die Vertrauensforschung auf dem Gebiet der Bildung fällt traditionell in den Kompetenzbereich der pädagogischen Psychologie und der Erziehungswissenschaft.[1] Wie noch zu zeigen sein wird, kann aber das Thema Vertrauen in Bezug auf Bildung auch innerhalb der Linguistik untersucht werden (vgl. weiter unten in diesem Kapi-

---

[1] Überblicksartige Darstellungen des Forschungsstandes (nicht nur) in diesen Disziplinen finden sich u.a. in Schweer 2010 und Bartmann/Pfaff/Welter 2012.

tel). Wie der Darstellung des Forschungsstandes zu entnehmen ist (vgl. Kap. 2), gehört die Erziehungswissenschaft aktuell zu den jüngsten Disziplinen der interdisziplinären Vertrauensforschung.

> Vertrauen gehört bisher nicht zum breit anerkannten Kanon pädagogischer Kategorien. Der Versuch, im vorliegenden Thementeil *Vertrauen* als pädagogischen Grundbegriff zu diskutieren und zu begründen, entstand vor allem aus der irritierenden Tatsache, dass dem Begriff in der pädagogischen Praxis sowie in der pädagogischen Theoriebildung zwar eine hohe Bedeutung zugesprochen wird, er aber zugleich größtenteils unreflektiert als Prämisse pädagogischer Beziehungen eher unterstellt als geklärt wird. Als Begriff ist Vertrauen in seinen vielfältigen Bedeutungen nämlich in der Erziehungswissenschaft bisher kaum systematisch analysiert, reflektiert und bestimmt worden – und die empirische Forschung zur Bedeutung von Vertrauen in pädagogischen Kontexten ist auch rar gesät. (Fabel-Lamla/Welter 2012, 769)

Vor dem Hintergrund dieses Desiderats ist im Jahre 2008 das durch die DFG geförderte Forschungsnetzwerk „Bildungsvertrauen – Vertrauensbildung" entstanden. Auf der Projektseite (http://www.bildungsvertrauen.de) erfährt man:

> Im Gegensatz zu anderen Disziplinen wird Vertrauen derzeit in den Erziehungs- und Sozialwissenschaften [...] kaum thematisiert und empirisch untersucht. Ziel des wissenschaftlichen Netzwerkes „Vertrauensbildung – Bildungsvertrauen" ist es daher, personale, institutionelle und gesellschaftliche Bedingungen der Vertrauensermöglichung sowie Prozesse der Vertrauensbildung in unterschiedlichen sozialen und professionellen Kontexten zu untersuchen und den Begriff des Vertrauens in den Erziehungs- und Sozialwissenschaften zu aktualisieren und auszuarbeiten.

Die ersten zusammenfassenden Darstellungen der verschiedenen Aspekte, die für erziehungswissenschaftliche Forschung und Praxis relevant sind, bieten der Thementeil der *Zeitschrift für Pädagogik* (Jahrgang 58, Heft 6/2012) und der Sammelband von Bartmann/Fabel-Lamla/Pfaff/Welter (2014). Fabel-Lamla/Tiefel/Zeller (2012, 799) weisen darauf hin, dass Vertrauen einen wichtigen Teil von pädagogischen Professionen darstellt. Gleichzeitig sprechen sie auch die Rolle von Vertrauen in öffentlichen Diskussionen, die von der Diskurslinguistik untersucht werden können (vgl. weiter unten in diesem Kapitel):

> In pädagogischen Handlungsfeldern wird oft auf die Bedeutung von Vertrauen für professionelles Handeln verwiesen. So wird etwa postuliert, dass der Aufbau eines wechselseitigen *Vertrauensverhältnisses* zwischen Professionellen und Adressaten Voraussetzung für ein gelingendes Arbeitsbündnis sei, *Vertrauen* eine wesentliche Ressource in der professionellen Arbeit darstelle und Professionelle spezifische Rahmenbedingungen schaffen mussten, um gegenüber ihrer Klientel *Vertrauenswürdigkeit* zu signalisieren. Auch öffentliche Diskussionen um die Leistungsfähigkeit des Bildungssystems oder der Sozialen Dienste sowie die Konstatierung von *Vertrauensverlusten* gegenüber den pädagogischen Professionen verweisen darauf, dass das Vertrauen in die Problemlösekompetenzen und Leistungen einer Profession als konstitutives Element für deren Arbeit gilt. (Hervorhebungen i.O.)

Der Bereich der Bildung ist viel zu ausdifferenziert, um einheitlich aus einer einzigen Perspektive untersucht werden zu können. Je nach Fragestellung müssen jeweils bestimmte Akteure und Akteursebenen und ihre wechselseitigen Beziehungen berücksichtigt und andere begründet ausgeklammert werden.

Versuchen Sie, den Bereich der Bildung im Hinblick auf das Vertrauensphänomen zu modellieren, indem Sie über die folgenden Aspekte nachdenken. Wenn möglich, fassen Sie diese Aspekte grafisch zusammen.
- Auf welchen verschiedenen Ebenen im Bereich der Bildung spielt Vertrauen eine Rolle?
- Welche (individuellen sowie kollektiven) Akteure sind auf den Ebenen relevant?
- Vertrauen bezieht sich stets auf zwei Seiten. Zwischen welchen Akteuren kann es auf welchen Ebenen Vertrauensverhältnisse geben und inwiefern?
- Welche dieser Konstellationen können linguistisch untersucht werden und wie? Welche Methoden eignen sich dafür? Welches Untersuchungsmaterial könnte man heranziehen? Mit welchen Problemen ist zu rechnen?

Wenn man versucht, die verschiedenen Akteursebenen und das jeweils relevante Vertrauensverhältnis zu modellieren, wird deutlich, wie vielfältig und interdependent die Beziehungen innerhalb des Bildungssystems sind. Die Beziehungsstrukturen können wir auf drei analytischen Ebenen betrachten: 1. auf der persönlichen Ebene der Einzelakteure, 2. auf der institutionellen Ebene der Bildungsinstitutionen und 3. auf der Systemebene des gesamten Bildungssystem. Diese Ebenen sind mehrfach miteinander verknüpft. Fokussieren wir als Beispiel den Teilbereich der Schule, was bereits eine starke Eingrenzung darstellt. Als Erstes kann man auf der persönlichen Ebene an die Beziehungen zwischen den Lehrenden und den SchülerInnen zu denken, die im Zentrum des Schulsystems stehen (vgl. dazu die Ausführungen weiter unten). Neben dem Kernbereich, in dem LehrerIn-SchülerIn-Interaktionen einen wesentlichen Teil ausmachen, gibt es eine ganze Reihe weiterer Kontexte, die im Hinblick auf Vertrauen von Bedeutung sind. Beispielsweise ist die Rolle eines „Vertrauenslehrers" bzw. einer „Vertrauenslehrerin" in diesem Zusammenhang zu nennen. Ebenso sind die Beziehungen zwischen den SchülerInnen innerhalb ihrer Peer Groups,[2] zwischen den SchülerInnen und dem nichtpädagogischen Schulpersonal (z.B. PsychologInnen, SozialpädagogInnen, HausmeisterInnen), zwischen den Lehrkräften untereinander, den SchulleiterInnen und den LehrerInnen etc. wichtig. Wenn man die internen Beziehungen innerhalb einer Schule auf der institutionellen Ebene untersucht, wo es um Beziehungen zwischen kollektiven Akteuren geht, kommt beispielsweise dem Verhältnis zwischen der Schulleitung und der SchülerInnenvertretung Bedeutung zu.

---

2 Zu Vertrauensbeziehungen Jugendlicher vgl. Cocard 2014.

Erweitert man den Blick über die Grenzen der Schule im engeren Sinne hinweg, kommen die Beziehungen zwischen den Eltern und der Schule in den Fokus. Auch dort muss man verschiedene Beziehungen unterscheiden: Vertrauen zwischen den Eltern und den KlassenlehrerInnen oder zwischen den Eltern und weiteren Lehrkräften sind grundsätzlich auf der persönlichen Ebene angesiedelt, da stets konkrete Eltern mit konkreten Lehrkräften in Kontakt treten. Allein in dem Dreieck Eltern – LehrerIn – Kind gibt es wechselseitige Beziehungen und Abhängigkeiten, die es unmöglich machen, die analytischen Ebenen scharf zu trennen, denn persönliche Beziehungen sind stets in einen institutionellen Rahmen eingebettet. Soziale Rollen, die Machtverteilung, die Intensität des Kontaktes u.v.m. sind weitere Faktoren, die die Entwicklung einer Vertrauensbeziehung beeinflussen. Das Bild wird noch facettenreicher, wenn wir die Institutionsebene in die Betrachtung einbeziehen. So ist beispielsweise das Vertrauen der Eltern in eine jeweilige Schule bzw. die Schulleitung/die Lehrkräfte der Schule in vielen Fällen ein Beweggrund dafür, die Kinder auf eine bestimmte Schule zu schicken. In einer Situation gesteigerter Konkurrenz ist also die Selbstdarstellung der Schulen von einiger Bedeutung, die Schulen betreiben Öffentlichkeitsarbeit (auf der Internetseite, durch Flyer, Tage der offenen Tür, Schulzeitschriften, Elternabende etc.), um für sich zu werben. Die Beziehungen zwischen der Elternvertretung und der Schulleitung sind auf der institutionellen Ebene angesiedelt, wobei persönliche Kontakte eine wesentliche Rolle spielen.

Auf der Systemebene spielt das Vertrauen in verschiedene Bildungskonzepte oder gar in das Bildungssystem als solches eine Rolle. Einige Eltern vertrauen mehr auf Konzepte der Reformpädagogik und erwägen gar nicht, ihre Kinder auf eine „normale" Schule zu schicken. Eltern, die gar kein Vertrauen in das Bildungssystem haben, greifen in Ländern, in denen es rechtlich möglich ist, häufiger zu alternativen Bildungskonzepten wie Hausunterricht. Auch hier muss aber eine Verschränkung des Systemvertrauens mit dem persönlichen Vertrauen berücksichtigt werden. Manchmal kann mangelndes Vertrauen in eine Institution oder in das System durch ein sehr stark ausgeprägtes Vertrauen in bestimmte VertreterInnen der Institution ausgewogen werden, so z.B. durch eine neue Schulleitung, gute Lehrkräfte etc. Auf der Systemebene können weitere Vertrauensrelationen angesiedelt werden wie z.B. das Vertrauen zwischen den Schulen und den zuständigen, weisungsbefugten Ministerien oder das Vertrauen in Bildungsinstrumente (vgl. Bormann 2012). Es ist ein Unterschied, ob die Schulen und einzelnen Lehrkräfte im Vertrauen auf die Sinnhaftigkeit der Anweisungen ihre Aufgaben erfüllen oder ob sich innerhalb einer Schule die Einstellung verfestigt, dass vom Ministerium sinnlose, zeitraubende Anweisungen erteilt werden, die einen von den eigentlichen Aufgaben ablenken.

Die bisher genannten Aspekte betreffen den schulischen Bereich als den prototypischen Bildungskontext. Ähnliche Akteursanalysen könnte man auch für weitere Bereiche der Bildung wie z.B. für den universitären Bereich und den Bereich der Erwachsenenbildung allgemein durchführen. Dabei wird deutlich, dass bestimmte

Akteure und Konstellationen an Wichtigkeit verlieren, während andere wesentlich werden. So tritt auf dem Gebiet der Erwachsenenbildung die Rolle der Eltern in den Hintergrund, dafür wird das Verhältnis zu anderen Bezugspersonen wie BetreuerInnen, MentorInnen, ProjektleiterInnen, KollegInnen usw. relevant. Man könnte das Gesamtbild auch noch weiter entwickeln, um die wechselseitigen Beziehungen zwischen den verschiedenen Akteuren auf den verschiedenen Ebenen zu modellieren. Davon soll hier abgesehen werden. Es ist hinreichend offenkundig geworden, dass das Feld überaus ausdifferenziert und verwoben ist und dass man immer nur einen kleinen Ausschnitt aus diesem Beziehungsgeflecht untersuchen kann.

Je nach Erkenntnisinteresse können die gewählten Aspekte aus der synchronen Sicht als eine Momentaufnahme erfasst werden oder im Hinblick auf ihre Entwicklung über einen bestimmten Zeitraum hinweg untersucht werden, sie können weiterhin auch kontrastiv beleuchtet werden, z.B. im interkulturellen Vergleich, auch können die methodischen Vorgehensweisen kombiniert werden. Die Frage ist nun, welche Aspekte man aus linguistischer Perspektive betrachten kann, und welche Methoden sich dafür eignen. Für die weiteren Ausführungen grenzen wir den Bildungsbereich ein und konzentrieren uns auf drei ausgewählte Konstellationen, in denen jeweils unterschiedliche Arten von Vertrauen von Interesse sind:

a) persönliches Vertrauen – Verhältnis zwischen Lehrenden und Lernenden, das im Kern des Bildungssystems steht (zum einen LehrerInnen und SchülerInnen und zum anderen DozentInnen und Studierende an Universitäten),
b) institutionelles Vertrauen – Beziehungen einer konkreten Bildungsinstitution zu ihrem sozialen Umfeld, u.a. zu anderen Institutionen,
c) Systemvertrauen – Vertrauen der Öffentlichkeit in das Bildungssystem, Rolle von Vertrauen im öffentlichen Bildungsdiskurs.

Im Folgenden gehen wir – unterschiedlich detailliert – auf diese drei Kontexte ein.

Untersuchungen zu LehrerIn-SchülerIn-Beziehungen stellen den am weitesten untersuchten Kontext für Vertrauen im Bildungsbereich dar. Nehmen wir die Beziehung zwischen einer Lehrkraft und einer Schülerin oder einem Schüler unter die Lupe, handelt es sich um dyadisches, interpersonales Vertrauen zwischen zwei Individuen, die in ihren sozialen Rollen agieren.

> Lehrer und Schüler treten in Interaktion zueinander und modifizieren das eigene Verhalten auch anhand der Wahrnehmung des Verhaltens des Interaktionspartners. Dieses allgemeine interaktionsrelevante Phänomen (s. u. a. Schweer & Thies, 2000) tritt nun bei der Analyse des Vertrauens in besonders drastischer Weise zu Tage, da Vertrauen immer mit einer Reziprozitätserwartung verbunden ist: Wer Vertrauen investiert, erwartet, dass der Interaktionspartner dieses Vertrauen erwidert (u. a. Petermann, 1996). Von daher spielt gleichermaßen das tatsächliche Vertrauen des einen Interaktionspartners, aber auch dessen subjektive Dekodierung durch den anderen Interaktionspartner (und umgekehrt) eine bedeutsame Rolle für die Genese und die Stabilität der Vertrauensbeziehung. (Thies 2005, 87)

Das Verhältnis ist durch Asymmetrie des Wissens, der Macht- und Aufgabenverteilung gekennzeichnet und im Grunde nicht freiwillig, was Implikationen für die Vertrauensbildung hat:

> Für die Frage des Vertrauens zwischen den Interaktionspartnern spielt der Aspekt der Freiwilligkeit eine wesentliche Rolle: Während nämlich in einer freiwilligen Beziehung das Risiko, zu vertrauen, für beide Seiten identisch ist, verschieben sich die Verhältnisse bei bestehender Machtungleichheit – hier ist das Risiko für die rangniedrigere Person größer. Von daher sollten einseitige Vertrauensvorleistungen, die erforderlich sind, um erst einmal den Vertrauensprozess in gang zu bringen zunächst von Seiten der ranghöheren Person ausgehen. In diesem Sinn sollte also der Lehrer mit einer Vertrauensvorleistung (z. B. Verzicht auf Hausaufgabenkontrolle) zunächst auf seine Schüler zugehen. (Schweer/Padberg 2002, 21)

Aus der Asymmetrie der Beziehung ergeben sich also grundlegende Überlegungen für mögliche vertrauensfördernde Strategien. Die Tatsache, dass eine Lehrkraft stets für eine Mehrzahl von SchülerInnen in der Klasse Verantwortung trägt, ist eine Herausforderung für die Entwicklung eines Vertrauensverhältnisses zu den einzelnen Kindern und Jugendlichen. Dabei ist sicherlich auch relevant, ob es sich um KlassenlehrerInnen oder um Fachlehrkräfte handelt, denn die Zeit, die sie jeweils mit der Klasse verbringen, variiert erheblich. Neben der Machtverteilung und Freiwilligkeit der Beziehung sowie dem organisatorischen Umfeld stellt die verfügbare Zeit einen entscheidenden Faktor der Vertrauensbildung dar (vgl. Schweer 2000, 132; Schweer/Padberg 2002, 21–22; Schweer/Bertow 2006, 75). Aus empirischen Studien zum Lehrerberuf und zur Lehrerpersönlichkeit ist bekannt, dass „bei den Lehrern strukturelle Probleme wie zu große Klassen, zu wenig Zeit für außerschulische Aktivitäten sowie eine einseitige Akzentuierung des Fachlichen durch den Lehrplan vielfach mit einem Gefühl der Überlastung verbunden" sind (Schweer 2000, 136). Diese Aspekte können auch die Vertrauensbildung erschweren oder verhindern.

Die Entwicklung von Vertrauen innerhalb einer persönlichen Vertrauensbeziehung zwischen einem Kind bzw. Jugendlichen und einer Lehrperson kann anhand der vorgestellten Vertrauensstufen modelliert werden (vgl. Kap. 3). Diese Entwicklung kann – stark vereinfacht und orientiert an prototypischen Verläufen bei gesunden Kindern – wie folgt nachgezeichnet werden. Wenn ein Kind in die Schule kommt, kann man gegebenes Grundvertrauen voraussetzen, denn ohne das wäre das Kind durch pathologische Ängste und asoziales Verhalten vermutlich schon früher aufgefallen. Das Grundvertrauen ermöglicht ihm die Interaktion mit anderen Kindern und die Integration in eine Peer Group, die Interaktion mit den Lehrkräften, die Anpassung an die vorgegebenen Strukturen etc. Auf dieser Grundlage kann sich das Auftaktvertrauen entwickeln. Durch intensive Kommunikation mit anderen schulischen Akteuren (MitschülerInnen, Lehrkräften, SozialpädagogInnen u.a.) und mit den Eltern, die den Prozess begleiten und idealerweise fördern, entsteht eine gewisse Vertrautheit mit den schulischen Abläufen und Akteuren. Das Kind lernt, die Personen und Situationen um sich herum einzuschätzen. Anhand seiner Erfahrungen entwickelt es Vorstellungen von vertrauenswürdigen Interaktionspartnern (zu konkreten Erwartungen von SchülerInnen vgl. weiter unten). Wenn innerhalb einer Beziehung seine Erwartungen erfüllt werden, verfestigt sich das Vertrauen und kann die höchste Stufe des ausgeprägten Vertrauens erreichen. Typischerweise geschieht dies innerhalb der eigenen Peer Group, aber auch innerhalb der Beziehung zu einer Lehrkraft kann unter günstigen Umständen (z.B. genug Zeit für die Interaktion) ausgeprägtes Vertrauen erreicht werden.

Hinsichtlich der Beziehung zwischen Lehrenden und Lernenden ist anzunehmen, dass die mündliche Face-to-Face-Kommunikation im Unterricht und in den Pausen eine entscheidende Rolle für die Entstehung von persönlichem Vertrauen spielt. Entsprechend dieser Annahme müsste man solche Interaktionen aufnehmen (am besten als Videoaufnahmen) und bei Berücksichtigung von möglichst vielen Faktoren (verbale und nonverbale Handlungen, räumliche Anordnung etc.) transkribieren. Allein teilnehmende Beobachtung, wie sie in sozialwissenschaftlichen und psychologischen Studien üblich ist, wäre für die Zwecke linguistischer Analysen nicht ausreichend, da es bei der Untersuchung um konkrete Äußerungen aller beteiligten Akteure geht, die möglichst genau fixiert werden müssen. Die aufgenommenen Sequenzen könnte man z.B. in Hinblick darauf untersuchen, ob und wie die zentralen Einflussfaktoren Machtverteilung, Freiwilligkeit, Zeit und organisationales Umfeld kommunikativ im Unterrichtsgeschehen konstruiert werden. Werden Asymmetrien eher betont oder sprachlich vermindert? Sind auf Seite der Lehrkräfte Strategien beobachtbar, die der Lösung von Zeit- und organisatorischen Problemen entgegenwirken sollen (z.B. Angebote für Besprechungen außerhalb des Unterrichts, Reflexion schulischer Strukturen und der damit verbundenen Folgen etc.)? Neben dem Unterricht, der die gängige Interaktionssituation zwischen Lehrenden und Lernenden darstellt, wären aber auch andere Situationen interessant wie Morgenkreise, Problemgespräche, Interaktionen bei Klassenfahrten, Exkursionen und anderen gemeinsamen Aktivitäten in- und außerhalb des Klassenzimmers. Solche besonderen Termine bieten Gelegenheit zum Gespräch über Themen, die in dem engen Unterrichtsrahmen mitunter zu wenig Berücksichtigung finden.

Aus gesprächsanalytischen Studien ist bekannt, dass es sehr schwierig und zeitaufwendig ist, geeignetes Material zu sammeln. Die Beschaffung des Untersuchungsmaterials ist mit erheblichem Zeit- und Arbeitsaufwand verbunden, da man vor den eigentlichen Aufnahmen Informationsgespräche mit den Lehrenden, der Schulleitung, den Eltern und den SchülerInnen der Klasse führen und das Einverständnis aller Seiten einholen müsste. Dabei stellt sich die grundsätzliche methodische Frage, was man konkret über das Forschungsprojekt preisgeben kann/darf/muss, um die beteiligten Personen einerseits hinreichend zu informieren und dabei andererseits die Forschungsergebnisse nicht zu verfälschen. Bei solchen Forschungsunternehmen kann man auch an die Grenzen der wissenschaftlichen Möglichkeiten und der wissenschaftlichen Ethik stoßen. Zum einen muss man damit rechnen, dass man vielleicht nicht das Einverständnis erhält, um notwendige Aufnahmen zu machen, zum anderen muss man akzeptieren, dass in bestimmten Situationen wissenschaftsethische Fragen aufgeworfen werden müssen.³ So wären beispielsweise im Hinblick auf die Vertrauensbildung Sprechstunden von VertrauenslehrerInnen ein enorm interessanter Kontext. Der Schutz der Privatsphäre der SchülerInnen würde aber – falls nicht anders signalisiert – absoluten Vorrang haben. Aus dem Grund würde es sich anbieten, Untersuchungen im Hinblick auf Vertrauen am Material durchzuführen, das bereits im Rahmen von anderen Projekten erhoben wurde. Das würde auch die Verknüpfung der vertrauensrelevanten Aspekte mit anderen Sichtweisen fördern.⁴

Mit gesprächsanalytischen Untersuchungsverfahren kann man Mechanismen der Vertrauensbildung im schulischen Alltag untersuchen, ohne dass diese Mechanismen in der untersuchten Situation explizit reflektiert werden. Einen anderen Zugang zum Thema erhält man, wenn man Lernende und/oder Lehrende beschreiben lässt, was für sie Vertrauen in der gegenseitigen Beziehung bedeutet. Auch hier müsste man zunächst die methodische Frage klären, ob man Vertrauen explizit thematisieren möchte oder ob man eher indirekt z.B. nach dem Klassenklima fragt.⁵

- Überlegen Sie, inwiefern das Vertrauen der SchülerInnen aus Sicht der Lehrperson relevant ist. Warum ist es von Vorteil, wenn die SchülerInnen der Lehrerperson Vertrauen entgegenbringen?
- Fassen Sie Ihre Gedanken zusammen, indem Sie möglichst viele verschiedene Ergänzungen für den folgenden Satz formulieren: „Wenn die SchülerInnen der Lehrperson vertrauen, ..."
- Wenn Sie Ihre Ideen formuliert haben, lesen Sie weiter, um zu erfahren, welche Antworten in einer Studie gegeben wurden.

Schweer/Bertow (2006, 79) haben Lehrende gefragt, was für sie die Korrelate des Schülervertrauens sind, d.h. welche Erscheinungen und Phänomene ihrer Meinung nach mit dem Schülervertrauen korrelieren. Sie sollten den Satz „Wenn Schüler mir vertrauen, ..." ergänzen. Dabei wurden neun mögliche Ergänzungen des Satzes vorgegeben und die Befragten sollten auf einer Skala von 1 bis 7 bewerten, inwiefern die vordefinierten Antworten zutreffen. Vorgegeben wurde:

---

3 Wissenschaftsethischen Fragen wird im Rahmen der sog. „Aktionsforschung" dadurch begegnet, dass „die an dem Programm Beteiligten und/oder von ihm Betroffenen [...] in die Planung, Durchführung und Auswertung der Forschungen einbezogen [werden]" (Lautmann/Rammstedt/Wienold 2007, 26).
4 Ein solches Projekt ist z.B. das BMBF-geförderte Projekt *InterPass* an der TU Dortmund, in dessen Rahmen Unterrichtsinteraktionen in den Fächern Deutsch und Mathematik aufgenommen werden (http://www.mathematik.uni-dortmund.de/~prediger/projekte/interpass; Stand: 07.03. 2016).
5 Zu diesem methodischen Dilemma vgl. die Diskussion in Kap. 2, S. 23–24.

Wenn Schüler mir vertrauen, ...
- besteht ein positives Lernklima.
- kann ich sie leichter motivieren.
- haben sie weniger Ängste in der Schule.
- stärkt das auch ihr Selbstvertrauen.
- arbeiten sie mehr mit.
- werden sie mit der Zeit tatsächlich leistungsstärkere Schüler, weil sie sich mehr anstrengen.
- gibt es weniger Unterrichtsstörungen.
- hat dies praktisch keine Auswirkungen auf das Unterrichtsverhalten.
- leisten sie weniger, da sie mit meiner Nachsicht rechnen.

Die ersten vier Antworten (in der genannten Reihenfolge) wurden von den Befragten am häufigsten als zutreffend eingeschätzt. Die Studie hat bestätigt, dass Vertrauen der SchülerInnen in vielerlei Hinsicht einen Faktor des Bildungsprozesses darstellt: „Vertrauen fördert die Verantwortungsbereitschaft und erleichtert gleichermaßen Lehrern und Schülern die Bewältigung des schulischen Alltags, ermöglicht den Lehrern nicht zuletzt also auch die Erfüllung ihres pädagogischen Auftrags." (Thies 2005, 86) Empirische Studien haben gezeigt, dass

> dass die von der Lehrperson wahrgenommene Qualität der Beziehung zu den Schülern einen entscheidenden Einfluss auf das berufliche Selbstverständnis von Lehrern hat und somit auch eng verbunden mit der subjektiven beruflichen Kompetenzzuschreibung ist. In dieser Hinsicht zeigten empirische Befunde von Peez (1991; s. a. Ipfling, Peez & Gamsjäger, 1995), dass die berufliche Zufriedenheit der meisten Lehrer von deren Haupttätigkeit, nämlich der unterrichtlichen Arbeit mit Schülern und dem erzieherischen Erfolg abhing; Rudow (1994) eruierte außerdem die Struktur der Lehrer-Schüler-Beziehung als eine Hauptdeterminante der Arbeitszufriedenheit von Lehrern. In der Burn-out-Forschung wird vor allem die Bedeutung dieser Lehrer-Schüler-Beziehung für berufliches Scheitern thematisiert. Burnout (s. a. Barth, 1997) geht mit einer deutlich negativeren Sichtweise der eigenen Schulklasse einher. (Thies 2005, 87)

Durch die Vorgabe der Antworten in der Studie von Schweer/Bertow bestand die Aufgabe der Probanden lediglich darin, die Einschätzung auf einer Skala festzulegen. Für eine linguistische Untersuchung würden sich eher ausführlich ausformulierte Texte (Essays, Erzählungen, Antworten auf offene Interviewfragen) der Befragten eignen, die im Hinblick auf ihre sprachliche Gestaltung untersucht werden können. So könnte man beispielswese untersuchen, welche verwandten Begriffe aus dem semantischen Feld von *Vertrauen* im Text der Befragten vorkommen und in welchen Beziehungen sie zueinander stehen, welche Arten von Thematisierungen für die Vertrauensthematik erheblich sind etc.

Eine andere Studie erforschte die Perspektive der Lernenden. Schweer/Padberg (2002, 39) haben Probanden (Lernende aus verschiedenen Ausbildungsbereichen, darunter SchülerInnen und Studierende) gefragt, „wie wichtig ihnen verschiedene

Aspekte des Lehrverhaltens für das Zustandekommen eines positiven Vertrauensverhältnisses sind" und die erhaltenen Antworten systematisiert.

- Denken Sie darüber nach, welche Aspekte des Lehrverhaltens aus Ihrer Sicht für die Vertrauensbildung relevant sind. Nennen Sie mindestens drei.
- Erinnern Sie sich an Ihre Schulzeit und was damals für Sie relevant war. Können Sie sich an konkrete Situationen erinnern, in denen Sie den Lehrer/die Lehrerin besonders vertrauenswürdig oder im Gegenteil überhaupt nicht vertrauenswürdig fanden? Woran lag das? Können Sie bestimmte Aspekte rekonstruieren?
- Überlegen Sie, inwiefern die ermittelten Aspekte mit kommunikativem Handeln der Lehrpersonen verbunden sind. Kann man die Zuschreibung von Vertrauenswürdigkeit an bestimmten Sprechhandlungen, der Verwendungsweise von bestimmten Wörtern oder anderen kommunikativen Aspekten festmachen?
- Stellen Sie sich dieselben Fragen aus der Perspektive von Studierenden: Welche Aspekte des Lehrverhaltens der Lehrenden könnten zur Vertrauensbildung beitragen? Formulieren Sie eine Hypothese, wo Sie Unterschiede zu der Perspektive von SchülerInnen erwarten würden, und begründen Sie diese Hypothese.
- Anja Franz von der Universität Magdeburg untersucht in ihrer Studie „Ausstieg Promotion?" Gründe für den Abbruch einer Promotion.[6] Dazu befragte sie 25 Menschen aus verschiedenen Fachrichtungen, die ihr Promotionsvorhaben nicht beendet haben. Die Promotionsbetreuung sieht Franz als ein Vertrauensverhältnis an.[7] Einer der Gründe für den Promotionsabbruch könnte somit in einer empfundenen Störung des Vertrauensverhältnisses liegen. Diskutieren Sie, welche Aspekte für ein Vertrauensverhältnis in diesem Kontext relevant sein könnten und was eventuell zu einem Vertrauensbruch führen kann. Betrachten Sie das Vertrauensverhältnis aus der Perspektive von beiden Akteuren.

Die Befragung von Schweer/Padberg (2002, 39–40) bezüglich des Zusammenhangs von Lehrerverhalten und Vertrauensverhältnis aus der Sicht von SchülerInnen ergab fünf Faktoren, die hier durch einige Aussagen von SchülerInnen verdeutlicht werden:
- persönliche Zuwendung – „Ich kann mit dem Lehrer über private Probleme reden" oder „Der Lehrer interessiert sich für das persönliche Wohl der Schüler."
- fachliche Kompetenz und Hilfe – „Der Lehrer bewertet gerecht." oder „Der Lehrer ermutigt zur freien Meinungsäußerung."
- Respekt – „Der Lehrer blamiert Schüler nicht vor anderen." oder „Der Lehrer hält gegebene Versprechen ein."

---

6 Vgl. die Vorstellung des Promotionsvorhabens: http://www.iibf.ovgu.de/Lehrstuhl/Mitarbeiter Innen/Dipl_Design_+Anja+Franz_+M_A_-karte-138-p-132.html (Stand: 24.04.2016). Vgl. außerdem http://www.spiegel.de/unispiegel/jobundberuf/doktorarbeit-promovenden-verzweifeln-an-uni-und-promotion-a-983370.html (Stand: 07.03.2016).
7 Vgl. den Vortrag „Promotionsbetreuung als Vertrauensverhältnis", den sie bei der Tagung „Bildung von Vertrauen und Vertrauen in Bildung" im Jahr 2010 hielt (vgl. http://www.bildungs vertrauen.de/material/Tagungsprogramm.pdf; Stand: 07.03.2016).

- Zugänglichkeit – „Der Lehrer nimmt sich Zeit für uns." oder „Ich kann mit ihm offen reden."
- Aufrichtigkeit – „Der Lehrer gibt Unwissenheit zu." oder „Der Lehrer ist aufrichtig und ehrlich."

Die ermittelten Faktoren weisen Ähnlichkeiten mit den in Kapitel 4 erarbeiteten vertrauensfördernden Faktoren – *Kompetenz, Konsistenz, Interesse, koordiniertes Handeln* – auf. Der Faktor *fachliche Kompetenz* bei Schweer/Padberg deckt sich mit dem Faktor der *Kompetenz*. Die Faktoren *persönliche Zuwendung, Respekt* und *Aufrichtigkeit* können der Kategorie *Interesse* zugeordnet werden. Gleichzeitig können *Respekt* und *Aufrichtigkeit* (je nach der Schwerpunktsetzung bei der Definition der Faktoren) auch als Aspekte der *Konsistenz* verstanden werden: Wenn die Lehrperson aufrichtig ist und den Lernenden gegenüber Respekt zeigt, wird sie in dieser Hinsicht konsistent handeln und in ihrem Handeln als konsistent wahrgenommen werden. *Zugänglichkeit* ist ein Aspekt *koordinierten Handelns*.

Die Auswertung der Antworten von Probanden aus verschiedenen Ausbildungsbereichen ergab, dass nicht alle Dimensionen für alle gleich wichtig sind.

> Stärker als die befragten Studierenden und Auszubildenden schätzen es die Schüler als besonders wichtig für eine mögliche Vertrauensbeziehung ein, dass der Lehrende den Aspekt der persönlichen Zuwendung realisiert. Im schulischen Bereich ist also die erzieherische Komponente des Lehrers für die Vertrauensentwicklung von besonderer Bedeutung; Vertrauen ist verstärkt daran orientiert, inwieweit der Lehrende auch als Ansprechpartner für private Schwierigkeiten betrachtet wird. (Schweer/Padberg 2002, 40)

Für einen befragten Studenten im 6. Semester heißt Vertrauen zur Lehrperson beispielsweise: „gegenseitiger Respekt, Wissen um gegenseitige Standpunkte, Meinungen stehen lassen können, Verzicht auf manipulatives Verhalten". Bei einem Betreuungsverhältnis zwischen DoktorandIn und ProfessorIn wären vermutlich ähnliche Aspekte relevant.[8]

---

8 Um optimale Rahmenbedingungen für ein vertrauensvolles Betreuungsverhältnis zu schaffen, wird von einigen Graduiertenkollegs und -akademien zu Beginn der Promotion gefordert bzw. empfohlen, dass der Doktorand/die Doktorandin und die sie betreuende Person eine Betreuungsvereinbarung unterschreiben, für die es z.T. bereits Vorlagen gibt (z.B. an der TU München, vgl. http://www.grk1482.de/fileadmin/Formulare/TUM_GS_Betreuungsvereinbarung.pdf; Stand: 08.03. 2016). In der Vereinbarung sollen beide Seiten ihre jeweiligen Erwartungen an den anderen und das gegenseitige Verhältnis festhalten und grobe Parameter des Verhältnisses festlegen, z.B. wie oft man sich voraussichtlich zusammensetzen möchte, um die Promotion zu besprechen, wie man in Konfliktfällen vorgeht etc. Eine solche Vereinbarung soll für Transparenz und eine gewisse Verbindlichkeit sorgen, die letztlich beiden Seiten zugutekommen soll und u.U. auch das Vertrauensverhältnis fördern kann.

Aus den von Schweer/Padberg zitierten Antworten wird deutlich, dass sprachliches Handeln für die Vertrauensbildung bedeutsam ist. So werden z.B. die Sprechhandlung VERSPRECHEN und das Einhalten von Versprechen als ein wichtiger Faktor genannt. Das Blamieren von SchülerInnen ist eine sprachliche Handlung, die sich auf die Vertrauensbildung negativ auswirkt. Das offene Reden, Zugeben von Unwissenheit, das Meinungen-stehen-lassen, Signalisieren von Respekt und Wissen um gegenseitige Meinungen sind hingegen sprachliche Handlungen, die sich auf die Vertrauensbildung positiv auswirken. Solche und weitere Aspekte können durch linguistische Analysen von Interaktionen zwischen Lernenden und Lehrenden untersucht werden.

Bei der Untersuchung von Vertrauensbeziehungen zwischen Lehrenden und Lernenden werden häufig die Lernenden fokussiert, da man davon ausgeht, dass ihr Vertrauen in die Lehrperson zu steigender Lernmotivation, Lernerfolg, Spaß am Lernen etc. führt. Die Studie von Schweer/Bertow fokussierte u.a., „ob Vertrauen in der Lehrer-Schüler-Beziehung auch einen positiven Einfluss auf die Schulleistung hat" (2006, 78). Diese Frage konnte jedoch nicht eindeutig beantwortet werden.

> Es hat sich allerdings gezeigt, dass Lernende, die Vertrauen zu dem Lehrenden aufgebaut haben, sich im Unterricht mehr anstrengen und mitarbeiten. Der Schüler möchte den Lehrenden nicht enttäuschen und engagiert sich aufgrund dessen stärker. Ein weiteres substantielles Ergebnis ist, dass der Unterricht dem vertrauenden Schüler mehr Freude bringt und dieser das Gefühl hat, bei diesem Lehrenden mehr zu lernen, als bei anderen, denen der Schüler weniger vertraut. (Schweer/Bertow 2006, 78–79)

Da Vertrauen immer an zwei Akteure gebunden ist, sollte man die Perspektive der Lehrenden und ihr Vertrauen in die Lernenden nicht aus dem Blick verlieren.

Die Wechselseitigkeit der Beziehung wird im universitären Bereich vielleicht deutlicher als im schulischen. Die Wissens- und Machtasymmetrie verschwindet zwar nicht, sie nimmt aber andere Züge an. Die Beziehung basiert grundsätzlich auf Freiwilligkeit, da niemand zum Studieren und Promovieren verpflichtet ist. Wir haben bereits festgestellt, dass im Bereich der universitären Bildung einige Akteure in den Hintergrund treten und andere dafür an Bedeutung gewinnen. Typischerweise sind es die Eltern, die nach dem Schulabschluss ihrer Kinder als entscheidende Akteure nicht mehr so präsent sind, auch wenn sie natürlich in vielen Fällen einen enormen Einfluss auf den Bildungsgang ihrer Kinder ausüben. Die Bildungsinstitutionen und deren VertreterInnen kommunizieren jedoch i.d.R. mit den jungen Erwachsenen und nicht mit deren Eltern. Vor diesem Hintergrund ist bemerkenswert, dass sich im deutschen universitären Bereich die Familien-Metaphorik für die Bezeichnung der Betreuungsbeziehung etabliert hat. So haben Promovierende einen *Doktorvater* oder eine *Doktormutter*, sie selbst stellen den wissenschaftlichen *Nachwuchs* dar.[9]

Bisher haben wir uns auf die persönliche Beziehung zwischen Lernenden und Lehrenden konzentriert. Wir haben herausgestellt, dass die mündliche Interaktion an prominenter Stelle im Prozess der Vertrauensbildung steht und dass diese mithilfe der Gesprächsanalyse untersucht werden kann. Nun verlagern wir am Beispiel der Institution Schule unseren Fokus auf die Beziehungen einer konkreten Bildungsinstitution zu ihrem sozialen Umfeld.[10] Dazu zählen die an den Bildungsangeboten beteiligte Öffentlichkeit, Personen und Institutionen aus der Nachbarschaft, die Stadtverwaltung oder individuelle und institutionelle Kooperationspartner. In solchen Kontexten tritt die Schnittstelle zwischen persönlichem Vertrauen in die VertreterInnen der Schule und Vertrauen in die Institution als Ganzes in den Vordergrund. Vertrauen des sozialen Umfeldes in die Schule ist aus verschiedenen Gründen wichtig. Wenn Eltern von schulpflichtigen Kindern einer Schule oder den dort arbeitenden Lehrkräften kein Vertrauen entgegenbringen, werden sie – falls sie andere Alternativen haben – ihre Kinder eher in eine andere Schule schicken. Somit ist Vertrauen ein Faktor der Entscheidungsfindung und folgerichtig ist es eine wichtige Aufgabe der Schule, ihre Vertrauenswürdigkeit nach außen darzustellen, damit sie im Konkurrenzkampf besteht. Wenn Eltern von Kindern, die die Schule bereits besuchen, wenig oder kein Vertrauen zu der Schule, der Schulleitung oder einzelnen Lehrpersonen haben und dies vor dem Kind äußern, kann es sich negativ auf das Kind, seine Lernmotivation, seinen Lernerfolg, sein psychisches Wohl etc. auswirken. Um Eltern und das soziale Umfeld der Schule zu der für pädagogische Arbeit notwendigen Zusammenarbeit zu bewegen, muss die Schule das Vertrauen

---

9 Diese Metaphorik bringt einige Implikationen mit sich und weist auf die gedankliche Konzeptualisierung der Beziehung hin. Unterstellt wird zum einen eine klare Vorbildrolle der betreuenden (i.d.R. älteren und erfahrenen) Person für den jungen Menschen. Angesicht der Freiwilligkeit der Beziehung wird dieser Punkt wohl in den meisten Fällen tatsächlich stimmen. Zum anderen wird die hierarchische Beziehung als eine objektiv gegebene Abhängigkeit konstruiert. Diese ist innerhalb des Bildungssystems im Laufe der Promotionsphase zwar gegeben, ist aber anders gelagert als die Abhängigkeit der Kinder von deren Eltern. Beide Aspekte (Vorbildfunktion und Machtasymmetrie) können für das Vertrauensverhältnis sowohl Vorteile haben als auch von der jeweils ranghöheren Person missbraucht werden – ein Risiko, das auch in familiären Beziehungen besteht. Während aber die Eltern-Kind-Beziehung nicht zeitlich begrenzt ist, ist das Verhältnis zwischen BetreuerInnen und ihren DoktorandInnen auf einige Jahre beschränkt und beim optimalen Verlauf wird der ehemalige Doktorand nach einiger Zeit zum jungen Kollegen, die Doktorandin zur jungen Kollegin. Auch dann bleiben sie jedoch nach Logik des Wissenschaftsbetriebs wissenschaftlicher *Nachwuchs* und das oft bis zur Professur, was darauf hindeutet, dass die Professur das eigentliche *Ziel* des Karriere*weges* darstellt.
10 Zur Imagebildung von Universitäten vgl. Arning 2012.

dieser Bezugsgruppen fördern. Diese Aufgabe gehört somit zur Öffentlichkeitsarbeit einer jeden Schule.[11]

Die linguistische Vertrauensforschung kann die verschiedenen Produkte der Öffentlichkeitsarbeit dahingehend untersuchen, wie die Vertrauenswürdigkeit der Schule nach außen signalisiert wird. Eine solche Fragestellung fokussiert die Stufe des Auftaktvertrauens. Von Interesse sind alle Kanäle, die für die Öffentlichkeitsarbeit genutzt werden, z.B. die Internetseite der Schule, Tage der offenen Tür und die Präsentationen, Vorträge, Diskussionsrunden etc., die in diesem Rahmen stattfinden, verschiedene Flyer, Elternabende, Schulzeitungen und alles, was sonst noch die Schule nach außen sichtbar macht. Die Texte können mit der Methode der pragmatischen Stilistik untersucht werden, die wir in Kapitel 5 diskutiert haben. Zu relevanten Analysekategorien würden z.B. die folgenden gehören:

– Aspekte der Selbstdarstellung unter Berücksichtigung der Themen: Schulname und seine Implikationen, Darstellung der Schulerfolge (Schulwettbewerbe, Zertifikate etc.), Geschichte der Schule, fachliche Schwerpunkte, Darstellung des pädagogischen Konzeptes, Vorstellung des Personals, Angaben zur Erreichbarkeit, Nennung von Ansprechpartnern, bildhafte Darstellungen (Fotos von Ausflügen, Kindern beim Sport, Schulabschlussfotos) etc.
– Aspekte der Beziehungsgestaltung unter Berücksichtigung der Themen: die Konzeptualisierung der Beziehung der Lehrpersonen zu den Kindern (z.B. als Begleiter, Mentor, Tutor etc.) und der Beziehung der Schule zu den Eltern (z.B. als Freunde oder Partner), Verbalisierung der Erwartungen und Wünsche an die Eltern (z.B. Hilfe bei Projektorganisation, Begleitung bei Ausflügen, Beitrag zum Büfett beim Gartenfest etc.)

Neben den genannten Aspekten kann man auf beiden Ebenen auch die explizite Nennung von Vertrauen als eine Analysekategorie ansetzen. Wenn Vertrauen thematisiert wird, kann untersucht werden, welche Akteure es betrifft, wie es konzeptualisiert wird, in welchen Kontexten es genannt wird und welche Funktion die Thematisierung jeweils erfüllt. Dabei müssen stets die Schulart (Gymnasium, Grundschule etc.), die Trägerschaft (privat, staatlich), das pädagogische Konzept (z.B. reformpädagogische Ansätze wie Waldorf-Pädagogik, Montessori-Pädagogik) und andere Faktoren berücksichtigt werden, die potenziell zur Erklärung von ermittelten Unterschieden herangezogen werden oder die umgekehrt als Grundlage für die Hypothesenbildung dienen können. Aus der Forschungsliteratur ist beispielsweise bekannt, dass reformpädagogische Konzepte Vertrauen eine besonders wichtige Rolle zuschreiben. Laut Thurn (2012) ist Vertrauen „eine Voraussetzung für

---

[11] Die Öffentlichkeitsarbeit, ihr persuasives Potenzial und den Zusammenhang mit der Vertrauensförderung haben wir in Kapitel 6 diskutiert.

pädagogisch förderliches Handeln, gelingendes Lernen und erfolgreiche Schulentwicklung".

> Die Reformpädagogik greift das anthropologische Vertrauen in das Kind auf und fügt dieser Dimension das Vertrauen in das individuelle Kind hinzu. Das Kind wird nicht nur als anthropologisch bildsam verstanden, sondern dem Individuum selbst wird ein nun personalisiertes Vertrauen gewährt, wie es bspw. in der radikal individualistischen Position bei Key (1902/1992, S. 167) in der „Ehrfurcht vor der Individualität ihrer Kinder" zum Ausdruck kommt. Die korrespondierende Figur des Vertrauens des Kindes in den Pädagogen findet sich bereits in Rousseaus Erzieher-Eltern-Zögling-Verhältnis (Rousseau, 1755/1993, S. 253), doch erst Nohl buchstabiert das Vertrauen des Zöglings in den Erzieher als ein Vertrauen-Schenken in seiner Theorie des ‚Pädagogischen Bezugs' aus. Nach Nohl können Erziehungsprozesse nur wirksam werden oder überhaupt stattfinden, wenn das Kind dem Pädagogen Vertrauen entgegenbringt." (Bartmann/Pfaff/Welter 2012, 776)[12]

Vertrauen wird also in den reformpädagogischen Ansätzen explizit als ein wichtiger Faktor thematisiert. Man könnte nun die Hypothese formulieren, dass diese Thematisierung auch in der Öffentlichkeitsarbeit der jeweiligen Schule als ein Mittel genutzt wird, um das Vertrauen des sozialen Umfeldes in die Schule zu fördern. Um diese Hypothese zu testen, müsste man ein Korpus zusammenstellen, das Texte von verschiedenen Reformschulen enthält, und dieses mit einem anderen Korpus vergleichen, das aus vergleichbaren Texten von Schulen anderer Art besteht.

Werfen wir nun exemplarisch einen Blick auf die Internetseite der Greifswalder Montessori-Schule.[13] Beim ersten Überfliegen der Internetseite und bei der Eingabe von *vertrauen* in die Suchleiste stellen wir fest, dass der Vertrauensbegriff nicht zu finden ist. Für die Selbstdarstellung ist ein eigener Bereich der Webseite eingerichtet, der mit „Konzept/Org" gekennzeichnet ist. Hier findet man ausführliche Informationen zur Struktur der Schule, zum Schulkonzept und den pädagogischen Leitlinien sowie zu MitarbeiterInnen. Unter „Struktur" erfährt man aus einem externen Dokument u.a. Folgendes:[14] „Die Montessori-Schule in Greifswald ist seit 1994 eine Schule in freier Trägerschaft, die pädagogisch, inhaltlich und strukturell einen zeitgemäßen Bildungsansatz verfolgt." Diese Formulierung dient sicherlich als ein potenziell vertrauensförderndes Mittel, denn was könnte vertrauenserweckender sein als ein *pädagogisch, inhaltlich und strukturell zeitgemäßer Bildungsansatz*.

In einem mit „Konzeption" gekennzeichneten Bereich der Webseite können Interessierte ein über 30 Seiten langes Dokument zu pädagogischen Leitlinien der Schule lesen und herunterladen. Bereits die Tatsache, dass es ein ausführliches Dokument gibt, das fundiert (und quasi wissenschaftlich) die grundlegenden Ideen

---

12 Zur Rolle von Vertrauen für die Reformpädagogik vgl. auch Bormann (2014, 106–108).
13 Vgl. http://www.montessori-schule-greifswald.de (Stand: 08.03.2016).
14 Vgl. http://www.montessori-schule-greifswald.de/wp-content/uploads/2015/09/Montessori-kompakt-2015-II.pdf (Stand: 26.07.2016).

zusammenfasst, kann als eine potenziell vertrauensfördernde Maßnahme verstanden werden, die zumindest bei einem Teil der Elternschaft auf Interesse stoßen und ihre Wirkung entfalten dürfte. In diesem Dokument wird Vertrauen – wie erwartet – explizit thematisiert. Die lexikalische Suche nach *vertrau* ergibt folgende sechs Treffer (die Seitenangaben nach dem Zitat beziehen sich auch die Dokumentseiten):

> Eine wichtige Lernform stellt die Freiarbeit dar. Das Prinzip der Freiarbeit **vertraut dabei auf** die „Balance zwischen den Selbstgestaltungs-und Entwicklungskräften des Kindes und der pädagogisch gestalteten vorbereiteten Umgebung unter Führung einer persönlichen und fachqualifizierten Autorität eines Erwachsenen." (Fröbel und Montessori, Schmutzler, H.-J., Freiburg, 1991) (S. 5)

> Die Schule soll Kindern und Jugendlichen helfen, ihre Persönlichkeit zu entwickeln, indem sie diese als Individuen in ihrer Unterschiedlichkeit ernst nimmt, ihnen Selbstbewusstsein und Lebenszuversicht ermöglicht und sie mit den Grundlagen unserer **Kultur und Gesellschaft vertraut macht**. (S. 6)

> Die Schule ist ein Ort, an dem Kinder und Jugendliche **ihrer eigenen Neugier vertrauen** können. Sie sollen probieren und eigene Wege finden. Seine Entscheidungsspielräume ausloten bedeutet, durch Erfolg oder Misserfolg zu lernen und auch im Scheitern eine Chance zu erkennen. (S. 7.)

> ein Punkt im Bereich der „Selbstkompetenz": „**Selbstvertrauen** und Selbstständigkeit entwickeln" (S. 11)

> „Die Erkenntnis, dass wir einen Fehler begehen können und ihn ohne Hilfe sehen und kontrollieren können, ist eine der größten Errungenschaften der psychischen Freiheit. Wenn es etwas gibt, das den Charakter unentschlossen macht, dann ist es die Tatsache, nicht etwas ohne fremde Hilfe kontrollieren zu können. Daraus entspringt ein Minderwertigkeitsgefühl, das sich in einem **Mangel an Selbstvertrauen** auswirkt. Die Kontrolle des Fehlers wird zur Richtschnur, die zeigt, ob wir uns auf dem rechten Weg befinden." (ebda) Das Material nach den Prinzipien Maria Montessoris bietet dem Kind bzw. Jugendlichen die Möglichkeit, seine Arbeitsergebnisse selbstständig zu kontrollieren und gegebenenfalls seine Fehler zu korrigieren. (S. 18)

> 7.3 Zusammenarbeit mit Eltern und Schulgremien
> Für eine erfolgreiche, nachhaltige Arbeit an unserer Schule ist es erforderlich, dass die Eltern **Vertrauen in das Kind bzw. den Jugendlichen** als wesentlichen Grundsatz der Montessori-Pädagogik mittragen. Elternarbeit ist an der Schule willkommen. Unsere Schule wird durch Mitwirkung und Verantwortung der Eltern bereichert. Schule ist Begegnungsort für Generationen. (S. 29)

Bei der Sichtung der Belegstellen stellt man fest, dass es sich beim zweiten Beleg um das „Vertraut-machen" mit der Kultur und Gesellschaft handelt, also es geht vielmehr um *Vertrautheit* als um Vertrauen. In demselben Beleg steht, dass die Schule jungen Menschen *Selbstbewusstsein und Lebenszuversicht* ermöglicht, es werden also drei Begriffe aus dem semantischen Feld von *Vertrauen* genannt. Die Nähe der

Begriffe wird auch dadurch deutlich, dass neben *Selbstbewusstsein* an zwei weiteren Stellen das *Selbstvertrauen* der Kinder angesprochen wird. Das scheint ein sehr wichtiges Konzept zu sein, das möglicherweise – das müsste genauer untersucht werden – den Status eines Schlüsselkonzeptes innehat. In Beleg 5 wird das Gegenteil von Selbstvertrauen, nämlich das *Minderwertigkeitsgefühl* genannt. Die Kinder sollen nicht nur lernen, sich selbst zu vertrauen, sondern auch *ihrer eigenen Neugier*, die ihnen hilft, verschiedene Wege gehen. Darin werden sie von den Lehrkräften und den Eltern unterstützt. Das *Vertrauen in das Kind bzw. den Jugendlichen* wird zum Grundsatz des Konzeptes erklärt und muss von den Eltern mitgetragen werden. Die Lehrkräfte und Eltern vertrauen wieder ihrerseits auf verschiedene Methoden.

Auf der inhaltlichen Textebene werden hier die Grundsätze der pädagogischen Arbeit dargestellt, sodass diese Ebene vor allem die Beziehungen zwischen Lernenden und Lehrenden bzw. den Eltern und Kindern betrifft. Dadurch, dass diese Grundsätze auf der Internetseite der Schule so detailliert und durch wissenschaftliche Studien gestützt dargestellt werden, erfüllen sie auch potenziell eine vertrauensfördernde Funktion: Wenn man (aus welchen Gründen auch immer) die Internetseite besucht und die Grundsätze der Schule liest, kann man aufgrund dieser Selbstdarstellung die Vertrauenswürdigkeit der Schule einschätzen und eventuell entscheiden, ob man seine Kinder auf die Schule geben möchte. Mithilfe der pragmatischen Stilanalyse können wir somit die kommunikativen Absichten des Textproduzenten, die von ihm gewählten Mittel und die potenzielle Wirkung der Texte untersuchen. Im Fokus stehen dabei konkrete interagierende Akteure.

Die dritte erarbeitete Perspektive auf Vertrauen und Bildungssystem löst sich von konkreten Individuen und verschiebt den Fokus auf die kollektive Ebene von Diskursen. Aus dieser Perspektive kann man untersuchen, welche Wissensbestände zum Thema *Vertrauen und Bildung* es im Diskurs gibt, welche Zusammenhänge und Arten von Vertrauen thematisiert werden, wie sie konzeptualisiert werden, welche Akteure sichtbar werden, wie sich das im Laufe der Zeit ändert oder im Vergleich zu anderen Diskursen unterscheidet. In Kapitel 9 haben wir bereits gesehen, dass Diskurse mehrfach miteinander verschränkt und/oder hierarchisch aufeinander bezogen sein können (als Gesamtdiskurs und Teildiskurse). Auch im Zusammenhang von Vertrauen und Bildung müssen wir eine Verschränkung annehmen. Das Thema *Vertrauen* wird im Bildungsdiskurs sicherlich eine Rolle spielen, vermutlich aber keine prominente.[15] Und umgekehrt: Das Thema *Bildung* wird im Vertrauensdiskurs wahrscheinlich vorkommen, aber vermutlich auch nicht den primären Kontext der Betrachtung darstellen.

---

15 In der Untersuchung von Hahn 1995 zur Sprache der Bildungspolitik nach 1945 spielte beispielsweise die Thematisierung von Vertrauen keine Rolle.

Ein Beispiel für die Verschränkung beider Diskurse stellen veröffentlichte Statistiken dar, die Vertrauen in Bildung explizit zum Thema haben. In unserem Zusammenhang wäre beispielsweise eine Statistik zum Vertrauen in das deutsche Bildungssystem interessant. Die Ergebnisse einer Statistik von 2012, die auf dem Statista-Portal (de.statista.com) durch die Suche nach „Vertrauen in das Bildungssystem" zu finden ist, zeigen folgendes Bild: Die große Mehrheit (85,6% der Befragten) vertraut dem Bildungssystem; 40% haben *viel Vertrauen*, weitere 40% *etwas Vertrauen*, *volles Vertrauen* bescheinigen dem Bildungssystem 5,6%. 12,7% der Befragten haben hingegen *sehr wenig Vertrauen* und 1,7% *kein Vertrauen* (Stand: 08.03.2016). Die Darstellung von Statistiken erfüllt im Diskurs verschiedene Funktionen und erzielt auch verschiedene Wirkungen. Statistiken informieren primär über bestimmte Tendenzen, wobei sie Objektivität und Wissenschaftlichkeit suggerieren und eine bestimmte Wirklichkeit konstruieren. Die konstruierte Wirklichkeit kann auch als eine Orientierung für die „Feinjustierung" oder Rechtfertigung von eigenen Einstellungen dienen, denn die Menschen orientieren sich an der durch Statistiken konstruierten „Normalität.[16] Die psychologische Grundlage bilden dafür womöglich Heuristiken wie „Die Mehrheit hat immer Recht.", „Statistiken sagen die Wahrheit" o.ä. (zu Heuristiken vgl. Kap. 3). Eine Statistik spiegelt also bestimmtes Wissen wider und durch ihre diskursive Position konstruiert sie weiteres Wissen.

Aus diskurslinguistischer Sicht gehen wir davon aus, dass Wissen stets diskursiv entsteht (vgl. Kap. 9). Man kann sich also fragen, auf welchen Wissenselementen die Einschätzung, ob man dem Bildungssystem vertraut, basiert und woher dieses Wissen stammt. Eine wichtige Basis werden sicherlich persönliche Erfahrungen mit dem Bildungssystem darstellen. Man kann jedoch annehmen, dass auch der massenmediale Bildungsdiskurs – vor allem in seiner Verschränkung mit dem Vertrauensdiskurs – eine wesentliche Rolle spielen wird (zur Rolle von Massenmedien vgl. Kap. 9). So dürfte die Berichterstattung über den „PISA-Schock" nach der ersten PISA-Studie von 2001 einen erheblichen Einfluss auf die Bewertung des Bildungssystems durch die breite Öffentlichkeit ausgeübt haben.[17] Die Bekanntmachung der

---

16 Zur Konstruktion von Normalität vgl. Link 2009, der von *Normalismus* spricht. „Unter ‚Normalismus' sei die Gesamtheit aller sowohl diskursiven wie praktisch-intervenierenden Verfahren, Dispositive, Instanzen und Institutionen verstanden, durch die in modernen Gesellschaften ‚Normalitäten' produziert und reproduziert werden. Konstitutiv sind dabei insbesondere die Dispositive der massenhaften Verdatung, d.h. die statistischen Dispositive im weitesten Sinne: auf der Ebene der Datenerfassung einschließlich der Befragungen, auf der Ebene der Auswertung einschließlich der mathematisch-statistischen Verteilungstheorien, auf der Ebene der praktischen Intervention einschließlich aller sozialen Um-Verteilungs-Dispositive." (https://www.uni-siegen.de/phil/demo kratie_und_kapitalis mus/downloads/delhi_krise_dt.pdf; Stand: 09.03.2016) Link schreibt Statistiken eine wichtige Rolle in der Produktion und Reproduktion der Normalität zu.

17 Zu der PISA-Studie vgl. u.a. http://www.bpb.de/politik/hintergrund-aktuell/174546/pisa-studie (Stand: 09.03.2016). Zur Diskussion um die „Bildungskatastrophe" nach der PISA-Studie vgl. auch

Ergebnisse der PISA-Studie könnte man als ein historisches Ereignis auffassen, das zum diskursiven Ereignis wurde, gesellschaftliche Diskussionen über die Leistungsfähigkeit und über das Vertrauen in das Bildungssystem ausgelöst hat und zur Implementierung neuer, evidenzbasierter Steuerungsmechanismen im Bereich der Bildung führte (vgl. Bormann 2012). Dass die erste PISA-Studie tatsächlich ein relevantes diskursives Ereignis darstellt, wird u.a. daran deutlich, dass im medialen Diskurs 10 und 15 Jahre später daran erinnert wird und Rückblicke angeboten werden, z.B.:[18]

> **Nach dem Pisa-Schock: Zehn Jahre Wirrwarr**
> Schul-Chaos, Zuständigkeits-Durcheinander, zersplitterte Lehrerbildung: Zehn Jahre nach dem Pisa-Schock geht es im deutschen Bildungssystem drunter und drüber. Eltern fürchten um die Zukunft ihrer Kinder – und weichen zunehmend auf Privatschulen aus.

Nicht immer wird Vertrauen explizit thematisiert (wie z.B. in dem Artikel, aus dem das Zitat stammt) und es finden sich auch andere Begriffe aus dem semantischen Feld von *Vertrauen* und *Misstrauen* wieder wie z.B. hier *fürchten* und *Angst*.[19] Die Klage über das *Durcheinander, Chaos, Wirrwarr* und darüber, dass es *drunter und drüber* geht, deutet darauf hin, dass mangelnde Konsistenz und Vorhersagbarkeit als negative Erscheinungen empfunden werden und die Vertrauenswürdigkeit des Systems gefährden. Solche Aussagen im Diskurs können sicherlich zur Verfestigung von Einstellungen beitragen. Wichtig ist dabei auch, welche Akteure im Diskurs sichtbar werden und welche Positionen sie einnehmen. So treten beispielsweise ExpertInnen aus verschiedenen Bereichen (Politik, Wirtschaft, Bildung, Medien) im Diskurs auf und beeinflussen diesen. Das folgende Beispiel ist ein Auszug aus einem Interview mit dem Bildungsjournalisten Christian Füller, das den Titel „Die Eltern haben das Vertrauen in Schule verloren" trägt.[20]

Horlacher (2011, Kap. 6). Der Begriff *Bildungskatastrophe* ist allerdings nicht neu. Er prägte bereits in den 60er Jahren des 20. Jahrhunderts den öffentlichen Bildungsdiskurs, in den 70er Jahren waren *Schulmisere* und *Bildungsruine* die Schlagworte der öffentlichen Diskussion (vgl. Hahn 1995).
18 Vgl. http://www.spiegel.de/schulspiegel/wissen/nach-dem-pisa-schock-zehn-jahre-wirrwarr-a-801187.html (Stand: 09.03.2016).
19 Angst kann u.U. als mangelndes Vertrauen interpretiert werden. Filatkina (2015, 99) zeigt, dass die Thematisierung von (mangelndem) Vertrauen und Misstrauen zur sprachlichen Konstruktion von Zukunftsangst beiträgt, und weist den „Topos des Misstrauens in Verbindung mit Zukunftsangst" als einen wesentlichen Aspekt des Diskurses in den deutschen Printmedien aus.
20 Vgl. http://www.hauptsache-bildung.de/2014/interview-christian-fueller-scoyo-elternabend (Stand: 08.03.2016).

Sollten Eltern darauf vertrauen, dass das derzeitige Schulsystem zwar nicht perfekt ist, im Großen und Ganzen aber funktioniert? Oder ist sind die Ängste und Nöte der Eltern berechtigt?

Die Ängste sind da, egal ob sie real sind oder nicht. Das Vertrauen in Schule ist dahin. Erst haben die Deutschen im Osten das Vertrauen verloren – die Stichworte heißen Margot Honecker, Rote Woche und Absolventenlenkung.

Und im Westen?

Da hat Pisa den Eltern die Zuversicht geraubt, dass die Kultusminister ihre Schulen gut und moderner organisieren könnten. Dazu kommt, dass sich grundlegende Schulprobleme vor Ort immer wieder sehr deutlich abbilden – also Unterrichtsausfall etc. Das kriegen die Eltern voll ab – und sind entnervt, weil sie natürlich das Beste für ihre Kinder wollen, aber oft nicht wissen, was das eigentlich ist.

Auch hier sehen wir neben *Vertrauen* weitere Begriffe aus dem semantischen Feld wie *Zuversicht* oder *Ängste*. Der Bildungsjournalist agiert als Experte im Diskurs und bezieht sich wiederum auf andere Akteure wie die *Kulturminister, Eltern* und *Kinder*. Außerdem wird hier im Hinblick auf die Entwicklung von Vertrauen zwischen Osten und Westen unterschieden.[21]

Wie in Kapitel 9 dargestellt, geht die Etablierung eines Konzeptes im Diskurs mit seiner Ausdifferenzierung und mit steigender Gebrauchshäufigkeit einher. Die vielen aufgezeigten Begriffe aus dem semantischen Feld von *Vertrauen* deuten darauf hin, dass das Konzept relativ gut etabliert ist. Um diese Hypothese zu stützen, müsste auch beachtet werden, wie viele und welche Wortbildungen mit dem Vertrauensbegriff existieren und wie häufig diese in welchen Zusammenhängen verwendet werden. Ausgehend von dem Kontext kann erst bestimmt werden, um welche Art von Vertrauen es sich handelt, welche Akteure es betrifft etc. Begriffe wie *Vertrauensmann, Vertrauensfrage, VertrauenslehrerIn* oder *VertrauensdozentIn* sind beispielsweise an spezifische (beispielsweise politische, schulische, wissenschaftliche) Kontexte gebunden. *VertrauensdozentIn* ist ein Begriff aus dem Forschungsbereich. Er bezeichnet einen Status innerhalb des Systems, den Forschende erhalten können und der von der DFG wie folgt definiert wird:[22]

---

[21] Zur diskursiven Verfestigung der Unterscheidung von Ost und West in Schulbüchern unter einer kontrastiven Perspektive vgl. Dreesen/Judkowiak 2011 und Dreesen 2015b.
[22] Vgl. http://www.dfg.de/foerderung/grundlagen_rahmenbedingungen/vertrauensdozenten (Stand: 26.07.2016).

Alle Hochschulen, die Mitglieder der Deutschen Forschungsgemeinschaft sind, bestimmen aus ihrem Kreis eine Hochschullehrerin oder einen Hochschullehrer als Vertrauensdozenten der DFG. Die Vertrauensdozentin/der Vertrauensdozent nimmt die Funktion einer Ansprechperson vor Ort für Antragstellerinnen und Antragsteller bei der DFG wahr. Die Aufgaben umfassen im Einzelnen die Beratung
- über die verschiedenen Fördermöglichkeiten der DFG,
- bei der Antragstellung, insbesondere bei Erstantragstellern,
- in Zweifelsfragen. Diese müssen nicht nur bei der Antragstellung, sondern können sich auch im Zuge der Antragsbearbeitung durch die Geschäftsstelle oder auch nach der Entscheidung der DFG-Gremien ergeben.

Aus dieser Definition wird ersichtlich, dass die VertrauensdozentInnen im Grunde AnsprechpartnerInnen in Sachen DFG-Förderung sind. Aber auch andere Förderinstitutionen und Stiftungen haben ihre VertrauensdozentInnen. Eine Recherche im Deutschen Referenzkorpus des IDS mittels Cosmas II zeigt, dass der Begriff *Vertrauensdozent* z.B. in den Wikipedia-Artikeln und -diskussionen häufig Verwendung findet, wenn es um biographische bzw. berufliche Informationen über Personen aus dem wissenschaftlichen Bereich geht.

Seit Juli 2006 ist Bernd Ladwig zudem Vertrauensdozent der Heinrich-Böll-Stiftung. (Wikipedia-Artikel)

Söllner ist außerdem Vertrauensdozent der Friedrich-Ebert-Stiftung. Dies ergänzen. (Wikipedia-Diskussion)

Der Begriff "Vertrauensdozent" ist lang gebräuchlich. Diese sollen Kontakt zu geförderten Studenten halten. – Atomiccocktail 09:35, 12. Jul. 2007 (CEST) (Wikipedia-Diskussion)

Die letzte Aussage verdeutlicht, dass der Begriff in einer Wikipedia-Diskussion verhandelt wurde und dass er somit nicht für alle Beteiligten als selbstverständlich gilt. Wie man sieht, steht dieser Begriff in einem konkreten Zusammenhang und vor diesem Hintergrund muss er bei der Analyse gesehen werden. Erst eine Untersuchung der Aussagen und deren Kontexte kann klären, wie dieses Vertrauensverhältnis konzipiert wird: Steht im Vordergrund das Vertrauen der Stiftungen in ihre VertrauensdozentInnen oder das Vertrauen der Forschenden, die sich von ihnen Unterstützung erhoffen – oder eventuell beides?

Wir haben in diesem Kapitel anhand des Bildungsbereichs exemplarisch gezeigt, dass Vertrauen in einem gesellschaftlichen Bereich auf verschiedenen Ebenen und zwischen verschiedenen Akteuren bedeutsam ist. Dabei sind wir auf drei Akteurskonstellationen eingegangen:
1. Beziehungen zwischen Lehrenden und Lernenden. Sie werden zum größten Teil durch mündliche Kommunikation aufgebaut und gepflegt und können mittels gesprächsanalytischer Methoden untersucht werden.
2. Beziehungen von Schulen als institutionellen Akteuren zu deren sozialer Umgebung. Ein wesentlicher Teil der Kommunikation nach außen wird durch die

Öffentlichkeitsarbeit der jeweiligen Schule realisiert. Diese kann mithilfe der pragmatischen Stilanalyse im Hinblick auf potenziell vertrauensfördernde Mittel untersucht werden.
3. Beziehungen der Öffentlichkeit zum Bildungssystem. Diese Konstellation kann anhand der Untersuchung öffentlicher Diskurse erforscht werden.

Mithilfe von jeweils geeigneten linguistischen Methoden können die Mechanismen der Vertrauensförderung und das kollektive Wissen über Vertrauen untersucht werden. Es ist deutlich geworden, dass Vertrauen in seinen mannigfaltigen Ausprägungen innerhalb des Bildungssystems als linguistischer Untersuchungsgegenstand definiert werden kann – und sollte. Durch die linguistische Betrachtung der kommunikativen Prozesse innerhalb der Bildung kann die erziehungswissenschaftliche Vertrauensforschung sinnvoll ergänzt und die Ausbildung angehender Lehrkräfte erweitert werden.

11 Vertrauen und Sprachkritik

Der Fokus unserer Betrachtung richtete sich bisher primär auf Aspekte der impliziten Vertrauensbildung und -förderung. Wie wir gesehen haben, ist die explizite Nennung und Reflexion des Vertrauensbegriffs nicht notwendig und manchmal sogar nicht förderlich für die Entstehung von Vertrauen. Unser zentraler Untersuchungsgegenstand waren somit bisher vor allem objektsprachliche Phänomene. In diesem Kapitel begeben wir uns auf die Metaebene, indem wir eine sprachkritische Sicht einnehmen. Wir werden fragen, wie der Sprachgebrauch bewertet wird bzw. werden kann und wie die Bewertung mit der Entstehung von Vertrauen zusammenhängt. Die Klammer zwischen der linguistischen Vertrauensforschung und der linguistischen Sprachkritik bildet das Konzept der funktionalen Angemessenheit, das sich als zentrales Bewertungskriterium der linguistischen Sprachkritik etabliert hat. Die These, die beide Perspektiven zusammenbringt und die Aufnahme eines Kapitels zur Sprachkritik in diese Einführung begründet, lautet, dass angemessener Sprachgebrauch die beste Strategie ist, um das positive Image der Vertrauenswürdigkeit zu erreichen. Im Folgenden wird zunächst die Sprachkritik in ihren verschiedenen Ausprägungen vorgestellt, um in einem weiteren Schritt die Schnittstelle mit der Vertrauensforschung beleuchten zu können.

Zum Einstieg in das Thema denken Sie über Folgendes nach:
- Was verstehen Sie unter *Sprachkritik*?
- Kennen Sie Vertreterinnen oder Vertreter der Sprachkritik? Welchen beruflichen oder fachlichen Hintergrund haben sie?
- Überlegen Sie, wie die Vertrauenswürdigkeit mit der sprachlichen Angemessenheit zusammenhängen könnte. Verdeutlichen Sie diesen Zusammenhang an einer fiktiven oder selbst erlebten Situation.
- Lesen Sie den unten stehenden sprachkritischen Kommentar aus einem Internetforum (übernommen aus Arendt/Kiesendahl 2014, 119). Welche sprachlichen Phänomene werden hier von dem User „Sascha Mittelbach" kritisiert und wie wird die Kritik gestaltet?

  „Sascha Mittelbach
  Claudia ich muss schon leicht schmunzeln. du redest davon das du mehr Intelligenz als Heidi hast bist aber nicht in der Lage ordentlich deutsch zu schreiben. soger= sogar/inteligenz= inteligenz/ und jetzt das geilste Wort eueseres = äußeres/ verschtand= verstrand das sind nur kleine beispiele. Deine texte sind überflutete von solchen Fehlern.
  ich glaube ja du bist nur einfach neidisch auf sie."

Unter *Sprachkritik* kann man allgemein die „positive wie negative Würdigung der menschlichen Sprache und ihrer Leistungen sowie des Gebrauchs, der von ihr gemacht wird" verstehen (Kilian/Niehr/Schiewe 2016, 1). Obwohl die Würdigung auch positiv sein kann, begegnen uns im Alltag vor allem negative sprachkritische Äußerungen – wie im Beispiel aus dem Internetforum. Sprachkritik ist keine rein wissenschaftliche Disziplin, sondern

> ein wesentlicher Teil menschlichen Sprachverhaltens: Sie ist in alltäglicher Kommunikation stets präsent – beispielsweise als Teil des Ringens um die angemessene sprachliche Version von Sachverhalten –, sie wird geübt, wahrgenommen und von den Kritisierten mehr oder weniger angenommen. Alltägliche Sprachkritik in diesem Sinne kann vielfältige Anlässe haben. Typischerweise wird sie als kommunikatives Regulativ in vielerlei Zusammenhängen geübt, nicht zuletzt zur Sicherung des Verstehens und Verstanden-Werdens; nicht selten freilich erscheint sie auch im Gewand von Imponiergehabe oder Besserwisserei/Schulmeisterei, basierend auf der Überzeugung, die eigene Sprachkompetenz sei derjenigen anderer überlegen. („Bozner Manifest", Lanthaler/Ortner/Schiewe/Schrodt/Sitta 2003, 3)

Die Sprachkritik gehört also zum Alltag von sowohl linguistischen Laien als auch von LinguistInnen. Die Sprachkritik von Laien (d.h. von Personen ohne professionellen linguistischen Hintergrund) wird als „laienlinguistische Sprachkritik" (vgl. u.a. Kilian/Niehr/Schiewe 2016, Schiewe i.Dr.a) oder als „populäre Sprachkritik" (vgl. u.a. Schneider 2011) bezeichnet. Die Sprachkritik aus der Perspektive der (germanistischen) Sprachwissenschaft firmiert unter dem Begriff „linguistische Sprachkritik" oder „linguistisch begründete Sprachkritik" (vgl. Kilian/Niehr/Schiewe 2016). Diese Unterscheidung soll im Folgenden grob skizziert werden.[1]

Die Rede von „laienlinguistischer bzw. populärer Sprachkritik" und „linguistischer bzw. linguistisch basierter Sprachkritik" suggeriert eine klare Trennung entlang der Ausbildung und/oder des Berufs der Akteure. Die Gegenüberstellung ist aber vor allem als eine grobe Typologisierung zu verstehen, die prototypische Ausprägungen beider Richtungen verdeutlicht. Das heißt nicht, dass es nicht auch linguistisch (nicht nur germanistisch) ausgebildete Personen gibt, die eher die Argumentation der populären Sprachkritik vertreten, oder umgekehrt Menschen, die zwar keinen linguistischen Hintergrund haben, aber dennoch für sprachwissenschaftliche Argumentation offen sind. Die linguistische und populäre Sprachkritik können als Pole einer fließenden Skala verstanden werden.[2] Dabei kann festgestellt werden, dass es kaum eine direkte Interaktion zwischen den beiden „Lagern" gibt. Dennoch sind sie indirekt miteinander verbunden und nehmen wechselseitig aufeinander Bezug: Die populäre Sprachkritik bezieht sich auf die Sprachwissenschaft, indem sie sich von ihrer vermeintlich trockenen, zu stark akademischen und wenig

---

1 Zur Vertiefung, Begründung und Verdeutlichung der Unterschiede vgl. u.a. Kilian/Niehr/Schiewe 2016, Schneider 2007 und 2011.
2 Mit Fleck 1993 und 2011 können die beiden Ausprägungen der Sprachkritik als unterschiedliche Denkstile aufgefasst werden: Die VetreterInnen des einen Denkstils können die Argumentation innerhalb des jeweils anderen Denkstils schwer nachvollziehen und halten sie für nicht plausibel. In Folge dessen gibt es nur relativ wenig Gedankenaustausch zwischen den beiden Denkkollektiven.

alltagsrelevanten Arbeitsweise abgrenzt und dadurch ihre eigene Daseinsberechtigung untermauert. Die linguistische Sprachkritik bezieht sich auf die populäre Sprachkritik, indem sie ihre Ergebnisse (vor allem die schriftlich publizierten Texte) im Hinblick auf ihre Argumentation, auf die kritisierten Gegenstände, die angewendeten Maßstäbe etc. analysiert und als einen Teil der Sprachbewusstseinsgeschichte beschreibt. Sie grenzt sich von der populären Sprachkritik ab, indem sie ihre Unwissenschaftlichkeit und den Kontrast zu neuesten linguistischen Erkenntnissen herausstellt.

Die Unterschiede in den Annahmen und Bewertungen werden vor allem im direkten Vergleich der beiden Perspektiven sichtbar.[3] Sie ergeben sich daraus, dass „Wissenschaften einen methodischen, d.h. systematischen Wissensgewinn anstreben" (Antos 1996, 34), während laienlinguistische Urteile keinen Anspruch auf die Anwendung präziser Bewertungskriterien erheben und keine Erarbeitung von systematischen Erkenntnissen anstreben. Für die Laientheorien (nicht nur für die laienlinguistische Sprachkritik) ist daher typisch, dass

> die Urteile nicht immer konsistent und widerspruchsfrei sind (bspw. wenn verschiedene Bewertungsmaßstäbe oder Normbezüge für gleichartige Phänomene angeführt werden), dass die Begründung häufig implizit bleibt und die Bedeutung sprachexterner Faktoren unterschätzt wird oder dass die Bewertungen in höherem Maße resistent gegen gegenteilige Einschätzungen sind. (Bock 2015, 132)

Das moderne linguistisch basierte Verständnis von Sprachkritik hat sich maßgeblich gerade vor dem Hintergrund öffentlicher, laienlinguistischer Sprachkritik formiert, die seit Jahren starke Medienwirksamkeit erfährt. Diese nimmt

> zumeist die Gestalt einer Verfallsklage an. Als Ursachen für den vermeintlichen Verfall der Sprache werden u.a. die neuen Rechtschreibnormen ausgemacht, der zunehmende Gebrauch von Anglizismen, die falsche Verwendung von Wörtern aufgrund mangelnder Kenntnis ursprünglicher Wortbedeutungen, der Verlust von Sprachkompetenz im syntaktischen Bereich (Konjunktiv, Genitiv, Konjunktionen etc.), der Verlust von Rechtschreibkompetenz und vieles mehr. („Bozner Manifest", Lanthaler/Ortner/Schiewe/Schrodt/Sitta 2003, 3)

Die Sprachwissenschaft hat diese medienwirksame Sprachkritik, die oft von prominenten Persönlichkeiten betrieben wird, wahrgenommen, sie hat es aber lange Zeit versäumt, aus fachlicher Sicht eine Stellung zu den behandelten Fakten und Fragen zu nehmen.

> Sie hat das Feld selbst ernannten Experten (so genannten „Stilkritikern" und „Bewahrern" der deutschen Sprache) überlassen, die sich – wohlgemerkt: ohne jegliche Legitimation – als Auto-

---

[3] Schneider 2011 vergleicht Sprachratgeber, Greule/Kessel 2009 vergleichen praxisorientierte Stillehren. In beiden Studien werden Arbeiten verglichen, die zum einen die laienlinguistische Richtung und zum anderen die sprachwissenschaftliche Richtung der Sprachkritik verkörpern.

ritäten medienwirksam in Szene setzen – und auch gesetzt werden. („Bozner Manifest", Lanthaler/Ortner/Schiewe/Schrodt/Sitta 2003, 3)

Zu den prominenten, medial inszenierten Autoritäten auf dem Gebiet der Sprache und Sprachbewertung gehören in erster Linie der Journalist Wolf Schneider („der Sprachpapst"[4]), der Kolumnist und Buchautor Bastian Sick („der Sprachmeister"[5]) und auf institutioneller Ebene der „Verein Deutsche Sprache" (http://www.vds-ev.de), dessen Ehrenmitglied Bastian Sick ist. Diese Vertreter der populären Sprachkritik arbeiten eher mit dem Begriff der *Sprachpflege* und grenzen sich von der Germanistik ab. Sick (2005, 12) sagt explizit, dass ein Sprachpfleger kein Germanist sein muss, Schneider hält das Germanistikstudium gar für töricht (vgl. die Quelle aus der Fußnote 4). In unserem Zusammenhang ist bedeutsam, dass diese und andere Persönlichkeiten und Institutionen im medialen Diskurs als Experten inszeniert werden und im Hinblick auf die Bewertung von sprachlichen Phänomenen als vertrauenswürdige Instanzen ausgewiesen werden. Der Expertenstatus wird ihnen dabei auf der Grundlage ihrer praktischen Erfahrungen zugeschrieben. Auch die Selbstinszenierung erfolgt auf dieser Basis. Das macht ein Auszug aus einer Festrede Wolf Schneiders auf dem Weltkongress der deutschen Auslandsschulen in Shanghai im Juni 2010 deutlich (Hervorhebungen P.S.):[6]

> Meine Damen und Herren: Ich bin begeistert, dass ich zu Ihnen sprechen darf. Sie, die Schulleiter und die Lehrer, Sie stehen an der **Front. In Ihren Händen liegt es** großenteils, wie es mit der **bedrohten Weltgeltung der deutschen Sprache** weitergeht – und inwieweit Sie es bei der **Hasenherzigkeit** bewenden lassen wollen, die die deutsche Kulturpolitik im Ausland jahrzehntelang gekennzeichnet hat. Um es vorweg zu nehmen: **Selbstbewusst** genug finde ich Ihr jüngstes Jahrbuch für das Auslandsschulwesen nicht.
> Ich beginne mit der Beschreibung des Zustands der deutschen Sprache in Deutschland. Ihnen habe ich voraus, dass ich in Deutschland lebe – und den meisten Deutschlehrern in Deutschland habe ich voraus, dass ich seit 31 Jahren in Deutschland, Österreich und der Schweiz tätig bin: erstens, um junge Journalisten auszubilden, zweitens, um Öffentlichkeitsarbeiter, Redenschreiber, Werbetexter **auf lesbares Deutsch einzuschwören** (was ja viel mehr als das nur korrekte ist). Über die **Sitten und Unsitten deutscher Berufsschreiber** weiß ich also Bescheid. In der Alltagssprache stehe ich sowieso mitten drin; über die Jugendsprache halten meine neun Enkel und deren Freunde mich auf dem Laufenden. Zustandsbeschreibung in einem Satz: **Mit der Qualität der geschriebenen deutschen Sprache geht es bergab.** [...]

---

4 Vgl. http://www.spiegel.de/unispiegel/wunderbar/sprachpapst-wolf-schneider-germanistik-zu-studieren-halte-ich-fuer-toericht-a-690834.html (Stand: 25.07.2016).
5 Vgl. http://www.vds-ev.de/presse/pressemitteilungen/461-vds-ehrenmitglied-bastian-sick-auf-lesetournee-in-rostock (Stand: 25.07.2016).
6 Vgl. den Wortlaut der Festrede unter http://www.bva.bund.de/SharedDocs/Downloads/DE/ZfA/SonstigeDownloads/WeltkongressFestredeWolfSchneider.pdf?__blob=publicationFile&v=3 (Stand: 24.04.2016). Die Ankündigung des Weltkongresses 2010 mit dem Programm ist zu finden unter: http://www.bva.bund.de/SharedDocs/Kurzmeldungen/DE/ZfA/Aktuelles/2010/WeltkongressAnkuendigung.html (Stand: 24.04.2016).

Der gesamte zweite Absatz dient der Inszenierung des Expertenstatus, aus dem heraus Schneider bei dem Kongress als Festredner spricht. Primär spielt er dabei auf seine Kompetenz an. Die Basis für seine Expertise ist die langjährige Erfahrung im Journalismus und in der journalistischen Ausbildung. Darüber hinaus scheint Schneider – im Gegensatz zu den anwesenden ausländischen Lehrkräften – als Experten auszuzeichnen, dass er in Deutschland, also *mitten drin*, lebt und so an der Alltagssprache teilhat. Diese Inszenierung begründet den Anspruch, aktuelle Tendenzen des deutschen Sprachgebrauchs beschreiben und bewerten zu können.

Die von mir markierten Textstellen verdeutlichen einige Charakteristika der sprachkritischen Richtung, die Wolf Schneider vertritt. Anhand dieser Charakteristika lässt sich die populäre Sprachkritik à la Wolf Schneider tendenziell von der linguistischen Sprachkritik unterscheiden.[7] Die bereits erwähnte vermeintliche Beobachtung von Sprachverfall ist ein zentrales Merkmal der populären Sprachkritik.[8] In Schneiders Rede verfällt zwar die deutsche Sprache nicht, es geht mit ihr aber *bergab*. Sprache wird von der populären Sprachkritik implizit als ein kranker Organismus konzeptualisiert, der gepflegt und geschützt werden muss (vgl. J. G. Schneider 2007). Wir sehen, dass der Schutz der deutschen Sprache ein Kampf ist, in dem die Schulleiter und Lehrer[9] *an der Front* stehen und in dem Selbstbewusstsein (*Selbstbewusst genug finde ich Ihr jüngstes Jahrbuch [...] nicht*), Mut (als Gegenpol zur *Hasenherzigkeit* der deutschen Kulturpolitik) und Verantwortungsbewusstsein (*in Ihren Händen liegt es*) entscheidend sind.[10] Das Ziel des Kampfes ist offenbar die Wiederherstellung der *Weltgeltung der deutschen Sprache*, die *bedroht* ist.

Durch die Hintergrundannahme, dass die Sprache ein lebendes, schutzbedürftiges Wesen sei, erhält die Argumentation emotionale, moralisierende Züge, die mit der ausgeprägten Metaphorik einhergehen. Wie wir in Schneiders Rede sehen, wird die Verwendung der „richtigen" Sprache moralisch aufgeladen und zur Sitte stilisiert. Abweichender – also: falscher – Sprachgebrauch wird entsprechend als Unsitte stigmatisiert. Die Sprachgemeinschaft wird polarisierend dargestellt und es wird

---

7 Schneider, Sick und weitere Vertreter der laienlinguistischen Sprachkritik werden in Kilian/Niehr/Schiewe (2016, Kap. 3) einzeln vorgestellt und ausführlich diskutiert, weswegen an dieser Stelle nur die groben Tendenzen skizziert werden sollen.
8 Alternativ geht es sogar um den Niedergang der deutschen Sprache (vgl. Hock 2014).
9 Die konsequente Verwendung des generischen Maskulinums in Schneiders Rede kann man wohl auch als ein sprachkritisches Statement verstehen.
10 Die ausgeprägte Kriegsmetapher erhält z.B. bei Sick (2005a, 9–10) eine zentrale Stellung in der Begründung seiner Motivation zum Verfassen des Buches: „Im Mai 2003 nahm ich als frisch gebackener Kolumnist die Herausforderung an und zog mit flatternden Fahnen und bunt bemalten Schilden gegen falsches Deutsch und schlechten Stil zu Felde. [...] Meine ersten Attacken galten abgedroschenen Phrasen, unerträglichen Modewörtern, lästigen Anglizismen und Unwörtern aus dem Journalisten- und Politikerjargon. Ein Kampf gegen die Windmühlen, daran konnte von Anfang an kein Zweifel bestehen."

eine grundlegende Gemeinsamkeit zwischen dem Redner und dem anwesenden Publikum inszeniert: Alle Anwesenden gehören zu den „Guten", die sich der Gefahr bewusst sind und Verantwortung übernehmen. Der „Kampf" um das Überleben der deutschen Sprache wird so zur moralischen Aufgabe einer „elitären" Gemeinschaft, die andere *auf lesbares Deutsch einzuschwören* versucht.

Die Sprache wird aus Sicht der laienlinguistischen Sprachkritik als homogen und somit als *die* deutsche Sprache aufgefasst. Die gängigen linguistischen Beschreibungskriterien wie Funktion, Medialität, Varietät, Textsorte, Sprecherkonstellation u.a. werden dabei i.d.R. nicht berücksichtigt, sodass die Bewertungen stark pauschalisierend und kontextunabhängig nur zwischen richtig oder falsch entscheiden.[11] Die Grundlage für die Bewertung bleibt dabei implizit. Abweichungen von dem postulierten Ideal werden als Fehler eingestuft und belächelt und/oder sozial stigmatisiert (zum Begriff des *Fehlers* vgl. weiter unten in diesem Kapitel). Daraus ergibt sich oft der Unterhaltungswert der Ausführungen. Er wird auch dadurch gesteigert, dass die Ausführungen i.d.R. narrativ aufgebaut sind.[12] Die als homogen verstandene Sprache entfernt sich nach der Wahrnehmung der LaiensprachkritikerInnen von ihrem ursprünglichen, idealen Zustand. Der wird verkörpert durch große Dichter und Denker vergangener Jahrhunderte, die als Vorbild hochgehalten werden. Um die Rückkehr zum Idealzustand zu erreichen, arbeitet die populäre Sprachkritik präskriptiv.[13]

Die linguistische Sprachkritik als Gegenpol zu der dargestellten populären Sprachkritik kann als eine Teildisziplin der angewandten Sprachwissenschaft eingeordnet werden (vgl. Schiewe i.Dr.a, 27). Sie wird auf der Grundlage aktueller linguistischer Forschung betrieben und verfolgt anwendungsorientierte Aufgaben. Die moderne Sprachwissenschaft versteht dabei Sprache als ein flexibles soziales Sys-

---

[11] Im Vorwort seiner Bücher (2005a, 2005b) relativiert Sick die starre Orientierung an richtig oder falsch: „In meinen Texten geht es nicht immer nur um „richtig" oder „falsch". Manchmal gilt es, eine Erklärung dafür zu finden, warum wir so sprechen, wie wir sprechen." (Sick 2005b, 13). Er bezeichnet seine Ausführungen explizit als *Empfehlungen* (vgl. Sick 2005b, 14). Diese Relativierung ist aus linguistischer Sicht zu begrüßen, allerdings spiegelt sie sich nicht in Sicks weiteren Ausführungen wider (vgl. Rinas 2011, 37). Womöglich ist die explizite Reflexion und Relativierung der Aussagen als eine Reaktion auf die Kritik aus der Sprachwissenschaft nach dem Erscheinen des ersten Buches zu sehen.
[12] Sick (2005a, 9) versteht sich explizit als „ironischer Geschichtenerzähler".
[13] Präskriptiven Schreibstil in seiner puren Form findet man bei dem „Sprachpapst" Ludwig Reiners. So sind beispielsweise die Kapitelüberschriften in seiner „Stilfibel" (1951, seitdem mehrfach neu aufgelegt) im Imperativ formuliert (*Baut keine Klemmkonstruktionen!*, *Rettet den Genitiv!*, *Sparen mit der Leideform!*), Abweichungen von dem postulierten richtigen Stil werden durch expressive, negative Bewertungen stigmatisiert (*Aber das ist ein erbärmlicher Schnitzer.*; *Was sollen wir mit diesem Stilgebrechen tun?*), es werden explizite Gebote und Verbote formuliert (*Freilich müssen wir [...].*; *Wenn ein großer Dichter diesen Sprachwandel einbürgern könnte, wäre es eine Verbesserung. Aber Sie dürfen damit nicht anfangen!*) u.v.m.

tem, das einem ständigen Wandel unterworfen ist. Dieser ist nicht mit Sprachverfall gleichzusetzen und gegen ihn anzukämpfen ist weder sinnvoll noch möglich.

In dem sogenannten „Bozner Manifest" von 2003 (Lanthaler/Ortner/Schiewe/Schrodt/Sitta 2003, 3), das zur Diskussion über die Beziehung von Sprachwissenschaft und Sprachkritik einlädt, sprechen sich die Verfasser für folgendes Verständnis von Sprachkritik aus:

> Vor diesem Hintergrund plädieren wir für eine Begründung von Sprachkritik als Teil einer anwendungsbezogenen Sprachwissenschaft. Es ist dies eine Sprachkritik, die auf Einsichten und Erkenntnissen der Sprachwissenschaft aufbaut, diese Erkenntnisse in den Bereich des Sprachgebrauchs transferiert (d.h. für die Sprachpraxis nutzbar macht) und für die Öffentlichkeit (Politik, Schule, Medien) formuliert. Ziel einer solchen Sprachkritik ist es nicht, Sprachwandel als »Sprachverfall« zu stigmatisieren oder als bloße »Entwicklung« zu rechtfertigen, ihr Ziel ist es auch nicht, Sprachnormen zu setzen und durchzusetzen. Eine Sprachkritik, die neben der deskriptiven Linguistik als Kern des Faches in einem anwendungsbezogenen Bereich der Sprachwissenschaft anzusiedeln ist, hat die im Sprachgebrauch zu konstatierenden Normen (und ihren Wandel) kritisch zu reflektieren. Ihr Bestreben ist es, die Funktionstüchtigkeit von Sprache als einem flexiblen und variationsreichen Sozialgebilde zur Verständigung von Menschen zu erhalten und den stets stattfindenden Sprachwandel kritisch zu kommentieren.

Dieses Verständnis von Sprachkritik findet sich seit dem Plädoyer von 2003 in zahlreichen Publikationen wieder, wurde ausformuliert und verfestigt[14] und erhielt 2005 in *Aptum. Zeitschrift für Sprachkritik und Sprachkultur* ein Publikationsorgan.[15] Bereits 2013 ist die linguistische Sprachkritik laut Kilian/Niehr/Schiewe (2013, 300) ein „weithin akzeptiertes Teilgebiet der Linguistik". Nach der Einschätzung der Autoren rührt diese Akzeptanz daher,

> dass in den letzten zwanzig Jahren Sprachkritik wissenschaftlicher, ja vielleicht sogar wissenschaftlich, und Sprachwissenschaft kritischer, ja vielleicht sogar kritisch, auf jeden Fall aber praktischer (im Sinne von: praxisbezogener) geworden ist. (Kilian/Niehr/Schiewe 2013, 300)

Die grundlegenden theoretischen Annahmen der linguistisch basierten Sprachkritik können mit Schiewe (i.Dr.a, 31) wie folgt zusammengefasst werden:

> 1. Gegenstand von Sprachkritik ist ganz vorrangig der Sprach*gebrauch*, also das auf der Grundlage von Normen je konkrete Sprachhandeln.
> 2. Es gibt eine innere Mehrsprachigkeit, Varietäten, die eigene funktionale Sprachformen und Stile ausprägen. Sprachkritik muss die Varietätennormen berücksichtigen und darf sich nicht einseitig z.B. nur auf die schriftliche Standardsprache beziehen.

---

14 Vgl. dazu Kilian/Niehr/Schiewe 2013, 2016; Schiewe 2007, 2011, i.Dr.a, i.Dr.b; Arendt/Kiesendahl 2013, 2014; Schneider 2007, 2011; Arendt/Schäfer 2015 u.a.
15 Vgl. http://www.hempen-verlag.de/zeitschriften/aptum.html (Stand: 24.04.2016).

3. Schriftsprache und mündliche Sprache besitzen (teilweise) unterschiedliche funktionale Normen. Sprachkritischer Maßstab der Bewertung darf nicht einseitig die Schriftsprache (Standardsprache) sein.
4. Sprache unterliegt einem Wandel. Wortbedeutungen, Textsorten und ihre Muster, Textsortenstile, Diskurse können sich ändern. Sprachkritik berücksichtigt den Sprachwandel insofern, als er einzelnen SprecherInnen oder Gruppen von SprecherInnen bewusst ist oder – aus didaktischen, pädagogischen oder anderen Gründen – bewusst werden sollte.
5. Sprachliche Ausdrücke – Wörter, Äußerungen, Texte erlangen ihre aktuelle Bedeutung immer in Kontexten. Eine sprachkritische Bewertung isolierter sprachlicher Ausdrücke entbehrt einer sicheren Begründung.
6. Sprachkritik setzt keine Normen, sondern sie reflektiert Normen, macht sie bewusst und sucht bei Normkonflikten eine Orientierung zu geben.
7. Ziel von Sprachkritik ist es, mittels wertender Urteile, die als Orientierungen aufzufassen sind, sprachliches Handeln in Richtung auf „gelingende Kommunikation" zu befördern.

So verstandene Sprachkritik bezieht sich auf den Sprachgebrauch, also auf konkretes sprachliches Handeln. Die theoretisch-methodische Grundlage der Sprachbewertung bildet somit die linguistische Pragmatik (vgl. dazu Kap. 5). Einer kritischen Bewertung des Sprachgebrauchs liegt die pragmalinguistische Annahme zugrunde, dass sprachliches Handeln „als intentionsgeleitete Auswahl von mehreren alternativen (Formulierungs-)Möglichkeiten zu verstehen ist" (Schäfer 2014, 240). Die grundlegende Annahme der Intentionalität soll allerdings nicht bedeuten, dass den Handelnden ihre Intentionen bei sprachlicher Produktion immer vollkommen bewusst sind. Vielmehr müssen wir im Sinne der pragmatischen Stilistik bei der Analyse des Sprachgebrauchs „sowohl Bewusstes wie Automatisches und Symptomatisches [berücksichtigen], das sich im Stil dem Rezipienten zeigt" (Sandig 2006, 29; zur pragmatischen Stilistik vgl. Kap. 5).

Die pragmatisch ausgerichtete linguistische Sprachkritik sieht pauschalisierende Urteile über die Sprache, die Vernachlässigung wichtiger Einflussfaktoren sowie den vorschreibenden Charakter populärer Sprachkritik als problematisch an. Sie will – und muss – der Komplexität und Funktionalität des sich wandelnden Sprachgebrauchs Rechnung tragen und berücksichtigt folgerichtig verschiedene Faktoren, die den Sprachgebrauch beeinflussen, sowie ihr Zusammenspiel. So spielt beispielsweise die Medialität eine wesentliche Rolle. Dabei wird oft das Modell von Koch/Oesterreicher (1994) herangezogen, um konzeptionelle und mediale Mündlichkeit und Schriftlichkeit zu differenzieren – ein Aspekt, der durch die populäre Sprachkritik nicht immer oder nicht ausreichend berücksichtigt wird. So scheint zwar Schneider in seiner Rede zwischen geschriebener und gesprochener Sprache zu differenzieren, wenn er sich über die sinkende *Qualität der geschriebenen deutschen Sprache* äußert, im weiteren Verlauf der Rede geht er aber primär auf die E-Mail-Kommunikation, auf Blogs und andere computervermittelte Kommunikationsformen, bei denen die Unterscheidung von medialer und konzeptioneller Mündlichkeit bzw. Schriftlichkeit besonders wichtig ist.[16]

Aus linguistischer Sicht werden je nach Kontext und Motiven für die Kritik[17] unterschiedliche Sprachebenen zum Bezugspunkt der kritischen Würdigung:

> Bezugspunkte dieser Würdigung sind „langage", „langue", „usage" und „parole" als Existenzformen von Sprache. Sie bilden zugleich die Gegenstandsfelder der Sprachkritik: von der philosophischen und erkenntniskritischen Kritik der menschlichen Sprache als „langage" über Kritik am Sprachsystem („langue") und am sozial verankerten Sprachgebrauch („usage") bis hin zur kontextabhängigen Kritik eines singulären Sprechens oder Schreibens („parole"). (Kilian/Niehr/Schiewe 2013, 297)

Auch die uns interessierende Vertrauensförderung ist in den Sprachgebrauch eingebettet. Abhängig von der Untersuchungsperspektive und Fragestellung kann man sie im Bereich der „usage" oder im Bereich der „parole" ansiedeln.

Die explizite Differenzierung von sprachlichen Ebenen und Erscheinungen, auf die sich die linguistische Sprachkritik richtet, macht es unmöglich, „einfache" Antworten auf die Frage zu geben, wie man den Sprachgebrauch beurteilen soll. Die Einschätzungen seitens der linguistischen Sprachkritik sind komplex und oft mit weiteren Fragen verbunden. Die Komplexität und Differenziertheit linguistischer Urteile mag einer der Gründe dafür sein, dass die linguistische Sprachkritik in der Öffentlichkeit wenig Aufmerksamkeit findet. Auch innerhalb der Sprachwissenschaft gibt es dennoch Versuche, eine der Öffentlichkeit zugängliche Sprach- und Stilkritik zu betreiben. Zu nennen sind beispielsweise im Bereich der Stilkritik die Stillehren von Sanders (1996, 2002). Ein Vergleich der Verkaufszahlen zeigt allerdings, dass die linguistisch basierten Bücher den Verkaufszahlen „populärer" Stillehren – rein quantitativ – nicht konkurrieren können.[18]

Aus den bisherigen Ausführungen wurde deutlich, dass die linguistisch basierte Sprachkritik im Zuge der Normreflexion möglichst viele verschiedene Faktoren des Sprachgebrauchs berücksichtigt. Um dies zu leisten, braucht sie einen „differenzier-

---

16 Sick (2005b, 231) hingegen denkt „über Form und Inhalte von E-Mails" nach und unterscheidet die Kommunikation per E-Mail von der Kommunikation per SMS und Chat. In dieser Hinsicht geht er etwas differenzierter vor.

17 Zur theoretischen Auseinandersetzung mit dem Kritikbegriff, mit verschiedenen Arten des Kritisierens sowie der Relevanz von Kritik in der Wissenschaft und der schulischen Praxis vgl. Dreesen 2012 und 2014.

18 Greule/Kessel (2009, 2340) haben im Jahre 2005 die Verkaufszahlen des Internetbuchhandels Amazon für die linguistisch basierten Stillehren von Sanders 2002 und Püschel 2000 einerseits und für die „populären" Stillehren der sog. „Stilpäpste" Reiners 1951/1990 und Schneider 1982/2001 andererseits verglichen, um die Rezeption der Bücher in der Öffentlichkeit einschätzen zu können. Der Vergleich zeigte einen gravierenden Unterschied: Während Schneiders Buch den Verkaufsrang 815 erreicht und Reiners' Stillehre auf Rang 8.006 platziert ist, findet man Püschel auf dem Verkaufsrang 50.654 und Sanders sogar auf Rang 119.769.

ten Bewertungsmaßstab" (Arendt/Kiesendahl 2013, 336). Die Frage nach den Maßstäben ist für die genauere Bestimmung des Begriffs *Sprachkritik* entscheidend (vgl. Schiewe/Wengeler 2005, 3) und die explizite Beantwortung der Frage unterscheidet die linguistische Sprachkritik von der populären. Die Maßstäbe sind jedoch nicht allgemeingültig, sondern „müssen im jeweils konkreten Fall eines sprachkritischen Bewertungsvorgangs expliziert werden, damit die Bewertung begründet erfolgt und nachvollziehbar wird" (Kilian/Niehr/Schiewe 2016, 67). Zur fundamentalen Kategorie für die linguistische Sprachkritik wurde die *funktionale Angemessenheit* (vgl. Niehr 2015; Kilian/Niehr/Schiewe 2016, Kap. 2.6). Mit diesem Konzept versucht die linguistische Sprachkritik, der Komplexität des Sprachgebrauchs Rechnung zu tragen und explizit die kontradiktorisch angelegte Beurteilung der populären Sprachkritik aufzubrechen.[19] Diese Kategorie

> urteilt im Gegensatz zur populärwissenschaftlichen und laienlinguistischen Sprachkritik nicht nach dem kontradiktorischen Bewertungsmaßstab „richtig – falsch", sondern sie bedient sich eines Bewertungskontinuums mit den Endpolen „angemessen" und „nicht angemessen". Zwischen diesen beiden Endpolen sind jedoch Stufen verortet, die es ermöglichen, den Text bzw. das Kommunikat präzise, differenziert und kontextadäquat zu beurteilen. Eine linguistische Sprachkritik verzichtet auf Vorgaben, die eine sprachliche Äußerung als falsch abweisen. Stattdessen wird bewertet, ob eine Äußerung innerhalb des konkreten Kommunikationskontextes zweckmäßig und geeignet ist. (Arendt/Kiesendahl 2013, 338)

Ausgehend von einem multidimensionalen Beziehungsgefüge der entscheidenden Faktoren geht die linguistische Sprachkritik auch anders mit Abweichungen vom geschriebenen Standard um. Nicht jede Abweichung wird sofort als Fehler eingestuft, da viele Abweichungen in ihrer konkreten Verwendungsweise durchaus funktional sein können (zum Begriff und Status des Fehlers aus linguistischer Sicht vgl. Schneider 2013). Die Sprachkritik bezieht alle sprachlichen Ebenen in ihre Betrachtungen ein und diese unterliegen jeweils unterschiedlichen und unterschiedlich stark verfestigten bzw. kodifizierten Normen. So gibt es für einige sprachliche Bereiche wie Morphologie und Syntax klare Regeln mit wenig Variationsmöglichkeiten, die keine skalare Beurteilung erlauben (z.B. bei der Flexion oder bei Satzarten und der damit zusammenhängenden Stellung des Finitums). In solchen Fällen ist das kontradiktorische Bewertungskriterium „richtig oder falsch" sinnvoll. Für weite Teile des Sprachgebrauchs ist jedoch das skalare Kriterium der Angemessenheit beschreibungsadäquater. So können pragmatische, semantische, stilistische oder lexikalische Aspekte des Sprachgebrauchs nur unter Einbezug verschiedener Faktoren erfasst werden.

---

19 Vertiefende theoretische Überlegungen zum Status von Angemessenheit, einer „Kategorie zwischen Präskription und Inhaltsleere" bietet Niehr 2015 an.

Der Begriff *Angemessenheit* geht auf das Konzept des *aptum* der antiken Rhetorik zurück. Die Eckpfeiler des Konzeptes wurden bereits von Cicero in „Orator" und „De oratore" explizit genannt:

> Der Redner muss aber den Gesichtspunkt der Angemessenheit nicht nur bezüglich des gedanklichen Inhalts, sondern auch hinsichtlich des sprachlichen Ausdrucks beachten. Denn nicht jede Lebensstellung, nicht jedes Ehrenamt, nicht jede Autorität, nicht jedes Lebensalter, aber auch nicht jeder Ort, jeder Zeitpunkt, jedes Publikum ist mit derselben Art von Worten oder von Gedanken zu behandeln, und in jedem Abschnitt der Rede wie des Lebens ist zu beachten, was sich ziemt; das hängt zum einen von der Sache ab, um die es geht, zum andern von der Person, sowohl derjenigen, die reden, als auch derer, die zuhören. (Cicero 2008 Orator/Der Redner, 21/71)

Diese Gedanken wurden von der modernen Sprachwissenschaft aufgegriffen und für die Zwecke der Sprachkritik weiterentwickelt. Die von Cicero genannten Faktoren Anlass/Gegenstand, Sprecherkonstellation und Situation wurden von Kienpointner (2005, 195) in ein Stildreieck übertragen. Die Angemessenheit einer jeden Äußerung kann danach auf drei Ebenen beurteilt werden: 1. Sachebene bzw. Inhaltsebene, 2. Beziehungsebene und 3. Ebene der Gesprächssituation.

> Eine wertende Aussage muss damit immer relativ zu einer der Ebenen erfolgen. „Man wird also nicht allgemein formulieren können ‚dieser Text ist angemessen', sondern ‚dieser Text ist angemessen hinsichtlich der Darstellung des Gegenstandes oder der Publikums oder der Situation'. (Schiewe 2007, 376)

Die Beschreibung der jeweils relevanten Bezugsebene und ihrer möglichen normativen Auswirkungen auf den Sprachgebrauch gehört zu den wichtigsten Aufgaben der linguistischen Sprachkritik (vgl. Kilian/Niehr/Schiewe 2013, 311).

Eine der medienwirksamsten sprachkritischen Aktionen ist das Unwort des Jahres (www.unwortdesjahres.net; vgl. die Begründung der Wahl zum Unwort des Jahres 2014 auf S. 193). Nach der Einschätzung von Wengeler (2013b, 14–15), der Mitglied der Jury ist, schwankt diese Aktion zwischen „linguistisch begründeter Sprachkritik, um die sie sich bemüht, und populärer Sprachkritik, die sie allein schon deshalb ist, weil sie öffentlich so breit wahrgenommen wird." Die Wahl des Unwortes sorgt jedes Jahr für eine „öffentlich geführte kontroverse Diskussion von Jury-Entscheidungen" (Schlosser 2007, 28), sodass wenigstens einmal im Jahr der aktuelle Sprachgebrauch zum Diskussionsthema wird.[20]

---

[20] Die Bewertungen dieser Aktion fallen sehr unterschiedlich aus und das auch innerhalb der linguistischen Fachgemeinde. Die Einschätzung der wissenschaftlichen und ideellen Grundlage der Aktion, ihrer methodischen Vorgehensweise und der erreichten Wirkungen divergiert z.T. stark. Vgl. dazu exemplarisch das Streitgespräch zwischen Vogel 2015 und Schiewe 2015, das sich auf das Problem der Parteilichkeit linguistischer Sprachkritik konzentriert.

> Zum Unwort des Jahres 2015 wurde das Wort *Gutmensch* gewählt. Die Begründung der Wahl operiert zwar nicht mit dem Begriff der Angemessenheit, dennoch kann man sie so interpretieren, dass die Verwendung des Begriffes in den eingesandten 64 konkreten Kontexten von der Jury als unangemessen eingestuft wurde.
> – Lesen Sie die unten stehende Begründung der Wahl. Wenden Sie die drei Ebenen der Angemessenheit nach Kienpointner (2005) an und erarbeiten Sie, auf welchen Ebenen argumentiert wird, warum das Wort als ein Unwort einzustufen ist.
> – Lesen Sie die Grundsätze der Aktion, die auf der Internetseite formuliert sind. Vergleichen Sie die Grundsätze mit den erarbeiteten Ebenen der Angemessenheit und beziehen diese aufeinander.

> „Unwort des Jahres 2015: ‚Gutmensch'
> Das Wort „Gutmensch" ist zwar bereits seit langem im Gebrauch und wurde auch 2011 schon einmal von der Jury als ein zweites Unwort gewählt, doch ist es im Zusammenhang mit dem Flüchtlingsthema im letzten Jahr besonders prominent geworden. Als „Gutmenschen" wurden 2015 insbesondere auch diejenigen beschimpft, die sich ehrenamtlich in der Flüchtlingshilfe engagieren oder die sich gegen Angriffe auf Flüchtlingsheime stellen. Mit dem Vorwurf „Gutmensch", „Gutbürger" oder „Gutmenschentum" werden Toleranz und Hilfsbereitschaft pauschal als naiv, dumm oder weltfremdes Helfersyndrom diffamiert. Der Ausdruck „Gutmensch" floriert dabei nicht mehr nur im rechtspopulistischen Lager als Kampfbegriff, sondern wird auch hier und dort auch schon von Journalisten in Leitmedien verwendet. Die Verwendung dieses Ausdrucks verhindert somit einen demokratischen Austausch von Sachargumenten. Im gleichen Zusammenhang sind auch die ebenfalls eingesandten Wörter „Gesinnungsterror" und „Empörungs-Industrie" zu kritisieren. (Der Ausdruck „Gutmensch" wurde 64-mal und damit am dritthäufigsten eingesendet.)"

In Anlehnung an Kilian/Niehr/Schiewe (2013, 298) kann man ein Sprachhandeln dann als funktional angemessen bewerten, „wenn unter Berücksichtigung bestehender Normen und der spezifischen Bedingungen der Kommunikationssituation die sprachlichen Mittel so eingesetzt werden, dass die Wahrscheinlichkeit, das Handlungsziel zu erreichen, optimiert wird." Pragmatische Angemessenheit bezieht sich somit auf „die Verhältnismäßigkeit der Mittel in Relation zu einem gewünschten Ziel" (Arendt/Schäfer 2015b, 97). Ein jeweils angemessenes (Sprach-)Handeln ist dabei die beste Strategie, „wie man kommunikativen und letztlich sozialen Erfolg erzielen kann." (Schäfer 2014, 241). Solche Strategien basieren auf

> jeweils gültigen Konventionen einer Sprachgemeinschaft, unterliegen einem ständigen Wandel und sind darüber hinaus kulturell geprägt (vgl. Kleiner 2014). Was in einer Kultur als angemessen gilt, kann in einem anderen Kulturkreis völlig unangemessen wirken. Das macht deutlich, dass Angemessenheit keine objektiv gegebene Eigenschaft einer Person und ihres sprachlichen oder nichtsprachlichen Handelns ist. Es handelt sich vielmehr um eine Rezipientenkategorie, um eine kontextsensible, individuelle Zuschreibung auf Basis kollektiver Muster wie sprachlicher Konventionen oder kultureller Normen. Die Reflexion solcher grundlegender Normen gehört zu den Aufgaben der Sprachkritik. (Schäfer 2014, 241)

Angemessenheit ist nach diesem Verständnis keine objektive Kategorie, sondern immer eine Zuschreibung vor dem Hintergrund geltender Normen.[21] Eine sprachliche Handlung ist nicht per se angemessen, sondern sie wird als solche von konkreten Personen in einem konkreten Kontext wahrgenommen und interpretiert. Dieselbe Handlung kann in einem anderen Kontext unangemessen sein oder in demselben Kontext von anderen Personen als weniger angemessen empfunden werden. Daher ist es aus sprachkritischer Sicht notwendig, die jeweils gültigen Normen offenzulegen und kritisch zu reflektieren.

An diesem Punkt wird der Zusammenhang zwischen Angemessenheit und Vertrauenswürdigkeit deutlich: Beide Konzepte werden hier als Zuschreibungsprodukte verstanden (vgl. Kap. 3). In beiden Fällen bilden die jeweils geltenden Normen die Grundlage für die Zuschreibung. Normen regulieren einen Bereich, definieren Normalität aus dem jeweiligen Gebiet und lassen dadurch Erwartungshaltungen entstehen. Die für unseren Zusammenhang zentralen Aspekte von Normen werden in der Normdefinition von Linke/Nussbaumer/Portmann (2004, 351) deutlich. Normen verstehen sie als

> Erwartungshaltung gegenüber bestimmten Formen des Sprachverhaltens, die in einer gegebenen Kommunikationssituation bzw. gegenüber einem bestimmten Gesprächspartner oder einer bestimmten Gesprächspartnerin als angemessen gelten. In unserem Sprachgebrauch orientieren wir uns an solchen konventionalisierten Erwartungshaltungen. Tun wir dies nicht, verhalten wir uns normwidrig (oder eben unkonventionell), so müssen wir mit entsprechenden Sanktionen rechnen.

Normen generieren also Erwartungen an jeweils angemessenes Handeln. Ausgehend von den Erwartungen wird das eigene Handeln geplant und das Handeln anderer bewertet. Die Normen für den sprachlichen Bereich – also Sprachnormen – kann man mit Janich (2004, 51) als „auf sprachliche Kommunikation bezogene Erwartungserwartungen" definieren; diese sind „eine Teilmenge sozialer Normen bzw. Konventionen, die unser Handeln steuern und die wir im Handeln stets neu (re)produzieren".

Das Wissen über die geltenden Normen wird nicht immer bewusst angewandt. In vielen Situationen greift man auf automatisierte, verinnerlichte Verhaltensmuster zurück, deren Grundlage erst bei Nachfrage (z.B. bei kulturellen Normen bei Nachfragen von Ausländern, vgl. Kap. 7) reflektiert wird. Implizite Normen als Grundlage

---

21 Zur Relevanz kultureller Normen im Zusammenhang mit Vertrauen vgl. Kap. 7. In unserem Zusammenhang ist die Trennung von Angemessenheit als Zuschreibung und den Normen, die dieser Zuschreibung zugrunde liegen, methodisch relevant. Diese analytische Trennung wird allerdings nicht von allen angenommen, da selbst das Konzept der Angemessenheit je nach Definition auch eine normative Komponente enthält. Diese Sichtweise vertritt z.B. Niehr (2015, 103), wenn er Angemessenheit als Norm beschreibt.

des (Sprach-)Handelns bilden aus sprachkritischer Sicht die Bezugsebene für die Beschreibung des Sprachgebrauchs. Da sie i.d.R. nicht metasprachlich markiert werden, müssen sie anhand der Analyse des Sprachgebrauchs rekonstruiert werden. Kilian/Niehr/Schiewe (2013, 311) haben ein sprachkritisches Analysemodell vorgeschlagen, das „über eine Kritik des konkreten Sprachgebrauchs zu einer kritischen Betrachtung von Sprachnormen" führen soll. Das Modell schlägt eine Abfolge von neun Analyseschritten vor, von denen der erste in der Wahrnehmung eines auffälligen Sprachgebrauchs besteht. Ausgangspunkt einer sprachkritischen Betrachtung ist somit stets die Beobachtung einer Auffälligkeit. Der zweite Schritt besteht in der Zuordnung zu Bezugsebenen nach Kienpointner. In den weiteren Schritten wird das auffällige Phänomen kategoriell und terminologisch verortet (Schritt 3) und sein Vorkommen innerhalb der Sprechergruppe (4) und außerhalb der Sprechergruppe (5) wird geprüft. Es wird in Bezug auf die Norm der gesprochenen oder geschriebenen Sprache beschrieben (6), historisch verortet und kontrastiert mit ähnlichen Strukturen in anderen Varietäten und ggf. Sprachen (7). Anschließend wird eine linguistische Bewertung auf der Grundlage funktionaler Angemessenheit formuliert (8) und (soweit möglich) generalisiert (9). Dieses Verfahren macht es möglich, linguistisch basierte sprachkritische Urteile zu fällen und sie unter Berücksichtigung aller relevanten Faktoren zu begründen. Mithilfe einer derartigen linguistisch basierten Analyse können Normen, die dem Sprachgebrauch zugrunde liegen, expliziert werden.

Ähnlich wie wir es für das Phänomen Vertrauen bereits herausgearbeitet haben, kann man auch für Normen feststellen, dass sie i.d.R. erst dann für uns sichtbar sind, wenn sie verletzt werden. Thematisiert werden somit vor allem Normbrüche. Normkonformes Handeln fällt weniger bis gar nicht auf, weil es erwartbar ist und zur Normalität gehört. Auch deswegen setzt das Modell von Kilian/Niehr/Schiewe an der Beobachtung einer Abweichung an. Normen liegen sowohl dem untersuchten Sprachgebrauch zugrunde als auch dessen Kritik. Die linguistische Sprachkritik macht ihre Bewertungsmaßstäbe transparent, um die Normen, auf denen die Kritik basiert, nachvollziehbar zu machen. Im alltäglichen sprachkritischen Handeln stellt eine solche Offenlegung der Kriterien eher eine Ausnahme dar. Auch die Normen der Kritik können also erst durch eine Analyse rekonstruiert werden. Ausgehend von dieser methodischen Überlegung haben Arendt/Kiesendahl (2014) sprachkritische Kommentare in Online-Foren untersucht und daraus die der Kritik zugrundeliegenden Normen herausgearbeitet.[22] Dieses methodische Verfahren haben sie in das Konzept einer Kritiklinguistik eingebettet:

---

[22] Ähnlich auch Arendt/Schäfer 2015a, die sich auf kritische Kommentare zu wissenschaftlichen Aufsätzen konzentrieren und die ihnen zugrundeliegenden Normen offenlegen.

> Unter Kritiklinguistik verstehen wir eine sprachwissenschaftliche Forschung, die sich maßgeblich den sprachlichen Formen, pragmatischen Funktionen und der kontextuellen Wirkung von Kritik widmet und gleichzeitig den Kritikbegriff selbst, wie er sich z. B. in der Sprachkritik ebenso manifestiert wie in Ansätzen einer kritischen Diskursanalyse, zum Gegenstand linguistischer Reflexion macht. (Arendt/Kiesendahl 2014, 102)

Diese methodische Überlegung ist auch für die linguistische Vertrauensforschung relevant, da die Thematisierung von Vertrauensbrüchen oder mangelndem Vertrauen häufig mit einer impliziten oder expliziten Kritik einhergeht. Wenn wir diese Parallele noch einen Schritt weiter denken, können wir annehmen, dass Vertrauen in der sozialen Interaktion zur Norm gehört: Anderen zu vertrauen und selbst vertrauenswürdig zu sein gehört zu den grundlegenden Mechanismen des Alltags, ist positiv konnotiert und sozial erwünscht. Vertrauen fällt an sich aber kaum auf, sondern wird erst dann greifbar, wenn es fehlt.

Wir können festhalten, dass sowohl Angemessenheit als auch Vertrauenswürdigkeit durch Zuschreibung auf der Basis von Normen entstehen, die nicht immer bewusst reflektiert werden. Durch die Feststellung dieser Gemeinsamkeit ist die Beziehung zwischen den beiden Konzepten allerdings noch nicht vollständig beschrieben. Den Zusammenhang kann man wie folgt formulieren:

> (Sprachliches) Handeln, das von einer Person als angemessen empfunden wird und ihre Erwartungen erfüllt, führt wahrscheinlicher zur Zuschreibung von Vertrauenswürdigkeit und zur Vertrauensbildung als unangemessenes Handeln. Im Umkehrschluss gilt: Ein Handeln, das von anderen Akteuren als normabweichend aufgefasst wird, wird eher als unangemessen angesehen und wird weniger wahrscheinlich zur Vertrauensbildung beitragen. In dieser theoretischen Modellierung geht es um Tendenzen und Wahrscheinlichkeiten. Es kann in bestimmten Situationen passieren, dass trotz Unangemessenheit Vertrauen entsteht. Diese Konstellation ist m.E. aber auf spezifische Situationen beschränkt. Bezüglich der Erfüllung kommunikativer Normen führt Angemessenheit tendenziell wahrscheinlicher zur Vertrauenswürdigkeit und diese wird i.d.R. in der Interaktion erwartet, wodurch sie zum Teil der Norm werden kann. (Schäfer 2014, 249–250)

Vertrauenswürdigkeit und Angemessenheit sind aus dieser Sicht miteinander eng verknüpft. Wenn wir das Handeln einer Person für angemessen halten, sind wir eher geneigt, der Person zu vertrauen. Eine einzelne, als unangemessen empfundene Handlung wird ein bereits stabilisiertes Vertrauen wohl nicht sofort erschüttern, sie wird es aber auch nicht stärken. Als angemessen empfundenes Handeln wird hingegen mit ziemlicher Sicherheit die Zuschreibung von Vertrauenswürdigkeit begünstigen oder bestätigen. Wir können somit ein wechselseitiges Verhältnis zwischen den beiden Konzepten annehmen. Die logische Kausalität „Vertrauenswürdigkeit durch Angemessenheit" trifft auf viele Situationen zu und erscheint einleuchtend. Wichtig ist jedoch auch die umgekehrte Richtung: Wenn wir schon jemandem vertrauen, neigen wir dazu, das Handeln der Person als angemessen zu interpretieren.[23]

Die Beurteilung des eigenen und fremden Sprachgebrauchs im Hinblick auf dessen Angemessenheit basiert – wie dargestellt – auf Konventionen und muss wie Konventionen gelernt und eingeübt werden. Dies ist eine wichtige Aufgabe der Schule und der universitären Lehre (vgl. Arendt/Kiesendahl 2011). Diese Aufgabe wird auch weitgehend wahrgenommen und es herrscht Einigkeit darüber, dass den Lernenden und Studierenden die grundsätzlichen Muster vermittelt werden müssen. So lernen junge Menschen, dass und wodurch sich ein Brief an einen Freund von einem amtlichen Brief unterscheidet, dass man mit Freunden anders sprechen sollte als mit Lehrpersonen im Unterricht, dass eine studentische Hausarbeit anders aussehen muss als eine Kolumne in einer studentischen Zeitschrift etc. Dadurch üben die jungen Menschen Textsortenkompetenz und die Kompetenz zur Reflexion und Bewertung des Sprachgebrauchs ein. Die Ausbildung dieser Kompetenzen gehört in den Bereich der individuellen sprachlichen Bildung, den Janich mit dem Begriff *Sprachkultiviertheit* bezeichnet. *Sprachkultiviertheit* ist ein Anspruch an die Menschen,

> sich im Rahmen der einzelsprachlichen Möglichkeiten zu bilden, um selbstverantwortlich über den eigenen Sprachgebrauch entscheiden und selbst wieder dazu beitragen zu können, dass diese einzelsprachlichen Möglichkeiten erweitert werden – kurz: sich der individuellen Freiheit einerseits und der Verantwortung für die Kommunikation in einer kulturellen Gemeinschaft andererseits bewusst zu sein. (Janich 2004, 3)

Während die grundsätzlichen Kompetenzen im Deutschunterricht vermittelt werden (grammatische Kompetenz, Textsortenkompetenz u.a.), wird ihr Nutzen für das alltägliche Leben nicht immer deutlich. Das Konzept der funktionalen Angemessenheit in Verbindung mit dem Image der Vertrauenswürdigkeit bietet m.E. einen geeigneten Ansatz zur Beantwortung der Frage, wozu dieses Wissen gut ist.

> Die Beherrschung verschiedener kommunikativer Muster ist deswegen wichtig, weil sie den Menschen ermöglicht, in einer Situation jeweils angemessen zu handeln. Durch die Konventionalisierung bestimmter Muster werden nämlich auf dem gegebenen Gebiet Erwartungen generiert, die sich auf die Wahrnehmung, Bewertung und Handlungsplanung auswirken. Ange-

---

[23] Aus der psychologischen Vertrauensforschung ist bekannt, dass bestehende Vertrauenstendenz als ein Wahrnehmungsfilter fungiert und zu „selbsterfüllenden Prophezeiungen" führen kann: „Die Ergebnisse diesbezüglicher empirischer Studien deuten darauf hin, dass die Vertrauenstendenz als eine Art Wahrnehmungsfilter fungiert, welcher die Wahrnehmung des Gegenübers subjektiv in eine erwartete Richtung lenkt: Personen mit stark ausgeprägter Vertrauenstendenz in einem bestimmten Lebensbereich nehmen in signifikant höherem Maße vertrauensfördernde Verhaltensweise bei ihrem Gegenüber wahr." (Schweer 2008, 20) Vgl. dazu Ausführungen in Kap. 3.

messenes Handeln bedeutet daher: die Erwartungen der anderen zu erfüllen und dadurch die eigenen Erfolgschancen zu erhöhen. (Schäfer 2014, 242)

Aus den bisherigen Ausführungen zu Vertrauen wissen wir bereits, dass die Vertrauenswürdigkeit an den normativen Erwartungen gemessen wird, die sich im Laufe verschiedener sozialer Interaktionen gebildet haben. Wenn man die Erwartungen durch angemessenes Handeln erfüllt, wirkt man mit höherer Wahrscheinlichkeit vertrauenswürdig und erreicht dadurch mit ebenso höherer Wahrscheinlichkeit das anvisierte Ziel: Die Erfolgschancen nehmen zu.

In unserer Operationalisierung von Vertrauen (vgl. Kap. 4) haben wir zwar Angemessenheit nicht als eine selbstständige Kategorie definiert, wir haben aber festgestellt, dass die potenziell vertrauensfördernden Faktoren in einer jeweils angemessenen Mischung kommuniziert werden müssen und das innerhalb von drei kommunikativen Dimensionen: Selbstdarstellung, Beziehungsgestaltung und Themen (vgl. Kap. 4). Erst eine angemessene Kombination aller Faktoren besitzt das höchste Potenzial der Vertrauensförderung. Jetzt wissen wir aus der Beschäftigung mit der Sprachkritik, wie man die Angemessenheit beurteilen kann und dass sie stets als ein multidimensionales Beurteilungskriterium zu verstehen ist. Es ist kein Zufall, dass die drei Ebenen der Angemessenheitsurteile (Situation, Beziehung, Themen) an die drei kommunikativen Dimensionen erinnern. Es ist beispielsweise nicht in jeder Situation angemessen, die eigene Kompetenz in den Vordergrund zu stellen. Einige Situationen und Sprecherkonstellationen erfordern vielleicht eher eine stärkere Signalisierung von Interesse am Partner und dadurch mehr Beziehungsarbeit als Selbstdarstellung. Auch die behandelten Themen müssen berücksichtigt werden. Wenn wir die Situationen „Fachvortrag bei einer Tagung", „Besuch der kranken Oma", „Gespräch eines Streetworkers mit einem Klienten"[24] und „Beratungsgespräch zwischen einer Bankmitarbeiterin und einem Kunden" vergleichen, wird intuitiv einleuchten, dass das vertrauensfördernde Potenzial der Kommunikation in einer jeweils spezifischen Mischung der Faktoren besteht. Das alles richtig einzuschätzen, erfordert soziale Kompetenz und wird im besten Fall mit der Zuschreibung von Vertrauenswürdigkeit „belohnt". Wiederholtes angemessenes Handeln eines Akteurs führt darüber hinaus zu einer besseren Vorhersagbarkeit seines zukünftigen Handelns. Wenn ich weiß, dass eine Person stets darum bemüht ist, in sozialen Interaktionen angemessen zu handeln, kann ich auf der Grundlage der Kenntnis geltender Normen grob einschätzen, wie die Person vermutlich handeln wird. Und Vorhersagbarkeit des Verhaltens kann die Vertrauensbildung begünstigen (vgl. Kap. 3).

---

24 Zur Rolle von Vertrauen aus der Perspektive von AdressatInnen der sozialen Arbeit vgl. Tiefel/Zeller 2014.

Vor dem Hintergrund dieser Überlegungen möchte ich dafür plädieren, „die Funktion zur Herstellung sozialer Images stärker im Konzept der Angemessenheit zu verankern und zu berücksichtigen, dass Angemessenheit keinen Selbstzweck darstellt" (Schäfer 2014, 241). Wir handeln nicht angemessen, nur um angemessen zu handeln, sondern wir handeln angemessen, um nicht negativ aufzufallen, ein positives Image aufzubauen und damit effektiver unsere Ziele zu erreichen.

Im Folgenden soll an einem Text exemplarisch gezeigt werden, wie implizit vorliegende normative Erwartungen sichtbar gemacht werden können. Wir gehen dabei von der methodischen Überlegung aus, dass Erwartungen durch deren Enttäuschung beobachtbar werden. Der zu analysierende Text ist eine E-Mail, die im deutschsprachigen Kulturraum erfahrungsgemäß als wenig bis gar nicht vertrauenswürdig eingeschätzt wird. Nach der durchgeführten Operationalisierung kann man diese Einschätzung so deuten, dass die vier potenziell vertrauensfördernden Faktoren nicht oder nicht in der jeweils angemessenen Kombination vermittelt werden. Im Folgenden dienen diese Faktoren als Analysekategorien, um die negative Einschätzung plausibilisieren zu können. Dabei wird auf die pragmatische Angemessenheit in Bezug auf die verschiedenen Ebenen eingegangen. Wir gehen im Konkreten drei Fragen nach:

- Kann die Einschätzung fehlender Vertrauenswürdigkeit anhand des Modells der potenziell vertrauensfördernden Faktoren erklärt werden? Inwiefern werden im Text Kompetenz, Konsistenz, Interesse und koordiniertes Handeln signalisiert?
- Inwiefern und in Bezug auf welche sprachlichen Ebenen ist der Text weniger angemessen bzw. unangemessen?
- Welche normativen Erwartungen liegen der negativen Einschätzung des Textes zugrunde?

Bei dem Text handelt es sich um die Kommunikationsform E-Mail. Es ist davon auszugehen, dass die Adressatin/der Adressat (angesprochen nur durch *Sie*) und der Textproduzent/die Textproduzentin einander nicht kennen. Bereits beim Überfliegen der E-Mail fallen viele Abweichungen von der schriftsprachlichen Norm auf, die das Verständnis des Textes deutlich erschweren und z.T. sogar unmöglich machen.[25] Das dürfte einer der Gründe dafür sein, warum der Text von vielen als nicht vertrauenswürdig eingeschätzt wird. Er wird aber vermutlich nicht der einzige Grund sein,

---

[25] Möglicherweise haben auch Sie bereits ähnliche E-Mails erhalten und es drängt sich Ihnen die Frage auf, ob es sich um einen maschinell erstellten oder automatisch übersetzten Text handelt. Aufgrund der starken sprachlichen Auffälligkeiten erscheint das als eine plausible Hypothese. Diese Frage kann und soll hier nicht beantwortet werden. Im Folgenden gehen wir davon aus, dass dieser Text, der tatsächlich verschickt worden ist, mit einer bestimmten Intention produziert wurde und einem bestimmten Ziel dienen soll. Vor diesem Hintergrund kann man die gewählten sprachlichen Mittel untersuchen.

Von:	FEDEX EXPRESS DELIVERY <info@fedex.com>
Gesendet:	Dienstag, 29. November 2011 05:39
An:	undisclosed-recipients:
Betreff:	IHR PAKET LIEFERUNG!!!

FEDEX EXPRESS LIEFERUNG
Global Shipping, Logistik-Management und Supply Chain Management.
Unser Zeichen: FED / NG / WELTWEIT
Ihr Ref:

Guten Tag,zu Sie
Dies ist offiziell zu informieren Sie, dass ein beweisbaren $ 850.000, internationalen zertifizierten Bank Entwurf hat worden platziert auf unsere für Lieferung zu Sie.A Bank Entwurf gebilligt in Ihrem Namen war gegeben zu uns durch Andre Matthias, so dass wir können,liefern zu Sie.Er hat bezahlt für Lieferung und Versicherung Gebühr aber, habe nicht zahlen für die sichere halten Gebühr.

Er wollte zu zahlen für die Sichere halten Gebühr, aber wir empfohlen ihm, nicht zu zahlen, da wir habe nicht wissen die genau Datum, Sie werden sein kontaktiert so als zu vermeiden doppelt Zahlung. Zu liefern Ihre Bank Entwurf, Sie sind verpflichtet, zu zahlen eine sichere halten Gebühr von 95 Euro.

Sie sind erforderlich,zu senden zu dies Büro die Informationen gegeben unten, zu gewährleisten Konformität mit unsere Aufzeichnungen:
1, Ihr vollständiger Name:
2, Ihre Lieferadresse:
3, Ihre Handy-Nummer:
4, Ihr Land:

Versand Officer: Mr. Dave Mark
Name des Unternehmens: FedEx LIEFERSERVICE
E-Mail-Adresse: info@fedx-online.com

Wieder einmal müssen nur daran zu erinnern, dass der einzige Betrag, den Sie verpflichtet, für die Lieferung Ihrer Bankscheck im Wert von $ 850.000 zu Ihnen nach Hause zahlen die Summe von 95 Euro als die sichere Aufbewahrung beträgt.
Willkommen zu FedEx Express

Dank
Mit freundlichen Grüßen,
Mrs.Zeraoulia Brown
Allgemein-Controller

denn sprachlich fehlerhafte Äußerungen (z.B. von NichtmuttersprachlerInnen) können wir manchmal als neutral oder u.U. auch als positiv bewerten.

Um die funktionale Angemessenheit des Textes einschätzen zu können, muss er in seinem konkreten kommunikativen Kontext betrachtet werden. Bei erster Annäherung kann zunächst einmal festgehalten werden, dass sich der Textproduzent, der sich im Kopf der E-Mail als *FEDEX EXPRESS DELIVERY* zu erkennen gibt, an ein disperses Publikum (*undisclosed-recipients*) richtet. Die Betreffzeile (*IHR PAKET LIEFERUNG!!!*) legt nahe, dass es sich um eine Paketlieferung handelt. Man kann somit die informative Textfunktion erwarten, was durch die Formulierung *Dies ist offiziell zu informieren Sie* zu Beginn des Textes bestätigt wird. Die drei Ausrufezeichen in der Betreffzeile signalisieren große Dringlichkeit des Anliegens. Das korrespondiert mit einigen Formulierungen aus dem Text, die Dringlichkeit oder gar Verpflichtung zum Ausdruck bringen (*Sie sind erforderlich, [...] den Sie verpflichtet*). Der

Inhalt kann in etwa folgendermaßen wiedergegeben werden: Die Firma informiert den Rezipienten/die Rezipientin darüber, dass auf seinen/ihren Namen von einem gewissen Andre Matthias ein Bankscheck für die Summe von 850.000 Dollar ausgestellt worden ist. Um diese Summe zu erhalten, muss man nur noch einige persönliche Daten ergänzen (Name, Adresse, Handynummer und Land) und eine Gebühr von 95 EUR bezahlen. Diese wollte Andre Matthias angeblich zahlen, die Firma hat ihm aber davon abgeraten, da die Daten nicht vollständig waren und sie eine unnötige doppelte Überweisung verhindern wollte. Die dominante Funktion des Textes scheint ein Appell zu sein, nämlich die Aufforderung dazu, den letzten Schritt (Angabe persönlicher Daten) zu tun, um die Summe erhalten zu können. Um die erwünschte Anschlusshandlung durchführen zu können, werden Kontaktdaten angegeben (Ansprechpartner und E-Mail).

Auf der Ebene des Inhaltes können wir festhalten, dass es beim Bankscheck um eine große Geldsumme und um die Weitergabe von wichtigen Daten geht. Auf der Beziehungsebene ist zu berücksichtigen, dass die Akteure mit höchster Wahrscheinlichkeit einander nicht kennen.[26] Es handelt sich um formelle Kommunikation, die in eine quasi geschäftliche Beziehung zwischen einer Firma und einem (potenziellen) Kunden/einer Kundin eingebettet ist. Die Beziehung ist in dieser Hinsicht freiwillig und es besteht keine Abhängigkeit. Weiterhin kann festgestellt werden, dass die E-Mail geschrieben wurde, um die Rezipientin/den Rezipienten zu einem konkreten Handeln zu bewegen, das jedoch – so wird im Text unterstellt – in seinem/ihrem Sinne ist. Auf der Ebene der Situation ist festzuhalten, dass es sich um die Kommunikationsform E-Mail handelt, der Text wurde also digital per Computer verschickt.

Wie werden nun die potenziell vertrauensfördernden Mittel kommuniziert? Im Hinblick auf die Signalisierung von Kompetenz fällt auf, dass der Text zahlreiche, mehr oder weniger offensichtliche Normverletzungen auf verschiedenen Ebenen enthält:

– grammatische (morphologische und syntaktische) Normen (*A Bank Entwurf, da wir habe nicht wissen*),[27]
– pragmatische Normen: Ausformulierung von Sprechhandlungen (*Guten Tag, zu Sie* als GRUSS, *Sie sind erforderlich, zu senden dies* als AUFFORDERUNG, *Dank* als DANK), Inszenierung von Verpflichtung trotz einer freiwilligen Beziehung (*Sie sind verpflichtet, Sie sind erforderlich*),

---

26 Zumindest von einer Rezipientin weiß ich, dass sie den Textproduzenten nicht kennt.
27 Interessanterweise enthält die E-Mail kaum orthographische Fehler, abgesehen von falscher Deklination, fehlender Kongruenz etc. entspricht die Schreibung auch schwieriger Wörter der Norm. Das erhärtet die Hypothese, dass es sich um einen automatisch erstellten Text handelt.

– soziale Normen: unaufgefordertes Ansprechen von Geldfragen durch Unbekannte und außerdem per E-Mail, Aufforderung zur Vermittlung persönlicher Daten per E-Mail.

Durch die Art und Häufigkeit der Normverletzungen und das dadurch erschwerte Verständnis kann die Kompetenz des Produzenten/der Produzentin in mehrerer Hinsicht infrage gestellt werden: zum einen die sprachliche Kompetenz, zum anderen die Kompetenz, die Wirkung eigener Textprodukte auf das anvisierte Publikum (dessen Reaktionen antizipiert werden sollten) adäquat einzuschätzen. Bei Texten, die derart von dem Erwartbaren abweichen, versperrt die Form den Zugang zum Inhalt, was einem kompetenten Kommunikationsteilnehmer bewusst sein sollte. Aufgrund der Verletzung von sozialen Normen kann auch der Bereich sozialer Kompetenz infrage gestellt werden.[28] In den Bereich der sozialen Normen fällt auch die Einsicht, dass es in Situationen, wo die Akteure einander nicht kennen (Ebene der Beziehung) und trotzdem wichtige Inhalte besprechen müssen (Ebene des Inhaltes und der Situation), angebracht wäre, sich erst vorzustellen und dem anderen dadurch die Orientierung und Einschätzung der Lage zu ermöglichen. Das geschieht in dieser E-Mail nicht, sodass der Adressat/die Adressatin bis zum Schluss nicht genau weiß, was die Firma konkret macht und wer dahinter steckt. Allein die Nennung von *Mr. Dave Mark* und *Mrs. Zeraoulia Brown* sagt nicht viel aus. Somit fehlt in der E-Mail fast vollständig die Dimension der Selbstdarstellung, die für die Vertrauensbildung zentral ist.

Bei genauerer Betrachtung fallen im Text einige Inkonsistenzen auf. Zum einen ist es die mangelnde Übereinstimmung von Inhalt und Form. Während inhaltlich eine hohe Relevanz suggeriert wird, da es um eine große Geldsumme, um persönliche Daten und explizite Aufforderungen geht, signalisiert die Form des Textes wenig Sorgfalt bei der sprachlichen Gestaltung und ist mit Blick auf die sensiblen Daten, die gefordert werden, mit wenig Bedacht gewählt. Außerdem ist es relativ unwahrscheinlich, dass man ohne eigenes Zutun einen Scheck in Höhe von 850.000 Dollar erhält und auf diese Weise darüber in Kenntnis gesetzt wird, sodass sich geradezu die Frage aufzwingt, ob der Inhalt tatsächlich stimmen kann.

Zum anderen kann man Inkonsistenz auf der semantischen Ebene feststellen. Bei der Nennung des Firmennamens ist zu beobachten, dass es ihn in vier verschiedenen, leicht voneinander abweichenden Varianten gibt (FEDEX EXPRESS DELIVERY, FEDEX EXPRESS LIEFERUNG, FedEx LIEFERSERVIS und FedEx EXPRESS), und auch die angegebene E-Mail-Adresse ist jedes Mal etwas anders. Inkonsistenzen

---

[28] Ob es dabei um mangelnde Kompetenz trotz des Wissens um die Normen (z.B. bei einem automatisch erstellten Text) oder um Unkenntnis der Normen (z.B. falls der Textproduzent kein deutscher Muttersprachler ist) handelt, kann anhand des Textes nicht beantwortet werden und soll hier auch nicht weiter verfolgt werden.

bei derart zentralen Angaben, die in diesem Text außerdem praktisch die einzigen Mittel der Selbstdarstellung bilden, sind unangemessen, und wenn sie auffallen, machen sie den Rezipienten skeptisch. Hinzu kommt die Inkonsistenz zwischen der Betreffzeile *IHR PAKET LIEFERUNG!!!* und der Kernaussage des Textes, da es nicht primär um eine Paketlieferung geht, sondern vielmehr um die Übermittlung der Daten. Die Betreffzeile weckt aber die Erwartung, dass eine Paketlieferung das Thema der E-Mail ist und dass ein Paket womöglich schon auf dem Weg ist. Diese Wirkung ist vermutlich gewollt, da sie die Dringlichkeit des Inhaltes unterstützt.

Interesse am Adressaten wird vor allem durch die Bemühung um Vermeidung von doppelten Überweisungen und durch die Absicht, dem Adressaten den ihm gehörenden Scheck zukommen zu lassen, suggeriert. Diese Bemühungen werden allerdings durch mangelnde Sorgfalt bei der sprachlichen Gestaltung überdeckt, die Vorteile für den Adressaten werden nicht deutlich bzw. sind unverständlich. Es wird zwar gesagt, wohin man die geforderten Daten schicken soll, es wird aber keine Ansprechperson für Rückfragen angegeben, auch keine Telefonnummer. Rückfragen erscheinen im Text gar nicht als Möglichkeit der Anschlusskommunikation, was angesichts der Relevanz des Anliegens überrascht. Das erweckt den Eindruck, dass die Fragen und Sorgen des Adressaten nicht ernst genommen werden, und dies begünstigt u.U. die Frage, ob dem Schreiben ehrliche Absichten zugrunde liegen.

Die Bereitschaft der Firma zum koordinierten Handeln wird dadurch inszeniert, dass sie alle Formalitäten übernimmt und versucht, unnötige Komplikationen (wie doppelte Überweisung der Gebühr) rechtzeitig zu verhindern. Um koordiniertes Handeln zu ermöglichen, muss der Adressat nur noch die entsprechende Anschlusshandlung durchführen, also die gewünschten Daten an die Firma schicken. Allerdings fehlen in der E-Mail die gängigen Kontaktangaben (Telefon, Adresse, Ansprechpartner), die bei Rückfragen wichtig wären. Auch fehlen – wie bereits diskutiert – jegliche Informationen zum Unternehmen, die seitens des Rezipienten die Bereitschaft zum koordinierten Handeln erhöhen könnten. Vor dem Hintergrund, dass die Aufforderung zur erwünschten Anschlusshandlung (Überlieferung der Daten) die dominante Funktion des Textes darstellt, erscheint der Appell zu wenig argumentativ gestützt. Argumentiert wird nur durch das Interesse am schnellen und problemlosen Abwickeln der Scheckübergabe.

Die Analyse anhand der vier potenziell vertrauensfördernden Faktoren zeigt, dass das Potenzial des Textes, das Vertrauen der Adressatin/des Adressaten zu fördern, eher niedrig ist, da die vier Aspekte nicht in einem angemessenem Maß kommunikativ vermittelt werden. Es konnten verschiedene Verletzungen sprachlicher und sozialer Normen ermittelt werden, die sich als Hinweise auf mangelnde Kompetenz deuten lassen. Der Text weist einige Inkonsistenzen auf, vor allem die zwischen wichtigem Inhalt und wenig sorgfältiger Form. Die Wahl des Mediums E-Mail scheint der Relevanz des „heiklen" Themas (Scheck in Höhe von 850.000 Dollar und die Übermittlung von privaten Daten) nicht angemessen zu sein, das Fehlen von vollständigen Kontaktdaten und Angaben zum Unternehmen ebenfalls nicht. Die Beziehung zwischen den Akteuren beruht auf freiwilliger Basis, umso auffälliger und weniger angemessen ist die sprachliche Suggestion einer Verpflichtung des Adressaten/der Adressatin zur dargestellten Anschlusshandlung. Außerdem – und das fällt wohl als Erstes auf – ist der Text aufgrund der vielen sprachlichen Fehler schwer verständlich. Zusammengefasst: Die Gestaltung der E-Mail ist vor dem Hintergrund der inszenierten Relevanz (Ebene des Inhaltes), der quasi geschäftlichen Beziehung (Ebene des Publikums) und des kommunikativen Ziels, die Rezipientin/den Rezipienten per E-Mail zu einer Handlung zu bewegen (Ebene der Situation) unangemessen.

Diese Analyseergebnisse zusammen genommen erhärten den Verdacht, dass es sich hier vermutlich um eine automatisch erstellte, betrügerische E-Mail handelt. Dieser Eindruck, der bei vielen RezipientInnen intuitiv und relativ schnell entsteht, kann nun mithilfe der Analysekategorien fundiert begründet werden. Durch die Sichtbarmachung der Aspekte, die die Vertrauensbildung behindern, können in einem weiteren Schritt die der Vertrauensbildung zugrundeliegenden Erwartungen herausgearbeitet werden. Anhand der Analyse können wir annehmen, dass die Einschätzung des Textes als nicht angemessen und nicht vertrauenswürdig auf den folgenden normativen Erwartungen basiert:

– Sprachliche und soziale Normen sollten in der Kommunikation zwischen einander unbekannten Personen eingehalten werden;
– Inhalt und Form sollten aufeinander abgestimmt werden, d.h. bei sehr wichtigen Themen ist Sorgfalt in der Darstellung des Inhaltes und der Wahl des Mediums geboten;
– Über Geldfragen spricht man nur mit bekannten Personen oder Personen, deren Vertrauenswürdigkeit man voraussetzt;
– Man vermittelt keine privaten Daten über E-Mail an Unbekannte. Man kann nicht dazu verpflichtet werden;
– Bei wichtigen Anliegen sollten vollständige Kontaktdaten angegeben werden, damit man bei Bedarf nachfragen kann.

Möglicherweise erscheinen Ihnen diese fünf Punkte, die die Analyse offengelegt hat, ziemlich banal. Wenn dem so ist, könnte man es so deuten, dass diese Erwartungen für Sie ganz selbstverständlich sind und zu ihrem sozialen bzw. kulturellen Hintergrund gehören (vgl. Kap. 7). Einiges davon lernt man in unserem Kulturkreis auch explizit im Laufe der Sozialisation in der Familie, von Freunden, in der Schule, während des Studiums und von weiteren Erziehungs- und Ausbildungsinstitutionen. Solche Vorstellungen und Erwartungen werden durch die Sozialisation automatisiert und nicht mehr als solche reflektiert. Wenn wir darüber nachdenken, warum wir bestimmte Personen und deren Kommunikation nicht für vertrauenswürdig halten, können wir dadurch den Mechanismen auf die Spur kommen, die Vertrauen in anderen Fällen fördern. Das betrifft sowohl medial schriftliche Kommunikation mittels E-Mail, private Internetseiten, Unternehmenskommunikation etc. als auch medial mündliche Gespräche unter Freunden, öffentliche Talkshows, Gespräche in der Schule etc.

Die meisten Abweichungen von den geltenden sprachlichen Normen werden alltagssprachlich (und folglich auch in der laienlinguistischen Sprachkritik) als *Fehler* bezeichnet. Sprachliche Fehler führen häufig zum Absprechen sprachlicher Kompetenz, zum Spott oder zur sozialen Stigmatisierung der SprecherInnen und behindern dadurch die Zuschreibung von Vertrauenswürdigkeit. Die Linguistik geht mit dem Begriff des *Fehlers* differenzierter um. Nicht alles, was für die Laien ein Fehler ist, ist es auch für die LinguistInnen (vgl. Schneider 2013). In der Linguistik wird zwischen *Systemfehlern* und *Normfehlern* unterschieden:

> Systemfehler sind vor allem Grammatikfehler im klassischen Sinne. Es handelt sich um Ausdrücke, die generell als ‚ungrammatisch' betrachtet und daher beispielsweise in Schüleraufsätzen mit *Gr* kenntlich gemacht werden. Bei Normfehlern dagegen handelt es sich eher um stilistische Varianten, die ‚unter bestimmten Umständen', d.h. in bestimmten Textsorten, Domänen, kommunikativen Praktiken (Fiehler 2000), als stilistisch markiert oder unangemessen sanktioniert werden. (Schneider 2013, 30)

So verstanden gilt also: „Systemfehler bleiben unter allen Umständen Fehler, Normfehler nur unter bestimmten" (Eisenberg 2007, 212). Besonders für die Beurteilung von Normfehlern ist es wichtig, die dichotome Bewertung nach richtig und falsch aufzugeben, denn aus der pragmatischen Ausrichtung der linguistischen Sprachkritik ergeben sich mehrere maßgebliche Einflussfaktoren, die bei der Sprachbewertung berücksichtigt werden müssen: Die Funktionen sprachlicher Äußerungen, verfolgte kommunikative Ziele, intendierte Wirkungen und die dafür gewählten Mittel (Medium, Textsorte, Textlänge, verwendete Begriffe, Art der Anrede des Partners, vermittelte Themen, thematische Leerstellen etc.) rücken in den Vordergrund.

 Analysieren Sie den unten stehenden Text des Liedes „Meine Deutschlehrerin" von Wise Guys[29] im Hinblick auf Abweichungen von der schriftsprachlichen Norm.
- Notieren Sie sich alle Abweichungen, die Ihnen auffallen.
- Sortieren Sie die Abweichungen nach den sprachlichen Ebenen, die betroffen sind (z.B. Morphologie, Syntax, Semantik, Pragmatik u.a.).
- Entscheiden Sie, welche Abweichungen Sie als Fehler einschätzen würden, und begründen Sie Ihre Entscheidung.
- Unterscheiden Sie zwischen Systemfehlern und Normfehlern und ordnen Sie die notierten Fehler diesen beiden Kategorien zu.

---

[29] Der Text ist auf der Internetseite von Wise Guys zu finden, vgl. http://wiseguys.de/songtexte/details/meine_deutschlehrerin (Stand: 24.04.2016).

Meine Deutschlehrerin (Wise Guys)

Denk ich an damals zurück, bin ich noch immer völlig hin,
dann merke ich, dass ich auch heute noch verliebt in sie bin.
Sie war 'ne wunderbare Frau mit schulterlangem, blondem Haar.
Sie war die Frau, die wo für mich die allereinzigste war.
Sie war für mich von Anfang an so wundervoll gewesen.
Sie lehrte mir das Schreiben und sie lehrte mir das Lesen.
Ihre Haut weicher wie Samt, und sie war 'ne richtig Schlanke.
Nein, ich werde nie vergessen, was ich sie verdanke.

Ich liebe ihr noch immer, sie raubt mich heute noch den Sinn:
Meine Deutschlehrerin.

Ich mache nie Prognosen und werd's auch künftig niemals tun,
doch ich habe mir geschwört: Ich werd' nicht eher ruh'n
als bis wenn ich sie mal endlich meine Liebe gesteh',
weil ich durch das, was sie mich lernte, die Welt viel klarer seh'.
Sie war so gebildet, sie war so unglaublich schlau
weil sie wusste wirklich alles von Betonung und Satzbau.
Sie war 'ne Frau, die wo so unbeschreiblich kluge Dinge
wusste, dass ich ihr als Dank dafür den Liebeslied hier singe.

Ich liebe ihr noch immer...

Sie war die erste große Liebe, die Liebe meine Lebens.
Doch ich kam zu spät, denn sie war leider schon vergebens.
Eines Tages ist sie mit dem Mathelehrer durchgebrannt.
Diesen Typen hasse ich dafür zu hundertzehn Prozent!

Aber ihr lieb ich noch immer...

Der Liedtext ist durch zahlreiche Abweichungen von dem schriftsprachlichen Standard charakteristisch. Auf den ersten Blick würde man sagen, er sei voller Fehler. Die Abweichungen sind jedoch funktional und für die Bedeutung des Textes enorm wichtig (vgl. weiter unten). Sie können nur vor dem Hintergrund des konventionellen, musterhaften Sprachgebrauchs wahrgenommen werden und besondere Stileffekte auslösen. Stilistisch wirksam sind allerdings auch die sprachlichen Mittel, die beim Lesen nicht auffallen, weil sie regelhaft gebildet und dadurch erwartbar sind. Sie ergeben zusammen mit den Abweichungen den Stil des Textes.[30] Die markanten Abweichungen sind auf den folgenden sprachlichen Ebenen angesiedelt:

---

[30] Zum pragmatischen Verständnis des Stils als Gesamtheit von Muster und Abweichung und zur pragmatischen Stilanalyse vgl. Kap. 5.

- Syntax: *Sie lehrte mir das Schreiben, was ich sie verdanke, Ich liebe ihr noch immer, sie raubt mich heute noch den Sinn* (Rektion); *weil sie wusste wirklich alles von Betonung und Satzbau* (Abweichung von der schriftsprachlichen Norm der Verbletztstellung nach *weil*, Anlehnung an gesprochenen Standard); *als bis wenn ich* (Satzverknüpfung, angelehnt an gesprochensprachliche und/oder regionale Ausdrucksweise),
- Morphologie: *ich habe mir geschwört, mit dem Mathelehrer durchgebrennt* (Konjugation),
- Lexik/Semantik: *was sie mich lernte* (Verwechslung von *lehren* und *lernen*), *sie war leider schon vergebens* (Verwechslung von *vergeben* und *vergebens*), *Sie war so gebildert* (*bildern* statt *bilden*), *den Liebeslied hier singe* (Genuszuweisung beim Substantiv),
- Pragmatik: *die allereinzigste* (starke Hervorhebung durch Steigerung), *zu hundertzehn Prozent* (starke Betonung durch Übertreibung),
- Orthographie: *sie war 'ne richtig Schlanke, werd's auch künftig niemals tun* (Zusammenrückungen in Anlehnung an gesprochene Sprache),
- Stilistik: *Haut weicher wie Samt* (*wie* bzw. *als* bei Vergleichen, umgangssprachlich und/oder regional).

Die Zusammenstellung der Abweichungen macht deutlich, dass verschiedene Normen der geschriebenen Sprache betroffen sind. Das wirkt sich auch auf die Einschätzung aus, inwiefern es sich hier um sprachliche Fehler handelt. Abweichungen im Bereich der Syntax (hier: Rektion, Satzgliedstellung) und Morphologie (hier: Flexion) gelten in aller Regel als „echte" Fehler und somit nach der Terminologie als Normfehler, denn grammatikalische Regeln sehen relativ wenig Spielraum für Variation vor. Allerdings muss man explizit Normen der geschriebenen von Normen der gesprochenen Sprache unterscheiden. Die Verbzweitstellung nach *weil* (*weil sie wusste wirklich alles*), die im Rahmen der populären Sprachkritik regelmäßig moniert wird, gilt in der gesprochenen Sprache mittlerweile als Standard (vgl. Schneider 2013, 33; Duden 2011, 858–859). Auch die im Liedtext vorkommenden Abweichungen von der orthographischen Norm sind als Nachahmung gesprochener Sprache zu interpretieren. Insofern sind die Sätze aus linguistischer Sicht nicht als falsch einzuordnen, sondern als gesprochensprachlich markiert.

Die Abweichungen auf der lexikalischen Ebene sind unterschiedlich zu kommentieren. Abweichendes Genus fällt insofern sofort auf, dass es im Deutschen eine stabile Genuszuweisung gibt. Der Artikel wird mit dem Substantiv zusammen kognitiv abgespeichert und bildet mit ihm eine Einheit.[31] Eine Variation ist hier nicht vorgesehen und gilt deswegen als Normfehler. Die anderen Fälle sind als Verwechslun-

---

[31] In einigen Wortartensystemen wird daher der Artikel nicht als selbstständige Wortart anerkannt und wird zum Substantiv zugeordnet (z.B. Sommerfeldt/Starke/Hackel 1998).

gen von existenten Wörtern (*lehren* und *lehren*, *vergeben* und *vergebens*) oder nichtkodifizierte Neubildungen bzw. Tippfehler (*gebildert* statt *gebildet*) zu deuten. In dem Lied kann man sich die Bedeutung aus dem sprachlichen Kontext erschließen, sodass es zu keinem Missverständnis kommen kann. In einem anderen Kontext können Verwechslungen der Lexik jedoch zu kommunikativen Störungen, Missverständnissen oder (nicht intendierten) Belustigungen führen (*sich umziehen* statt *umziehen*, *Einlauf* statt *Auflauf* u.v.m.).

Die Ebenen der Semantik, Pragmatik und Stilistik bieten viel Raum für Variation und müssen stets im konkreten Kontext und vor dem Hintergrund konkreter Wirkungsabsichten betrachtet werden. Wenn eine Frau als *die allereinzigste* genannt wird, dient es der Betonung ihrer Einzigartigkeit und soll eine überaus positive Einstellung zum Ausdruck bringen. Insofern wird die Formulierung funktional eingesetzt. Ähnlich betont die Formulierung *Diesen Typen hasse ich dafür zu hundertzehn Prozent!* die starke Intensität der Emotion und obwohl sie die mathematische Regel verletzt, dass 100 Prozent dem Maximum entsprechen, ist sie sprachlich funktional und somit nicht falsch. Letztlich muss man immer im Einzelfall entscheiden, ob es sich um einen Fehler handelt oder nicht, denn die Zuordnung zu sprachlichen Ebenen ist nicht immer zuverlässig. In dem Liedtext werden die verschiedenen Ebenen verschränkt, um einen Sprachwitz zu erzielen. So wird beispielsweise gerade in einem Satz, in dem es inhaltlich um *Betonung und Satzbau* geht, von der schriftsprachlichen Norm der Satzgliedstellung (also des Satzbaus) abgewichen. Und die mathematische Regel wird genau in dem Satz verletzt (*zu hundertzehn Prozent*), in dem es um den gehassten *Mathelehrer* geht.

Alle Abweichungen – sowohl die System- als auch die Normfehler – sind in das Lied absichtlich eingebaut und erfüllen diverse Funktionen. Allen ist gemeinsam, dass sie für die Konstruktion der Bedeutung des Liedes essentiell sind. Die Wahrnehmung der Abweichung von Normen, die in der Schule vermittelt werden[32], ist eine Voraussetzung für das Textverständnis. Wenn ein Rezipient die Formulierungen nicht als Normabweichungen interpretiert, erschließt sich ihm die übergeordnete Bedeutungsebene nicht. So kann er den eigentlichen Witz des Liedes nicht verstehen: Der Mann, der das Lied singt, war derart in seine Deutschlehrerin verliebt, dass er im Unterricht nicht aufgepasst und die Regeln der deutschen Sprache nicht richtig gelernt hat. Für diese Textinterpretation sind die Abweichungen zentral. Somit sind sie auf dieser übergeordneten Ebene des Textverständnisses nicht als Fehler einzustufen, sondern als stilistische Markierungen mit Funktion für die Textwirkung.

---

[32] Umgangssprachlich würden all diese Abweichungen wohl als Fehler eingeschätzt werden. Die Einschätzung basiert grundsätzlich auf den Erfahrungen aus dem schulischen Unterricht, in dem der Ermittlung und Korrektur von sprachlichen Fehlern ein zentraler Stellenwert beigemessen wird.

Am Beispiel des Fehlerbegriffes wird deutlich, dass man durch eine Gegenüberstellung der beiden Positionen – der laiensprachkritischen und der linguistischen – einen Erkenntnisgewinn erzielen kann. So wird deutlich, an welchen Kriterien sich die Sprachurteile (reflektiert oder nicht) orientieren. Dadurch wird auch verständlicher, auf welcher Grundlage Urteile über die Vertrauenswürdigkeit von Akteuren gefällt werden. Beide Richtungen der Sprachkritik stellen in sich kohärente Konzepte dar, die sich in den Annahmen, Zielsetzungen, im anvisierten Publikum und in der sprachlichen Gestaltung der Kritik unterscheiden. Dennoch sollte man nicht übersehen, dass beide Richtungen letztlich bemüht sich, das durchaus vorhandene Interesse der Öffentlichkeit an der Sprache zu fördern. Sie reagieren auf dieselben Bedürfnisse der Öffentlichkeit, nämlich „auf das Bedürfnis nach Aufklärung und Klarstellung" (Sick 2005a, 10).[33] Trotz der grundsätzlichen Unterschiede wäre ein Austausch zwischen den beiden Positionen begrüßenswert. Er hätte das Potenzial, das – letztlich gemeinsame – Ziel einer stärkeren Sensibilisierung der Öffentlichkeit für sprachliche Belange zu erreichen.

---

[33] *Aufklärung* wird allerdings unterschiedlich aufgefasst. Die linguistische Sprachkritik sieht ihre aufklärerische Aufgabe darin, dass sie den „einzelnen Sprachbenutzer befähigt, relativ selbständig zu einem Urteil über für ihn angemessenen Sprachgebrauch in bestimmten Situationen zu kommen – vorausgesetzt, der Ratsuchende ist daran interessiert" (Felder 2009, 5). Die populäre Sprachkritik scheint unter *Aufklärung* eher die Bereitstellung von klaren Antworten zu verstehen.

12 Zusammenfassung

Diese Einführung in die linguistische Vertrauensforschung verfolgte drei Ziele:
- die Relevanz des Vertrauensphänomens für die linguistische Forschung aufzuzeigen und zu begründen,
- linguistische Fragestellungen zu formulieren und methodische Zugänge vor dem Hintergrund des Forschungsstandes in der interdisziplinären Vertrauensforschung vorzuschlagen und exemplarisch anzuwenden sowie
- die Untersuchung des Vertrauensphänomens in der aktuellen linguistischen Forschung zu verorten und Anschlusspunkte zu etablierten Forschungsthemen und Methoden offenzulegen.

In diesem letzten Kapitel soll der Gang der Arbeit anhand der zentralen erarbeiteten Thesen zusammengefasst werden und ein Ausblick auf außerlinguistische Anwendungsbereiche gegeben werden.

In der Einleitung wurden die grundlegenden Thesen des Buches vorgestellt, die in den einzelnen Kapiteln aufgegriffen und ausführlich diskutiert wurden. Der Vorgriff auf die zentralen Thesen sollte der besseren Nachvollziehbarkeit des Gedankengangs der Einführung dienen und den Aufbau des Buches plausibilisieren. Die Beispiele aus der Einleitung machten bereits deutlich, dass Vertrauen ein Phänomen ist, das zum einen nicht neu ist (vgl. das Flugblatt von 1848), zum anderen im aktuellen öffentlichen Diskurs wiederkehrend eine Rolle spielt und explizit thematisiert wird. Diese Feststellung wurde in Kapitel 2 (Forschungsstand) bestätigt. Es ist offensichtlich, dass Vertrauen im Laufe der letzten Jahrzehnte immer stärker in den Fokus der Öffentlichkeit und der Wissenschaft rückt. Quer durch die verschiedenen Disziplinen der Vertrauensforschung (VF)[1] herrscht Einigkeit darin, dass die Vertrauensbildung eng an die Kommunikation gekoppelt ist. Die Untersuchung der Beziehung zwischen Vertrauen und Sprache haben wir als ein markantes Desiderat der interdisziplinären Vertrauensforschung herausgearbeitet. Die wenigen linguistischen Studien, die zu Vertrauen vorliegen, betonen alle einstimmig, dass Vertrauen ein pragmatisches Phänomen darstellt, das nicht an die explizite Thematisierung von Vertrauen gebunden ist. Es ist davon auszugehen, dass implizite Mechanismen eine entscheidende Rolle bei der Entwicklung von Vertrauen spielen. Die sprachlichen und nicht-sprachlichen Handlungen eines Akteurs dienen als Interpretationsgrundlage für den Rezipienten. Der nimmt die Kommunikation seines Gegenübers wahr und kann sie auf der Grundlage seiner Erwartungen, Annahmen, Interessen etc. als Zeichen interpretieren. Vertrauen entsteht somit durch einen semiotischen

---

[1] Die Abkürzungen in Klammern beziehen sich auf die zusammenfassende Abbildung 9 am Ende dieses Kapitels.

Prozess, der auf der kommunikativen Konstruktion von Images basiert. Die Analyse dieses Prozesses ist daher grundsätzlich von konstruktivistischen Prämissen geprägt.

Dem linguistischen Erkenntnisinteresse nähern sich am ehesten Untersuchungen aus der Kommunikationswissenschaft (mit Fokus auf Medien, Journalismus und Public Relations), der Wirtschaftswissenschaft (mit Fokus auf Unternehmenskommunikation, Führung, Management, Public Relations u.a.) und Psychologie (mit Fokus auf Voraussetzungen der Vertrauensbildung, auf Aspekte der Wahrnehmung, auf motivationale Wirkung von Vertrauen u.v.m.). Anregend für linguistische Überlegungen sind auch soziologische, erziehungswissenschaftliche, geschichtswissenschaftliche oder philosophische Studien. Diese Perspektiven fließen in unterschiedlichem Maße in die linguistische Vertrauensforschung ein.

Den Schwerpunkt von Kapitel 3 bildete der semiotische Charakter von Vertrauen. Um ihn herausarbeiten zu können, ist die Auffassung von Vertrauen als eine soziale Einstellung zentral: Einstellungen entstehen durch kommunikative Prozesse, was eine linguistische Betrachtung ermöglicht. Sie haben drei Komponenten: die kognitive, die emotionale und die verhaltensbezogene. Diese sind je nach Situation unterschiedlich gewichtet. Das vorgestellte Stufenmodell der Vertrauensbildung postuliert, dass sich Vertrauen in drei Phasen entwickelt, die sich in der Ausprägung von einzelnen Merkmalen unterscheiden. Diese Phasen wurden als *Grundvertrauen*, *Auftaktvertrauen* und *ausgeprägtes Vertrauen* bezeichnet. Sie unterscheiden sich jeweils in der Kombination der vier Merkmale: Grad der Komplexitätsreduktion, Grad der Reflektiertheit, Verhältnis von Kognition und Emotion sowie Reichweite. Für die linguistische Vertrauensforschung leistet das Modell eine grobe Systematisierung möglicher Fragestellungen. Das Grundvertrauen ist linguistisch nicht operationalisierbar, da es eine vorsprachliche psychologische Disposition darstellt. Auf der Stufe des Auftaktvertrauens kann untersucht werden, wie Vertrauen mithilfe von sprachlichen und nichtsprachlichen Zeichen gefördert werden kann. Auf der höchsten Vertrauensstufe sind Untersuchungen angesiedelt, die bereits etabliertes Vertrauen und seine Manifestation im sprachlichen Handeln fokussieren.

Terminologisch wurde zwischen *Vertrauensbildung* und *Vertrauensförderung* unterschieden. Der Begriff der Vertrauensbildung bezieht sich auf einen idealtypischen, natürlichen Prozess, während Vertrauensförderung die persuasiven Mittel der kommunizierenden Akteure, die zur Entwicklung von Vertrauen beitragen sollen, stärker hervorhebt. Die Vertrauensförderung haben wir als intendierte Vertrauensbildung und als eine Spielart der Persuasion konturiert. Die Trennung der beiden Begriffe ist als ein analytischer Schritt zu verstehen. Die Grenzen zwischen den beiden angenommenen Prozessen sind fließend. Man muss davon ausgehen, dass für die Vertrauensförderung nicht nur die im Handlungsmoment reflektierten, bewusst verfolgten Intentionen eine Rolle spielen, sondern auch automatische und symptomatische Mechanismen von Bedeutung sind (vgl. Kap. 5).

Die grundsätzliche Zeichenhaftigkeit der Vertrauensförderung macht die analytische Unterscheidung der Produzenten- und der Rezipientenperspektive notwendig, da Zeichen von den Interagierenden jeweils unterschiedlich interpretiert werden können und der Produzent nicht immer zwingend die intendierte Wirkung erreicht. Entscheidend für die Wirkung sprachlicher Handlungen ist die Wahrnehmung und Interpretation der Kommunikation durch den Rezipienten/die Rezipientin. Aus der Produzentensicht kann man somit nur von dem *Potenzial der Vertrauensförderung* sprechen. Vertrauen entsteht immer als ein Effekt der Kommunikation, der beim Rezipienten auftritt. Je nach fokussiertem Aspekt haben wir deswegen Vertrauen als perlokutionären und persuasiven Effekt definiert. Eine Voraussetzung für diesen Effekt ist, dass der potenzielle Vertrauensgeber sein Gegenüber (den potenziellen Vertrauensnehmer) und dessen Handeln für vertrauenswürdig hält. Vertrauenswürdigkeit ist keine objektive Qualität, sondern stets eine Zuschreibung. Wir haben sie als einen Aspekt des *face* (nach Goffman) definiert. Die Vertrauensarbeit – d.h. die Inszenierung eigener Vertrauenswürdigkeit – ist stets eine Arbeit am eigenen positiven *face* (mehr dazu vgl. weiter unten).

Ob jemand als vertrauenswürdig eingeschätzt wird, hängt von vielen persönlichen und situativen Faktoren ab. Die persönlichen Faktoren wurden ausführlich anhand der differentiellen Vertrauenstheorie von Schweer dargestellt. Die individuelle Vertrauenstendenz und die implizite Vertrauenstheorie sind die personalen Größen, die über die Entwicklung von Vertrauen entscheiden. Die Vertrauenstendenz fungiert wie ein Wahrnehmungsfilter und lenkt die subjektive Interpretation in eine Richtung, die den bisherigen Erfahrungen entspricht und mit bestehenden Einstellungen und Wissensbeständen konsonant ist. Die Vertrauenstheorie stellt die Summe normativer Erwartungen an ein vertrauenswürdiges Gegenüber dar. Normative Erwartungen, die wir im Laufe des Lebens entwickeln, dienen als Bewertungsgrundlage für die Vertrauenswürdigkeit anderer Akteure. Vertrauenswürdigkeit wird einem Akteur am wahrscheinlichsten dann attestiert, wenn sein Handeln von dem Rezipienten als angemessen empfunden wird.

Angemessenheit ist ein mehrdimensionales Bewertungskriterium, das die linguistische Sprachkritik zu ihrem zentralen Bewertungsmaßstab machte (vgl. Kap. 11). An diesem Maßstab orientieren sich linguistisch begründete Urteile über sprachliches Handeln von (zumeist öffentlichen) Akteuren. Im Vordergrund steht dabei die Funktionalität sprachlichen Handels, es geht also primär um funktionale Angemessenheit. Bewertungen nach diesem Maßstab berücksichtigen stets verschiedene Faktoren in deren Kombination und ersetzen Schwarz-Weiß-Urteile wie richtig und falsch. Wie wichtig die Unterscheidung verschiedener Arten von Normabweichungen ist, haben wir am Beispiel des Liedtextes „Meine Deutschlehrerin" von Wise Guys gesehen. Offensichtlich müssen syntaktische und morphologische Normverletzungen anders eingeschätzt werden als Abweichungen auf semantischer, pragmatischer oder stilistischer Ebene.

Funktional angemessenes Handeln erhöht die Chance, als eine vertrauenswürdige Person oder Institution erlebt zu werden. Es wurde dafür plädiert, den Zusammenhang zwischen Angemessenheit und Vertrauenswürdigkeit (als erstrebenswertes und sozial honoriertes Image verstanden) zu berücksichtigen und diese Reflexion u.a. in den schulischen Unterricht und die universitäre Lehre einfließen zu lassen. Die linguistisch basierte Sprachkritik will für die Funktionalität von Sprache sensibilisieren, die kommunikativen Normen, die dem Sprachgebrauch zugrunde liegen, reflektieren und auf der Grundlage linguistischer Analysen Einschätzungen und Empfehlungen zum (öffentlichen) Sprachgebrauch abgeben. Unter anderem unterscheidet sie diese reflektierende Herangehensweise von der populären Sprachkritik.

Auf welche Weise implizite Normen des Sprachgebrauchs linguistisch rekonstruiert werden können, wurde am Beispiel einer (Spam-)E-Mail gezeigt, die gegen eine Reihe von Normen verstößt und von den meisten Menschen in unserem Kulturkreis als nicht vertrauenswürdig eingeschätzt werden dürfte. Dieses methodische Vorgehen spiegelt die Tatsache wider, dass Vertrauen und Vertrauenswürdigkeit erst dann offensichtlich werden, wenn es an ihnen mangelt. Ähnlich gilt auch für Normen, dass sie erst dann sichtbar werden, wenn gegen sie verstoßen wird. So sind es vor allem Vertrauensbrüche und Normverletzungen, die auf die sonst latenten Konstrukte (Vertrauen und Normen) hinweisen und zu deren Thematisierung führen. Durch die Analyse wurde gezeigt, inwiefern die E-Mail als unangemessen hinsichtlich der Situation, der Beziehung und der Themen gelten darf, und dass dies der Grund für die Zuschreibung mangelnder Vertrauenswürdigkeit ist.

Im Sinne der durchgeführten Operationalisierung von Vertrauen bedeutet angemessenes Handeln eine jeweils spezifische, an die Situation, das Publikum und die Themen angepasste Kombination von vier Faktoren, die potenziell Vertrauen fördern: Kompetenz, Konsistenz (beide wurden als Aspekte von Glaubwürdigkeit definiert), koordiniertes Handeln und Interesse. Diese Aspekte müssen – in jeweils angemessener Mischung – dem Partner kommunikativ vermittelt werden. Ihre Vermittlung erfolgt innerhalb der drei miteinander verwobenen Kommunikationsdimensionen Selbstdarstellung, Beziehungsgestaltung und Themen. Wenn die Faktoren angemessen kommuniziert werden, wird es wahrscheinlicher, dass ein handelnder Akteur von seinem Gegenüber als vertrauenswürdig eingeschätzt wird.

Die Vertrauensförderung ist also ein durch und durch pragmatisches Phänomen und an den Stil sprachlichen Handelns gebunden. Folgerichtig haben wir die pragmatische Stilistik als die zentrale Methode zur Untersuchung der (expliziten und impliziten) Mechanismen der Vertrauensförderung herausgestellt. Diese Methode kann bei Fragestellungen angewandt werden, die auf der Stufe des Auftaktvertrauens angesiedelt sind. Sie legt den Fokus auf die Stilabsichten des Produzenten und zeigt das Potenzial der Vertrauensförderung auf. Anhand einer ausführlichen Analyse der ADAC-Erklärung zum Manipulationsskandal haben wir die möglichen Analysekategorien der pragmatischen Stilanalyse mit Fokus auf die Vertrauensförderung erarbeitet. So haben wir neben expliziter Thematisierung von Vertrauen (*Vertrauen, vertrauenswürdig*) beispielsweise positiv konnotierte Schlüsselwörter (*Transparenz, Offenheit* u.a.) und Attribute (*leistungsstark, erfolgreich*), kommissive Sprechakte, Hinweise auf persönliche Betroffenheit u.a. herausgearbeitet. Gleichzeitig haben wir gezeigt, dass die Verwendung vieler positiver Schlüsselbegriffe, die inhaltlich vage sind, insgesamt negativ wirken kann ähnlich wie unerwartete Stilbrüche. Die Analyse von Texten in Bezug auf deren potenziell vertrauensfördernden Stil bleibt letztlich immer eine Interpretationsleistung der Forschenden und deswegen muss die Interpretation möglichst transparent gemacht und intersubjektiv nachvollziehbar begründet werden.

Die konkrete Wirkung, die ein Text erzielt, kann die pragmatische Stilistik nicht erfassen. Sie kann allerdings begründete Hypothesen darüber formulieren, indem sie Aspekte der Stilabsicht und der gewählten Stilmittel, die sozialen Rollen und Beziehungen der interagierenden Akteure und den Grad, in dem der Produzent die Zielgruppe antizipiert, berücksichtigt. Antizipation des Wissens, der Interessen, Bedürfnisse und Fragen der Zielgruppe ist ein wichtiges Mittel, das die Chance auf den kommunikativen Erfolg erhöht. Aus dieser Sicht ist Kommunikation – auch wenn auf der Oberfläche monologisch – immer dialogisch angelegt (vgl. Kap. 6).

Die Zielgruppe zu antizipieren, ist eine wesentliche Voraussetzung für eine erfolgreiche Persuasion. Persuasion haben wir als den Prozess der Einstellungsentwicklung und -änderung definiert. Da wir Vertrauen als eine Einstellung verstehen, haben wir die Vertrauensförderung (aufgefasst als intendierte Vertrauensbildung) als eine Ausprägung persuasiver Prozesse bestimmt. Einstellungen entwickeln und ändern sich i.d.R. als Reaktion auf bestimmte Informationen über das Einstellungsobjekt. In Tradition der Persuasionsforschung haben wir zwei Modelle der Informationsverarbeitung diskutiert. Beide modellieren einen jeweils kognitiv aufwendigen (zentralen, systemischen) Modus und einen (peripheren, heuristischen) Modus, der auf automatisierten, kognitiv wenig aufwendigen Prozessen basiert. Für den Normalfall der alltäglichen Vertrauensbildung sind vor allem die wenig aufwändigen Prozesse prägend und darunter spielen die Heuristiken eine entscheidende Rolle. Mit der Wahrnehmung steigenden Risikos werden die Informationen stärker durchdacht und die Verarbeitung auf der zentralen Route wird wahrscheinlicher. Vertrauen, das auf diese Weise als persuasiver Effekt entsteht, ist beständiger und reflektierter. Die Überlegungen zu Vertrauen und Persuasion haben wir anhand von Beispielen aus dem Bereich der Öffentlichkeitsarbeit (Einladung der Brücke/Most-Stiftung, Lidl als Händler des Jahres) und der Werbung (Einsatz von Testimonials) verdeutlicht und damit zwei wichtige Anwendungsbereiche der linguistischen Vertrauensforschung abgesteckt.

Die Zuschreibung der Vertrauenswürdigkeit basiert auf normativen Erwartungen. Geltende soziale, kommunikative u.a. Normen generieren Erwartungen, die wir im Alltag i.d.R. nicht hinterfragen. Sie werden uns vor allem dann bewusst, wenn unsere Erwartungen nicht erfüllt werden und wir eine Normverletzung erleben. Zu solchen Situationen kommt es häufiger in interkulturellen Interaktionen, da verschiedene Kulturen unterschiedliche Normen entstehen lassen. Kultur kann dabei nicht ausschließlich auf Nationen bezogen sein, sondern auch kleinere und anders definierte Kollektive entwickeln ihre jeweils spezifische Kultur. Zur Definition von *Kultur* haben wir anthropologische, soziologische, psychologische und semiotische Ansätze diskutiert, die alle mehr oder weniger auch im Ansatz der kulturanalytischen Linguistik Berücksichtigung finden. Kultur ist aus linguistischer Sicht ein kollektives Konstrukt, das durch kommunikative Praktiken laufend konstruiert wird und durch diese Praktiken erst sichtbar ist. Kultur und Kommunikation sind wechselseitig miteinander verbunden. Durch die Analyse der kommunikativen Praktiken können Rückschlüsse auf die ihnen zugrunde liegende Kultur gezogen werden. Diese konstruktivistische Sicht des Doing Culture haben wir exemplarisch am Beispiel eines offenen Briefs verdeutlicht, den der Hardheimer Bürgermeister im Zusammenhang mit der „Flüchtlingskrise" veröffentlichte. Wir haben gesehen, dass der Text eine einheitliche, homogene deutsche Kultur konstruiert, an die sich die Flüchtlinge anpassen sollen. Der Vertrauensbegriff wird im Text zwar nicht verwendet, Vertrauen spielt dennoch in mehrfacher Hinsicht eine Rolle in dem Kontext. Die Forderungen aus dem Brief haben wir als implizite Bedingungen für das Vertrauen der Einheimischen in die Flüchtlinge interpretiert. Gleichzeitig inszeniert sich der Bürgermeister durch diesen Text als ein vertrauenswürdiger Repräsentant seiner Gemeinde, der die gemeinsamen Werte vertritt. Der Brief zeigt exemplarisch – auf eine zugespitzte, explizite Weise –, dass sich Fremde (die Differenz von *wir* und den *Fremden* wird im Text explizit konstruiert) ihre Vertrauenswürdigkeit erarbeiten müssen, indem sie sich an die kulturellen Normen der mehrheitlichen Gesellschaft (hier der deutschen) anpassen (vgl. Kap. 7).

Die Orientierung an Normen der Kultur des Kommunikationspartners kann allgemein als eine Strategie verstanden werden, wie man seinem Gegenüber Respekt signalisiert und die eigene Vertrauenswürdigkeit vermittelt. Auch hier kommt es immer auf das jeweils angemessene Maß und die Kombination der Faktoren Kompetenz, Konsistenz, Interesse und koordiniertes Handeln an, die alle einzeln sowie in ihrer Kombination kulturell geprägt sind. Die richtige Einschätzung dieser Faktoren gehört zu einem wichtigen Teil der interkulturellen Kompetenz. Ein grundlegendes Vertrauen muss jedoch bereits vorhanden sein, damit es überhaupt zu einer interkulturellen Situation kommen kann. In solchen Situationen wird man gewöhnlich mit einem höheren Maß an Intransparenz und erlebten Überraschungen und Normverletzungen konfrontiert, die man nur mit Vertrauen in grundsätzliche Kooperativität des anderen überbrücken kann.

Zwischenmenschliches Vertrauen entwickelt sich typischerweise in Face-to-face-Kommunikation. Wie wir gesehen haben (vgl. Kap. 8), kann die Entwicklung von Vertrauen in Gesprächen mit dem Instrumentarium der interaktionalen Stilistik

– einer Methode der Gesprächsanalyse – untersucht werden. Die Gesprächsanalyse geht von mikrosoziologischen, ethnomethodologischen und konversationsanalytischen Ansätzen aus und konzentriert sich auf die strukturellen und funktionalen Merkmale von Gesprächen. Dabei spielen Aspekte wie Gesprächsphasen, Sprecherwechsel, Paarsequenzen oder Adressatenorientierung (recipient design) eine wesentliche Rolle. Auf mikrostruktureller Ebene kann mithilfe der interaktionalen Stilanalyse untersucht werden, wie die Gesprächspartner gemeinsam Themen konstruieren, wie sie sich darstellen, welches *face* sie für sich beanspruchen, wie sie die Beziehung zu dem Partner gestalten etc. Der Fokus liegt auf den kommunikativen Praktiken, deren Analyse auch Schlüsse über Mechanismen der Vertrauensförderung ermöglicht. Es wurde gezeigt, dass der individuelle Gesprächsstil, der aus der Kombination verschiedener Stilelemente besteht, eine zentrale Bezugsgröße bei der Einschätzung der Vertrauenswürdigkeit darstellt. Dabei kommt es im Wesentlichen auf die jeweils angemessene Kombination der sprachlichen und nichtsprachlichen Zeichen und auf die Konsistenz des Stils an. Mithilfe der Gesprächsanalyse können Fragestellungen zur Vertrauensbildung (Auftaktvertrauen) und zur Manifestation bestehenden Vertrauens im Gesprächsverhalten (ausgeprägtes Vertrauen) verfolgt werden. Die Kapitel 5 (Pragmatik und Pragmatische Stilanalyse) und 8 (Vertrauen und Gespräch) haben gezeigt, dass vertrauensfördernde Mittel grundsätzlich als ein Aspekt des Stils zu begreifen sind und dass sich für deren Untersuchung folgerichtig pragmatisch angelegte stilistische Ansätze besonders gut eignen. Während die pragmatische Stilistik primär geschriebene Kommunikation untersucht, bietet die interaktionale Stilistik ein handhabbares methodisches Verfahren zur Untersuchung mündlicher Kommunikation.

Die stilistischen Ansätze stellen die konkreten interagierenden Akteure, deren Intentionen und die kommunikative Situation in den Mittelpunkt der Betrachtung. Diese Mikro-Ebene haben wir in Kapitel 9 verlassen, indem wir uns der Untersuchung des Vertrauensdiskurses zugewandt haben. Den *Diskurs* haben wir als eine thematisch oder funktional gebündelte Formation kollektiven Wissens einer spezifischen Sprachgemeinschaft in einer bestimmten Zeit bestimmt. Wir haben die theoretisch-methodischen Grundlagen der linguistischen Diskursanalyse skizziert und das Verhältnis zwischen Diskurs und Textkorpus diskutiert. Als eine mögliche Analysemethode haben wir das DIMEAN-Modell vorgestellt und einige Analysekategorien daraus exemplarisch an ausgewählte Aussagen aus dem medialen Vertrauensdiskurs angewandt (z.B. Akteure des Diskurses, Schlüsselwörter, explizite Thematisierung von Vertrauen etc.). Die schlaglichtartige Betrachtung einiger Aussagen aus dem Diskurs deutet darauf hin, dass der Vertrauensdiskurs mit anderen Diskursen verschränkt ist, konkret haben wir das am Beispiel des Flüchtlingsdiskurses, des Diskurses zur NSA-Affäre oder des Bildungsdiskurses gesehen.

Eine zentrale Rolle als prominente Akteure im Diskurs nehmen die Massenmedien ein. Sie konstruieren Wirklichkeiten und fungieren als Vermittlerinstanzen für andere Akteure. Deswegen kommt der Frage nach dem öffentlichen Vertrauen in Medien und in Journalismus eine besonders wichtige Rolle zu. Diese Frage wird schwerpunktmäßig von der Kommunikationswissenschaft beleuchtet. Massenmediale Diskurse stehen bislang im Zentrum diskurslinguistischer Aufmerksamkeit, da deren Untersuchung durch gute Zugänglichkeit von Online-Medien erleichtert wird. Auch außerhalb von Massenmedien entspinnen sich aber wichtige Diskurse, die von der Linguistik beachtet werden sollten (z.B. in der Wikipedia, in Schulbüchern oder in Ausstellungen und Ausstellungskatalogen).

Diskurslinguistische Untersuchungen ermöglichen die Erfassung von komplexen kollektiven Wissensstrukturen und stellen eine gute methodische Ergänzung zu den stilistischen Methoden dar. Die Kombination verschiedener methodischer Herangehensweisen macht Untersuchungen zur Rolle von Vertrauen in gesellschaftlichen Systemen möglich. Am Beispiel des Bildungssystems wurde dies exemplarisch gezeigt (vgl. Kap. 10). Die Kombination der pragmatischen Stilistik, interaktionalen Stilistik und Diskurslinguistik bündelt verschiedene Fragestellungen auf unterschiedlichen Ebenen. Sie lässt Aussagen über die Rolle von Vertrauen in verschiedenen Beziehungen und Konstellationen zu:

– Die Gesprächsanalyse kann in erster Linie das zwischenmenschliche Vertrauen zwischen Lehrenden und Lernenden betrachten;
– Die pragmatische Stilistik kann die Beziehung zwischen Bildungsinstitutionen und der Öffentlichkeit und deren Akteuren und die Entwicklung institutionellen Vertrauens erforschen;
– Die Diskursanalyse kann den öffentlichen Bildungsdiskurs untersuchen.

Die Zusammenführung der Ergebnisse aus allen Teilanalysen ermöglicht die Beschreibung der Rolle von Vertrauen für das Bestehen von komplexen Systemen.

Eines der Ziele dieser Einführung war die Verortung der linguistischen Vertrauensforschung in der aktuellen linguistischen Forschungslandschaft. Abschließend soll nun zusammengefasst werden, welche Anknüpfungspunkte an etablierte Themen erarbeitet wurden. Im Zuge der Zusammentragung werden auch außerlinguistische Anwendungsbereiche genannt, um die interdisziplinäre Bedeutung von Vertrauen zu rekapitulieren und Vernetzungen linguistischer Forschung aufzuzeigen.

– Aspekte der *Imagearbeit*: Die Vertrauenswürdigkeit ist ein positives Image, das kommunikativ hergestellt und gepflegt werden muss und kann. Die Vertrauensförderung basiert auf der Zuschreibung von Vertrauenswürdigkeit. Vertrauen kann als ein kommunikativer Effekt aufgefasst werden, der u.a. mithilfe von sprachlichen Mitteln erreicht werden kann. Unter diesem Aspekt kann die Betrachtung von Vertrauen in verschiedene Untersuchungskontexte eingebunden werden, die sich allgemein mit sozialer Interaktion und mit pragmatischen Aspekten der Kommunikation beschäftigen. Es gibt enge Beziehungen zur Stilistik, Soziolinguistik und der Gesprochene-Sprache-Forschung. Das Thema schlägt Brücken zu den Bereichen Public Relations, Marketing und Unternehmensberatung, kann aber auch etwa für die Sozialarbeit von Interesse sein. Zur Untersuchung der Vertrauensarbeit als Imagearbeit können etablierte textlinguistische Verfahren gepaart mit dem Ansatz der pragmatischen Stilistik herangezogen werden. Zur Analyse der interaktiven Konstruktion von Images in gesprochenen Interaktionen eignet sich das gesprächsanalytische Instrumentarium.

- Aspekte des *Recipient Design*: Die Adressatenorientierung ist ein wichtiges Mittel der Vertrauensförderung und eine Kategorie der Gesprächsanalyse. Kommunikation, die das jeweilige Publikum antizipiert und darauf zugeschnitten ist, hat größere Chancen, das kommunikative Ziel zu erreichen. Darüber hinaus sorgt eine gute Adressatenorientierung für Angemessenheit und stärkere persuasive Wirkung der Kommunikation. Unter diesem Aspekt kann die Vertrauensforschung in der Gesprächsanalyse und Stilanalyse verankert werden, relevant ist der Adressatenzuschnitt aber auch bei der Untersuchung des Textverstehensprozesses, der Textproduktion etc. Außerhalb der Linguistik ist dieser Aspekt u.a. für die Überzeugungspsychologie von Bedeutung. Anwendungsgebiete sind z.B. Öffentlichkeitsarbeit, Werbung oder Beratung.
- Aspekte der *Persuasion*: Persuasion und Vertrauensförderung sind semiotische Prozesse, die eng miteinander verknüpft sind. Das Image der Vertrauenswürdigkeit begünstigt bzw. verstärkt die persuasive Wirkung. Gleichzeitig kann Vertrauen als ein persuasiver Effekt aufgefasst werden. Dieser Aspekt ist u.a. bei der Analyse mit der Werbesprache, der Unternehmenskommunikation und mit persuasiven Textsorten in verschiedenen Bereichen relevant. Außerhalb der linguistischen Forschung spielt Persuasion (ähnlich wie Recipient Design) in der Öffentlichkeitsarbeit und Werbung, in der Überzeugungspsychologie, in der Personal- und Unternehmensführung oder in der Beratung eine wichtige Rolle.
- Aspekte der *Angemessenheit*: Ein Sprachgebrauch, der als angemessen empfunden wird, wird wahrscheinlicher zur Zuschreibung von Vertrauenswürdigkeit und zur Vertrauensförderung führen. Ein nicht angemessener Sprachgebrauch kann das Image der Vertrauenswürdigkeit beschädigen. Unter dieser Perspektive kann man die Beschäftigung mit Vertrauen insbesondere in Überlegungen zur Sprachkritik und Soziolinguistik integrieren. Außerhalb der Linguistik ist dieser Aspekt u.a. für die Wirtschaftswissenschaft relevant, da jeweils angemessenes Handeln im (interkulturellen) Geschäftsleben eine wichtige Rolle spielt. Im schulischen Bereich werden die grundlegenden kommunikativen Kompetenzen vermittelt und dies sollte – so das Plädoyer aus dem Kapitel 10 – um eine Reflexion der Beziehung von Angemessenheit und Vertrauenswürdigkeit ergänzt werden.
- *Kulturelle* Aspekte: Die Vertrauensbildung ist ein semiotischer Prozess, der maßgeblich von kulturell bedingten Werten, Einstellungen, Überzeugungen etc. geprägt ist. Auch der Einsatz von sprachlichen Mitteln und ihre Rezeption und

Wirkung sind vor dem kulturellen Hintergrund zu analysieren. Durch die Berücksichtigung von kulturellen Einflüssen auf Vertrauen trägt die linguistische Vertrauensforschung neueren Tendenzen der kulturwissenschaftlichen Ausrichtung der Linguistik Rechnung. Ohne grundsätzliches Vertrauen ist interkulturelle Zusammenarbeit kaum denkbar, was u.a. in der Wirtschaftswissenschaft und Psychologie berücksichtigt wird. Hier öffnet sich ein Anwendungsfeld für die Linguistik auf dem Gebiet der (Unternehmens-)Beratung zu vertrauensrelevanten Aspekten der interkulturellen (Unternehmens-)Kommunikation.

Im Zuge der Betrachtung dieser und weiterer relevanter Aspekte haben wir mehrere linguistische Ansätze und Analysemethoden in Hinblick auf ihre Anwendbarkeit diskutiert:
– linguistische Pragmatik (Kap. 5)
– pragmatische Stilistik (Kap. 5)
– interaktionale Stilanalyse, Gesprächsanalyse (Kap. 8)
– linguistische Diskursanalyse (Kap. 9)
– linguistische Sprachkritik (Kap. 11)

Darüber hinaus haben wir die Semiotik und Persuasionsforschung berücksichtigt. Die verschiedenen methodischen Ansätze weisen eine grundlegende Gemeinsamkeit auf: Alle gehen davon aus, dass Vertrauen in der Interaktion kommunikativ konstruiert wird. Es ist keine objektiv gegebene Größe der Interaktion, sondern eine Beziehungsqualität, die gemeinsam interaktiv oder auf kollektiver Ebene diskursiv hergestellt wird. Diese grundlegende konstruktivistische Sicht scheint für die Untersuchung von Vertrauen unumgänglich zu sein. Sie war kein Kriterium bei der Zusammenstellung der Themen und Methoden für diese Einführung, sondern hat sich durch die Betrachtung und Analyse der relevanten Aspekte als ein roter Faden herausgestellt.

Wir haben uns in dieser Einführung mit geschriebener und gesprochener Sprache, mit der Produzenten- und der Rezipientenperspektive, mit allgemein semiotischen und genuin linguistischen Phänomenen sowie mit sozialen und kulturellen Aspekten der Kommunikation beschäftigt. Der Schwerpunkt liegt auf synchronen Untersuchungen. Diachron angelegte Studien der besprochenen Aspekte sind dennoch durchaus denkbar. So können mithilfe der pragmatischen Stilistik Texte aus verschiedenen historischen Epochen miteinander vergleichen werden, diskurslinguistische Studien können die Entwicklung des Vertrauensdiskurses über einen längeren Zeitabschnitt hinaus untersuchen. Das Thema birgt Potenzial sowohl für kleine Einzelstudien wie für groß angelegte Forschungsprojekte, die z.B. Mechanismen der Vertrauensbildung in einem komplexen gesellschaftlichen Bereich unter die Lupe nehmen und auf verschiedenen Ebenen mithilfe verschiedener Methoden analysieren.

Aus den Ausführungen geht hervor, dass die linguistische Vertrauensforschung auf linguistischem Fundament fußt und Erkenntnisse aus den nichtlinguistischen Disziplinen der Vertrauensforschung aufgreift. Die verschiedenen Einflüsse und deren produktive Kombination sind in Abb. 9 schemenhaft dargestellt.[2] Der mehrfache Zusammenhang von Vertrauen mit etablierten linguistischen Konzepten und Analysekategorien macht die linguistische Untersuchung von Vertrauen zu einem Themengebiet, das zum Bestandteil sprachwissenschaftlicher Forschung und Ausbildung werden kann und sollte. Es greift ein aktuelles und viel diskutiertes Thema auf, bündelt unter thematischer Perspektive bewährte Methoden, stellt den Praxisbezug her und sensibilisiert für linguistische Beobachtungen im Alltag.[3]

Abb. 9: Zusammenfassung – Verortung der linguistischen Vertrauensforschung

---

[2] Die Anordnung der genannten Disziplinen in der Grafik ist nicht als Hierarchie gedacht und hat keine Aussagekraft.
[3] Diese Funktion sollte durch das Führen eines Beobachtungsprotokolls unterstützt werden.

! Zusammenfassende Charakterisierung der linguistischen Vertrauensforschung
– Verortung: fußt auf linguistischem Fundament, berücksichtigt Erkenntnisse aus anderen Disziplinen der Vertrauensforschung und integriert sie produktiv in die linguistische Betrachtungsweise;
– grundlegende Ausrichtung: pragmatisch, semiotisch, konstruktivistisch;
– Annahmen:
  1. Vertrauen und Vertrauenswürdigkeit müssen unterschieden werden;
  2. Vertrauen ist eine soziale Einstellung, die in kommunikativen Prozessen entsteht. Sie enthält die Komponenten Emotion, Kognition und Verhalten, die je nach Situation unterschiedlich gewichtet sind;
  3. Vertrauenswürdigkeit ist keine objektive Eigenschaft, sondern eine Zuschreibung. Sie ist ein Teil des sozialen Images von Akteuren und wird kommunikativ konstruiert;
  4. Die Entstehung von Vertrauen basiert auf der Zuschreibung von Vertrauenswürdigkeit;
  5. Es können zwei Prozesse der Entstehung von Vertrauen analytisch unterschieden werden: Vertrauensbildung und Vertrauensförderung. Sie unterscheiden sind im Grad der Intentionalität und im Ausmaß des Einsatzes persuasiver Strategien. Der Übergang zwischen beiden Prozessen ist graduell;
  6. An diesen Prozessen sind alle semiotischen Mittel beteiligt. Der Sprache kommt im Regelfall eine zentrale Rolle zu. Vertrauen entsteht durch mündliche sowie schriftliche Kommunikation. Auf kollektiver Ebene wird Vertrauen diskursiv ausgehandelt;
  7. Der Einsatz der semiotischen Ressourcen auf der einen Seite und deren Wahrnehmung und Interpretation auf der anderen Seite sind kulturell bedingt;
  8. Vertrauen entsteht typischerweise in einem dreistufigen Prozess. Diese Stufen sind: Grundvertrauen, Auftaktvertrauen und ausgeprägtes Vertrauen. Sie unterscheiden sich durch eine jeweils typische Kombination von Merkmalen;
  9. Vertrauen wird anhand von vier potenziell vertrauensfördernden Faktoren operationalisiert: Kompetenz, Konsistenz, Interesse und koordiniertes Handeln. Diese Faktoren müssen einem Gegenüber in einer jeweils angemessenen Kombination kommunikativ vermittelt werden, damit er sie als Zeichen für Vertrauenswürdigkeit interpretieren kann;
– Methoden: linguistische Pragmatik, pragmatische Stilistik, Diskurslinguistik, Gesprächsanalyse, Sprachkritik.

Literaturverzeichnis

Adamzik, Kirsten (1984): *Sprachliches Handeln und sozialer Kontakt. Zur Integration der Kategorie „Beziehungsaspekt" in eine sprechakttheoretische Beschreibung des Deutschen*. Tübingen: Gunter Narr.

Ankele, Monika (2012): Doing Culture/Doing Gender/Doing Identity. Von den Möglichkeiten praxistheoretischer Ansätze für die Frauenbiografieforschung am Beispiel eines mit Texten bestickten Jäckchens aus dem Jahre 1895. In: Blumesberger, Susanne/Korotin, Ilse (Hrsg.): *Frauenbiografieforschung. Theoretisch Diskurse und methodologische Konzepte*, 13–33. Wien: Praesens.

Antos, Gerd (1996): *Laien-Linguistik. Studien zu Sprach- und Kommunikationsproblemen im Alltag*. Tübingen: Niemeyer.

Arendt, Birte (2010a): *Niederdeutschdiskurse: Spracheinstellungen im Kontext von Laien, Printmedien und Politik*. Berlin: Erich Schmidt.

Arendt, Birte (2010b): Wie Metasprachdiskurse Wirklichkeiten konstruieren. Eine Untersuchung von Spracheinstellungen zum Niederdeutschen. In: Lipczuk, Ryszard/Schiewe, Jürgen/Westphal, Werner/Misiek, Dorota (Hrsg.): *Diskurslinguistik – Systemlinguistik. Theorien – Texte – Fallstudien*, 273–287. Hamburg: Dr. Kovač.

Arendt, Birte/Kiesendahl, Jana (2011): „bunnychecker", Tippfehler und Typographie. Zeichentypen in der E-Mail-Kommunikation und ihre Wirkung. In: *Der Deutschunterricht*, 84–89.

Arendt, Birte/Kiesendahl, Jana (Hrsg.) (2011): *Sprachkritik in der Schule. Theoretische Grundlagen und ihre praktische Relevanz*. Göttingen: V & R Unipress.

Arendt, Birte/Kiesendahl, Jana (2014): Sprachkritische Äußerungen in Kommentarforen – Entwurf des Forschungsfeldes „Kritiklinguistik". In: Niehr, Thomas (Hrsg.): *Sprachwissenschaft und Sprachkritik – Perspektiven ihrer Vermittlung*, 101–130. Bremen: Hempen.

Arendt, Birte/Schäfer, Pavla (2015a): Bewertungen im Wissenschaftsdiskurs. Eine Analyse von Review-Kommentaren als Aushandlungspraxis normativer Erwartungen. In: *Zeitschrift für Literaturwissenschaft und Linguistik* 45 (177), 104–125.

Arendt, Birte/Schäfer, Pavla (2015b): Angemessenheit – pragmatische Perspektiven auf ein linguistisches Bewertungskriterium. In: Arendt, Birte/Schäfer, Pavla (Hrsg.): Themenheft: *Angemessenheit*. In: *Aptum. Zeitschrift für Sprachkritik und Sprachkultur* 2, 97–100.

Arendt, Gusti (1993): *PR der Spitzenklasse. Die Kunst, Vertrauen zu schaffen*. Landsberg/Lech: Moderne Industrie MI.

Arning, Astrid (2012): Imagebildung von Universitäten – Persuasionspotenzial von Hochschulanzeigen zum Tag der offenen Tür. In: Iakushevich, Marina/Arning, Astrid (Hrsg.): *Strategien persuasiver Kommunikation*, 103–128. Hamburg: Dr. Kovač.

Auer, Peter (1986): Kontextualisierung. In: *Studium Linguistik* 19, 22–47.

Auer, Peter (1999): *Sprachliche Interaktion. Eine Einführung anhand von 22 Klassikern*. Tübingen: Niemeyer.

Bachmann, Reinhard/Zaheer, Akbar (Hrsg.) (2006): *Handbook of Trust Research*. Cheltenham, Northampton: Edward Elgar Publishing.

Bachmann, Reinhard/Zaheer, Akbar (Hrsg.) (2008): *Landmark Papers on Trust*. Bd. 1, 2. Cheltenham, Northampton: Edward Elgar Publishing.

Baier, Annette (2001): Vertrauen und seine Grenzen. In: Hartmann, Martin/Offe, Claus: *Vertrauen. Die Grundlage des sozialen Zusammenhalts*, 37–84. Frankfurt am Main [u.a.]: Campus-Verlag.

Barmeyer, Christoph (2011a): Kultur in der Interkulturellen Kommunikation. In: Barmeyer, Christoph/Genkova, Petia/Scheffer, Jörg (Hrsg.): *Interkulturelle Kommunikation und Kulturwissenschaft. Grundbegriffe, Wissenschaftsdisziplinen. Kulturräume*, 13–35. Passau: Karl Stutz.

Barmeyer, Christoph (2011b): Kulturdimensionen und Kulturstandards. In: Barmeyer, Christoph/ Genkova, Petia/Scheffer, Jörg (Hrsg.): *Interkulturelle Kommunikation und Kulturwissenschaft. Grundbegriffe, Wissenschaftsdisziplinen. Kulturräume*, 93–127. Passau : Karl Stutz.

Barmeyer, Christoph/Genkova, Petia/Scheffer, Jörg (2011) (Hrsg.): *Interkulturelle Kommunikation und Kulturwissenschaft. Grundbegriffe, Wissenschaftsdisziplinen. Kulturräume*. Passau : Karl Stutz.

Barth-Weingarten (2008): Interactional Linguistics. In: Antos, Gerd/Ventola, Eija (Hrsg.): *Handbook of Interpersonal Communication*, 77–105. Berlin, Boston: De Gruyter Mouton.

Bartmann, Sylke/Pfaff, Nicolle/Welter, Nicole (2012): Vertrauen in der erziehungswissenschaftlichen Forschung. In: *Zeitschrift für Pädagogik* 58 (6), 772–783.

Bartmann, Sylke/Fabel-Lamla, Melanie/Pfaff, Nicolle/Welter, Nicole (Hrsg.) (2014): *Vertrauen in der erziehungswissenschaftlichen Forschung*. Opladen, Berlin, Toronto: Budrich.

Bauer, Hans H./Neumann, Marcus M./Schüle, Anja (2006): *Konsumentenvertrauen. Konzepte und Anwendungen für ein nachhaltiges Kundenbindungsmanagement*. München: Vahlen.

Bendel Larcher, Sylvia (2015): *Linguistische Diskursanalyse. Ein Lehr- und Arbeitsbuch*. Tübingen: Narr Francke Attempto.

Bentele, Günter (1994a): Objektivitätsanspruch und Glaubwürdigkeit. In: Jarren, Otfried (Hrsg.): *Medien und Journalismus 1. Eine Einführung*, 295–312. Opladen: Westdeutscher Verlag.

Bentele, Günter (1994b): Öffentliches Vertrauen – normative und soziale Grundlage für Public Relations. In: Armbrecht, Wolfgang/Zabel, Ulf (Hrsg.): *Normative Aspekte der Public Relations. Grundlagen und Perspektiven. Eine Einführung*, 131–158. Opladen: Westdeutscher Verlag.

Bentele, Günter/Seidenglanz, René (2008): Vertrauen und Glaubwürdigkeit. In: Bentele, Günter/ Fröhlich, Romy/Szyszka, Peter (Hrsg.): *Handbuch der Public Relations. Wissenschaftliche Grundlagen und berufliches Handeln*, 346–361. Wiesbaden: Verlag für Sozialwissenschaften.

Beysüngü, Funda (2006): *Markenvertrauen. Quellen und Folgen. Eine kausalanalytische Studie*. Saarbrücken: VDM-Verlag Müller.

Bittl, Andreas (1997): *Vertrauen als kommunikationsintendiertes Handeln: eine grundlagentheoretische Diskussion in der Betriebswirtschaftslehre mit Gestaltungsempfehlungen für die Versicherungswirtschaft*. Wiesbaden: Gabler.

Blank, Natalia (2011): *Vertrauenskultur. Voraussetzung für Zukunftsfähigkeit von Unternehmen*. Wiesbaden: Gabler.

Blöbaum, Bernd (Hrsg.) (2016): *Trust and Communication in a Digitized World. Models and Concepts of Trust Research*. Cham, Heidelberg [u.a.]: Springer International Publishing.

Bock, Bettina M./Schäfer, Pavla (2016): Der Vertrauensbegriff als Kategorie der Geheimdienstarbeit. Eine exemplarische Analyse der Rolle von Vertrauen in der internen Kommunikation der DDR-Staatssicherheit. In: *Politische Wirklichkeiten – mediale Realitäten – sprachliche Welten. Thematisierung deutscher und (oder) polnischer Realien in Medien aus linguistischer Sicht*, 57–80. Łódź: Uniwersytet Łódzki.

Böckelmann, Frank (1991): *Pressestellen in der Wirtschaft. Journalistische Berufsfeldforschung „Pressestellen". Teil 1*. München: Ölschläger.

Bormann, Inka (2012): Vertrauen in Institutionen der Bildung oder: Vertrauen ist gut – ist Evidenz besser? In: *Zeitschrift für Pädagogik* 58, 812–823.

Bormann, Inka (2014): Transformationen der Thematisierung von Vertrauen in Bildung. In: Bartmann, Sylke/Fabel-Lamla, Melanie/Pfaff, Nicolle/Welter, Nicole (Hrsg.): *Vertrauen in der erziehungswissenschaftlichen Forschung*, 101–121. Opladen, Berlin, Toronto: Budrich.

Brinker, Klaus (2014): *Linguistische Textanalyse. Eine Einführung in Grundbegriffe und Methoden*. 8. Aufl. Berlin: Erich Schmidt.

Brinker, Klaus/Sager, Sven (2010): *Linguistische Gesprächsanalyse*. 5. neu bearb. Aufl. Berlin: Erich Schmidt.

Brown, Penelope/Levinson, Stephen (1987): *Politeness: some universals in language usage. Studies in interactional sociolinguistics* 4. Cambridge [u.a.]: Cambridge University Press.

Bubenhofer, Noah/Joachim Scharloth (2013): Korpuslinguistische Diskursanalyse: Der Nutzen empirisch-quantitativer Verfahren. In: Warnke, Ingo H./Meinhof, Ulrike/Reisigl, Martin (Hrsg.): *Diskurslinguistik im Spannungsfeld von Deskription und Kritik,* 147–168. Berlin: Akademie.

Busch, Albert (2007): Der Diskurs: ein linguistischer Proteus und seine Erfassung. Methodologie und empirische Gütekriterien für die sprachwissenschaftliche Erfassung von Diskursen und ihrer lexikalischen Inventare. In: Warnke, Ingo H. (Hrsg.): *Diskurslinguistik nach Foucault. Theorie und Gegenstände,* 141–164. Berlin, New York: de Gruyter.

Busch, Albert/Stenschke, Oliver (2014): *Germanistische Linguistik. Eine Einführung.* 3. Aufl. Tübingen: Narr Francke Attempto.

Bußmann, Hadumod (2008): *Lexikon der Sprachwissenschaft.* 4. Aufl. Stuttgart: Kröner.

Busse, Dietrich (2009): *Semantik.* Paderborn: Fink.

Busse, Dietrich/Teubert, Wolfgang (1994): Ist Diskurs ein sprachwissenschaftliches Objekt? Zur Methodenfrage der historischen Semantik. In: Busse, Dietrich/Hermanns, Fritz/Teubert, Wolfgang (Hrsg.): *Begriffsgeschichte und Diskursgeschichte. Methodenfragen und Forschungsergebnisse der historischen Semantik.* Opladen: Westdeutscher Verlag.

Busse, Dietrich/Teubert, Wolfgang (Hrsg.) (2013): *Linguistische Diskursanalyse: neue Perspektiven.* Wiesbaden: Springer VS.

Bühler, Karl (1934): *Sprachtheorie: Die Darstellungsfunktion der Sprache.* Jena: Fischer.

Cicero, Marcus Tullius (2008): *Orator/Der Redner.* (Übersetzt und herausgegeben von Harald Merklin. Nachdruck der Ausgabe von 2004). Stuttgart: Reclam.

Christoph, Cathrin (2009): *Textsorte Pressemitteilung : zwischen Wirtschaft und Journalismus.* Konstanz: UVK Verlagsgesellschaft.

Cocard, Yves (2014): Vertrauensbeziehungen Jugendlicher. In: Bartmann, Sylke/Fabel-Lamla, Melanie/Pfaff, Nicolle/Welter, Nicole (Hrsg.) (2014): *Vertrauen in der erziehungswissenschaftlichen Forschung,* 203–220. Opladen, Berlin, Toronto: Budrich.

Coleman, James S. (1994): *Foundations of Social Theory.* Cambridge/Mass. [u.a.]: Belknap Press of Harvard Univ. Press.

Coseriu, Eugenio (1988): *Sprachkompetenz: Grundzüge der Theorie des Sprechens.* Tübingen: Francke.

Covey, Stephen M. R./Merrill, Rebecca R. (2006): *The Speed of Trust. The One Thing That Changes Everything.* New York [u.a.]: Free Press.

Czachur, Waldemar (2011): *Diskursive Weltbilder im Kontrast : linguistische Konzeption und Methode der kontrastiven Diskursanalyse deutscher und polnischer Medien.* Wrocław: Oficyna Wydawnicza ATUT.

Czachur, Waldemar (2012): (Kontrastive) Diskurslinguistik als Kulturwissenschaft. Implikationen für die fremdsprachige Germanistik. In: *Zielsprache Deutsch* 39 (3), 3–22.

Deardorff, Darla K. (2006): The identification and assessment of intercultural competence as a student outcome of internationalization at institution of higher education in the United States. In: *Journal of Studies in International Education* 10 (3), 241–266.

Deckow, Frauke (2006): *Vertrauen durch Kompetenzmarketing. Ein ganzheitlicher Ansatz zur Vermarktung von Kontraktgütern.* Wiesbaden: Deutscher Universitäts-Verlag.

Deppermann, Arnulf (2008): *Gespräche analysieren.* 4. Aufl. Wiesbaden: Verlag für Sozialwissenschaften.

Dernbach, Beatrice (2005): Was schwarz auf weiß gedruckt ist... Vertrauen in Journalismus, Medien und Journalisten. In: Dernbach, Beatrice/Meyer, Michael (Hrsg.): *Vertrauen und Glaubwürdigkeit. Interdisziplinäre Perspektiven,* 135–154. Wiesbaden: Verlag für Sozialwissenschaften.

Dernbach, Beatrice/Meyer, Michael (Hrsg.) (2005): *Vertrauen und Glaubwürdigkeit. Interdisziplinäre Perspektiven*. Wiesbaden: Verlag für Sozialwissenschaften.
Domizlaff, Hans (2005): *Die Gewinnung des öffentlichen Vertrauens. Ein Lehrbuch der Markentechnik*. 7. Aufl. Hamburg: Buch-Verlag MARKETING JOURNAL. (Erstausgabe 1939, Hamburg).
Dreesen, Philipp (2012): Kritik als Erkenntnismodus, Praxis und Untersuchungsgegenstand in der Diskurslinguistik. In: Meinhof, Ulrike/Reisigl, Martin /Warnke, Ingo H. (Hrsg.): *Diskurslinguistik im Spannungsfeld von Deskription und Kritik*, 169–201. Berlin: Akademie.
Dreesen, Philipp (2014): Kritik üben. Plädoyer für die praktische Auseinandersetzung mit Formen, Inhalten und Funktionen von Kritik. In: *Kritik und Wissen – Probleme germanistischer Deutschlehrer/-innenausbildung* 2, 143–153. (= Mitteilungen des Deutschen Germanistenverbandes 61, 2).
Dreesen, Philipp (2015a): *Diskursgrenzen : Typen und Funktionen sprachlichen Widerstands auf den Straßen der DDR*. Berlin [u.a.] : De Gruyter.
Dreesen, Philipp (2015b): Sprache – Wissen – Kontingenz. Die Kontrastive Diskurslinguistik in der Schulbuchforschung am Beispiel deutscher und polnischer Geschichtsschulbücher. In: Kiesendahl, Jana/Ott, Christine (Hrsg.): *Linguistik und Schulbuchforschung. Gegenstände, Methoden, Perspektiven*, 53–83. Göttingen: V&R unipress.
Dreesen, Philipp/Judkowiak, Joanna (2011): Passiv im Osten, kollektiv schuldig und selbstverständlich in Europa – Kritik an deutschen und polnischen Schulbüchern des Faches Geschichte mittels kontrastiver Diskurslinguistik. In: *Aptum. Zeitschrift für Sprachkritik und Sprachkultur* 1, 1–31.
Dreesen, Philipp/Kumięga, Łukasz/Spieß, Constanze (Hrsg.) (2012): *Mediendiskursanalyse. Diskurse –Dispositive – Medien – Macht*. Wiesbaden: Verlag für Sozialwissenschaften.
Drinkmann, Arno/Groeben, Norbert (1989): *Metaanalysen für Textwirkungsforschung. Methodologische Varianten und inhaltliche Ergebnisse im Bereich der Persuasionswirkung von Texten*. Weinheim: Deutsche Studien Verlag. (http://hdl.handle.net/20.500.11780/696)
Drinkmann, Arno (1990): *Methodenkritische Untersuchungen zur Metaanalyse*. Weinheim: Deutscher Studien Verlag.
Dürscheid, Christa (2006): *Einführung in die Schriftlinguistik*. Göttingen: Vandenhoeck & Ruprecht.
Eagly, Alice H./Chaiken, Shelly (1998): Attitude structure and function. In: Gilbert, Daniel T./Fiske, Susan T./Lindzey, Gardner (Hrsg.): *The Handbook of Social Psychology*, Bd. 1, 269–322. 4. Aufl. Boston, Mass. [u.a.]: McGraw-Hill.
Ebert, Helmut (2015): Vertrauen in der Unternehmenskommunikation. In: Hundt, Markus (Hrsg): *Handbuch Sprache in der Wirtschaft*, 482–507. Berlin: de Gruyter.
Eco, Umberto (1977): *Zeichen. Einführung in einen Begriff und seine Geschichte*. Frankfurt am Main: Suhrkamp.
Eco, Umberto (2002): *Einführung in die Semiotik*. (Autorisierte deutsche Ausgabe von Jürgen Trabant). Paderborn: Wilhelm Fink Verlag.
Eisenberg, Peter (2007): Sprachliches Wissen im Wörterbuch der Zweifelsfälle. Über die Rekonstruktion einer Gebrauchsnorm. In: *Aptum. Zeitschrift für Sprachkritik und Sprachkultur* 3, 209–228.
Eisend, Martin (2003): *Glaubwürdigkeit in der Marketingkommunikation. Konzeption, Einflussfaktoren und Wirkungspotenzial*. Wiesbaden: Deutscher Universitäts-Verlag.
Elster, Jon (1987): *Subversion der Rationalität*. Frankfurt am Main [u.a.]: Campus-Verlag .
Endreß, Martin (2001): Vertrauen und Vertrautheit – Phänomenologisch anthropologische Grundlegung. In: Hartmann, Martin/Offe, Claus (Hrsg.): *Vertrauen. Die Grundlage des sozialen Zusammenhalts*, 161–203. Frankfurt am Main [u.a.]: Campus-Verlag.
Endreß, Martin (2002): *Vertrauen*. Bielefeld: transcript.
Erikson, Erik H. (1953): *Wachstum und Krisen der gesunden Persönlichkeit*. Stuttgart: Klett.

Erndl, Rudolf (1998): *Höflichkeit im Deutschen. Konzeption zur Integration einer zentralen Gesprächskompetenz im Deutsch als Fremdsprache-Unterricht*. Regensburg: Fachverband DaF. (= Materialien Deutsch als Fremdsprache 49).

Ernst, Peter (2002): Pragmalinguistik. Grundlagen. Anwendungen. Probleme. Berlin, New York: de Gruyter.

Erwin, Phil (2001): *Attitudes and Persuasion*. Hove [u.a.]: Psychology Press.

Fabel-Lamla, Melanie/Tiefel. Sandra/Zeller, Maren (2012): Vertrauen und Profession. Eine erziehungswissenschaftliche Perspektive auf theoretische Ansätze und Analysen. In: *Zeitschrift für Pädagogik* 58 (6), 799–811.

Felder, Ekkehard (2009): Linguistische Sprachkritik im Geiste linguistischer Aufklärung. In: Liebert, Wolf-Andreas/Schwinn, Horst (Hrsg.): *Mit Bezug auf Sprache. Festschrift für Rainer Wimmer*, 163–185. Tübingen: Gunter Narr (= Studien zur deutschen Sprache. Forschungen des Instituts für Deutsche Sprache 49).

Felder, Ekkehard (Hrsg.) (2013): *Faktizitätsherstellung in Diskursen. Die Macht des Deklarativen*. Berlin, Boston: de Gruyter.

Fiedler, Martin (2001): Vertrauen ist gut, Kontrolle ist teuer. Vertrauen als Schlüsselkategorie wirtschaftlichen Handelns. In: *Geschichte und Gesellschaft* 27 (4.), 576–592.

Filatkina, Natalia (2015): Diskurshistorische Analysen des Begriffs Zukunftsangst anhand des Spiegel-online-Archivs. In: *Sprachwissenschaft* 1 (40), 73–126.

Finkbeiner, Rita (2015): *Einführung in die Pragmatik*. Darmstadt: Wissenschaftliche Buchgesellschaft.

Fischer, Kerstin/Stefanowitsch, Anatol (Hrsg.) (2006): *Konstruktionsgrammatik: Von der Anwendung zur Theorie*. Tübingen: Stauffenburg.

Fix, Ulla/Poethe, Hannelore/Yos, Gabriele (2001): *Textlinguistik und Stilistik für Einsteiger. Ein Lehr- und Arbeitsbuch*. Frankfurt am Main: Peter Lang.

Fix, Ulla (2007): Stilistische Textanalyse – immer ein Vergleich? Das Gemeinsame von Methoden der Stilanalyse – das Gemeinsame an Stilbegriffen. In: Fix, Ulla (Hrsg.): *Stil– ein sprachliches und soziales Phänomen*. Berlin: Frank & Timme.

Fix, Ulla (2008): *Texte und Textsorten – sprachliche, kommunikative und kulturelle Phänomene*. Berlin: Frank & Timme.

Fix, Ulla (2009): Muster und Abweichung in Rhetorik und Stilistik. In: Fix, Ulla/Gardt, Andreas/Knape, Joachim (Hrsg.): *Rhetorik und Stilistik. Ein internationales Handbuch historischer und systematischer Forschung*. 2. Halbband, 1300–1315. Berlin, New York: de Gruyter.

Fladnitzer, Marliese (2006): *Vertrauen als Erfolgsfaktor virtueller Unternehmen. Grundlagen, Rahmenbedingungen und Maßnahmen zur Vertrauensbildung*. Wiesbaden: Deutscher Universitäts-Verlag.

Fleck, Ludwik (1993): *Entstehung und Entwicklung einer wissenschaftlichen Tatsache: Einführung in die Lehre vom Denkstil und Denkkollektiv*. 2. Aufl. Frankfurt am Main: Suhrkamp.

Fleck, Ludwik (2011): Denkstile und Tatsachen: gesammelte Schriften und Zeugnisse. Berlin: Suhrkamp.

Foucault, Michel (2003): Die Ordnung des Diskurses. 9. Aufl. Frankfurt am Main: Fischer-Taschenbuch-Verlag.

Frevert, Ute (Hrsg.) (2003): *Vertrauen: Historische Annäherungen*. Göttingen: Vandenhoeck & Ruprecht.

Frevert, Ute (2009): Wer um Vertrauen wirbt, weckt Misstrauen. Politische Semantik zwischen Herausforderung und Besänftigung. In: *Merkur* 63 (1), 21–28.

Frevert, Ute (2013): *Vertrauensfragen: Eine Obsession der Moderne*. München: Beck.

Frey, Christel (2011): *Erfolgsfaktor Vertrauen. Wege zu einer Vertrauenskultur im Unternehmen*. Wiesbaden: Gabler.

Frings, Cornelia (2010): *Soziales Vertrauen. Eine Integration der soziologischen und der ökonomischen Vertrauenstheorie.* Wiesbaden: Verlag für Sozialwissenschaften.

Fritz, Gerd (2016): *Beiträge zur Texttheorie und Diskursanalyse.* Gießen: Gießener Elektronische Bibliothek. (= Linguistische Untersuchungen 9).

Fuchs, Manfred (2010): *Sozialkapital, Vertrauen und Wissenstransfer in Unternehmen.* Wiesbaden: Deutscher Universitäts-Verlag. (http://geb.uni-giessen.de/geb/volltexte/2016/12024/)

Gambetta, Diego (2001): Kann man dem Vertrauen vertrauen? In: Hartmann, Martin/Offe, Claus (Hrsg.): *Vertrauen. Die Grundlage des sozialen Zusammenhalts,* 204–240. Frankfurt am Main [u.a.]: Campus-Verlag.

Gansel, Christina (2008): Vertrauen – Ein pragmatisch-semantische Phänomen in der Kommunikation? In: Pohl, Inge (Hrsg.): *Semantik und Pragmatik – Schnittstellen,* 475–493. Frankfurt am Main [u.a.]: Peter Lang.

Gardt, Andreas (2012): Textanalyse als Basis der Diskursanalyse. In: Felder, Ekkehard (Hrsg.): *Faktizitätsherstellung in Diskursen. Die Macht des Deklarativen,* 29–55. Berlin, Boston: de Gruyter.

Garfinkel, Harold (1967): *Studies in Ethnomethodology.* Englewood Cliffs/New Jersey: Prentice-Hall.

Geertz, Clifford (1991): *Dichte Beschreibung. Beiträge zum Verstehen kultureller Systeme.* 2. Aufl. Frankfurt am Main: Suhrkamp.

Gloning, Thomas (1996): *Bedeutung, Gebrauch und sprachliche Handlung. Ansätze und Probleme einer handlungstheoretischen Semantik aus linguistischer Sicht.* Tübingen: Niemeyer.

Goffman, Erving (1959): *The presentation of self in everyday life.* Garden City/NY [u.a.]: Doubleday.

Goffman, Erving (1999): *Interaktionsrituale: über Verhalten in direkter Kommunikation.* Frankfurt am Main: Suhrkamp.

Goodenough, Ward (1964): Cultural Anthropology and Linguistics. In: Hymes, Dell H. (Hrsg.): *Language in Culture and Society. A Reader in Linguistics and Anthropology.* New York [u.a.]: Harper & Row.

Greschuchna, Larissa (2006): *Vertrauen in der Unternehmensberatung. Einflussfaktoren und Konsequenzen.* Wiesbaden: Deutscher Universitäts-Verlag.

Greule, Albrecht/Kessel, Katja (2009): Praxisbezogene Stillehren. In: Fix, Ulla/Gardt, Andreas/Knape, Joachim (Hrsg.): *Rhetorik und Stilistik. Ein internationales Handbuch historischer und systematischer Forschung.* 2. Halbband, 2334–2349. Berlin, New York: de Gruyter.

Grice, Herbert Paul (1993): Logik und Konversation. In: Meggle, Georg (Hrsg.): *Handlung, Kommunikation, Bedeutung,* 243–265. Frankfurt am Main: Suhrkamp.

Grüninger, Stephan (2001): *Vertrauensmanagement. Kooperation, Moral und Governance.* Marburg: Metropolis-Verlag.

Gumperz, John J. (1982): *Discourse strategies.* Cambridge: Cambridge University Press.

Günthner, Susanne/Linke, Angelika (2006): Einleitung: Linguistik und Kulturanalyse. In: Günthner, Susanne/Linke, Angelika (Hrsg.): Themenheft *Linguistik und Kulturanalyse.* In: *Zeitschrift für Germanistische Linguistik* 34, (1–2), 1–27.

Günthner, Susanne/Luckmann, Thomas (2002): Wissensasymmetrien in interkultureller Kommunikation. In: Kotthoff, Helga (Hrsg.): *Kultur(en) im Gespräch,* 213–244. Tübingen: Gunter Narr.

Hahn, Silke (1995): Zwischen *Re-education* und *Zweiter Bildungsreform.* Die Sprache der Bildungspolitik in der öffentlichen Diskussion. In: Stötzel, Georg/Wengeler, Martin (Hrsg.): *Kontroverse Begriffe. Geschichte des öffentlichen Sprachgebrauchs in der Bundesrepublik Deutschland,* 163–209. Berlin, New York: de Gruyter.

Hall, Edward T. (1969): *The Silent Language.* Greenwich/Conn.: Fawcett Publications.

Hall, Edward T./Hall, Mildred Reed (1990): *Understanding cultural differences. Germans, French and Americans.* Yarmout/Me. [u.a.]: Intercultural Press.

Hartmann, Martin/Offe, Claus (Hrsg.) (2001): *Vertrauen. Die Grundlage des sozialen Zusammenhalts.* Frankfurt am Main [u.a.]: Campus-Verlag.

Hartung, Martin (1998): *Ironie in der Alltagssprache. Eine gesprächsanalytische Untersuchung.* Opladen, Wiesbaden: Westdeutscher Verlag.

Haubl, Rolf (2012): Vertrauensbildung in Beratungsprozessen. In: Möller, Heidi (Hrsg.): *Vertrauen in Organisationen,* 29–43. Wiesbaden: Verlag für Sozialwissenschaften.

Henne, Helmut/Rehbock, Helmut (1995): *Einführung in die Gesprächsanalyse.* 3. Aufl. Berlin, New York: de Gruyter.

Hillmann, Karl-Heinz (2007): *Wörterbuch der Soziologie.* 5. Aufl. Stuttgart: Kröner.

Hindelang, Götz (2010): *Einführung in die Sprechakttheorie. Sprechakte, Äußerungsformen, Sprechaktsequenzen.* 5. Aufl. Berlin/New York: de Gruyter. (=Germanistische Arbeitshefte 27).

Hinnenkamp, Volker (1989): *Interaktionale Soziolinguistik und interkulturelle Kommunikation. Gesprächsmanagement zwischen Deutschen und Türken.* Tübingen: Niemeyer.

Haddock, Geoffrey/Maio, Gregory R. (2014): Einstellungen. In: Jonas, Klaus/Stroebe, Wolfgang/Hewstone, Miles (Hsrg.) (2014): *Sozialpsychologie,* 197–229. 6. Aufl. Berlin [u.a.]: Springer.

Hansen, Klaus P. (2011): *Kultur und Kulturwissenschaft. Eine Einführung.* 4. Aufl. Tübingen, Basel: Francke.

Hartmann, Martin (2011): *Die Praxis des Vertrauens.* Berlin: Suhrkamp.

Hatzer, Barbara/Layes, Gabriel (2005): Interkulturelle Handlungskompetenz. In: Thomas, Alexander/Kinast, Eva-Ulrike, Schroll-Machl, Sylvia (Hg*.): Handbuch Interkulturelle Kommunikation und Kooperation. Band 1: Grundlagen und Praxisfelder,* 138–148. Göttingen: Vandenhoeck & Ruprecht.

Herger, Nikodemus (2006): *Vertrauen und Organisationskommunikation. Identität – Marke – Image – Reputation.* Wiesbaden: Verlag für Sozialwissenschaften.

Hock, Andreas (2014): *Bin ich denn der Einzigste hier, wo Deutsch kann? Über den Niedergang unserer Sprache.* München: Riva.

Hoffjann, Olaf (2013): *Vertrauen in Public Relations.* Wiesbaden: Verlag für Sozialwissenschaften.

Hofstede, Geert (2001): *Culture's Consequences. Comparing Values, Behaviors, Institutions, and Organisations Across Nations.* Thousand Oaks [u.a.]: Sage Publications.

Höhler, Gertrud (2003): *Warum Vertrauen siegt. 50 gute Gründe, sich aufeinander zu verlassen.* 2. Aufl. München: Econ.

Holzheu, Harry (2010): *Vertrauen gewinnen. Empathie und Offenheit in der Führungs- und Verkaufskommunikation.* Berlin, Heidelberg: Springer.

Horlacher, Rebekka (2011): *Bildung.* Bern [u.a.]: Haupt.

Hörning, Karl H./Reuter, Julia (Hrsg.) (2004): *Doing Culture. Neue Positionen zum Verhältnis von Kultur und sozialer Praxis.* Bielefeld: transcript.

Hörning, Karl H./Reuter, Julia (2004): Doing Culture: Kultur als Praxis. In: Hörning, Karl H./Reuter, Julia (Hrsg.): *Doing Culture. Neue Positionen zum Verhältnis von Kultur und sozialer Praxis,* 9–16. Bielefeld: transcript.

Hovland Carl Iver/Janis, Irving L./Kelley, Harold H. (1953): *Communication and Persuasion. Psychological studies of opinion change.* New Haven: Yale University Press.

Jakobson, Roman (1960): Linguistics and poetics. In: Sebeok, Thomas A. (Hrsg.): *Style in language,* 350–377. New York: Wiley [u.a.].

Jammal, Elias/Leistikow, Melanie (2011): Deutsch-arabische Vertrauensbildungsprozesse. In: Barmeyer, Christoph/Genkova, Petia/Scheffer, Jörg (Hrsg.): *Interkulturelle Kommunikation und Kulturwissenschaft. Grundbegriffe, Wissenschaftsdisziplinen, Kulturräume,* 465–485. 2. Aufl. Passau: Karl Stutz.

Janich, Nina (2004): *Die bewusste Entscheidung. Eine handlungsorientierte Theorie der Sprachkultur.* Tübingen: Narr.

Janich, Nina (2010): *Werbesprache. Ein Arbeitsbuch.* 5. Aufl. Tübingen: Narr.

Janich, Nina (2014): *Werbekommunikation.* Tübingen: Groos.

Jäger, Siegfried (2001): *Kritische Diskursanalyse. Eine Einführung.* 3., gegenüber der 2., überarb. und erw., unveränd. Aufl. Duisburg: DISS.

Jonas, Klaus/Stroebe, Wolfgang/Hewstone, Miles (Hrsg.) (2014): *Sozialpsychologie. Eine Einführung.* 6. Aufl. Berlin, Heidelberg: Springer.

Juchem, Johann G. (1988): *Kommunikation und Vertrauen. Ein Beitrag zum Problem der Reflexivität in der Ethnomethodologie.* Aachen: Alano, Rader-Publikationen.

Jung, Matthias (1994): *Öffentlichkeit und Sprachwandel. Zur Geschichte des Diskurses über die Atomenergie.* Opladen: Westdeutscher Verlag.

Jung, Matthias/Niehr, Thomas/Böke, Karin (2000): *Ausländer und Migranten im Spiegel der Presse. Ein diskurshistorisches Wörterbuch zur Einwanderung seit 1945.* Wiesbaden: Westdeutscher Verlag.

Kammhuber, Stefan/Schroll-Machl, Sylvia (2003): Möglichkeiten und Grenzen der Kulturstandardmethode. In: Thomas, Alexander/Kammhuber, Stefan/Schroll-Machl, Sylvia (Hrsg.): *Handbuch der Interkulturellen Kommunikation und Kooperation.* Band 2: *Länder, Kulturen und interkulturelle Berufstätigkeit,* S. 19–23. Göttingen: Vandenhoeck & Ruprecht.

Kampf, Zohar (2008): The pragmatics of forgiveness: judgments of apologies in the Israeli political arena. In: *Discourse & Society* 19, 577–598.

Kampf, Zohar (2009): Public (non-) apologies: The discourse of minimizing responsibility. In: *Journal of Pragmatics* 41 (11), 2257–2270.

Keller, Rudi (1994): *Sprachwandel. Von der unsichtbaren Hand in der Sprache.* 2. Aufl. Tübingen, Basel: Francke.

Keller, Rudi (1995): *Zeichentheorie. Zu einer Theorie semiotischen Wissens.* Tübingen, Basel: Francke.

Keller, Rudi (2006): *Der Geschäftsbericht. Überzeugende Unternehmenskommunikation durch klare Sprache und gutes Deutsch.* Wiesbaden.: Gabler.

Kienpointner, Manfred (2005): Dimension der Angemessenheit. Theoretische Fundierung und praktische Anwendung linguistischer Sprachkritik. In: *Aptum. Zeitschrift für Sprachkritik und Sprachkultur* 1, 193–219.

Kiesendahl, Jana/Ott, Christine (Hrsg.) (2015): *Linguistik und Schulbuchforschung. Gegenstände, Methoden, Perspektiven.* Göttingen: V&R unipress.

Kiesendahl, Jana/Ott, Christine (2015): Linguistik und Schulbuchforschung. In: Kiesendahl, Jana/Ott, Christine (Hrsg.): *Linguistik und Schulbuchforschung. Gegenstände, Methoden, Perspektiven,* 7–16. Göttingen: V&R unipress.

Kilian, Jörg/Niehr, Thomas/Schiewe, Jürgen (2016): *Sprachkritik. Ansätze und Methoden der kritischen Sprachbetrachtung.* 2., überarbeitete und aktualisierte Auflage. Berlin, Boston: de Gruyter. (=Germanistische Arbeitshefte 43).

Kilian, Jörg/Niehr, Thomas/Schiewe, Jürgen (Hrsg.) (2013): Es gibt kein Falsches im Angemessenen. Überlegungen zu einem sprachkritischen Analysemodell. In: *Sprachkritik* (=Mitteilungen des Deutschen Germanistenverbandes 60, 4). Göttingen.

Kinast, Eva-Ulrike (2005): Interkulturelles Training. In: Thomas, Alexander/Kinast, Eva-Ulrike/Schroll-Machl, Sylvia (Hrsg.): *Handbuch Interkulturelle Kommunikation und Kooperation.* Bd. 1: *Grundlagen und Praxisfelder,* 181–203. Göttingen: Vandenhoeck & Ruprecht.

Kleiner, Tuuli-Marja (2014): *Vertrauen in Nationen durch kulturelle Nähe? Analyse eines sozialen Mechanismus.* Wiesbaden: Verlag für Sozialwissenschaften.

Kluckhohn, Clyde (1951): The study of culture. In: Lerner, Daniel/Lasswell, Harold Dwight (Eds.): *The policy sciences. Recent Developments in Scope and Method,* 86–101. Stanford/CA: Stanford University Press.

Klumpp, Dieter/Kubicek, Herbert/Roßnagel, Alexander/Schulz, Wolfgang (Hrsg.) (2008): *Informationelles Vertrauen für die Informationsgesellschaft.* Berlin, Heidelberg: Springer.

Koch, Peter/Oesterreicher, Wulf (1994): Schriftlichkeit und Sprache. In: Günther, Hartmut/Ludwig, Otto (Hrsg.): *Schrift und Schriftlichkeit. Ein interdisziplinäres Handbuch internationaler Forschung. An Interdisciplinary Handbook of International Research*. 1. Halbband, 587–604. Berlin, New York: de Gruyter.

Kohring, Matthias (2001): *Vertrauen in Medien – Vertrauen in Technologie*. Stuttgart: Akademie für Technikfolgenabschätzung in Baden-Württemberg.

Kohring, Matthias (2004): Vertrauen in Journalismus: Theorie und Empirie. Konstanz: UVK Verlagsgesellschaft.

Kohring, Matthias (2006): Zum Verhältnis von Wissen und Vertrauen. Eine Typologie am Beispiel öffentlicher Kommunikation. In: Pühringer, Karin/Zielmann, Sarah (Hrsg.): *Vom Wissen und Nicht-Wissen einer Wissenschaft. Kommunikationswissenschaftliche Domänen, Darstellungen und Defizite*, 121–134. Berlin: LIT.

Kohring, Matthias (2010): Vertrauen in Medien? Eine Kritik der Medienglaubwürdigkeitsforschung nebst weiterführenden Überlegungen zu einer Theorie des Vertrauens in journalistische Kommunikation und reden gesellschaftlicher Relevanz. In: Schweer, Martin K. W. (Hrsg.): *Vertrauensforschung 2010: A State of the Art*, 125–148. Frankfurt am Main [u.a.]: Peter Lang.

Kotthoff, Helga (2002): Vorwort zu Kultur(en) im Gespräch. In: Kotthoff, Helga (Hrsg.): *Kultur(en) im Gespräch*, 7–22. Tübingen: Gunter Narr.

Kováčová, Michaela (2010): *Komparative Evaluation kulturspezifischer didaktischer und erfahrungsorientierter interkultureller Trainings*. Frankfurt am Main [u.a.]: Peter Lang.

Kováčová, Michaela (2015): Interkultúrna komunikácia. Aplikácie pre vybrané nemecké a slovenské kontexty. Košice: Univerzita Pavla Jozefa Šafárika v Košiciach.

Kramer, Roderick M./Tyler, Tom R. (1996): *Trust in Organizations. Frontiers of Theory and Research*. Thousand Oaks [u.a.]: Sage Publications.

Krämer, Hannes (2009): *Vertrauen in der Wissenschaft. Zur kommunikativen Konstruktion von Vertrauen in wissenschaftlichen Publikationen*. Aachen: Shaker.

Krause, Diana E. (2010): *Macht und Vertrauen in Innovationsprozessen. Ein empirischer Beitrag zu einer Theorie der Führung*. 2. Aufl. Wiesbaden: Gabler.

Kuhnhenn, Martha (2014): *Glaubwürdigkeit in der politischen Kommunikation. Gesprächsstile und ihre Rezeption*. Konstanz, München: UVK Verlagsgesellschaft.

Lahno, Bernd (2002): *Der Begriff des Vertrauens*. Paderborn: mentis.

Lahno, Bernd (2005): Vertrauen. In: Mummert, Uwe/Sell, Friedrich L. (Hrsg.): *Emotionen, Markt und Moral*, 93–120. Münster: LIT.

Lane, Christel/Bachmann, Reinhard (Hrsg.) (1998): *Trust Within and Between Organizations. Conceptual Issues and Empirical Applications*. Oxford: Oxford Univsity Press.

Lanthaler, Franz/Ortner, Hanspeter/Schiewe, Jürgen/Schrodt, Richard/Sitta, Horst (2003): Was ist der Gegenstand der Sprachwissenschaft? Einladung zur Diskussion. In: *Sprachreport* 19 (2), 2–5.

Laucken, Uwe (2005): Explikation der umgangssprachlichen Bedeutung des Begriffs Vertrauen und ihre lebenspraktische Verwendung als semantisches Ordnungspotenzial. In: Dernbach, Beatrice/Meyer, Michael (Hrsg.): *Vertrauen und Glaubwürdigkeit. Interdisziplinäre Perspektiven*, 94–109. Wiesbaden: Verlag für Sozialwissenschaften.

Laufer, Hartmut (2007): *Vertrauen und Führung. Vertrauen als Schlüssel zum Führungserfolg*. Offenbach: GABAL.

Lautmann, Rüdiger/Rammstedt, Otthein/Wienold, Hanns (Hrsg.) (2007): *Lexikon zur Soziologie*. 4. Aufl. Wiesbaden: Verlag für Sozialwissenschaften.

Layes, Gabriel (2005): Kulturdimensionen. In: Thomas, Alexander/Kinast, Eva-Ulrike, Schroll-Machl, Sylvia (Hrsg.): *Handbuch Interkulturelle Kommunikation und Kooperation. Band 1: Grundlagen und Praxisfelder*, 60–73. Göttingen: Vandenhoeck & Ruprecht.

Levinson, Stephen (2000): *Pragmatik*. 3. Auflage. Tübingen: Niemeyer.
Lewis, J. David/Weigert, Andrew J. (1985): Trust as a Social Reality. In: *Social Forces* 63 (4), 967–985.
Lewis, J. David/Weigert, Andrew J. (2012): The Social Dynamics of Trust: Theoretical and Empirical Research, 1985–2012. In: *Social Forces* 91 (1), 25–31.
Liedtke, Horst (2004): Höflichkeit und Interkulturalität. In: Busch, Albert/Stenschke, Oliver (Hrgs.): *Wissenstransfer und gesellschaftliche Kommunikation. Festschrift für Sigurd Wichter zum 60. Geburtstag*. Frankfurt am Main: Peter Lang.
Linden, Peter (1998): *Wie Texte wirken. Anleitung zur Analyse von journalistischer Sprache*. Bonn: Zeitungs-Verlags-Service.
Link, Jürgen (2009): *Versuch über den Normalismus: Wie Normalität produziert wird*. 4. Aufl. Göttingen: Vandenhoeck & Ruprecht.
Linke, Angelika/Nussbaumer, Markus/Portmann, Paul R. (2004): *Studienbuch Linguistik*. 5. Aufl. Tübingen: Niemeyer.
Linke, Angelika (2008): In: Kämper, Heidrun/Eichinger, Ludwig M. (Hrsg.): *Sprache – Kognition – Kultur. Sprache zwischen mentaler Struktur und kultureller Prägung*, 24–50. Berlin, New York: de Gruyter.
Linke, Angelika (2014): Unauffällig, aber unausweichlich. Alltagssprache als Ort der Kultur. In: Forrer, Thomas/Linke, Angelika (Hrsg.): *Wo ist Kultur? Perspektiven der Kulturanalyse*, 169–192. Zürich: vdf Hochschul-Verlag.
Luhmann, Niklas (2000): *Vertrauen. Ein Mechanismus der Reduktion sozialer Komplexität*. 4. Aufl. Stuttgart: Lucius & Lucius.
Luhmann, Niklas (2001): Vertrautheit, Zuversicht, Vertrauen: Probleme und Alternativen. In: Hartmann, Martin/Offe, Claus (Hrsg.): *Vertrauen. Die Grundlage des sozialen Zusammenhalts*, 143–160. Frankfurt am Main [u.a.]: Campus-Verlag.
Luhmann, Niklas (2009): *Die Realität der Massenmedien*. 4. Aufl. Wiesbaden: Verlag für Sozialwissenschaften.
Lüsebrink, Hans-Jürgen (2008): *Interkulturelle Kommunikation. Interaktion, Fremdwahrnehmung, Kulturtransfer*. Stuttgart, Weimar: Metzler.
Lyon, Fergus/Möllering, Guido/Saunders, Mark N.K. (Hrsg.) (2012): *Handbook of Research Methods on Trust*. Cheltenham, Northampton: Edward Elgar Publishing.
Mahncke, Dieter (1987): *Vertrauensbildende Maßnahmen als Instrument der Sicherheitspolitik. Ursprung – Entwicklung – Perspektiven*. Melle: Knoth.
Malá, Jiřina (2009): *Stilistische Textanalyse: Grundlagen und Methoden*. Brno: Masarykova Univerzita.
Matějková, Pavla (2009): Kann sich Linguistik an der Vertrauensforschung beteiligen? Überlegungen zu einem neuen Gebiet der sprachwissenschaftlichen Forschung. In: *Brünner Beiträge zur Germanistik und Nordistik* 14 (1–2), 45–63.
Matějková, Pavla (2010): Vertrauen als Gegenstand einer diskurslinguistischen Analyse. Versuch einer Operationalisierung. In: Lipczuk, Ryszard/Schiewe, Jürgen/Westphal, Werner/Misiek, Dorota (Hrsg.): *Diskurslinguistik – Systemlinguistik. Theorien – Texte – Fallstudien*, 333–342. Hamburg: Dr. Kovač.
Matějková, Pavla (2011): Ansatz zur linguistischen Untersuchung sprachlicher Mittel der Vertrauensförderung. In: *Brünner Beiträge zur Germanistik und Nordistik* 16 (1–2), 161–174.
Matějková, Pavla (2012): Vertrauen durch Texte fördern. Linguistische Untersuchung von Mitteln der Vertrauensförderung. In: Iakushevich, Marina/Arning, Astrid (Hrsg.): *Strategien persuasiver Kommunikation*, 71–88. Hamburg: Dr. Kovač.
Matthes, Jörg/Kohring, Matthias (2003): Operationalisierung von Vertrauen in Journalismus. In: *Medien und Kommunikationswissenschaft* 51 (1), 5–23.

Matussek, Peter (2011): »Stolpern fördert.« Störfälle als Inspirationsquelle. In: Koch, Lars/Petersen, Christer/Vogl, Joseph (Hrsg.): *Störfälle. Zeitschrift für Kulturwissenschaften* 2, 63–72.
Meibauer, Jörg (2001): *Pragmatik. Eine Einführung.* 2. Aufl. Tübingen: Stauffenburg.
Merten, Klaus (1999): *Einführung in die Kommunikationswissenschaft.* Bd. 1: *Grundlagen der Kommunikationswissenschaft.* Münster [u.a.]: LIT.
Mayer, Roger C./Davis, James H./Schoorman, F. David (1995): An Integrative Model of Organizational Trust. In: *The Academy of Management Review* 20 (3), 709–734.
McAllister, Daniel J. (1995): Affect- and Cognition-based Trust as Foundations for Interpersonal Cooperation in Organizations. In: *The Academy of Management Journal* 38 (1), 24–59.
Mencke, Christian (2005): *Vertrauen in Sozialen Systemen und in der Unternehmensberatung. Eine Grundlagenanalyse und Hinweise für eine vertrauenssensible Beratungspraxis am Beispiel größerer mittelständischer Unternehmen.* Wiesbaden: Deutscher Universitätsverlag.
Möller, Heidi (Hrsg.) (2012): *Vertrauen in Organisationen. Riskante Vorleistung oder hoffnungsvolle Erwartung?* Wiesbaden: Verlag für Sozialwissenschaften.
Möllering, Guido/Sydow, Jörg (2005): Kollektiv, kooperativ, reflexiv. Vertrauen und Glaubwürdigkeit in Unternehmungen und Unternehmungsnetzwerken. In: Dernbach, Beatrice/Meyer, Michael (Hrsg.): *Vertrauen und Glaubwürdigkeit. Interdisziplinäre Perspektiven,* 64–93. Wiesbaden: Verlag für Sozialwissenschaften.
Möllering, Guido (2006): *Trust. Reason, Routine, Reflexivity.* Amsterdam [u.a.]: Elsevier.
Müller-Jacquier, Bernd (1999): *Interkulturelle Kommunikation und Fremdsprachendidaktik.* Koblenz: Universität Koblenz-Landau.
Nawratil, Ute (1997): *Glaubwürdigkeit in der sozialen Kommunikation.* Opladen [u.a.] : Westdeutscher Verlag.
Nickl, Milutin Michael (1998): Einige Entwürfe und Erträge in der kommunikationswissenschaftlichen Persuasionsforschung. In: Hoffmann, Michael/Kessler, Christine (Hrsg.): *Beiträge zur Persuasionsforschung. Unter besonderer Berücksichtigung textlinguistischer und stilistischer Aspekte,* 21– 53. Frankfurt am Main: Peter Lang.
Niehr, Thomas (2013): Politolinguistik – Diskurslinguistik. Gemeinsame Perspektive und Anwendungsbezüge. In: Roth, Kersten Sven/Spiegel, Carmen (Hrsg.): *Angewandte Diskurslinguistik. Felder, Probleme, Perspektiven,* 71–88. Berlin: Akademie.
Niehr, Thomas (2014a): *Einführung in die linguistische Diskursanalyse.* Darmstadt: Wissenschaftliche Buchgesellschaft.
Niehr, Thomas (2014b): *Einführung in die Politolinguistik: Gegenstände und Methoden.* Göttingen.: Vandenhoeck & Ruprecht.
Niehr, Thomas (2015): Angemessenheit: Eine Kategorie zwischen Präskriptivität und Inhaltsleere? Überlegungen zum Status einer für die Sprachkritik fundamentalen Kategorie. In: Arendt, Birte/Schäfer, Pavla (Hrsg.): Themenheft *Angemessenheit.* In: *Aptum. Zeitschrift für Sprachkritik und Sprachkultur* 2, 101–110.
Nothdurft, Werner (1994): Kompetenz und Vertrauen in Beratungsgesprächen. In: Nothdurft, Werner/Reitemeier, Ulrich/Schröder, Peter (Hrsg.): *Beratungsgespräche. Analyse asymmetrischer Dialoge,* 184–228. Tübingen: Narr.
Nothdurft, Werner (2006): Gesprächsphantome. In: *Deutsche Sprache* 34, 32–43.
Nünning, Ansgar/Nünning Vera (Hrsg.) (2008): *Einführung in die Kulturwissenschaften.* Stuttgart, Weimar: Metzler.
Offe, Claus (2001): Wie können wir unseren Mitbürgern vertrauen? In: Hartmann, Martin/Offe, Claus: *Vertrauen. Die Grundlage des sozialen Zusammenhalts,* 241–294. Frankfurt am Main [u.a.]: Campus-Verlag.
Ort, Claus-Michael (2008): Kulturbegriffe und Kulturtheorien. In: Nünning, Ansgar/Nünning Vera (Hrsg.): *Einführung in die Kulturwissenschaften,* 19–38. Stuttgart, Weimar: Metzler.

Ortak, Nuri (2004): *Persuasion. Zur textlinguistischen Beschreibung eines dialogischen Strategiemusters*. Tübingen: Niemeyer.
Osterloh, Margit/Weibel, Antoinette (2006): *Investition Vertrauen. Prozesse der Vertrauensentwicklung in Organisationen*. Wiesbaden: Gabler.
Ostermann, Eberhard (1999): Das Konzept der Glaubwürdigkeit aus rhetorischer Perspektive. In: Rössler, Patrick/Wirth, Werner (Hrsg.): *Glaubwürdigkeit im Internet. Fragestellungen, Modelle, empirische Befunde*, 33–46. München: Fischer.
Pelz, Heidrun (2007): Linguistik. Eine Einführung. 10. Aufl. Hamburg: Hoffmann und Campe.
Petermann, Franz (1996): *Psychologie des Vertrauens*. 3., korr. Aufl. Göttingen [u.a.]: Hogrefe.
Pfalzgraf, Falco (2015): Zur Korpusdefinition in der Schulbuchforschung. In: Kiesendahl, Jana/Ott, Christine (Hrsg.) : *Linguistik und Schulbuchforschung. Gegenstände, Methoden, Perspektiven*, 39–52. Göttingen: V&R unipress.
Plötner, Olaf (1995): *Das Vertrauen des Kunden. Relevanz, Aufbau und Steuerung auf industriellen Märkten*. Wiesbaden: Gabler.
Posner, Roland (2008): Kultursemiotik. In: Nünning, Ansgar/Nünning, Vera (Hrsg.): *Einführung in die Kulturwissenschaften*, 39–72. Stuttgart, Weimar: Metzler.
Püschel, Ulrich (2002): *Wie schreibt man gutes Deutsch?* Mannheim: Duden.
Reiners, Ludwig (1990): *Stilfibel. Der sichere Weg zum guten Deutsch*. 24. Aufl. München: Beck.
Reinmuth, Marcus (2006): *Vertrauen schaffen durch glaubwürdige Unternehmenskommunikation. Von Geschäftsberichten und den Möglichkeiten und Grenzen einer angemessenen Sprache*. Düsseldorf. (http://docserv.uni-duesseldorf.de/servlets/DerivateServlet/Derivate-3547/1547.pdf, Stand: 29.04.2016)
Reinmuth, Marcus (2009): Vertrauen und Wirtschaftssprache: Glaubwürdigkeit als Schlüssel für erfolgreiche Unternehmenskommunikation. In: Moss, Christoph (Hrsg.): *Die Sprache der Wirtschaft*, 127–145. Wiesbaden: Verlag für Sozialwissenschaften.
Rinas, Karsten (2011): *Sprache, Stil und starke Sprüche. Bastian Sick und seine Kritiker*. Darmstadt: Lambert Schneider.
Ripperger, Tanja (1998): *Ökonomik des Vertrauens: Analyse eines Organisationsprinzips*. Tübingen: Mohr Siebeck.
Rommerskirchen, Jan (2014): *Soziologie & Kommunikation. Theorien und Paradigmen von der Antike bis zur Gegenwart*. Wiesbaden: Springer VS.
Roth, Kersten Sven/Spitzmüller, Jürgen (Hrsg.) (2007): *Textdesign und Textwirkung in der massenmedialen Kommunikation*. Konstanz: UVK Verlagsgesellschaft.
Rotter, Julian (1981): Vertrauen. Das kleinere Risiko. In: *Psychologie heute* 8 (3), 23–29.
Rousseau, Denise M./Sitkin, Sim B./Burt, Ronald S./Camerer, Colin (1998): Not so different after all: A cross-discipline view of trust. In: *Academy of Management Review* 23 (3), 393–404.
Sacks, Harvey (1992a): *Lectures on conversation*. Bd. I. Oxford [u.a.]: Blackwell.
Sacks, Harvey (1992b): *Lectures on conversation*. Bd. 2. Oxford [u.a.]: Blackwell.
Sacks, Harvey/Schegloff, Emanuel A./Jefferson, Gail (1974): A simplest systematics for the organization of turn-taking for conversation. In: *Language: Journal of the Linguistic Society of America* 50 (4, Part 1), 696–735.
Sanders, Willy (1996): *Gutes Deutsch – besseres Deutsch. Praktische Stillehre der deutschen Gegenwartssprache*. 3 Aufl. Darmstadt: Wissenschaftliche Buchgesellschaft.
Sanders, Willy (2002): *Stil nach allen Regeln der Kunst*. München: Beck.
Sanders, Willy (2000): Vorläufer der Textlinguistik: die Stilistik. In: Brinker, Klaus/Antos, Gerd/Heinemann, Wolfgang/Sager, Sven F. (Hrsg.): *Text- und Gesprächslinguistik. Ein internationales Handbuch zeitgenössischer Forschung*, 1. Halbband, 17–28. Berlin, New York: de Gruyter.
Sandig, Barbara (1984): Ziele und Methoden einer pragmatischen Stilistik. In: Spillner, Bernd (Hrsg.): *Methoden der Stilanalyse*, 137–161. Tübingen: Narr.

Sandig, Barbara (2006): *Textstilistik des Deutschen*. 2., völlig neu bearb. und erw. Aufl. Berlin, New Work: de Gruyter.
Schäfer, Pavla (2013): *Das Potenzial der Vertrauensförderung. Sprachwissenschaftliche Explikation anhand von Texten der Brücke/Most-Stiftung*. Berlin: Erich Schmidt.
Schäfer, Pavla (2014): Durch Angemessenheit zur Vertrauenswürdigkeit. Angemessener Sprachgebrauch als Mittel zum Zweck. In: *Aptum. Zeitschrift für Sprachkritik und Sprachkultur* 3, 240–261.
Schiewe, Jürgen (2006): Kommunikation und Vertrauen. In: Schiewe, Jürgen/Lipczuk, Ryszard/Westphal, Werner (Hrsg.): *Kommunikation für Europa. Interkulturelle Kommunikation als Schlüsselqualifikation*, 41–49. Frankfurt am Main [u.a.]: Peter Lang.
Schiewe, Jürgen (2007): Angemessenheit, Prägnanz, Variation. Anmerkungen zum guten Deutsch aus sprachkritischer Sicht. In: Burkhardt, Armin (Hrsg.): *Was ist gutes Deutsch? Studien und Meinungen zum gepflegten Sprachgebrauch*, 369–380. Mannheim [u.a.]: Duden.
Schiewe, Jürgen (Hrsg.) (2011): *Sprachkritik und Sprachkultur. Konzepte und Impulse für Wissenschaft und Öffentlichkeit*. Bremen: Hempen.
Schiewe, Jürgen (2015): Zur Parteilichkeit eines Kritikers der Parteilichkeit von Sprachkritik. Eine Erwiderung auf Ralf Vogel. In: *Aptum. Zeitschrift für Sprachkritik und Sprachkultur* 3, 281–288.
Schiewe, Jürgen (i.Dr.a): Sprachwandel und Sprachkritik. Theoretische Grundlagen, methodische Überlegungen, Anwendungsbeispiele. In: Moraldo, Sandro M. (Hrsg.): *Sprachwandel – Perspektiven für den Unterricht Deutsch als Fremdsprache*, 27–46. Roma.
Schiewe, Jürgen (Hrsg.) (i.Dr.b): *Angemessenheit. Einsichten in Sprachgebräuche*. Göttingen: Wallstein.
Schiewe, Jürgen/Wengeler, Martin (2005) In: Zeitschrift für Sprachkritik und Sprachkultur. Einführung der Herausgeber zum ersten Heft. In: *Aptum. Zeitschrift für Sprachkritik und Sprachkultur* 1, 1–13.
Schlosser, Horst Dieter (2007): Unwort-Kritik als angewandte Linguistik. In: *Aptum. Zeitschrift für Sprachkritik und Sprachkultur* 1, 24–41.
Schmitz, Heribert (2005): *Raus aus der Demotivationsfalle. Wie verantwortungsbewusstes Management Vertrauen, Leistung und Innovation fördert*. Wiesbaden: Gabler.
Schneider, Jan Georg (2007): Sprache als kranker Organismus. Linguistische Anmerkungen zum Spiegel-Titel „Rettet dem Deutsch!". In: *Aptum. Zeitschrift für Sprachkritik und Sprachkultur* 3, 1–23.
Schneider, Jan Georg (2011): Was ist richtiges und gutes Deutsch? Sprachratgeber auf dem Prüfstand. In: Arendt, Birte/Kiesendahl, Jana (Hrsg.): *Sprachkritik in der Schule*, 73–89. Göttingen. V & R Unipress.
Schneider, Jan Georg (2013): Sprachliche „Fehler" aus sprachwissenschaftlicher Sicht. In: *Sprachreport* 1–2, 30–37.
Schneider, Jan Georg (2014): In welchem Sinne sind Konstruktionen Zeichen? Zum Begriff der Konstruktion aus semiologischer und medialitätstheoretischer Perspektive. In: Ziem, Alexander/Lasch, Alexander (Hrsg.): *Grammatik als Netzwerk von Konstruktionen. Sprachwissen im Fokus der Konstruktionsgrammatik*, 357–374. Berlin [u.a.]: de Gruyter.
Schneider, Wolf (2001): *Deutsch für Profis: Wege zum guten Stil*. 11. Aufl. München: Goldmann.
Schroll-Machl, Sylvia/Nový, Ivan (2003): *Perfekt geplant, oder genial improvisiert? Kulturunterschiede in der deutsch-tschechischen Zusammenarbeit*. München, Mering: Rainer Hampp.
Schröter, Juliane (2014): Analyse von Sprache als Analyse von Kultur. Überlegungen zur kulturanalytischen Linguistik am Beispiel des Wandels von Briefschlüssen im 19. und 20. Jahrhundert. In: Benitt, Nora/Koch, Christopher/Müller, Katharina/Saage, Sven/Schüler, Lisa (Hrsg.): *Kommunikation – Korpus – Kultur: Ansätze und Konzepte einer kulturwissenschaft-lichen Linguistik*, 25–46. Trier: Wissenschaftlicher Verlag Trier.

Schröter, Juliane (2016): Vom Handeln zur Kultur. Das Konzept der Praktik in der Analyse von Verabschiedungen. In: Deppermann, Arnulf /Feilke, Helmuth/Linke, Angelika (Hrsg.): *Sprachliche und kommunikative Praktiken*, 369–403. Berlin: de Gruyter Mouton (= Institut für Deutsche Sprache. Jahrbuch 2015).

Schweer, Martin K. W. (1997): Eine differentielle Theorie interpersonalen Vertrauens – Überlegungen zur Vertrauensbeziehung zwischen Lehrenden und Lernenden. In: *Psychologie in Erziehung und Unterricht* 44, 2–12.

Schweer, Martin K. W. (2000): Vertrauen als basale Komponente der Lehrer-Schüler-Interaktion. In: Schweer, Martin K.W. (Hrsg.): *Lehrer-Schüler-Interaktion. Pädagogisch-psychologische Aspekte des Lehrens und Lernens in der Schule*. Opladen: Leske + Budrich.

Schweer, Martin K. W./Padberg, Jutta (2002): *Vertrauen im Schulalltag: Eine pädagogische Herausforderung*. Neuwied [u.a.]: Luchterhand.

Schweer, Martin K.W. (2008): Vertrauen und soziales Handeln – Eine differentialpsychologische Perspektive. In: Jammal, Elias (Hrsg.): *Vertrauen im interkulturellen Kontext*. Wiesbaden: Verlag für Sozialwissenschaften.

Schweer, Martin K. W. (2010): Vertrauen in Erziehungs- und Bildungsprozessen. In: Schweer, Martin K. W. (Hrsg.): *Vertrauensforschung 2010: A State of the Art*. Frankfurt am Main [u.a.]: Peter Lang.

Schweer, Martin K. W./Bertow, Andreas (2006): Vertrauen und Schulleistung. In: Schweer, Martin K. W. (Hrsg.): *Bildung und Vertrauen*, 73–85. Frankfurt am Main [u.a.]: Peter Lang.

Schweer, Martin K. W./Petermann, Eva/Egger, Carina (2013): Zur Bedeutung multidimensionaler sozialer Kategorisierungsprozesse für die Vertrauensentwicklung – Ein bislang weitgehend vernachlässigtes Forschungsfeld. In: *Gruppendynamik & Organisationsberatung* 44, 67–81.

Schweer, Martin/Thies, Barbara (1999): *Vertrauen: Die unterschätzte Kraft*. Zürich, Düsseldorf: Walter.

Schweer, Martin/Thies, Barbara (2003): *Vertrauen als Organisationsprinzip. Perspektiven für komplexe soziale Systeme*. Bern [u.a.]: Huber.

Schweer, Martin K. W./Thies, Barbara (2005): Vertrauen durch Glaubwürdigkeit – Möglichkeiten der (Wieder-)Gewinnung von Vertrauen als psychologischer Perspektive. In: Dernbach, Beatrice/ Meyer, Michael (Hrsg.): *Vertrauen und Glaubwürdigkeit. Interdisziplinäre Perspektiven*, 47–63. Wiesbaden: Verlag für Sozialwissenschaften.

Schwegler, Ulrike (2011): Vertrauen in interkulturellen Kooperationsbeziehungen. In: Dreyer, Wilfried/Hößler, Ulrich (Hgg.): *Perspektiven interkultureller Kompetenz*, 137–146. Göttingen [u.a.]: Vandenhoeck & Ruprecht.

Schwitalla, Johannes (2008): Gesprächsstile. In: Fix, Ulla/Gardt, Andreas/Knape, Joachim (Hrsg.): *Rhetorik und Stilistik*. 1. Halbband, 1054–1075. (=Handbücher zur Sprach- und Kommunikationswissenschaft 31.1). Berlin, New York: de Gruyter.

Selting, Margret (2008): Interactional stylistics and style as a contextualization cue. In: Fix, Ulla/Gardt, Andreas/Knape, Joachim (Hrsg.): *Rhetorik und Stilistik*. 1. Halbband, 1038–1053. (=Handbücher zur Sprach- und Kommunikationswissenschaft 31.1). Berlin [u.a.]: de Gruyter.

Selting, Margret et al.: (2009): Gesprächsanalytisches Transkriptionsverfahren 2 (GAT 2). In: *Gesprächsforschung – Online-Zeitschrift zur verbalen Interaktion* 10, 353–402. [www.gespraechsforschung-ozs.de, Stand: 29.04.2016]

Selting, Margret/Couper-Kuhlen, Elizabeth (2000): Argumente für die Entwicklung einer 'interaktionalen Linguistik'. In: *Gesprächsforschung – Online-Zeitschrift zur verbalen Interaktion* 1, 76–95. [www.gespraechsforschung-ozs.de, Stand: 29.04.2016]

Sick, Bastian (2005a): *Der Dativ ist dem Genitiv sein Tod. Ein Wegweiser durch den Irrgarten der deutschen Sprache*. 12. Aufl. Köln: Kiepenheuer & Witsch; Hamburg: SPIEGEL ONLINE.

Sick, Bastian (2005b): *Der Dativ ist dem Genitiv sein Tod. Neues aus dem Irrgarten der deutschen Sprache*. Köln: Kiepenheuer & Witsch; Hamburg: SPIEGEL ONLINE.
Simmel, Georg (1922): *Soziologie. Untersuchungen über die Formen der Vergesellschaftung*. 2. Aufl. München, Leipzig: Duncker & Humblot.
Sommerfeldt, Karl-Ernst/Starke, Günter/Hackel, Werner (1998): *Einführung in die Grammatik der deutschen Gegenwartssprache*. Tübingen: Niemeyer.
Sommerlatte, Tom/Fallou, Jean-Luc (2012): *Die Quintessenz Vertrauen. Was Sie tun müssen, um das Vertrauensklima für Innovation und Produktivität zu stärken*. Berlin, Heidelberg: Springer.
Spieß, Constanze (2011): *Diskurshandlungen : Theorie und Methode linguistischer Diskursanalyse am Beispiel der Bioethikdebatte*. Berlin [u.a.]: de Gruyter.
Spitzmüller, Jürgen (2013): *Graphische Variation als soziale Praxis. Eine soziolinguistische Theorie skripturaler ‚Sichtbarkeit'*. Berlin [u.a.]: de Gruyter.
Spitzmüller, Jürgen/Warnke, Ingo Hans Oskar (2011): *Diskurslinguistik: Eine Einführung in Theorien und Methoden der transtextuellen Sprachanalyse*. Berlin [u.a.]: de Gruyter.
Sprenger, Reinhard K. (2007): *Vertrauen führt. Worauf es im Unternehmen wirklich ankommt*. Frankfurt am Main, New York: Campus.
Staffeldt, Sven (2007): *Perlokutionäre Kräfte. Lexikalisierte Wirkungen sprachlicher Äußerungen im Deutschen*. Frankfurt am Main [u.a.]: Peter Lang.
Staffeldt, Sven (2008): *Einführung in die Sprechakttheorie. Ein Leitfaden für den akademischen Unterricht*. Tübingen: Stauffenburg.
Stötzel, Georg/Wengeler, Martin (1995): *Kontroverse Begriffe. Geschichte des öffentlichen Sprachgebrauchs in der Bundesrepublik Deutschland*. Berlin, New York: de Gruyter.
Stroebe, Wolfgang (2014): Strategien zur Einstellungs- und Verhaltensänderung. In: Jonas, Klaus/Stroebe, Wolfgang/Hewstone, Miles (Hrsg.) (2014): *Sozialpsychologie*, 231–268. 6. Aufl. Berlin, Heidelberg: Springer.
Sztompka, Piotr (1995): Vertrauen: Die Fehlende Ressource in der Postkommunistischen Gesellschaft. In: *Kölner Zeitschrift für Soziologie und Sozialpsychologie* 35, 254–276.
Thies, Barbara (2005): Dyadisches Vertrauen zwischen Lehrern und Schülern. In: *Psychologie in Erziehung und Unterricht* 52, 85–99.
Thomas, Alexander (Hrsg.) (1991): *Kulturstandards in der internationalen Begegnung*. Saarbrücken, Fort Lauderdale: Breitenbach.
Thomas, Alexander (Hrsg.) (1993): *Kulturvergleichende Psychologie. Eine Einführung*. Göttingen [u.a.]: Hogrefe.
Thomas, Alexander (2003): Analyse der Handlungswirksamkeit von Kulturstandards. In: Thomas, Alexander (Hrsg.): *Psychologie interkulturellen Handelns*, 107-135, 2., unveränd. Aufl. Göttingen [u.a.]: Hogrefe.
Thomas, Alexander (2004): Kulturverständnis aus Sicht der Interkulturellen Psychologie: Kultur als Orientierungssystem und Kulturstandards als Orientierungshilfen. In: Lüsebrink, Hans-Jürgen (Hrsg.): *Konzepte der Interkulturellen Kommunikation. Theorieansätze und Praxisbezüge on interdisziplinärer Perspektive*, 145–156. St. Ingbert: Röhrig.
Thomas, Alexander (Hrsg.) (2008): *Psychologie des interkulturellen Dialogs*. Göttingen: Vandenhoeck & Ruprecht.
Thomas, Alexander (2011): *Interkulturelle Handlungskompetenz. Versiert, angemessen und erfolgreich im internationalen Geschäft*. Wiesbaden: Gabler.
Thomas, Alexander/Helfrich, Hede (1993): Wahrnehmungspsychologische Aspekte im Kulturvergleich. In: Thomas, Alexander (Hrsg.): *Kulturvergleichende Psychologie. Eine Einführung*, 145–180. Göttingen [u.a.]: Hogrefe.
Thommen, Jean-Paul (1993): „Glaubwürdigkeit als unternehmerische Herausforderung" In: *Management Zeitschrift* 9, 41–44.

Thurn, Susanne (2012): Vertrauen. Über eine Voraussetzung für pädagogisch förderliches Handeln, gelingendes Lernen und erfolgreiche Schulentwicklung. In: Hermann, Ulrich/Schlüter, Steffen (Hrsg.): *Reformpädagogik – eine kritisch-konstruktive Vergegenwärtigung*. Bad Heilbrunn: Julius Klinkhardt.

Tjaya, Murnyati Julia/Ehret, Anna (2008): Vertrauensaufbau durch interkulturellen Dialog. In: Thomas, Alexander (Hrsg.): *Psychologie des interkulturellen Dialogs*, 123–134. Göttingen: Vandenhoeck & Ruprecht.

Tiefel, Sandra/Zeller, Maren (2014): Differenzierung des Vertrauensbegriffs – empirische Analysen aus der Perspektive von Adressat/innen der Sozialen Arbeit. In: Bartmann, Sylke/Fabel-Lamla, Melanie/Pfaff, Nicolle/Welter, Nicole (Hrsg.) (2014): *Vertrauen in der erziehungswissenschaftlichen Forschung*, 335–354. Opladen, Berlin, Toronto: Budrich.

Tylor, Edward Burnett (1871): *Primitive Culture: Research into the Development of Mythology, Philosophy, Religion, Language, Art and Custom*. London: John Murray.

Vogel, Ralf (2015): Un-Sprechakt des Jahres. Zum Problem der Parteilichkeit in linguistischer Sprachkritik. In: *Aptum. Zeitschrift für Sprachkritik und Sprachkultur* 3, 250–280.

Warnke, Ingo H. (Hrsg.) (2007): *Diskurslinguistik nach Foucault. Theorie und Gegenstände*. Berlin, New York: de Gruyter.

Warnke, Ingo H. (2008): Text und Diskurslinguistik. In: Janich, Nina (Hrsg.): *Textlinguistik: 15 Einführungen*, 35–52. Tübingen: Narr.

Warnke, Ingo H./Spitzmüller, Jürgen (Hrsg.) (2008): *Methoden der Diskurslinguistik. Sprachwissenschaftliche Zugänge zur transtextuellen Ebene*. Berlin, New York: de Gruyter.

Watzlawick, Paul/Beavin, Janet H./Jackson, Don D. (1993): *Menschliche Kommunikation. Formen, Störungen, Paradoxien*. Nachdr. der 8., unveränd. Aufl. Bern, Stuttgart: Huber.

Wengeler, Martin (2003): *Topos und Diskurs : Begründung einer argumentationsanalytischen Methode und ihre Anwendung auf den Migrationsdiskurs (1960–1985)*. Tübingen: Niemeyer.

Wengeler, Martin (2013a): Historische Diskurssemantik. Das Beispiel Wirtschaftskrisen. In: Roth, Kersten Sven/Spiegel, Carmen (Hrsg.): *Angewandte Diskurslinguistik. Felder, Probleme, Perspektiven*, 43–60. Berlin: Akademie.

Wengeler, Martin (2013b): Unwörter. Eine medienwirksame Kategorie zwischen linguistisch begründeter und populärer Sprachkritik. In: Diekmannshenke, Hajo/Niehr, Thomas (Hrsg.) *Öffentliche Wörter. Analysen zum öffentlich-medialen Sprachgebrauch*, 13-31. Stuttgart: ibidem.

Windel, Andreas (1983): *Vertrauensbildende Maßnahmen. Historisch-kritische Auseinandersetzung mit dem Begriff und Versuch einer anwendungsorientierten Konzeption*. München: tuduv Verlagsgesellschaft.

Wunderli, (2013): Ferdinand der Saussure: Cours de linguistique générale. Zweisprachige Ausgabe französisch-deutsch mit Einleitung, Anmerkungen und Kommentar. Tübingen: Narr Francke Attempto.

Ziem, Alexander/Lasch, Alexander (2013): *Konstruktionsgrammatik: Konzepte und Grundlagen gebrauchsbasierter Ansätze*. Berlin [u.a.]: de Gruyter.

Ziem, Alexander/Lasch, Alexander (Hrsg.) (2014): *Grammatik als Netzwerk von Konstruktionen. Sprachwissen im Fokus der Konstruktionsgrammatik*. Berlin [u.a.]: de Gruyter.

www.ingramcontent.com/pod-product-compliance
Lightning Source LLC
Chambersburg PA
CBHW080118020526
44112CB00037B/2776